ブロックチェーンの技術と革新

ブロックチェーンが変える信頼の世界

ケビン・ワーバック=著

山崎重一郎=監訳 **山﨑裕貴**=訳

NEWTON PRESS

ブロックチェーンの技術と革新

ブロックチェーンが変える信頼の世界

監修者前書き

　ビットコインなどの暗号通貨を支えている，さまざまな可能性を秘めた
テクノロジー，それがブロックチェーンだ。これがあれば独自の法体系が
構築できると考える者もいる。さらには，それが国家の代わりになり得る
と主張する者すらいる。しかし，本書『ブロックチェーンの技術と革新〜
ブロックチェーンが変える信頼の世界〜』でケビン・ワーバックが指摘し
ている通り，これはかつてインターネットが登場した際にもいわれたこと
である。そして彼は，この型破りで革新的なイノベーションを最大限に活
かすためには，かつてと同様に政府がブロックチェーンを（あるいはブロ
ックチェーンで）規制するのではなく，新たな信頼を実現させる必要があ
ると主張している。

　その可能性は既に見えている。たとえば，ウォルマートではサプライチ
ェーン情報管理にブロックチェーンを導入し，食中毒のリスクにより店頭
から下げるべき商品の特定にかかる時間を数週間からわずか数秒に短縮し
た。また，政治的・経済的な混乱によって不動産の記録が不明確になった
場合でも，ブロックチェーンがあれば土地の所有権を正確に追跡できる。

国連世界食糧計画（WFP）では，難民を支援する取り組みにおいてブロックチェーンが活用されている。さらに，Delaware Blockchain Initiative（デラウェア・ブロックチェーン・イニシアティブ）では，株式市場の効率性と透明性を高めるため，株式所有の記録にブロックチェーンを導入した。このように，ブロックチェーンは無数の活用方法が試験中，あるいは既に実用化されているのだ。

　ブロックチェーンは一見，純粋に技術的なものに見えるが，本質的にはインターネットと同様にソシオテクニカルなものである。その稼働には人間の存在が不可欠だ。主要プラットフォームを支えるプルーフ・オブ・ワークシステムはマイナー（採掘者）たちに依存しており，ブロックチェーンのハードウェアやソフトウェアへの投資に関する決定は人間が行っており，請負業者や管理者としてブロックチェーンを運用するにあたっては人間が欠かせない存在であり，そもそもそれがブロックチェーンとして機能するかどうかが人間の主観に基づいているのだ。ジョゼフィーン・ウルフが『遅くなりすぎるとこのメッセージが表示される』（2018年，未邦訳）で指摘した通り，暗号通貨では，ブロックチェーンと法定通貨，すなわち政府発行通貨との接点部分が，サイバーセキュリティ攻撃に対する防御やそのコスト軽減における重要ポイントになっている。そして，同様のさまざまな理由により，そこは法的な介入が特に重要になり得るポイントでもある。ガバナンス手段として法律とブロックチェーンを組み合わせる方法は数多く考えられるが，ワーバックによると，最も効果的でうまくいくと思われるのは「ドライコード」と人間の「ウェットコード」を組み合わせたソシオテクニカルなアプローチであるとのことだ。

　ネットワークアーキテクチャやネットワーク技術（特にソフトウェア）の設計法における階層構造化（あるいは部品化）のメリットはよく知られているが，「どのように機能するか」に関していうとブロックチェーンは法

律とさまざまな点で異なっている。法律が機能するのは，その過程で登場する個人や主体が信頼されているからだ。一方，ブロックチェーンが機能するのは，責任主体となる個人や組織が存在しないにもかかわらず，システム全体が信頼されているからだ。法律では過程全体を通したどの要素にも整合性があるのが理想だが，ブロックチェーンの場合は一部の要素が信頼できない場合でもシステム全体の出力を信頼できる。法制度では社会全体のために人々の利己的な行動を制限しようとするのに対し，ブロックチェーンでは人々の利己的な行動を利用してネットワークのセキュリティを向上させ，それが結果として全体のメリットになっている。一般的な契約においては，契約履行中に新たに生じた取り決めはその契約のなかで遂行されることを前提にしているが，スマートコントラクトの場合，各取引は完全に独立して扱われる。法律では，契約を実施する前に追加の手順をとれるようにするか，必要に応じて事後に法廷に回すことにより，規制や契約が作成された時点では予見できなかった事態にも対応することができる。ブロックチェーンではこれらを実行することはできないが，もし実行できるようにした場合，システムの参加者が誰も予見できない，あるいは許容できない結果につながる可能性があることが既にわかっている。法律は，これらのことをすべて考慮に入れ，システムの悪用を防ぐためにさまざまな種類の歯止めをかけているため，事実上さまざまな手段で意図的に時間がかかるようにしている。しかし，ブロックチェーンシステムは規模や稼働期間に関係なく効率性が最優先事項であるため，常に素晴らしいパフォーマンスを発揮し続ける。

　ガバナンスとブロックチェーンに対するワーバックのアプローチは，ノーベル賞受賞者であるエリノア・オストロムが考察したガバナンスのポリセントリックという概念に基づいている。ガバナンスがポリセントリックであるとは，公的，民間，コミュニティベースの多種多様な取り決めを必

要とした，さまざまな規模で機能する複雑な動機構造によって生まれるものだ。ワーバックは，ブロックチェーンによるガバナンスのほうが適切なときもあれば，法に准ずる統治を遵守すべき状況もあるが，大半の目的にとって最適なアプローチはウェットコード（人間のためのコード＝法）とドライコード（技術的コード＝プログラム）を組み合わせて使用することだと主張している。ブロックチェーンを使って，法的な目的を達成するために新たな手段を提供することで，義務を遵守させるための法的アプローチが補完できる。たとえば，株式の所有権を記録するためにブロックチェーンを使用することで，既存の法的関係を変更したり置き換えたりすることなく，確立された証券システムに統合することが可能だ。また，ブロックチェーンは，地政学的に認知された政府の政策ツールとして使用したり，その耐検閲性などを利用して政府の権威主義的な傾向に対する手段として使用したりできる。さらに，このテクノロジーは，既存の仕組みでは作業量を処理しきれない場合や，規制されている対象に関する知識が不十分な場合，また技術的・社会的なイノベーションに伴って人々が求めている価値が変化してしまい法整備が追いついていないような状況でも，法律を遵守させるために使用できる。一例としては，権利者が不明で利用できない著作物であるオーファンワークスの共有登録システム（SRS）がある。またブロックチェーンは，紛争地帯や発展途上国において，必要であれば法制度の代わりとしても使用できる。

　本書では，法律とコードの二種類のガバナンス形態がどのように連携すべきかについて，法律はよりコード的に，コードはより法律のようにといった双方向的なアプローチを提案する。法律は，セーフハーバーなどの規制サンドボックスを使用することで，よりコード的になることができる（ただし，時間や規模に制限がある）。あるいは，私法を契約する際に使う定型文をモジュール化したり，関係機関を情報受託者として扱ったりする

方法もある。一方，コードは，スマートコントラクトと法的な契約を文字通りリンクさせ，それぞれのコードを互いに組み込むことで，より法律に近いものになる可能性がある。これに関しては，既に実験が行われている。従来の法執行メカニズムをスマートコントラクトに組み込んだり，法律に似たガバナンスプロセスを「オンチェーンガバナンス」としてブロックチェーン・プラットフォームに構築したりできるのだ。将来的には，法規則自体がサービスとして扱われるようになるかもしれない。

　ブロックチェーンについて考えていると，昔からある概念を再考せずにはいられなくなる。ブロックチェーンによる信頼性が保たれた台帳を通じ，真実の可能性を受け入れることで，現実の社会構造を新たな切り口で理解できるようになる。今では，コモンズの解釈には共有データ，共有制御，共有システムの状態の主要な違いも検討する必要があるのだ。そして，フランク・ナイトが1921年に発表した「リスクと不確実性の違い」や，クリスティアーノ・アントネッリが1992年に提唱した「ネットワーク経済において協調や協力が競争と同様に重要である理由」といった，マクロ経済やミクロ経済に関する未成熟な洞察 —— これらは新たな組織形態の構築を促している —— が，今や何段階も発展を遂げているのだ。

　しかし，ブロックチェーンには危険な面もある。政府は，権威主義的な目的でブロックチェーンテクノロジーを使用することもできるのだ。また，ワーバックが述べている通り，公共のブロックチェーンネットワークには耐検閲性があるとよくいわれるが，ある人にとっての検閲が別の人にとっては法的な拘束力として働く可能性もある。そして，政府組織であるかどうかに関係なく，利用可能な処理能力の51%以上を手にした存在は横暴な振る舞いに出る可能性がある（ロシアは既に，インターネットがアメリカに「所属している」のと同様にブロックチェーンがロシアに「所属する」予定であることを発表しており，ブロックチェーン利用者が遵守すべきグロ

ーバルな技術基準を確立すべく，過去にFGB（KGBの後継となるロシアの諜報機関）で働いていた人物が率いるチームを国際標準化機構（ISO）の委員会に派遣している）。さらに，（ブロックチェーンによるものかどうかにかかわらず）ブロックチェーンのアイデンティティに基づいた新たな社会的格差が出現する可能性もある。そのアイデンティティが受け入れられない人には，人種や民族，社会経済的な要因などに基づいて起きた過去の出来事のような事態が起こるかもしれない。また，自己学習や（一部のソフトウェアが少し前から行っているように）自律的な進化を行う高度なデジタル的存在が人間よりもコンピューターを優先する世界を形成しようと試みる可能性を恐れる者もいるが，それに関しては複数の要素が混同されているかもしれない。その要素とは，ブロックチェーン契約は自動実行されること，現時点でブロックチェーンの利用可能性に対する制限は確認されていないこと，そして，ブロックチェーンが依存しているもの，すなわちその価値や役割の出どころは，本質的にコンピューティングのためのコンピューティングであることだ。

　ガバナンスの観点からブロックチェーンにアプローチしていくと，「政府はどこから来るのか？」という最も基本的な疑問にたどり着く。したがって，本書『ブロックチェーンの技術と革新〜ブロックチェーンが変える信頼の世界〜』は，ブロックチェーンテクノロジーによって発生する機会と危険性，そしてブロックチェーンと法律の間に構築可能な関係性の範囲という，二種類の観点で書かれた貴重な書籍となっている。ケビン・ワーバックは本書でこれらの疑問の答えを解決するために，同時に別の疑問にも取り組んでいる。歴史法学者いわく，今の時代は法と国家と社会という三者の関係において，数百年前に初めて非宗教的な国際国家システムが形成されたときと同等の根本的な変化が起きているとのことだ。ワーバックは，効果的なガバナンスに必要な信頼のアーキテクチャを構築するために，

ブロックチェーンがもち込んだ新たなアプローチを検証しながら，そのような変化がどのように起こっているかを説明している。そして彼は，私たちがこれまで懸命に戦って守ってきた人権や自由権，そして経済活動やその他あらゆる人間活動の原動力となってきた能力や自信を守るためのプロセスに私たちがどのように取り組むべきかを解き明かしている。

サンドラ・ブラマン

謝辞

　まずはじめに，私はオーウェン・デイビスに文句を言いたい。4，5年前，複数のベンチャー企業を立ち上げた起業家であり私の友人でもある彼は，私がビットコインに興味を示さないのを不思議がったのだ。私は正直，困惑した。確かに私は流行りの暗号通貨について見聞きしたことはあったものの，特に興味を引かれることはなかったからだ。私がデジタル通貨についてレポートを書いたのは遥か昔，1999年のことだった。しかしオーウェンは，これはもっとすごいものだと言い張った。そこで私はブロックチェーンについて詳しく調べて……そしてすっかり虜になってしまったのである。

　その後，ここに書ききれないほど多くの人々が，意図するにせよしないにせよ私の理解を助けてくれた。そして幸運なことに，私は法学者として勤務するウォートン・スクールで，新たな研究分野に積極的に取り組める環境に恵まれていた。しかしそれでも，サンドラ・ブラマンからの連絡がなかったら，ローレビューがこのような大規模な仕事に発展することはなかっただろう。彼女が連絡してくれたことに心から感謝したい。そして，

工程をサポートしてくれたジータ・デヴィー・マナクタラとMIT Pressのスタッフにも感謝している。また，ナタリー・ヒューストンは私がこの仕事に集中するのを助けてくれ，アデル・ボヤルスキーとレナ・シュタノバッツは研究を素晴らしいレベルでサポートしてくれた。なお，本書の一部は，その後出版された『Duke Law Journal』誌（ニコ・コーネルと共著）と『Berkeley Technology Law Journal』誌用の記事として執筆したものだ。

　そしてもちろん，原稿へのフィードバックを寄せてくれた，イフェオマ・アジュンワ，ブライアン・バーキー，ヴィンス・ブッコラ，ロビン・チェイス，ジュリー・コーエン，デイビッド・クロスビー，デブン・デサイ，ダン・ハンター，ジュリアン・ヨンカー，ジョーイ・クリュッグ，サラ・ライト，リチャード・シェル，ティム・スワンソン，クリスチャン・テルヴィッシュ，カール・ウルリッヒ，アダム・ワーバック，デイビット・ザリング，および匿名のレビュワーたちにも感謝している。さらに，本書の執筆にあたって私との対談や会話に快く応じてくれた，ジェレミー・アレール，アンバー・バルデット，ブライアン・ベーレンドルフ，アーサー・ブライトマン，キャスリーン・ブライトマン，マット・コルヴァ，クリス・ディクソン，ブライアン・フォーデ，サイモン・ジョンソン，アーロン・クレレンスタイン，ケイトリン・ロング，ルカ・ミュラー・スチューダー，パトリック・ムルク，エイブ・オスマン，ニーパ・パテル，ブルース・ポン，フーマン・シャダブ，エリザベス・スターク，ジョエル・テルプナー，ステファン・トーマス，アンドレア・ティニアナウ，スティーブ・ウォルドロン，アルバート・ウェンガー，アーロン・ライト，およびカリヤ・ヤングにも感謝したい。彼らのおかげで，私は広まりつつあるブロックチェーンへの理解を深めることができた。

　また，私の人生にとってかけがえのない存在である妻のジョアンナと子供たちのイーライとエステルには，感謝してもしきれない。

　そして最後に，もしこれを読んでいるのなら，サトシ・ナカモトにも感
謝の気持ちを伝えたい。

はじめに　木にまつわる小話

スズカケノキからブロックチェーンへ

　1792年5月17日，スズカケノキの下に集まった24人の株式仲買人が，世のなかを一変させる協定に署名した[1]。彼らは全員，マンハッタンで隣近所に住む知り合いで，のちに地元のカフェに集まってビジネスを行うことになる。彼らは毎日ウォール街に集まり，国債や株式を売買していた。そして，この協定の目的は，市場価格をいつも不正に操作していた地元の競売人を除外するという，ささやかなものだった。彼らはその影響力を知らなかったのである。

　それから2世紀半が過ぎた現在，同じ場所からわずか3ブロック先に，スズカケ協定を起源とするDepository Trust & Clearing Corporation（DTCC）という会社がある。同社は現在，年間1500兆ドルもの取引を扱っており[2]，これは1分間に30億ドル，1カ月間に全世界の年間経済生産高と同等の金額を扱っている計算になる[3]。同社やその系列会社が扱う取引は，まさに現代社会を支える大動脈といえるものだ。

　18世紀に創設されたニューヨーク証券取引所（NYSE）がいかにして現在のグローバル金融組織へと発展を遂げたかについては，さまざまな側面から語ることができる。しかし，ここではそれをベースにもっと大きな話をしよう。かつて株式仲買人たちを団結させたものは，DTCCをアメリカで取引されているほぼすべての株式を所有する企業（信じられない人は読み進めてみてほしい）へと押し上げたのと同じ力だ。その力は過小評価されがちだが，国家や人間関係の運命を左右する重要な要素である。この力は法制度の目的であると同時に，法律が消滅した際に法律に取って代わるものでもある。その力とはすなわち，信頼だ。

　信頼は現代社会におけるスズカケノキだ。その根は地中深くに伸び，枝はどこまでも広がり続ける。信頼は目に見えないので認識しにくいが，信頼の形態 —— あるいは信頼のアーキテクチャ —— は身の回りのほとんどあらゆる面に影響を及ぼしている。スズカケノキの下に集まった株式仲買人と現代のウォール街の違いは規模やスピードだけでなく，信頼のメカニズムという深い部分にもあるのだ。

　新しい形の信頼が生まれるときは，物理学の新たな理論が登場するのと少し似ている。変革によって，それまでにあったものが完全に覆されることは絶対にあり得ない。たとえば，アルベルト・アインシュタインの相対性理論はすべてを一変させたが，それから100年経った今でも，アイザック・ニュートンが17世紀に唱えた力学を学生たちは学んでいる。そして，相対性理論もまた量子力学と統一されずに存在しているのだ。この二つの理論は矛盾しているにもかかわらず，どちらの理論も正しいように見える。この場合，専門家ができることは，両者をお互いに現実の経験と調和させることだ。信頼の形態についてもこれと同じことがいえる。

　2009年1月3日，ビットコインのローンチにより，新たな信頼のアーキテクチャが世のなかに登場した[4]。その声明は，マルティン・ルターが聖堂

図0.1 スズカケ協定に署名する株式仲買人

の門に文書を貼った行為の現代版ともいえる様相で，メーリングリストに匿名で投稿された。声明の著者は，既存の考え方をベースにした新たなアイデアを投じただけですぐに姿を消してしまう。しかし，種はまかれたのだ。それ以来，最初の論文よりも遥かに優れたアイデアが大勢の人々によって検討されてきた。そして，資産が形成され，何十億ドルもの資金が投資され，何千もの会社が創設され，新たな業種が登場し，世界でも屈指の影響力をもつ企業や政府が注目した。さらに，窃盗や論争，詐欺，決裂，終身刑判決，投機的なバブルなども発生した。しかし，これはほんの始まりにすぎない。

　この素晴らしいイノベーションは，一般的に「ブロックチェーン」と呼ばれている。ブロックチェーンは，テクノロジーの熟練の専門家ですら理解するのが難しいことが少なくない[5]。ブロックチェーンはさまざまな方法でさまざまな環境に導入できるが，その基本的な考え方は「システムを構成している個々の要素を一切信頼しなくても，システムは信頼できる」というシンプルなものだ。具体的にいうと，ブロックチェーン・ネットワーク

の参加者は，共有台帳に記録されている情報を，それを検証する者を信頼することなく信頼できるのである。そして，ネットワーク上の取引を停止したり変更したりできる強力な権限は誰も——所有者や取引所，あるいは政府ですら——もっていない。

　ブロックチェーンによって，企業や政府の権力，そしてそれを強化する法制度から解放されると考える者もいる。あるいは，犯罪者やいかがわしいインサイダーグループに力を与える手段だと考える者もいる。しかし，ブロックチェーンは大半の組織にとって，現在やっていることをより効率的に行うための手段にすぎないだろう。ブロックチェーンはお金ではあるが，決してお金に関するものがすべてではない。ブロックチェーンは純粋に，数学，経済学，心理学，あるいはガバナンスの産物だ。ブロックチェーンには多大なる熱意が注がれているものの，その大部分はほとんど知られていない。現在，ブロックチェーンを取り巻くコミュニティやシステムは飛躍的なペースで発展しつつあり，世界を変える可能性を秘めている。ただし，いつどのように変えるのかは不明確なままだ。

　明確なのは，ブロックチェーンが信頼の必要性を排除するわけではないということだ。むしろ，新たな形での信頼が築かれているのを意味している。かつて株式仲買人たちは，自分たちの個人的な関係に基づいてスズカケノキの下に集まり，仲介者，すなわち取引所に権限を与えた。しかし，ブロックチェーン・ネットワークの参加者は，中央当局や対人関係が存在しないにもかかわらず信頼性を保っている。そして，この新たなアプローチには現実でも価値のある活用方法が多くあるが，同時に重大な課題にも直面している。その可能性や限界を明らかにしていくと，ブロックチェーンがもたらす信頼の枠組みが見えてくるだろう。

　暗号通貨に懐疑的な者は少なくない。伝説的な投資家であるウォーレン・バフェットは，ビットコインのことを「蜃気楼」と呼んだ[6]。ノーベル賞経

済学者であり評論家でもあるポール・クルーグマンは，ビットコインを
「悪」と表現した[7]。そして，JPモルガン・チェースのCEOであり，世界
で最も尊敬されている銀行家の一人でもあるジェイミー・ダイモンは，ビ
ットコインのことを「詐欺」と称し，さらには「私にとって何の価値もない
ものを無から生み出している」とまで断言した[8]。しかし，ダイモンがこれ
らの発言をしたときでさえ，彼の会社はブロックチェーン関連のテクノロ
ジーに投資し，そのテクノロジーによって実現した「暗号通貨」に関する
会議を主催していたのである。

　もっとも，ダイモンが言うように暗号通貨に投機する大勢の投資家たち
が「悲惨な末路」を迎えるという点については，おそらく正しいだろう。本
書では，現代ポートフォリオ理論の研究が選ぶべき株を教えてくれるわけ
ではないように，ビットコインやほかの暗号通貨のトークンを買う価値が
あるかどうかについてのアドバイスを提供するものではない。昨今の短期
的なボラティリティにより，暗号通貨への投資はトレーダーのゲームと化
しており，長期的な価値が反映されていない状態だ。そもそも，暗号通貨
への投資の可能性はあくまでも氷山の一角にすぎない。長期的に見た場合
に重要なのは，ビットコインネットワークがもたらした信頼へのアプロー
チが根本的に適切であるかどうか，そしてもしそうなら，採用しているシ
ステムの成功や失敗につながる要因は何か，ということなのだ。

　暗号通貨は表面的なもの（無から生じるお金）だけでなく，かなり深いも
の（信頼を構築する新しいパターン）を提示している。これは，暗号通貨が
昨今，過大に宣伝されたり過小評価されたりしている理由の説明にもなる
だろう。ベンチャーキャピタリストのネイバル・ラヴィカントによると，
「ビットコインは，一攫千金を夢見させるかのように装っているが，権力
を濫用する政治家たちや横暴な輩から人々を解放するためのツールであ
る」とのことだ[9]。

　イノベーションが新しい変化となるのは，ある程度まではテクノロジー自体によるものだ。ただし、高度に洗練された進歩だけでは現実世界の問題に対処できない場合がある。ソリューションを成功に導くには，開発能力，起業家のビジョン，資金力，そして大量の幸運をうまく組み合わせる必要があるのだ。イノベーションが定着するプロセスは「拡散」と呼ばれており，アーリーアダプターからリスク回避志向の強いユーザー層へと徐々に広がっていくかどうかは，市場に参加している者のコミュニケーションパターンや，現在の消費パターンとの適合性などの要因に左右される[10]。ブロックチェーンが受け入れられるかどうかも同じ要因によるものだろう。その成功は技術的な素晴らしさだけでなく環境次第でもあるのだ。

　ブロックチェーンが定着した背景には，2008年の金融危機で発生した，政府や企業に対する信頼の崩壊がある。世界経済の大部分はそのショックから回復したものの，信頼の衰退は継続している。アメリカやその他多くの国では，対人的な信頼や制度的な信頼が数十年にわたって低下し続けているのだ。政府やメディアに対する信頼度は，これまでにないほど低下している。ニュースや情報に関する状況は断片的で信頼性が低い。さらに，テクノロジーに関する一般的な議論や学術的な議論でも，プライバシーやセキュリティ，監視に関する懸念が大きく取り沙汰されている。そして，インターネットによって生まれた巨大な情報プラットフォームは今や，既得権益を破壊するものではなく，データを通じて思うがままに支配力を行使する新たなタイプの独占企業として認知されつつあるのだ。

　ブロックチェーンはこれらの課題のいくつかに対して新たなアプローチをもたらしているが，お互いに信用していないのに集団としては信頼を確立しているような矛盾した状態のようにも見える。オープンソースのソフトウェアと分散されたネットワークで構築されていて，誰でも参加できる一方で，その信頼は非常に幅広い応用が可能だ。当初は過激なテクノリバ

タリアンだけが支持していたブロックチェーン関連のテクノロジーは今や，多くの業界の主要企業や起業家，さらには政府からも支持されているのである。

　ブロックチェーンは，そのテクノロジーの斬新さによって熱い注目を集めている。2013〜2016年までに，ベンチャーキャピタリストはブロックチェーン関連のスタートアップに10億ドル以上投資している[11]。2017年には，暗号通貨全体の価値は数千億ドルに急増した。そして，IBMやマイクロソフト，Intelといったテクノロジー界の巨大企業もブロックチェーンに注力している。また，投資信託以外には投資したことがなかった世界中の個人投資家も，暗号通貨や創立直後のスタートアップが発行したアプリトークンを我先にと購入している。さらに，ゴールドマン・サックスのような保守的な企業ですら，「多くの労力を費やさずに簡単に手に入るだけの成果」をつかむだけで年間数百億ドルの利益を見込んでいるのだ[12]。イギリスに拠点を置くJuniper Researchの調査によると，調査対象となった大企業（従業員数2万人以上）の大半が，2017年7月までに分散型台帳テクノロジーを検討もしくは導入したとのことだ[13]。

　ブロックチェーンは素晴らしい可能性を秘めている。たとえば，株式取引の透明性を明確にしたい金融機関や，食品の安全性を確保したいグローバルサプライチェーン，さらには，不動産のどのような権利を誰が保持しているかを追跡したい地方自治体，ユーザーにオンライン広告を配信したいパブリッシャー，配置した電力センサーを基にマイクログリッド事業者から電力を購入したい電力会社，発展途上国にいる親族に送金したい移民，医療記録へのアクセスを提供したいヘルスケアプロバイダー，配給を追跡したい支援団体などの役に立つ可能性がある。本書では，これらを含む多数の例を紹介していく。ブロックチェーンの潜在的な活用方法の多様性は，その規模と同様に並外れているのだ。

　これらはすべて事実だが，あくまでも物語の半分にすぎない。暗号通貨に対する投資活動の大半は単なる投機であり，詐欺や価格操作を伴うものすらある。あらゆる角度から見ると，ブロックチェーンの受け入れ規模はまだかなり小さい。試作段階のシステムは稼働しているシステムよりも遥かに多く，持続可能なビジネスモデルは大半が検証されない状態となっている。そもそも，単に利用できるというだけでは，企業が分散型台帳を導入する理由にはならない。実際は必ずしも見込みほどのメリットが得られるわけではなく，導入に伴う課題の多くが，テクノロジーとはほとんど関係がないのである。

　そのため，ブロックチェーンをベースにしたシステムのユースケースは不明瞭なものとなっており，想定よりも時間がかかる可能性が高い[14]。たとえば，初めてブロックチェーンが導入された，最も重要な事例であるビットコインは，本来の目的である小売決済にはほとんど使用されないままとなる可能性がある。ビットコインがローンチされてから約10年が経つが，未だに基本的な技術課題がいくつか解決されていない状態だ。さらにブロックチェーンが権力の集中よりも分権化を促進するという前提すら，未だに議論の余地がある。一方，政府は，消費者に対する重大な危害や違法行為に直面しても，無知でも無力でもないだろう。また，この分野が登場してからある二つの批判も，まだ十分に反証されていない状態だ。その批判とは，ブロックチェーンは優良なユーザーよりも犯罪者にとって優れたツールであるということ，そして，誰も信頼せずにリソースを投入するのは危険であるということだ。

　これらの問題は驚くべきことではない。経済史学者のカルロッタ・ペレスが著書『技術革命と金融資本』（2003年，未邦訳）で述べている通り，投機的バブルは，あとから振り返ると，テクノロジーに起因したビジネスの大規模な変化によく見られる特徴である[15]。過熱しすぎた状況は，真剣な

投資だけでなく詐欺や悪質な金儲けも引き寄せる。さらに，テクノロジーの進化と同様に，人やシステムも変化するのには時間がかかる。堅牢なインフラや規格が一夜にして現れたりはしないのだ。同じくテクノロジーの大きな転換点としてブロックチェーンとよく比較されるインターネットは，研究用のネットワークとして20年もの年月を費やし，商業利用が始まってからも成熟に10年以上かかったのである。そして，最も重要な点は，ブロックチェーンと関連する分散型台帳に基づいたソリューションが信頼できるものであるためには，間違いなくガバナンスにおける難題に直面するということだ。

　たとえ数学的な計算が完璧に機能したとしても，ブロックチェーンは人間が設計し，実装し，使用するシステムだ。主観的な意図は，コードを通じて客観的に表現したつもりでも残り続けてしまうものだ。また，ブロックチェーンをベースに構築されたビジネスやサービスは，たとえネットワーク自体が安全であっても，自己の利益を優先する行動や攻撃，不正操作に対して脆弱である。さらに，参加しているさまざまなコミュニティのインセンティブを常に均一にできるとは限らない。そして，うまくいくはずの何かがうまくいかなかった場合，敗者は自分の運命をおとなしく受け入れることはできないだろう。

　信頼が結果に対するものにすぎないのなら，人は人間の複雑さに対処することなく信頼を得られるだろう。しかし，信頼とはそういうものではない。信頼について研究してきた哲学者や心理学者，社会学者，経営学者は，単一の定義には合意していないかもしれないが，信頼がある程度の不確実性や脆弱性を意味するという点では概ね合意している。故に，ロナルド・レーガン元大統領が気に入っていた，「信ぜよ，されど確認せよ」というロシアのことわざには意味がないとよく批判される。『ワシントンポスト（*Washington Post*）』紙のコラムニストであるバートン・スワイムによる

と，「信頼するのなら検証を主張すべきではないし，検証を主張するのならそれは明らかに信頼ではない」とのことだ[16]。ブロックチェーンは検証のための独創的なソリューションだが，それだけでは不十分だ。ブロックチェーンベースのシステムを通じて強固な信頼を構築するには何が必要か，というのが本書のテーマである。

論理的には集権型，組織的には分権型

ブロックチェーンの基本的な役割は，信頼できない相手であっても情報を確実に共有することだ。言い換えると，中央管理者やマスターバージョンが存在しないにもかかわらず，誰もが台帳のコピーを自分で保持することができ，それらのコピーがすべて同じであることを信頼できるのである。このプロセスを専門用語で「コンセンサス」という。Union Square Venturesのベンチャーキャピタリストであるアルバート・ウェンガーは，ブロックチェーンのことを「論理的には集権型（台帳は一つしかない）だが組織的には分権型（多数の関係のない参加者が台帳のコピーを保持できる）」と表現している[17]。

ブロックチェーンシステムでは，台帳のどこか一カ所に取引をコミットするという行為が至るところで行われる。トーマス・ジェファーソンが手紙のコピーを作成するために使用した，「ポリグラフ」（嘘発見器とは関係ない）という2本ペンのツールを見てみよう（図0.2）。ポリグラフでは，コピーはオリジナルと並行して作成されるため，筆者の言葉を第三者が転記する必要がない。ブロックチェーンやその関連するアプローチでは，物理的・機能的に分散された多数のコピーに対して同じことを行っているのである。

ブロックチェーン・ネットワーク内のノードは，同期を保つために常に

通信を行っている。難しいのは，マスターコピーを信頼せずにコンセンサスを維持することだ。このアプローチがうまくいけば，中央集権型台帳における重大な制約に対処できることになる。仮に1個のノードがマスターレコードを保持している場合，そのノードはシステムの単一障害点（SPOF）となってしまう。見えている情報が正確かどうかユーザーが確信できないのは，それがユーザーのコントロールできないところにあるからだ。そうなると中央管理ポイントや仲介者は非常に強力になり，その力を誤用する可能性がある。一方，各組織が（企業の財務記録のように）独自の台帳を保持している場合，あらゆる取引が少なくとも2回，別々に記録されることになる。たとえば，会社が取引先に支払いをしたり，銀行が別の銀行の顧客からの小切手を現金化したりした際は毎回，事後に台帳を同期

図0.2 トーマス・ジェファーソンのポリグラフ

させる必要がある。それは，複雑さや遅延，エラーの原因になりかねない。

　しかし，見かけ上はごく一般的な形で追跡方法を変えることでも，多くの機会が生まれる。たとえば，お金は，コインには価値があり，偽造が禁止されており，銀行の残高が正確であると人々が信頼することに依存している。経済人類学者のデヴィッド・グレーバーによると，「通貨の単位の価値は，対象物に対しての価値の度合いではなく，他人に対する信頼の度合いである」とのことだ。現代社会においてその信頼は，金融サービス会社，中央銀行，法執行機関，およびコンピューター化されたプロセスに対する信頼を意味しており，国境をまたいだ関係者や取引が増えるにつれてますます困難になっている。ブロックチェーンの最初の導入事例であるビットコインは，これらをすべて民間運営の分散型マネーに置き換えようとしたのである。

　ビットコインシステムに関する最も驚くべき事実は，10年前にローンチされてから，危機的状況に陥る前に初期のバグがいくつか修正されただけで，ほぼ何も変わっていないということだ。ビットコイン台帳は，数十億ドル相当の通貨が入った透明な銀行の金庫のようなものだ。しかし，テクノロジーの斬新さやコミュニティの扱いにくさ，そして文字通りお金を生み出すシステムを攻撃できるという大いなる誘惑にもかかわらず，ビットコインのコンセンサスネットワークの完全性は一度も侵害されていないのである。ただしこれは，誰も危ない目にあったことがないという意味ではない[18]。トークンがユーザーやサービスプロバイダーの手にわたった際に弱点が悪用されたことにより，これまでに数十億ドル相当のビットコインやその他の暗号通貨がもち去られている。暗号通貨が成功したことによって，新たな問題が生じており，そのための解決策もまた必要となるのだ。

　デジタル・コインは，通常の現金と同様に，それ自体に価値がある。つまりは希少価値の高い品の所有権，ネットワーク上のストレージや計算処

理能力の使用権，アプリケーションを利用する権利など，金銭的な価値として認められるあらゆる権利に対して同じアプローチが適用できるということだ。そして，これらの価値はわざわざデジタルトークンを介してやり取りしなくても，一つの共有台帳をもつだけで，多数の組織が参加する記録管理の環境において効力が発揮されるのである。

　その潜在的な影響力は驚くべきものだ。ブロックチェーンの分散型モデルには，分散型のアプリケーションやサービスによる新たな産業を発展させる可能性が秘められている。なかには，ソーシャルネットワークやEコマース市場などの既存プラットフォームと競合するものもあるだろう。あるいは，予測市場などの新しいソリューションと関連するものもある。

　有力企業であるAndreessen Horowitzのベンチャーキャピタリスト，クリス・ディクソンは次のように述べている。「お金は，現実世界の団体や人を組織するのに役立つものです。そして現在，インターネットには固有の資金源が存在します。我々は今まさに，それを活用できる方法を探しているところです[19]」。どのような偉大な技術革新であっても，その全体像はのちのちからでしか客観的に評価できない。そのときは決定的と思われた市場の変動が，あとから見ると些細なものであったり勘違いだったりする場合もある。ただし，長期的に見ると，テクノロジーが成功するのは，それが現実の問題を解決して真の価値を生み出した場合だ。その場合，そのテクノロジーは遅かれ早かれ発展する。ブロックチェーンがビジネスや社会に与える最終的な影響は，新たな信頼のアーキテクチャとして有効に機能するかにかかっているのだ。

法律と量子論的な思考

　技術革新に関してビジネス上の説明から見落とされがちなもう一つの要

素が法律だ。法律とブロックチェーンの関係は，ブロックチェーンを支持する者からも批判者からも大きく誤解されている。ブロックチェーンは，過度に自由な行動を促す技術ではないのと同様に，過激な無法化を促す技術でもない。また，現実の世界で運用されている法律の適用範囲を決定的に縮小したり，それに取って代わったりするものでもない。ブロックチェーンベースのシステムを規制するべきか，もしくはどのように規制するかというのは解決すべき重要な課題だ。しかし，それ以上に重要なのは，ブロックチェーンを規制するための方法に関する問題だ。ブロックチェーンをベースにしたシステムは，既存の法律やガバナンスの仕組みと連動し，法律やガバナンスの仕組みとして機能する。そこに普遍的な答えはないが，大抵の場合，ブロックチェーンのテクノロジーは従来の法制度を補足・補完するものであり，それに取って代わるものではないだろう。

「量子論的な思考」とは，光は粒子であると同時に波でもあるという量子力学の奇妙な発見になぞらえてニック・サボが考案した，矛盾する二つのアイデアを同時に検討することを意味する用語である[20]。彼は，ブロックチェーンの関連システムで重要な要素であるスマートコントラクトを概念化したコンピューター科学者だ。そして彼は，既存の分野の境目で新たな概念を生み出す際には，「量子論的な思考」のような精神的なアプローチが重要であると主張している[21]。ブロックチェーン・テクノロジーには，暗号学，コンピューター科学，経済学，政治理論などの知識が利用されているのだ。いずれにせよ支持者であろうと批判者であろうと一つの側面に固執していると別の重要な要素を見落としがちである。

弁護士もまた，複数の選択肢を含めた議論を非常に得意としている。たとえば次のようなものだ。「裁判長，依頼人は事件現場から何マイルも離れていました。しかし，もし彼がそこにいたとしても銃は撃っていません。万が一，彼が銃を撃った場合，それは正当防衛のためでした」。この

非常にふざけた論法は，不確実性に直面した際に役立つ知的な手段である。結論を出すのは裁判官や陪審員だが，その瞬間が来るまであらゆる可能性を十分に評価できないというのは間違いだ。予期せぬ事態が起こることもあるからだ。それは時に，意図しない仮説に基づいて決定された結果として起こることもある。科学技術者は決定論的な論理と計算可能な確率を尊重する世界で活動しているが，弁護士は予測不可能で，従順とは限らず，大惨事を招くかもしれない可能性すらある世界にいるのだ。

　法律には，ブロックチェーン・コミュニティに貢献できる要素が多くある。たとえば，マネーロンダリングや消費者保護，金融の安定性に関する懸念は，たとえ暗号化が予想した通りに機能しても消えることはない。また，秘密裏にお金を移動できる新たな仕組みができたとしても，課税が要らなくなることはないだろう。さらに，コンピューターは人間の介入なしに取引を実行できるからといって，争いごとがなくなるわけではない。そして，どのような場合であっても悪意をもった参加者は不正を行うだろう。これらのケースはすべて，法的な措置や規制が必要になってくるものだ。その措置はある程度正当化されるだろう。もし，そのコミュニティが法的な義務を遵守するためのあらゆる努力を断固として拒否した場合，ブロックチェーンはオンラインの闇の部分で稼働する邪悪なテクノロジーと化し，表社会の経済で使われることはなくなってしまう。それは，ブロックチェーンの可能性を無駄にすることになる悲劇的な結末だ。

　同時に，ブロックチェーンは法曹界に対しても重要な教訓をもたらしている。ビットコインは，責任者がいない分散型ネットワークであるにもかかわらず，自ら制御して破綻を防いだり価値を増やしたりしながら長期的に稼働できることを証明している。信頼には，かつて権力の委任か緊密な関係のいずれかが必要だったが，今ではオープンソースソフトウェアを実行している独立した参加者のコミュニティからも生み出される可能性が出

てきたのだ。ここで法律ができる最も有益な貢献は「ガバナンス」とよく呼ばれるもので，何らかの特定の規則ではなく，規則の作成や実施される際の法的な規律にあたるものだ。ブロックチェーンのテクノロジーやシステムを構築しているコミュニティは，さまざまな意味で自らを管理することができるが，それは彼らがこの課題に真剣に取り組んでいる場合に限られる。そして，監視する機関もまた，テクノロジーの活用によって有効性を向上させることができる。逆に，十分に検討しないまま規制措置を導入すると，ブロックチェーンの活動をほかの国や裏の社会に追いやることになり，価値あるイノベーションが発展する機会を逃すことになってしまうだろう。

　急速に変化する環境では，規制が早すぎること，遅すぎることの両方に危険性が潜んでいる。ここでの最適なアプローチは，量子論的な思考を利用してそれぞれのリスクを評価することだ。法律とブロックチェーンは，立ち位置が目まぐるしく変動し続けている。この状況は，どのような価値観に基づいて両者の関係を構築するべきかという問いを投げかけているのだ。世界に導入されているテクノロジーは，決して中立的なものではない。革新的なイノベーションは，その技術的なアーキテクチャや，それが運用されている法制度に基づいて，さまざまな影響を及ぼす可能性がある。特に早い段階で下された決定は非常に大きな影響を及ぼす。なぜなら，一度でもアーキテクチャや法的な環境が整備されると変更するのが難しくなるからだ。

この先の道筋

　本書は三つの部に分かれている。第1部では，ブロックチェーンがどのように生まれ，どのように機能し，何を可能にするのかを説明する。一つ

目のテーマは技術的なものだ。ブロックチェーンは，サトシ・ナカモトの巧みな設計を通じて，長いあいだデジタル通貨に求められていた夢を実現させ，その後も許可型台帳やスマートコントラクトなどの拡張機能によって技術を進化させた。二つ目のテーマは，ブロックチェーンを新たな信頼のアーキテクチャとして語ることが何を意味するのかということだ。信頼は非常に強力な現象だ。信頼の概念に関する学術的な議論は数百年にわたって繰り広げられてきたにもかかわらず，その細かな論点は見落とされてきた。ブロックチェーンは，個々の要素を信頼せずとも信頼を構築できることを目的とした仕組みだ。実際にはもっと複雑だが，それでも興味深いものである。三つ目のテーマは，ブロックチェーンとビジネスの関係だ。過剰で大げさな宣伝や投機的な注目を集めている一方で，分散型台帳のテクノロジーには本当に価値がある重要な利用方法も存在する。しかし，ブロックチェーンを取り巻く可能性を広げ始めると，テクノロジーだけでは克服できない問題が明らかになってくる。既にブロックチェーンによる分散型の信頼性が破綻した事件が複数発生しているのだ。

　第2部では，ブロックチェーンが回避しようとしたと考えられている，ガバナンスや法律，規制といった課題に対する解決策を探っていく。ここでも，ブロックチェーン・テクノロジーの斬新さに伴う新たな問題と思われるものが，実際には過去と同じパターンを繰り返していることが明らかになる。インターネットが1990年代に初めて一般的な存在になったときも，分散型のオンライン・コミュニティと法律の関係について，非常に似た問題が浮上していたのだ。そして，法学者が当時出した答えもまた，現在ブロックチェーンに関する議論で出ている答えと驚くほど似たものだった。その最適な回答は，テクノロジーの優位性を褒め称えることでも，テクノロジーの可能性を否定することでもなかったのだ。分散型台帳の根底にあるのは法的なテクノロジーで，行動を管理するための規則を調整した

り実施したりするメカニズムである。このメカニズムの長所や短所を評価するためには，同じ目的を達成しているほかのメカニズムと比較するべきだと考えている。

　第3部では，将来に向けて，法律と分散型台帳のギャップを埋めるための具体的な手順をそれぞれの視点で探っていく。そのなかには既に開発中のものもあれば，潜在的な問題が発生する前の予防的な処置として共同で行動が必要なものもある。また，最終章ではブロックチェーンが新たな信頼のアーキテクチャの基礎として成功した場合，いかにしてインターネット自体を再活性化できるかを検討する。インターネットは普及が進むにつれ，社会に広がる信頼性を揺るがす危機を回避する手段というよりも，むしろ問題の一部となってしまった。ブロックチェーンだけで信頼を脅かす巨大なギャップを解消するのは難しいかもしれないが，新たな希望をもたらすことにはなるだろう。このビジョンを実現させるには，テクノロジーを通じて革新を促す存在と政府の両者が適切な決定を下す必要がある。未来に向けて最適な判断をするためにも，本書のテーマでもある，ブロックチェーンと法律や信頼との関係性をしっかりと理解することが欠かせないのだ。

　本書では，サイバー犯罪による壊滅的な被害を防ぐべく三大陸にまたがって行われた大規模な取り組みや，グローバル化した小売業者に作物を供給している中国の農場，グーグルのチューリッヒオフィスで働いている優秀だが葛藤を抱えたイギリス人エンジニアなど，世界中のさまざまな事例を紹介する。この分野は進歩が非常に早いので，一部の例は皆さんが本書を読む頃には既に時代遅れになっているかもしれない。また，今まさに注目されているスタートアップ企業も，もしかしたら短命で終わってしまう可能性もある。しかし，時が流れても変わらないテーマも存在する。ブロックチェーンの物語を単なるテクノロジーの潮流としてではなく信頼の物

語と捉えることで，短期的な側面と永続的な側面を切り分けて見ることができるのだ。

　ブロックチェーンには，異星人のテクノロジーや未来の産物のような，現代の知識では理解しがたい部分があるかもしれない。しかし，法律や信頼の手段として位置づけることで，より具体的に捉えやすくなるはずだ。ブロックチェーンのテクノロジーをベースにしたシステムがその計り知れないほどの可能性をどの程度うまく実現できるかは，それらのシステムが深刻で身近な課題にどれだけうまく対処できるか次第なのだ。

　ウォール街のスズカケノキは，南北戦争の終結を示す最後の南軍が降伏した2週間後に，嵐によって倒れてしまった。この木は有名なランドマークであり，世界的な金融大国としてのアメリカの台頭の象徴でもあった。その73年前に株式仲買人たちが協定に署名した当時とはさまざまなことが変わっていた。つくられてから間もなかった国が今や，悲惨な内戦からの再興を目指していたのだ。そして，その後の1世紀半の間にはさらに多くの変化が起こった。その結果，現在必要とされている信頼は，ウォール街のコミュニティが一軒のカフェに収まっていた時代に必要とされたものとはまったく異なるものとなっている。

　スズカケノキは1865年に倒れてしまったが，最新の信頼のアーキテクチャを定義するコードに，今でもその名残が残っている。ブロックチェーンは，数学的な木構造でできている。図0.3に示しているこの構造は「ハッシュツリー」もしくは「マークルツリー」と呼ばれている。

　マークルツリーを使用すると，大規模なデータ構造の整合性を効率的に検証することができる。この概念は，暗号技術者のラルフ・マークルが1979年に特許を申請したものだ。その後2002年に特許が切れたことで，開発者はこの概念をオープンソースのソフトウェアに自由に組み込めるようになった。そしてこれは，2008年にサトシ・ナカモトがビットコイン

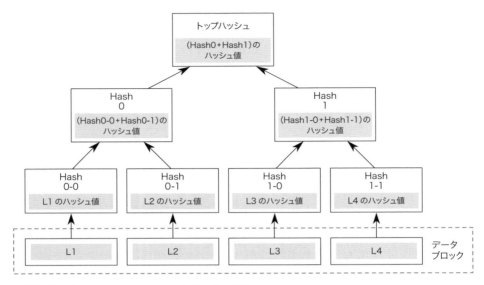

図0.3 ブロックチェーンのマークルツリー構造

をつくる際に使ったテクノロジーの一つでもある。かつてのスズカケノキ
は便利な集合場所だったのに対し，マークルツリーは独立したばらばらな
情報を信頼できる一つのデジタルレコードにする。その重要性がスズカケ
ノキの功績に匹敵するかどうかは未だ不明である。

　ブロックチェーン，法律，そして信頼が織りなす物語は今も続いている。
それはもしかしたら，現代社会における最も重要な物語の一つかもしれ
ない。

用語について

　ブロックチェーンテクノロジーは急速に進歩している分野なので，複数の用語が混在して使用されることも少なくない[22]。本書では，専門知識をもたない読者が内容を理解できることを念頭に置きつつも，技術的に正確な用語を選択することを心がけた。

　「ブロックチェーン」とは，連続した情報の塊をリンクさせたデータストレージシステムである。これは文字通り，改ざんできない取引台帳を作成するために設計された，ブロックのチェーンだ。本書で「ブロックチェーンネットワーク」あるいは「ブロックチェーンシステム」と呼んでいるのは，ブロックチェーンの一貫した状態（「コンセンサス」と呼ばれる）を維持するためのソフトウェアを実行しているコンピューターの集合体だ。一方，「分散型台帳」は，ブロックチェーンやそれに似たコンセンサスベースのシステムを示す，より一般的な用語である。

　また，「暗号通貨」とは，中央銀行によるマネーサプライの管理下にない，暗号技術に基づいた通貨である。一部の政府機関は，ビットコインのようなシステムは「仮想通貨」であり，「デジタル通貨」は政府が発行する従来の法律によって価値が保証されている「法定通貨」のみであると主張している[23]。しかし仮想通貨には，ビットコイン以前から存在した，航空マイレージやゲーム内ポイントといった特定の環境のみで使用できるお金も含まれている。また暗号通貨は政府の関与なしに機能するが，法定通貨の本質的な機能を備えている。したがって私は，「デジタル通貨」を一般的な用語として認めた国際決済銀行（BIS）の考え方を支持している[24]。

第 **1** 部

革命を起こした9ページ

第1章　「信頼」を再考する

信頼に依存しない方法

　2008年10月31日にCryptographyというメーリングリストに投稿されたわずか9ページの論文の結論の節は，「本論文では，信頼に依存しない電子取引システムを提案した」で始まっている。この『Bitcoin: A Peer-to-Peer Electronic Cash System（ビットコイン：P2P電子通貨システム）』という論文には，サトシ・ナカモトというペンネームが記されている[1]。多くの労力にもかかわらず，このビットコイン考案者は謎に包まれたままとなっており[2]，彼は2011年を最後に表舞台から姿を消してしまった。皮肉なことに，中央集権の排除を提唱した「ナカモト」の名は，日本語で「中心的な起源」を意味している。

　しかし，サトシ・ナカモトの正体が誰であれ，一つだけ確かなことがある。彼は，あるいは彼女，もしくは彼らが，「信頼に依存しない」と主張したのは，完全に間違っていたということだ[3]。なぜなら，ビットコインの仕組みをベースに生まれたブロックチェーンや分散型台帳のソリューション

はもちろん，ビットコインにおいても信頼は重要な要素だからである。それは別に，9ページの論文のなかに「信頼」や「信頼された」が13回も登場するからではない。もしビットコインが信頼されていなかったら，おそらくビットコインは使い物にならなかっただろう。ビットコインの登場以来，暗号通貨の価値が驚くほど上昇した背景には，個々が運用する分散型デジタル台帳の記録の価値をお金と同じように信頼したいという，人々の願望の表れでもあるのだ。そして，ブロックチェーンに関連する非金融系のスタートアップや企業が手掛ける数々のブロックチェーンプロジェクトもまた，同様の信念に基づいている。さらに，分散型台帳ネットワークは，それがなければお互いを十分に信頼できないようなコミュニティ同士を結びつけている。『エコノミスト（*The Economist*）』誌の特集記事では，分散型台帳ネットワークは「信頼の機械」と称されているのだ[4]。ビットコインのブロックチェーンの仕組みは，単に信頼に革命をもたらしただけかもしれないが，そのタイミングは絶妙といえるものだった。

信頼の危機

　広告会社のエデルマンは15年間にわたって，政府，企業，メディアの信頼に関する世界規模の調査を実施している。その年次レポートはダボスで開催される世界経済フォーラムの年次総会で公表されており，そこには社会的信頼の各パターンの詳細な分析が記載されている。しかし，その内容はあまり希望がもてるものではない。信頼に関する指標の大半が，しばらく前から下落傾向にあるのだ。しかも，近年は特に信頼の衰退が加速しつつある。2017年度の信頼指標のレポートには，『*An Implosion of Trust*（信頼の内部崩壊）』というタイトルがつけられた[5]。それによると，「政治体制」がうまく機能していると考えている人は総人口のわずか15％にす

　ぎないとのことだ。また，この調査によって明らかになった「信頼の深刻な危機」は，広範囲に及んでいる。その危機は，政府，メディア，企業，非政府組織（NGO）といったあらゆる種類の組織に及んでおり，情報に精通している知識人だけでなく一般市民にも知れわたっているのである。

　近年の同じような調査でも類似の結果が出ており，それは特にアメリカにおいて顕著となっている[6]。2015年にピュー研究所が実施した世論調査によると，政府を信頼していると答えたアメリカ人はわずか5人に1人にすぎなかった[7]。なお，翌年の悲惨な大統領選により，政府への不信感は一層増している。そもそも，アメリカ人はお互いをあまり信頼していないように思われる。AP通信の世論調査によると，「大半の人間は信頼できる」と答えたアメリカ人は2013年の時点でわずか3分の1にすぎなかった。これは，1972年に総合的社会調査（GSS）で同じ質問を初めて調査した際の半分である[8]。さらに，史上最多となる約3分の2の人々が，「人とつき合う際にはいくら注意してもしすぎることはない」と答えている。しかし，現状を知る者にとっては，これらの結果はさほど意外なものでもないだろう。

　現在起きている信頼の危機は実のところ，長年にわたって発展してきた変化の集大成なのだ。20世紀末に出版されたロバート・パットナムの『孤独なボウリング』（2000年，邦訳：2006年柏書房）やフランシス・フクヤマの『「信」無くば立たず』（1995年，邦訳：1996年三笠書房）などのベストセラーでは，社会的信頼の衰退に対して警鐘が鳴らされていた。パットナムは，数多くの調査や研究の結果を用いて，アメリカにおける地域における信頼のネットワークが衰退している事態を浮き彫りにした。彼が注目したのは，ボウリング場でリーグ戦が減って個人プレイが増えているという事象である[9]。彼はこの状況を，社会病理の増加傾向が読みとれる有害な変化と捉えていた。また，その5年前にはフクヤマも世界的な信頼の危機について，とりわけ現代アメリカにおける状況に警鐘を鳴らしていた[10]。フ

クヤマによると，アメリカは個人主義で知られているものの，実際には個々がかなり高いレベルで信頼し合う関係性から恩恵を受けているとのことだ。しかし，それは変わりつつある。20年前にフクヤマやパットナムなどの作家が警鐘を鳴らした信頼の危機は，今や現実のものとなっている。そのゆく末は悲惨な結果になるかもしれない。

　日常的に私たちは信頼に基づいて行動を決めている。この車の後部座席に乗っても大丈夫だろうか？　スーパーで売っているマグロのパックには危険なウイルスが潜んでいないだろうか？　この人とデートに行っても大丈夫だろうか？　このウェブサイトにクレジットカード番号を入力してもいいのだろうか？　商取引はもちろん，通常の人づき合いにおいてすら，そこに関わっている信頼の質に大きく依存している状態だ[11]。社会学者のニクラス・ルーマンによると，信頼なくしては人間社会そのものが成り立たないとのことだ[12]。もし信頼がなかったら，私たちは出会った人々の信頼性を一人ずつ検証し，証明する必要があるだろう。しかし，そんなことは不可能だ。信頼は，社会やビジネスにおける関係性を円滑に進めるための道具であり，現代社会の複雑な状況を乗り越えるための要素でもあるのだ。

　しかしながら，信頼は単に表面的なものではなく，それに伴って影響が出るものである。信頼は相互作用をつくるものであり，潜在的にとても重要な意味をもっている。たとえば，信頼された人がますます多くの信頼を得る一方で，信頼されていない人は信頼を得るためにあらゆる面で努力を強いられることになり，非常に不利な立場に置かれる。したがって政治体制が信頼の範囲を変更した場合，それは社会の変化に直結する。信頼は，景気動向のようなマクロ構造も，個人や企業の相互作用のようなミクロ構造も形成している。そして，信頼度の高い社会は信頼度の低い社会よりも優れているといった実例も世界中で見られる[13]。経営学者も同様に，企業の信頼度が高くなると業績がよくなることを経験的に理解している[14]。

　また，信頼はソーシャルキャピタル（社会関係資本）としても機能している。信頼によって，社会関係や商取引を促進させる「好意的な関係の蓄積」が生まれ，それがひいては社会の豊かさにつながっているのである[15]。

　信頼は本来，家庭や地域コミュニティといった狭い範囲で生まれたものだ。しかし，現代社会において相互作用をそのような狭い範囲に留めておくのは不可能だ。信頼度の高い社会では，市民が信頼できる範囲を見知らぬ人にまで広げられるよう，文化，社会規範，法制度などを発展させてきた。信頼度の高い環境では，強引な規制や強制的な執行などは必要とされない傾向にある。なぜなら，大半の人が基本的に信頼できる環境において，そういったものは必要とされないからだ。しかし，そうでない環境では，法的な制裁や社会的圧力を使って不正行為に対処する必要がある。

　また，経済的な観点で見ると，信頼は取引コストの削減につながっている。信頼によって，当事者は取引する相手の情報を取得したり行動を監視したりするコストから解放されるからだ[16]。さらに，信頼できる関係は，信頼できない関係よりも柔軟な傾向がある。なぜなら，相手が行動する範囲を詳細に許可する必要がないからだ。その結果として，成果が上向くことにもつながっている。

　ノーベル賞経済学者のロナルド・コースによる有名な「企業の理論」は，信頼の限界への対処方法ともいえる[17]。一般的な企業は階層的な管理体系を構築する。なぜなら，そうしないと従業員やパートナーがきちんと行動するかどうか信頼できないからだ。そこにもっと信頼があれば，より成長につながる新たなビジネス・スタイルが実現するだろう。シェアリングエコノミー理論学者のレイチェル・ボッツマンは，それは今まさに起こっているという。彼女は次のように述べている。「分散型ネットワークやマーケットプレイスが活用されている今，私たちは新たなタイプの信頼を生み出しています。その信頼は，ビジネスの潤滑油，そして人間関係を促すこ

とができるものになるでしょう[18]」。

　信頼は無条件に得られるもののように思える。しかし，もしそうなら，ノーベル賞経済学者でありロナルド・コースの仲間でもあるオリバー・ウィリアムソンは，なぜ信頼のことを「何の付加価値も生み出さない散漫で面白みのない概念」と言ったのだろうか[19]？　ブロックチェーン・テクノロジーの考案者は，なぜその偉大な発明の公表直後に「従来の通貨の根本的な問題は，それを機能させるために必要なあらゆる信頼だ」と書いたのだろうか[20]？　そして，ビットコインの最初のソフトウェアコードをレビューした暗号学者のレイ・ディリンジャーは，なぜ信頼のことを「わいせつ物も同然」と呼んだのだろうか[21]？

　信頼は見た目よりも複雑なものである。ブロックチェーンに秘められた可能性や危険性を理解するには，まずはじめに信頼の概念や，それが現代社会でどのように現れているかについて見ていく必要があるだろう。

　信頼は，「見ればわかる」概念であると同時に，詳しく調べると恐ろしく理解が難しいものでもある。これについて，企業倫理学者のラルー・トーン・ホズマーは皮肉を込めて次のように述べている。「人間の行動における信頼の重要性については広く認められているようだが，その構造の適切な定義に対して合意されていない部分も同様に，広範囲に及んでいる[22]」。過去数十年にわたって，経営学，心理学，哲学といった分野の学者たちが，信頼の意味に関する論文を数え切れないほど発表してきた[23]。これらの分野では，信頼の重要性とそれを構成するための本質的な要素の両方に光が当てられている。

　信頼は，0か100かというものではない。信頼がまったくないという状況はほとんどない。最初に信頼性を検証しないと何も信じられないようでは，一日中何も進まないだろう。その代わり，信頼にはさまざまな程度がある。パットナムは，緊密な社会的関係で生じる「厚い」信頼と，一般的な

社会における「薄い」信頼を区別した[24]。フクヤマは，信頼性の高い社会と低い社会を区別した[25]。経営学者のジェイ・バーニーとマーク・ハンセンは，「強い」信頼（実行されるか保証されていない場合），「少し強い」信頼（当事者が実行するための仕組みをつくるが，失敗の可能性がある場合），「弱い」信頼（法律などの仕組みによってパフォーマンスが保証されている場合）を区別した[26]。フェルナンド・フローレスとロバート・ソロモンは，純粋な誠実さに基づいた「愚直な」信頼と，関係性に基づいた「真の」信頼を区別した[27]。このように，同じ信頼でもさまざまな視点から見ることができるのだ。

信頼の定義

　信頼を一言で定義すると，リスクを評価する認知的能力のことである。例としては次のようなものが挙げられる[28]。飛行機事故はほとんど滅多に起きないから，無事に目的地に到着するだろう。このレストランの店員にクレジットカードを渡しても，合理的に考えて不正な請求などはしないだろう（もしされた場合はクレジットカード会社に取り消してもらえばいい）。こういった事象は合理的な計算によるものなので，経済学者のオリバー・ウィリアムソンは「計算高さ (calculativeness)」と呼んでいる[29]。たとえば，駐車場の係員に車のキーを渡した場合，その係員に車を盗まれることによって発生し得る損失は大きいかもしれないが，実際に盗まれる可能性は低く，監視も容易であり，法的な措置や保険を通じておそらく全額が保証されるだろう。一方，ネットで知り合ったナイジェリアの王子様から送金を依頼された場合*は，それがどんな結果になるかよく考えるべき

---

*ナイジェリアの手紙と呼ばれる国際的詐欺。

49

である。

　認知的な側面は重要ではあるものの，あくまでも信頼の一部にすぎない[30]。そうでなければ，信頼は単なる合理的な判断になってしまうだろう。そして，これこそが信頼と妥当性を分ける境界線なのだ。たとえば，融資の審査において，監査済みの詳細な財務諸表と豊富な担保を借り手が提供すれば，銀行は融資を決定するかもしれない。しかし，それは信頼関係と呼べるものではない。逆に，銀行が書類なしで長年の顧客への貸しつけを承認した場合でも，それはその顧客に関する情報や以前のやり取りを基に合理的かつ自分たちに有利になるように決定しただけであって，必ずしも信頼ではない可能性がある。これが，ウィリアムソンが信頼と計算高さを区別した理由である。

　しかし，私たちはリスク認知の評価では説明できないような行動をとることもある。ナイジェリアから送られてきた詐欺メールに返信する人もいれば，返済の見込みがないとわかっている友人にお金を貸す人もいる。また，フクヤマが強調しているように，信頼の度合いは社会によって異なっており，根底に文化的な要因などが関わっている可能性がある。たとえば，一部の国では路面電車やバスが信用乗車方式で運用されている。乗客は現金やカードで支払うことになっているが，それを確認する車掌は乗っていない。それにもかかわらず，ほとんどの乗客がきちんと支払っているのである。しかし，国によっては，このようなシステムは無賃乗車の横行につながるだろう。この違いは，取り締まり基準の内容だけでは説明できないものである。

　行動経済学者たちは，さまざまな「囚人のジレンマ」の実験を行ってきた。その結果，たとえそれが合理的な戦略ではない場合でも，人々はお互いを信頼する傾向があることが判明している[31]。さらに，フィールド調査でも，合理的な観点では解決が困難な対立が信頼によって克服された事例

が多数見つかっている[32]。私たちは，信頼するのに必要な先入観を生まれもっているのだ。なぜなら，そうでなければ文化的な営みは機能しない可能性が高いからだ。フクヤマは，経済活動の20％は合理的な言葉では説明できず，それらは現代社会においてさえ，相互依存，道徳的義務，コミュニティへの義務などが根底にあると考えている[33]。

　また，信頼の概念を「合理的な計算」に限定した場合，何か腑に落ちないような感じがして不満が残ってしまう。たとえば，ボッツマンは次のように書いている。「合理的な計算は信頼を合理的かつ予測可能なものにしてくれるが，それによって私たちに何ができるようになるか，あるいはほかの人々とつながる力をどのように得られるかといった，人間の本質的な欲求は満たされない[34]」。確かにUberやLyft，Airbnbなどは，信頼を可視化したスコアを提供して，ユーザーが見知らぬ人の車やアパートを利用できるように促している。しかし，そのリスクを伴う行為を行うにあたっては，人の善意をある程度は信じることも必要だろう。リスクが不確実な場合や，合理的には正当化されない場合でも，相手を信頼しようとする意欲が，信頼をさらに強化するための波及効果を生み出しているのである。さらに，合理的なリスク評価の範囲を超えて信頼された人は，相手にも同じことをする可能性が高くなる[35]。その結果，監視や管理する仕組みをなくすことができれば，コストは下がり，有益な関係は増えるだろう。

　哲学者は，このような直観的な要素を，信頼の「感情的な側面」と呼んでいる[36]。行動が戦略的な動機を抜きに行われるのは，他者に対する楽観的な傾向の表れである。それはすなわち，相手に対する好意的な期待ともいえる[37]。ある3人の経営学者によると，このタイプの信頼は，認知的な信頼に比べて社会的要素や感情的要素を含んだ，「より複雑な心理状態」であるとのことだ[38]。この感情的な側面は，行動だけでなく動機にも関わっている[39]。そして，よくあることだが，当事者がコストや利益を正確に見積

もることができない場合に, この側面が重要になってくる。デイヴィド・ルイスとアンドリュー・ワイゲルトいわく,「信頼は予測が終わるところから始まる[40]」とのことだ。

　感情的な信頼には, 道徳的な側面もある[41]。これは, 単なる利己的な理由ではなく, 好意的な意味としての信頼である。パットナムによると, ほかの人を信頼しているのは「ごく一般的な良識のある市民」である[42]。また, フクヤマは信頼のことを,「コミュニティのメンバーに内在する倫理的な習慣や相互的で道徳的な義務の集合体」と表現している[43]。合理的な計算を超えて他者を信頼しようとすることで, 人は利益よりも道徳的な価値のほうが重要であることに気づかされるのだ。ビジネスにおいてすら, 好感がもてる借り手に対しては, 滞納があった場合でもすぐに取り立てるのではなく猶予を与える銀行もあるだろう。

　しかし, そこには落とし穴がある。ハーマン・メルヴィルは, 最後の小説『詐欺師』(1857年, 邦訳:1997年八潮出版社ほか) において,「疑問をもち, 疑い, 証明する ―― これらをすべて備えた仕事を継続的に行うこと……それはつまり悪だ![44]」という主人公のセリフを通じて感情的な信頼を批評し, その特徴を表している。この主人公はミシシッピ川に浮かぶ蒸気船で行った, さまざまな詐欺行為を通じて, 信頼できない人物が信頼をどのように悪用するかを示している。信頼は破られることのない保証などではなく, むしろ信頼することによって相手に対して脆弱になることを意味するのである[45]。

　IT用語における「脆弱性 (ヴァルネラビリティ)」は, 情報セキュリティ上の欠陥を意味する。しかしここでは, より正確な意味, すなわち「危害を受ける可能性にさらされていること」という意味でこの用語を使用する。有利な立場にいることが成功につながるのと同様に, 脆弱性は危害につながる。ただし, そこに相関関係はあるものの, 常に同じ結果になると

は限らない。結果はあくまでも物事の一面にすぎないのだ。たとえば，車を運転すると事故に対する脆弱性が高まるが，大半の人はそのリスクに見合った価値があると考えている。また，16歳の子供*に鍵を渡すのは必ずしも正しい決断ではない可能性があり，25歳未満の利用を断っているレンタカー会社も少なくないが，大抵の親はその脆弱性を受け入れる覚悟をもっている。そして，信頼関係の外的効果は，保険料の算定に限った話ではない。ゲーム理論の用語でいえば，親が負っている脆弱性のシグナルを子供に送ることによって，囚人のジレンマの状況のなかで，最高の利得を得られる信頼戦略を子供が選択してくれることを期待するのである。

　しかし，信頼するという決定が合理的であったとしても，それが悪い賭けであることがあとになって判明するリスクがある。倫理学者のアネット・ベイヤーによると，信頼とは「自分が気にかけていることを他者（企業や国家などの自然物や人工物）にも気にかけてもらうことであり，そこにはある程度の自由裁量が必要である」とのことだ[46]。自由裁量を認めるということはすなわち，事前に検証したにもかかわらず，相手が信頼するに値しないと判明するかもしれないことを意味している。さらに，経営学者のジェレミー・イップとモーリス・シュヴァイツァーは，「悪質な非倫理的行為のなかには，信頼を悪用したものもある」と述べている[47]。信頼と信頼性は別物だ[48]。しかし，それでも私たちは他者を信頼する。18世紀の批評家であり辞書編集者でもあるサミュエル・ジョンソンが述べたように，「信頼しないよりも騙されるほうが幸せなこともある」のである[49]。

　信頼が機能しなくなる要因は三つある。直接的な侵害，日和見的な行動，そして体系的な崩壊だ。これらはいずれも，ブロックチェーンでも起こり得るものである。

＊アメリカでは16歳から運転免許が取得可能。

　なかでも最もわかりやすいのが，直接的な侵害だ。不必要な作業をして料金を請求する整備士，もってもらったアイスを勝手に食べてしまう友人，生徒に性的虐待する教師 —— これらはいずれも，相手の脆弱性を利用して危害を及ぼしている例である。内容によっては深刻な法的・倫理的問題が発生することもあるが，大抵の場合は信頼の喪失そのものが主たる問題となる。ウォートン経営大学院のモーリス・シュヴァイツァーとその同僚による実験的研究によると，信頼できない行動をとった者が謝罪して信頼してもらえる行動をした場合は，信頼を回復できる可能性があるが[50]，もし信頼を失う行動のなかに人を欺くような意図が含まれていた場合は回復が難しいとのことだ[51]。そしてそれは，二番目の要因である「日和見主義」の根本的な原因でもある。

　「日和見主義」とは，そのときどきで都合のよい情報を利用して合意した意図（文書の有無にかかわらず）に反することである[52]。日和見主義者が信頼できない理由は，思いやりが必要である場合でも，それを行使せずに相手を利用するからだ。裁判で契約取引における日和見主義に法的に対処した判例はいくつかあるものの，その成否はまちまちだ[53]。日和見的な行動の規制は，現在主流の企業理論に基づいた企業法の主目的にもなっている。この理論によると，株主と経営陣で起こり得るプリンシパル・エージェント問題における日和見主義には，コーポレートガバナンスで対応することになる[54]。そして，経営陣は従業員を監視し，取引コストを課す必要がある[55]。

　最後の，信頼が機能しなくなるケースは，合意した当事者が信頼できないわけではなく，環境が信頼を構築するのに不適切な場合だ。このとき，体系的な機能不全が発生し，誰もが信頼することが賢明とは思えない状況になる。これに関してはトム・タイラーが，刑事司法制度の不公正な管理によって信頼や法の永続性が損なわれる過程を詳しく説明している[56]。こ

の問題は，強力な法の支配や財産権がない国ではより深刻だ。ペルー人の経済学者エルナンド・デ・ソトによると，発展途上国では貧困層が法的に主張できる財産権がないため，機能的な市場経済の確立が妨げられているとのことだ[57]。

また，信頼の体系的な崩壊は，関係があまりにも多くの境界（組織的な境界や政治的な境界など）にまたがった場合にも発生し得る。共通する法的環境やビジネス構造がない場合，信頼を規定するための基準値を確立するのに取引コストが大きく膨れ上がる可能性があるからだ。さらに，信頼を支えている基盤そのものが損なわれた場合にも信頼は崩壊する。たとえば，2017年9月に信用調査機関であるEquifaxのサーバーに対する不正アクセスが発生し，1億4000万人以上もの個人情報が流出した際には，信用認証サービス全般に対する信頼度が大きく低下した[58]。それ以前にも，2016年にアメリカ商務省が実施した調査によると，セキュリティやプライバシーの侵害を懸念してEコマースサービスの使用を中断した経験があるアメリカ人は約半数にのぼることがわかっている[59]。

したがって，信頼とはコインの裏表のようなものである。片面には理性的な要素や感情的な要素に根ざした信念があり，もう片面には制御不能なリスクの受容がある。組織行動学者のロジャー・メイヤーとその共著者は，引用数の多い論文で，複数の分野における信頼の概念を調査し，次のような統合的な定義を提案している。「信頼とは，その相手への監視や制御が可能かどうかに関係なく，相手が自分にとって重要であるような行動をとってくれるという期待に基づいて，相手の行動に「ヴァルネラビリティ(vulnerability)」を託す意志である[60]」。

要約すると，信頼とは「自信に満ちたヴァルネラビリティ (confident vulnerability)」である[61]。信頼の恩恵は，ボッツマンが「未知との自信に満ちた関係」と称したものを活性化することによって生ずる[62]。この相反

する二面性，すなわち強さの源であり危険の源でもあるという性質は，ビットコインの論文の著者が信頼をあれほど毛嫌いした理由の説明にもなるだろう。ヴァルネラビリティなくして信頼はあり得ないのだ。そしてヴァルネラビリティとは本質的に，他者に権限を譲渡することを意味している。たとえば，人は自分のお金を制御する権限を銀行に譲渡することで銀行を信頼する。それは，詐欺師がやっていることとまったく同じことなのだ。

信頼アーキテクチャ：P2P，リヴァイアサン，仲介

　組織を形づくる設計思想の集合体のことをアーキテクチャという。アーキテクチャには人間関係の境界線が定義されており，強い影響力をもっている。物理的に構成しているモノたちがその地域の特徴を形成するのと同様に，通信ネットワークや情報システムのデジタルアーキテクチャはオンラインにおける変革，創造，自由な表現の機会を形成している[63]。また，テクノロジーにおけるアーキテクチャでは，システムのコンポーネント（部品）同士がどのように相互作用すべきかが定義されている[64]。
　そして，信頼にも同様にアーキテクチャが存在する。人がさまざまな理由で他者を信頼するように，信頼が形成される過程も複数存在するのであ

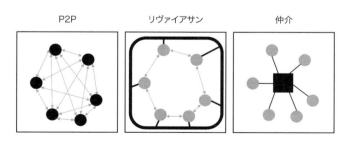

図1.1　既存の3種類の信頼のアーキテクチャを図式化したもの。黒い部分が，信頼されている要素を表している。

る。これらのアーキテクチャは，それぞれ信頼の制度的な構造を表している[65]。ニューヨーク大学のデジタル経済学の専門家，アルン・サンダラーヤンは次のように述べている。「歴史を振り返ってみると，世界の経済活動の大幅な拡大は常に，新たな信頼形態の創出によって引き起こされてきた[66]」。

　図1.1にあるように，時代の流れとともに3種類の主要な信頼のアーキテクチャが発達してきた。それがP2P（ピアツーピア），リヴァイアサン，仲介である[67]。

　一つ目のP2P型の信頼アーキテクチャは，個人的な関係や共通の倫理観をベースにしたものである。簡単に言うと，「私はあなたを信頼しているから〈あなた〉を信頼する」というものだ。そしてこれは，人類が最も初期に構築した信頼構造でもある。家族や部族における個人間の信頼は，国家が台頭する遥か前から存在したからだ。ところが，このP2P型の信頼アーキテクチャは今でも残っている。P2P型の信頼は，効果的なガバナンスメカニズムさえ導入すれば，共通の社会規範をもつコミュニティで構築できるのだ。これは，ノーベル賞受賞者のエリノア・オストロムなどが研究した「コモンズ体制」の領域である。そこでは，正式な法規則がなくても秩序が維持でき[68]，自治の原則を遵守して問題解決のために個人やコミュニティが柔軟に対応するだけで十分となる。

　P2P型の信頼は，一時的な利便性のためというよりも相互責任や個人的な関係に基づいているため，厚みを増す傾向がある。ただし，それは狭い範囲に絞られる。見知らぬ人をP2P型で信頼することもあるかもしれないが，重要ではない取引（コンビニでの買い物など）に限られる。たとえば，オストロムが「コモンズ・ガバナンス」と呼ぶ仕組みにおいては，グループの明確な境界線と，ルールの影響を受ける人たちがルールを変更できる機会が必要だと定められている。

　また，最近ではヨハイ・ベンクラーやブルット・フリッシュマンといったインターネット法学者が，コモンズによる管理がオンライン環境でどのように機能するかについて言及している[69]。例としては，ウィキペディアなどのシステム，オープンソースソフトウェアのコミュニティ，Redditなどのユーザー管理型コンテンツサイト，Wi-Fiなどの免許が要らない無線テクノロジーなどが挙げられる。これらはいずれもP2P型信頼の範囲を拡大させているものの，依然として正式なルールと共同規格の組み合わせに依存している状態だ。この組み合わせは，複雑で非属人的な市場では滅多に見られないものである。

　二つ目の主要な信頼アーキテクチャの名前「リヴァイアサン」は，17世紀の哲学者であるトマス・ホッブズの言葉から借用したものだ。彼は信頼のことを文明が確立するための礎となる力と捉えていたが，信頼という単語を明示的に使用したことはほとんどない。彼の有名な主張に，「自然状態における人の一生は，孤独で，貧しく，卑劣で，残酷で，短いものである」というものがある[70]。人は誰もが，他人に騙されたり盗まれたりすることを心配してしまうため，取引や個人的な努力の積み重ねによって利益を得ることはできないというのだ。

　ホッブズは，この「万人の万人に対する闘争」を回避するために，文明社会が一度限りの取り決めを行うことを提案した。その取り決めとは，暴力を正当に使用できる権利を国家に独占させるというものだ。これが行われると，国家 ―― ホッブズいわく，神秘的で強力なリヴァイアサン ―― は民間における契約や財産権の遵守を強制できるようになる。そして，自分で責任がとれる範囲から逸脱した違反には罰則が科せられるため，個人や組織は相手を信頼するリスクをとることに抵抗を感じなくなる。

　リヴァイアサン型の信頼では，国家や中央当局は基本的に背後で活動し，暴力や詐欺によって他人の意志が強要されるのを阻止する。国家が権力を

直接行使することは滅多にないが，行使する場合は主に，社会の安定に対する信頼レベルを維持するための法的執行や軍事活動が行われる。

リヴァイアサン型の信頼アーキテクチャにおいて特徴的なのは，利益共有や紛争解決のために制定される官僚主義的な規則である。たとえば法体系は，複雑な法理によって，国家権力の暴走を制御する。それがうまく機能しなくなると，信頼も機能しなくなる。社会心理学者のトム・タイラーは，さまざまな民族グループを対象に，住民と刑事司法制度の関係性を調査した。その結果，住民が法律に従う傾向があるのは，刑事司法制度が手続き上の公平性に基づいて運用されていると感じている場合のみであることが判明している[71]。

従来からある信頼を構築する主な手段として最後に紹介するのは，仲介者を設ける方法だ。この構造では，社会的規範と政府が発令する法律の代わりに，ローカルルールや仲介者の評判が取引を構築する[72]。そして仲介者の重要な役目として，権力や支配権の譲渡を個人に促す働きがある。たとえば，ローンなどの取引を可能にしているExperianやEquifaxといった信用調査機関は，強力な権限を行使している。少なくとも昔は，信用力評価に必要なデータを個人の貸し手が自力で収集するのは非常に困難だったのだ。

この構造で活動が行われるのは，仲介者が双方の活動を集約する能力があるからだ。たとえば，金融サービスが仲介型の信頼アーキテクチャのよい例だ[73]。銀行は預金者と借り手の取引を仲介し，利子の受け渡しを行っている。また，投資銀行は資本市場における金融取引の構築や仲介を行っている。金融サービスは現在，このような仲介の力によって，アメリカの全企業の利益の約30％を生み出しているのである[74]。

仲介型の信頼は，オンラインでは特に重要だ[75]。たとえばグーグルは，広告主からは透明性の高い費用やパフォーマンス指標によって，ユーザーか

らは関連性の高い広告が表示される良質な検索結果によって信頼されている。また，アマゾンやeBayは，信頼できる取引環境を構築している。さらに，UberやAirbnbは，交通手段や宿泊施設に関する市場を構築し，ほかに類を見ない方法で見知らぬ人と交流できるサービスを提供している。これらはP2P型と混同されがちだが，ユーザーが実際に信頼しているのはあくまでもプラットフォームであり，個人的な関係や各コミュニティのガバナンス体制ではない。

　これらのアーキテクチャではいずれも，信頼の恩恵と自由の放棄のトレードオフが存在する。たとえば，P2P型ではコミュニティの規範に注意を払う必要があり，リヴァイアサン型では国家に従順である必要がある。また，仲介型ではユーザーが個人データの管理を譲渡するのと引き換えに「ウォールドガーデン（クローズド・プラットフォーム）」のなかに閉じこもる必要がある。グーグルやフェイスブックなどのオンライン・プラットフォームの影響力に関する議論では，これに対する懸念が最近よく取り沙汰されている[76]。これらのプラットフォームでは，ユーザーが得る情報を操作することによって世界の見え方をコントロールし，仲介の力を通じて市場を支配しているのだ。さらにネットワーク効果によって依存度が高まり，競合他社がその優位性を揺るがすことが困難になっている。この問題については，第11章でさらに詳しく掘り下げていく。

トラストレスという信頼

　ブロックチェーンは，既存の型に該当しない新たなタイプの信頼を構築する。著名なベンチャーキャピタリストであり，LinkedInの創設者でもあるリード・ホフマンは，これを「トラストレスという信頼」と表現した[77]。このフレーズは現在，広く使われるようになっている[78]。

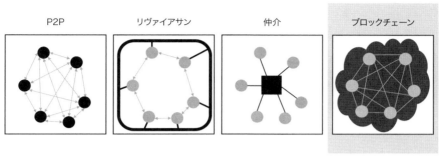

図1.2 ブロックチェーンの「トラストレス」という信頼のアーキテクチャでは，ほかのアーキテクチャとは異なり，個々の関係者を信頼することなくネットワーク上に信頼が構築される。

　このフレーズは矛盾しているように聞こえるが，どちらの面も重要だ。もし暗号通貨や分散型台帳が自力で信頼を生み出していなければ，これらはうまく機能しなかっただろう。しかし，政府や強力な仲介者を通じて第三者が代理で信頼を獲得していたとしても，現状と大きな違いはなかったと思われるのだ。

　ブロックチェーンのネットワーク上には，信頼できるとみなされるものは存在しない。信頼できるのはネットワーク自体が出力するものだけだ。この特徴的な取り決めによって，ブロックチェーンと法律，規制，ガバナンスとの関係性が定義されている。

　どんな取引にも，信頼したい要素が三つある。取引先，仲介者，紛争解決メカニズムだ[79]。ブロックチェーンでは，これらをすべてプログラムコードに置き換えようとしている。まず，人は単なるデジタルな暗号鍵として表現されるため，人が相手の信頼性を評価するために利用する背景的な要因が排除される。次に，取引プラットフォームは，純粋に金銭的な取引を目的として集まった，不特定の参加者によって運用される分散型マシンである。そして，紛争解決は，事前に定義されたアルゴリズムによって実行される「スマートコントラクト」を通じて行われる。さらに，その取引の

有効性は,第三者が数学的に検証可能な暗号学的証明によって確認される。そのため,ビットコイン愛好家の間では,アメリカの紙幣に印字されている「我々は神を信じる」という文言をもじった「我々は証明を信じる」というフレーズがよく使われている。

オンライン取引は既に,暗号化と自動評価システムに依存している。アマゾンで何かを買ったり,フェイスブックで友達の近況を見たりするたびに,ユーザーは大部分が自動化されたソフトウェアシステムを信頼していることになる。ATMで現金を引き出すときですら,もともとは人間の仕事だった作業をこなすマシンを信頼しているのである。

重要なポイントは,なぜマシンを信頼するのかという点だ。コンピューターは人間と違って,愚かなことをしたり,遅くなったり,忘れたり,偏見をもったりしない。そして,迅速かつ一貫性をもってプログラムを実行する。これがコンピューターの優れた点である。しかし,ブロックチェーンは,台帳の記録の信頼性を保証するだけでなく,従来のマシンはやらなかった,あるいはできなかったこともやっている。それは,独自の条件下でのみ検証されるべき特殊な信頼の生成だ。

ブロックチェーン型の信頼には形がない。ビットコインは分散型台帳の取引記録の集合体にすぎないため,目で見ることができない。しかし,それは現代社会では大して珍しいことではない。たとえ電子データであっても,銀行口座の残高はお金を表し,購入した株式は資産を意味している。著作権,商標,特許などの知的財産権に至っては,それ自体がほかと差別化を図るうえでの優位性となる重要な情報であり,譲渡できる資産だ。さらに,オンラインで流通する標準的な対象は無体物なのだ[80]。

そして,ブロックチェーン型信頼のさらに意義深い点は,信頼システムとそこに参加している関係者を切り離していることだ。暗号通貨取引を有効なものとして受け入れるということは,その基盤となっているネットワ

ークを信頼するだけのことであり，個々の参加者や上位の権限をもっている存在を信頼する必要はない[81]。ユーザーは，台帳の正当性を，独立したコンピューターで構成される分散した情報が一致していることによって受け入れることができる。シンプルな形で実現されたこの点こそが，ブロックチェーンや分散型台帳テクノロジーが信頼にもたらした変革なのである。マシンの集合体を信頼の対象とする代わりに，各マシンのもち主は信頼から切り離されているのだ。

　いつの時代にも，企業や政府による支配から解放された世界を望む者がいる。たとえば，パソコンによる革命を牽引した者たちは，1960年代のカウンターカルチャーの影響を受けていた。一世代後，インターネットの出現を促した人々の多くは，インターネットのことを国家の干渉なしに世界中の人々と直接つながる方法と捉えていた。また，小規模ながらも洗練されたサイファーパンクでは，同様のビジョンを技術的な解決策によって実現させる方法を模索していた[82]。そして彼らはインターネットのことを，暗号化の基礎となる数学的な法則やパケット交換型ネットワークの基礎となるソフトウェアエンジニアリングに対しては，国家権力ですら手を下せないことの証拠と捉えていた。初期のSun Microsystemsのエンジニアであるジョン・ギルモアが，「ネットは，検閲を被害と解釈し，それを回避する」と述べたのは有名な話だ[83]。

　現代は，企業や政府への信頼が大きく揺らいでいる一方で，変化の原動力としてのテクノロジーへの信頼は損なわれていない。これは，前者の代わりに後者を利用する手法を試みるには最適な環境といえる。分散型台帳のオープンソースプロジェクト，Hyperledgerのエグゼクティブディレクターであるブライアン・ベーレンドルフは，「ブロックチェーン・テクノロジーにより，信頼が失われている環境でもビジネスが可能になる」と述べている[84]。ブロックチェーンはまさに，今の時代に適した信頼アーキ

テクチャなのである。

　しかし，リード・ホフマンはエレガントな言い回しで，ブロックチェーンは完全にトラストレスではない，と反論している。ブロックチェーンは信用を確かなものに昇華させるが，ヴァルネラビリティを完全に排除できてはいない。サトシ・ナカモトやその継承者が生み出したものは実は，強力だがまだ不完全な新型の信頼性だったのである。

　ブロックチェーン型の信頼（トラストレスな信頼）は形容矛盾ではない。これは，一定の条件下に限って検証するに値するものになるのだ。そして，そうすることが，ブロックチェーン・テクノロジーがどのように機能し，なぜ成功し，どこで失敗するのかを理解する鍵になる。

第2章　サトシの解決策

信頼されすぎて失敗できない？

　次のような，有名な論理パズルがある。「二つの扉の前に，門番が一人ずつ立っています。片方の扉の先には財宝が，もう片方の扉の先には死が待っています。あなたは門番に質問をして，正しい扉を選ばなければいけません。片方の門番は必ず本当のことを言い，もう片方の門番は必ず嘘を言います。ただし，どちらの門番が嘘つきかはわかりません」。このパズルは一見，不可能に見える。質問の答えが真実かどうかわからないからだ。しかし実は，エレガントな解決策がある。どちらかの門番に「もう一人の門番はどちらの扉を勧めると思うか」と質問し，その答えと逆の扉を選ぶのだ。質問した相手が正直者の門番だった場合，嘘つきの門番は死の扉を勧めるはずなので，その答えは死の扉になる。また，質問した相手が嘘つきの門番だった場合も，その答えは死の扉になる。正直者の門番は財宝の扉を勧めるはずだからだ。故に，必ず逆の扉が正解となるのである。

　サトシ・ナカモトは，これと同様に問題を逆転させることでデジタル通

貨における難問を解決し，その過程で新たな信頼アーキテクチャを開発した。人々が安心して分散型デジタル通貨で支払えるようにするための仕組みとして，人々にそれを支払うことにしたのだ。ビットコインでは，お金を単にシステムのアウトプットとして扱うのではなく，インプットとして利用するのである。

　サトシが2008年に自分のアイデアをオンラインで投稿した当初，積極的にコメントを寄せたのは数人だけだった。ビットコインの論文では，ビットコインは多くの点において過去の技術を派生させたものであり，その目的――政府の監視なしに信頼できる価値をもったデジタル通貨――はコミュニティではよく知られたものであることが述べられていた。この論文は現在，世界的なテクノロジーに革命を起こした文書として敬意をもって扱われている。その後，ブロックチェーン，暗号通貨，スマートコントラクト，許可型台帳などが続けざまに開発された。急速に成長を続けるこの分野の可能性や課題を理解するには，まずはビットコインそのものや，それがどのように登場したのかを理解する必要がある。

　ブロックチェーンは単なる金融テクノロジーを超越しているが，もともとは金融のテクノロジーとして誕生したものだ。金融業界における革新的なイノベーションは，ほかの業界における変革にもなる。お金は価値を定量的に交換する基準になっているため，世界を動かしているからだ。歴史学者のユヴァル・ノア・ハラリいわく，「貨幣は歴史上最も普遍的かつ効率的な相互信頼システムである[1]」とのことだ。これは，ドイツの経済学者であるゲオルク・フリードリヒ・クナップが約100年前に『貨幣国定学説』（1905年，邦訳：1988年有明書房）で説明した通り，通貨に価値をもたらすのはコインを構成する貴金属などの物理的資産ではなく，それを受け入れようとする他人の意思だからである[2]。突き詰めていくと，お金は信頼を純粋に形式化したものといえる。

　ビットコインなどの暗号通貨には兌換（だかん）の根拠がないので必ずしも価値があるわけではないと主張する懐疑論者は，通貨自体がその額面が示す通りの資産であると勘違いしている。現代社会における主要な通貨は，何かしら具体的なものに基づいているわけではないのだ。確かに，アメリカはフォートノックスに大量の金を備蓄している。しかし，有名なジェームズ・ボンド・シリーズのオーリック・ゴールドフィンガーが実在してその金をすべて盗んだとしても，ATMや店員がドル紙幣の受け入れを止めることはないだろう。紙切れや，それよりもさらに抽象的なデジタル情報を世界の大多数が通貨として信頼できるのなら，ビットコインなどの暗号で定義された通貨に同じことができない合理的な理由はないはずだ。すべては，その通貨システムが必要な信頼を生み出せるかどうか次第である。特定の暗号通貨の価格が暴落したりゼロになったりすることはあるかもしれないが，それは暗号通貨には本質的に何も価値がないことを意味するわけではない。

　お金が抽象化された価値であるという事実は，ある意味ではビットコインやブロックチェーンの下地にもなっている。現代の金融業界では，何の面白味もない資産（家など）を，アルゴリズム取引エンジンを備えた世界中のデリバティブトレーダーがやり取りする不動産抵当証券担保債券へと変えることができる。そして，そのような金融商品が複雑化するにつれて，実物の資産と金融商品の関連性は弱まっていく。これこそが金融業者が「証券化」と呼ぶものの大いなる可能性なのである。

　しかし，このやり方は2008年の金融危機で破綻する。世界屈指の投資家や銀行家，規制当局が絶対に確実だと思っていたことが，ほぼ一夜にして崩壊したのだ。確かに濫用はあった。そして，それらの濫用に関わっていた企業はもっと厳しく罰せられるべきだっただろう。しかし結局のところ，金融業界において欲深いことは異常ではなく，ごく普通のことなのだ。

危機が深刻になった原因はシステミック・リスクにある。一見何のつなが りもない多種多様な金融商品，たとえば何千件もの個人向け住宅ローンに， 突如として高い関連性があることを示したのだ。その結果，単に一部の銀 行や銀行家が信用できなくなっただけでなく（それはそこまで驚くことで はなかった），現代の金融の本質的な部分そのものが信頼できなくなって しまったのである。金融業界は見かけほど分散してはいなかったのだ。も しお金が信頼できないのなら，一体何を信頼できるというのだろうか？

　2008年当時の仕組みは，取引活動がその根拠となっている実物の資産 から切り離されていたため非常に脆弱だった。先物取引やオプション取引 などのデリバティブ金融商品には長い歴史があるが，この数十年で取引量 が爆発的に増え，複雑さを極めている。これは主に，金融業界がとある過 去の危機に対して行った対策の結果である。この解決策はほとんど問題視 されることもなく，きちんとした方法であるように思われたのだが，のち の大惨事の下地となっていたのだ。ここでも，中心となるテーマは信頼で ある。

　1792年のスズカケ協定は，P2P型の信頼の一例だ。株式仲買人たちが スズカケノキの下に集まったのは，その木に特別な意味があったからでは なく，現代のゲーム理論の専門家が「シェリングポイント」と呼ぶ場所だっ たからだ。シェリングポイントとは，「論理的に考えてほかの人々も待ち 合わせ場所に選ぶことが期待できる場所」のことである[3]。彼らは知り合い だったので，ほかのトレーダーとは取引をしないことや，お互いに合意し た手数料をとることにした。そして，顔見知りだった彼らは，コミュニ ティの結束力に自信をもっていた。もしかしたら，短期的には，協定から離 脱して別の競売人を通じて取引したほうが儲かった仲買人もいたかもしれ ない。しかし彼らは，取引所の条件をまとめて管理したほうが長期的には うまみがあることを理解していた。彼らはライバルであるとともに友人で

あり隣人でもあったので，お互いを信頼して協定を守り続けたのだ。

スズカケ協定を基にしたニューヨーク証券取引所（NYSE）はおそらく，世界で最も強力な金融市場へと成長していった。現在，企業がNYSEに上場しているというのは，その企業が社会的な価値があることを示す十分な証拠となっている。また，投資家は取引所の加盟組織やそのガバナンスメカニズムについて一切知らなくても，そこに上場されている株式を安心して購入することができる。したがって，現在のNYSEは仲介型の信頼アーキテクチャの代表例といえる。

表面的に見ると，ウォール街は世界でも屈指の巨大な取引市場だ。株式の取引量は，数十年前には考えられなかったレベルで増加している。取引を処理する取引所と取引を行う証券会社はいずれもだいぶ前からコンピューター化されており，そのネットワークは大容量の設備や最新のテクノロジーで頻繁にアップデートされている。しかし，深く掘り下げてみると，システムが進歩しているとは言いがたいことがわかってくる。

ウォール街の根幹をなしているのは，株式の発行や売買の手続きだ。つまり，企業が株式を何株発行し，どの時点で誰がそれを所有しているかという情報のやり取りである。1970年代までは，株式の所有権は紙の証明書で管理されていた。それは実質，P2P型の信頼といえる。取引はすべて，証明書のやり取りによる直接的な関係に基づいていたのである。

しかし，取引量が増加するにつれて，その構造は持続不可能になっていく。一時期は，メッセンジャーが荷台に株券を満載した自転車でロウアー・マンハッタンにある証券会社の間をいき来して，取引を決済していたのである[4]。取引自体は電話やコンピューターで瞬時に実行できたにもかかわらず，実際に価値があるもの，すなわち株券は，スズカケ協定の時代と同じく実物を移動する必要があったのだ。その結果，遅延や間違いが多発し，NYSEは事実上，停止に追い込まれた。

　この「ペーパーワーク危機」と呼ばれる危機に対してとられた対策は，証券会社が差額決済で取引できるようにすることだった[5]。たとえば，モルガン・スタンレーの顧客がメリルリンチの顧客から株式を 1000 株購入し，同じ日にメリルリンチの顧客もモルガン・スタンレーの顧客から同じ株式を 1000 株購入した場合，2 社間で 2000 株をやり取りすることなく，単に取引を相殺させるだけで済むようにしたのだ。しかし，それまでは各証券会社が自社の顧客の保有記録を管理していたのが，この仕組みではすべての株券を保持管理する中央証券預託機関（CSD）が必要になってくる。その組織が，本書の「はじめに」で紹介した Depository Trust & Clearing Corporation（DTCC）である。DTCC とその子会社である Cede & Company は制度上，アメリカで取引されているほぼすべての株式の名義上の所有者となっている。投資家が株式を購入する際は，実際には DTCC が保持している株式の所有権を購入しているのだ。アメリカ以外の主要な金融センターにも同様の中央証券預託機関が存在する。

　中央証券預託機関への移行は，金融の電子化における重要なステップだった。1971 年にアメリカが金本位制を廃止することを決定したことは，ドルの購買力を裏づけるものが政府に対する完全な信頼や信用以外に何もなかったことを意味していた。実際のところ，ドルは既に貴金属の価値を根拠とするものではなくなっていたのだが，ドルが抽象的な価値を示すトークンにすぎないことがこの決定によって確定されたのだ。DTCC は同じことを株式に対して行い，株式の所有権という抽象的な権利を証明書という実在するものから切り離した。そしてここから，ゆっくりだが着実に，どんな資産でも証券化できるという考え方に向かっていったのである。証券化とは，金融的な権利や義務を非常に複雑な方法でひとまとめにして，取引や再設定ができる状態にすることだ。

　証券化の全盛期は，21 世紀のはじめにクレジット・デフォルト・スワッ

プや不動産抵当証券担保債券などの商品が登場した頃だ。住宅などの通常資産の支払いに関するリスクを細分化して再結合したこれらの魅惑的な金融商品により，何兆ドルもの想定元本を所有する市場が生まれた[6]。そして資産家たちは，これらのイノベーションの限界に挑むことで莫大な金融資産を手に入れた。しかし，それは唐突として終わりを迎えることになる。

　2008年の世界的な金融危機は，突発的かつ壊滅的なものだった。アメリカをはじめとする先進諸国の好景気が，ほぼ一夜にして深刻で厳しい不況へと変わったのだ。住宅ローンのデフォルトが急増し，金融システムの流動性が失われ，世界中の株式市場が急落した。また，ウォール街の中心的な存在だったリーマン・ブラザーズやベアー・スターンズなどの主要企業が倒産し，それ以外の企業も政府の大規模な介入によってかろうじて救済されるような有様だった。その波は，世界最大の保険会社であるAIGや，住宅ローンの買い取りを行う政府支援機関のファニー・メイなど，経済界でも屈指の信頼度を誇ると思われた組織にまで及んだ。そして，そこからの回復には何年もかかったのだ。

　危機の直接的な原因は，住宅価格の持続不可能な上昇，金融サービス会社による過剰なレバレッジや投機，住宅ローンをシステミック・リスクが過小評価された複雑な商品へと証券化したことなどだ。しかしこれだけでは，ダメージがあれほど大規模になった理由を説明しきれない。経済学者のパオラ・サピエンザとルイジ・ジンガレスは，危機の進行速度や深刻さの理由を次のように説明している。

　　2008年の最後の数カ月間で，重要なものが破壊されたのだ。それはレンガやモルタルでできているわけではないが，あらゆる価値をつくり出すのに重要な資産である。この資産は，通常の国が算出する統計データや経済モデルには入っていない。しかし，ノーベル賞受賞者

のケネス・アローによると，この資産がないことが世界の経済的に遅れをとる多くの原因であるというほど，成長にとって非常に重要なのである。この資産とはすなわち，信頼である[7]。

　調査研究の結果，サピエンザとジンガレスは，危機が進行するにつれて投資家の株式市場に対する信頼が大幅に低下していたことを発見した。そして，さらに重要な点は，リーマン・ブラザーズの倒産が金融システム全体に連鎖的に影響を及ぼしたのちの政府の対応を投資家たちが完全には信頼していなかったことだ。「破綻させるには大きすぎる」とみなされた銀行や，その関連企業は政府による大規模な救済措置によって救われた一方で，組むべきではなかった住宅ローンを滞納した住宅所有者はわずかな支援しか受けられなかったのだ。当時アメリカの財務長官だったハンク・ポールソンは，かつては投資銀行のゴールドマン・サックスの会長だった。サピエンザとジンガレスの調査に応じた者たちは，ポールソンとその同僚を，公共の利益よりもかつてのウォール街の仲間の利益を優先したとして批判している。

　この時期，金融業界に対する信頼は大きく損なわれた。なかでも，危機の前や最中に政府が犯した失敗が特に致命的だった。もちろん，失敗したからといって必ずしも信頼が損なわれるわけではない。株式市場が上昇だけでなく下落する可能性もあるのは当たり前のことだ。また，利益を得るためにリスクを負っている企業は時に破綻する可能性があることも資本主義の常識である。しかし，市場の見えざる手がひどく不安定なときは，どこかの時点で政府が手を差し伸べる必要があるのだ。1930年代の大恐慌によって生まれた中央銀行や規制当局は，非常時に働く安全装置として設計されたものだ。しかし，彼らは2008年には危機を防ぐことができず，むしろある側面においては危機を悪化させてしまったのである。

　規制当局は，危機を引き起こした銀行を支援し，住宅所有者やその影響を受けたほかの銀行を支援しなかったため，ハイリスクな行為を行った銀行家がほとんど損害を被ることなくその恩恵を享受するというモラルハザードを生み出してしまった。それにより，銀行が再び同じことを起こす可能性が高まったのである。また，経済的な観点で見ると，金融の安定性などの特定の状態を起点にインセンティブ構造を構築して戦略を有利に運ぶという，ゲーム理論に基づいて設計された仕組みに問題があった。

　この深刻な危機から得られた教訓は，現行のシステムには欠陥があり，それを修正する必要があるということだ。これは，大半の投資家や政治家が出した結論である。そして，2008年の連鎖的な失敗の再発を防ぐため，ドッド・フランク法の施行やシステミック・リスク管理の見直しなどの改革が行われた[8]。

　しかし，次のような悲観的な解釈もできる。システムの修正はおそらく不可能であり，短期間で収益を最大化しようとしていた銀行家が今後は社会の長期的な利益のために行動するなんて誰も信用しないだろう。経済に対する金融サービスの重要性を考えると，たとえリスクと引き換えに利益を得られるのが金融機関だけだとしても，ある程度のリスクは社会全体で受け入れざるを得ないだろう。いつか政府は真に公正な仲介者としての役割を果たせなくなり，果たそうともしなくなるだろう。この場合，システムそのものが信頼できなくなることになる。現行のシステムは，根底では人間に依存している状態だ。そして，信頼を生み出している意思を決定する者は，不完全で，非効率的で，潜在的な偏見をもっている。残されている唯一の選択肢は，それらを排除することである。

　この金融危機は既存の信頼アーキテクチャの限界を露呈させたともいえる。たとえば，P2P型の関係は，現代の需要に合わせて規模を拡大することができなかった。また，仲介業者は電子化を実現させたものの，最終的

な損失の大きさが十分に理解できないほどのリスクを負うことになる金融サービスを生み出してしまった。そして，民間活動を背後で支えるリヴァイアサンは，無力であると同時に問題の一部であることが判明した。こうして，新たな仕組みが登場するための舞台が整ったのである。

始まりはビットコインだった

　たとえ価値のあるイノベーションでも，それが受け入れられる環境がなければ成功できない。基本的なアイデアを得てそれを発展させるには，人々のネットワークと経済的な支援が不可欠だ。また，そのイノベーションによって解き放たれる潜在的な需要も必要だ。さらに，タイミングも重要だが，それは運に大きく左右される。たとえば，商取引やメディアを改革したいという大きな夢を抱いた多数のスタートアップが 2001 年のインターネット・バブルの崩壊で姿を消してしまったが，同じコンセプトが今では数十億ドル規模の業界になっているのだ。

　リーマン・ブラザーズの倒産から 6 週間後の 2008 年秋は，ビットコインの論文を発表するタイミングとしては完璧だった。もちろん，サトシ・ナカモトはしばらく前からコンセプトをあたためていただろう。論文の導入部分では，マクロ経済のリスクについては何も述べられていない。その代わり，電子決済の信頼に関する，次のようなミクロレベルの問題から始まっている。

　　　インターネット上の商取引は，電子決済を処理するために，信頼できる第三者として金融機関にほぼ例外なく依存している状態だ。このシステムはほとんどの取引で十分に機能するが，信頼をベースにしたモデルに内在している弱点に悩まされている[9]。

　これは強力なイノベーションの理論的な根拠としてはやや鋭さが感じられず，抽象的に聞こえるかもしれない。しかし，これは実のところ，2008年に世界経済を崩壊させたものと同じ問題なのだ。取引を行う当事者は，必然的に仲介者に依存している。したがって，仲介者に信頼できないことが判明した場合，当事者は拠りどころを失ってしまう。そのため，法律や規制は民間の仲介業者に対する信頼性を担保できるように設計されている。政府にも同じことがいえる。この仕組みは基本的には適切に機能するが，それは検閲や汚職，独占，詐欺などがなければの話である。

　ビットコインの裏には，「政府や仲介業者の関与なしに信頼できる電子決済が可能な通貨」という動機があるのだ。ビットコインの開発時にサトシ・ナカモトが実際に考えていたことが何であれ，彼の論文は時事的な出来事と重ね合わせて読まれたのである。そして，とある成長中のコミュニティが，この運用システムに秘められた可能性を見出した。それは，信頼できない金融界において信頼を得るための最後にして最高の希望に見えたのだ。

　ビットコインが取り組んだ技術的な課題は，コンピューターサイエンスの学術的研究ではよく知られたものだった。サトシ・ナカモトの解決策は，ほぼすべての要素が過去の技術からの応用である。コンピューター科学者のアーヴィンド・ナラヤナンとジェレミー・クラークが説明している通り，「ナカモトの真髄はビットコインの個々の要素ではなく，それらを組み合わせてシステムの形に仕上げた複雑な手法」なのだ[10]。一般的なレベルでいうと，ビットコインは暗号，デジタル通貨，分散型システムという三つの既存技術に基づいている。

　暗号とは，安全なコミュニケーションのための技術である[11]。その起源は数千年前に遡るが，開花したのはコンピューターが発達してからだ。暗号の強みは，それが応用数学の一種であることだ。その定理は形式的に証

明でき，そのアルゴリズムは年々進歩するコンピューターを通じて実装される。あらゆるオンラインショッピングが今や，クレジットカード情報を店舗に安全に送信するための暗号デジタル署名によるセキュリティに依存している状態だ。暗号における重要要素の一つに暗号化がある。暗号化とは，秘密の情報を，鍵をもたない攻撃者が入手しにくい状態にすることだ。しかし，ビットコインは実のところ，情報の秘密性を保つために暗号を使用しているわけではない。取引を隠すためではなく，取引を安全で信頼できるようにするために使用しているのだ。そのために，ビットコインでは暗号化を体系的に使用している。

　ビットコインの所有者は，暗号用の秘密鍵（所有者のみが閲覧できる秘密の文字列）によって識別される[12]。したがって，ビットコインのシステムは半匿名状態で動作していることになる[13]。また，ビットコインの取引はすべて秘密鍵でデジタル署名されるため，取引が適切な当事者によって作成されたかどうかは誰でも確認できる。そして，ビットコイン台帳には本物のコインは存在しない。私たちが「コイン」と呼んでいるものは実際には，取引が検証済みであることを示すデジタル署名のチェーンである。ビットコインの所有者は，そのチェーンのなかに「アウトプットが未使用の取引」という形でビットコインを保管しているのだ。

　お金は，価値の安全な交換手段であり，暗号の身近な利用例だ。安全なデジタル通貨システムについて初めて言及されたのは，暗号学者のデヴィッド・チャウムが1982年に発表した論文といわれている[14]。これは，ビットコインが登場する四半世紀前，そしてインターネットが商業活動に広く利用されるようになる10年以上前のことだ。その間, ほかにも数多くのシステムが提案され，実現に向けた真剣な取り組みが行われた。チャウムも自身のアイデアを実現させるべく，1990年代後半にDigicashという会社を立ち上げた。また, ほかにも数多くの組織が, eGoldやLiberty Reserve

などのさまざまなアプローチを利用した[15]。しかし，これらはいずれも成功しなかった。さらに，規制当局はテロなどの違法行為の資金源となり得る民間発行の匿名通貨に対して，特に2001年のアメリカ同時多発テロ事件（9.11）以降，否定的になってしまった。

しかしそれでも，活発なグローバルコミュニティがこの問題に取り組み続けた。International Financial Cryptography Association（IFCA）は，1997年にカリブ海のタックスヘイブン地域で金融暗号会議の主催を開始する[16]。これらの会議では，趣旨に賛同する銀行家や起業家と暗号学者が一堂に会して，機関や政府に集中している信頼を暗号的な分散型アプローチに置き換えることができる技術メカニズムを考案した。これらの先駆者が開発した技術の多くが，ビットコインへとつながっているのである。

ビットコインは，それまでの主要なデジタル通貨システムが通貨フローの管理を中央サーバーに依存していたのとは異なり，分散化されている。以前は，仮に中央サーバーが安全で信頼できたとしても，システムをシャットダウンしたい規制当局とシステムを悪用しようとする犯罪者という二者に対するアタック・サーフェスが存在したのである。それに対してビットコインは，分散化された基盤上で通信を行う，検証ノードで構成されたP2Pネットワークを採用した。

マスターコントローラーがなくてもコンピューターネットワークが一貫性をもって稼働できるという直感に反するアイデアは，1982年の時点では疑わしいと思われたかもしれない。しかし，2008年には既に，インターネットだけでなく分散型システムのアイデアも確立していたのである。NapsterなどのP2Pファイル共有サービスは，著作権侵害を助長したとして最終的にはサービス停止に追い込まれたものの，1990年代後半には音楽業界を脅かす存在にまで成長していた[17]。同じ技術は，ファイルストレージやリアルタイム通信などのさまざまな分野に応用されている。そして，

共有取引台帳や安全な検証用集団投票システムといったブロックチェーンの多くの主要要素もまた，過去の分散型システムの研究に基づいているのである[18]。

　ビットコインの論文でサトシ・ナカモトは，暗号で保護されたデジタル通貨と検証用のP2Pネットワークを組み合わせて共有台帳を作成し，その過程でいくつかのエレガントな追加機能を加えた。その後，彼は数カ月にわたって，オンラインでデジタル通貨マニアとの意見交換を行った。彼らはすぐに，この論文で説明されているコンセプトを実現できるソフトウェアコードを作成した。そして2009年1月3日に，ビットコインの最初のブロックが検証されたのである（最初の実際の取引はその9日後に発生した）。サトシはその「ジェネシスブロック」に，当時の金融危機への取り組みに関する新聞記事から引用した「首相，銀行に対する第二の救済措置を実施か」（2009年1月3日発行『タイムズ（*The Times*）』紙）というフレーズを埋め込んだ。その意図は明らかだ。つまり，ビットコインは貨幣の安全な新しい形になるだろう。そして，世界の銀行や政府は失敗したが，コンピューターサイエンスならもっとうまくやれた，というものだ。

　ビットコインは，デジタル通貨を現実のものにした。その支持者は，取引を検証するためのマイニングノードの運用を開始した。開発者が数十人，数百人，そして数千人と集結し，サトシが説明したコアプラットフォームをベースに，ソフトウェアやサービス，さらには専用ハードウェアの構築を開始した。ソフトウェアコードの拡張や改善が行われ，バグがなくなり，パフォーマンスが向上した。一部の企業は，従来の通貨の代わりにビットコインの受け入れを開始した。そして，ビットコインをやり取りするための取引所を設立する企業も現れた。

　ビットコインの価格は，市場によって設定される。誰かがほかの通貨と交換したがるものには価値があるのだ。ビットコインの価値は変動してお

り，時には暴落したことさえある。しかし，時間の経過とともに，人々に
ビットコインを購入する意思があることが一貫して証明されている。この
事実は，2013年と2017年の投機的な時期における価格急騰よりも重要
だ。確かに，ビットコインの資産価値[19]はそのピーク時ですら米ドルのマ
ネーサプライ（3兆ドル）とはかけ離れており，その道筋は依然として不明
確だ。しかし，これまでの成功は驚くべきである。S＆Hグリーンスタン
プや，囚人がやり取りするタバコなど，民間発行の通貨はこれまでにも数
多く存在したが，ここまで広く受け入れられ，完全に分散化され，暗号に
よって保護された通貨はビットコインが初めてなのだ。

ナカモト・コンセンサス

　サトシ・ナカモトは，「ビザンチン将軍問題」に対する新たな解決策を暗
号学者にもたらした[20]。ビザンチン将軍問題とは，分散コンピューティン
グにおける問題を，連携して都市を攻撃しなければならない将軍たちに例
えたものだ（図2.1）。将軍たちは，自分たちのなかに裏切り者がいないこ
とや，自分たちがやり取りするメッセージが正しく伝わることが確信でき
ない。不正なメッセージの割合がどの程度までなら，将軍たちは攻撃の実
行を決断できるだろうか？　仮に大半が信頼できない場合，状況は絶望的
だ。彼らには，これが多数派の戦略だと確信できる手段が必要である。た
だし，頼りになるのは各自が目にするメッセージだけであり，信頼できる
中央機関などは存在しない。
　この状況は，自分たちが見ている取引台帳がネットワークの大多数の見
解が反映されたものであると確信したがっているビットコインネットワー
ク参加者と同じである。この問題に対する解決策は，「ビザンチン・フォー
ルトトレラント（BFT）アルゴリズム」と呼ばれている。これは，たとえ

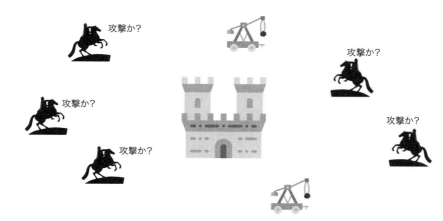

図2.1　ビザンチン将軍問題では，将軍たちは信頼できる通信手段なしに連携して攻撃しなければならない。

受け取った情報の一部に誤りがある可能性があったとしても，コンセンサス（合意形成）に至った経緯を信頼できるというものだ。ビットコインの登場以前にも，数多くのBFTアルゴリズムが研究論文で発表されてきた。その大半は，ネットワーク参加者間で投票を行える，何らかの安全な仕組みを構築するというものだった。しかし，学術的な関心が衰退し，これらのアイデアが商業利用されることはほとんどなかった。

　この問題に対するビットコインの解決策が，ナカモト・コンセンサスだ[21]。仮に，コンセンサスを確保する強固な手段がない場合，ビットコイン参加者は同じコインを複数回使用したり（「二重使用問題」と呼ばれる），実際よりも多くの通貨をもっていると主張したりできてしまう。しかし，デジタルシステムにおいてコンセンサスを得るための手段の大半は，不正者が無数の偽ネットワークノードを簡単に作成できてしまうという問題を抱えている。たとえば，各ノードが1票ずつ投票できる場合，身元を認証する中央レジストリがないので不正者は何度も投票できてしまう。これは，多重人格障害によって多数のアイデンティティを抱えた女性に関す

る1970年代の本や映画にちなんで，「シビル攻撃」と呼ばれている[22]。たとえ大半のユーザーが正直であったとしても，たった一人の攻撃者がネットワークを支配するのに十分な数のノードを作成し，独自の誤ったコンセンサスをシステムに強要できてしまうのだ。

　サトシの解決策は，暗号技術にゲーム理論的な発想を組み合わせたものだ[23]。ビットコインのコンセンサスは，ほかのBFTプロトコルと同様に，ネットワークの関係者（図2.2）が台帳の更新に対して投票による意思を表明することで決定される[24]。サトシのやり方では，これらの関係者は「マイニング（採掘）」と呼ばれる作業に従事して，ビットコイン取引の塊（ブロック）を検証する権利を競い合う[25]。マイニングは繰り返し開催される宝くじのようなもので，その勝者は次のブロックを検証する権利を獲得する。ただし，勝者は毎回ランダムなので，不正な関係者は自分がコンセンサス

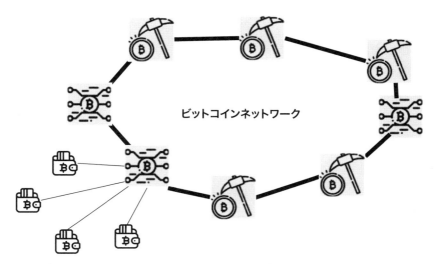

図2.2　ビットコインネットワーク上のフルノードは，ブロックチェーンの完全なコピーを保持している。ネットワーク上には，10分ごとに生成されるブロックを検証すべく競い合っているマイナー（採掘者）もいる。また，大半のエンドユーザーは，フルノードを通じて運用されるウォレット（基本的に取引所から提供される）を使用している。

を定義できることを確信できない。さらに，ほかのすべてのフルノードも台帳を独自にチェックして，新しく追加されたブロックが正当であることを確認している。

　このプロトコルにおける大きな制約は，シビル攻撃の可能性だ。不正が簡単でメリットが大きい場合，誰かが必ず不正を行うからだ。不正者は何百万もの偽のノードを作成し，宝くじに当選する可能性を大幅に増やすだろう。そこで，ビットコインを担うもう一つの主な技術であるプルーフ・オブ・ワークが登場する[26]。プルーフ・オブ・ワークとは，投票にコストがかかるようにする仕組みである。ビットコインのプルーフ・オブ・ワークシステムは，マイナーたちに「暗号学的ハッシュ関数」と呼ばれる一方向性関数に関する任意の暗号パズルを解くことを要求している[27]。ファイルをハッシュ値に変換するのは簡単だが，ハッシュ値を元のファイルに戻すのは実質的に不可能であり，実行するには途方もない数の試行錯誤が必要となる。サトシ・ナカモトは，数年前にスパムメールに対する解決策として提案されたHashCashからハッシュパズルのアイデアを取り入れている[28]。

　プルーフ・オブ・ワークシステムでは，マイナーが宝くじに当選する確率は，その問題を処理した量に比例する。競争のレベルを考えると，投票には非常に大規模なコンピューターの演算能力が必要であり，それはシビル攻撃を阻止するのに十分なコストといえる[29]。次のブロックを検証する権利を獲得するチャンスを増やす唯一の方法はコンピューターの演算能力の増強だが，そのコストには不正行為を行う以上のメリットがあるのだ。また，このシステムでは，有効な解答の生成に約10分かかるようにハッシュパズルの難易度が定期的に調整されている[30]。この調整よって，コンピューターテクノロジーの向上やマイニング用ハードウェアに対する投資の大幅な増加によるシステムの崩壊を防いでいるのである。

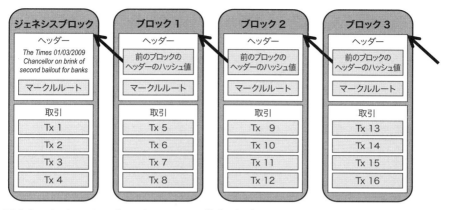

図2.3 ビットコイン ブロックチェーンの構造の概略図

　ナカモト・コンセンサスでは，個々の取引と台帳全体の両方の完全性が検証される。これは，取引をブロックに集約することで実行されている。各ブロックは，本書の「はじめに」の図0.3で紹介したマークルツリー構造で構成されている[31]。そして，検証済みのブロックは，前のブロックのハッシュ値で暗号的に署名される。こうして，連続したブロックによる安全なチェーンが生成されていくのだ。新たなブロックが追加された際は，すべてのノードが独立に検証処理を行っている。

　しかし，時には二つのノードが異なるチェーンを提案することもある。これは，ハッシュパズルをほぼ同時に解決したか，誰かが不正行為を試みているかのどちらかだ。この場合は，一番長いチェーンがシステムのコンセンサスが得られたチェーンとみなされる[32]。すべてが設計通りに機能している場合，一番長いチェーンに不正なブロックを含めて「フォーク」できるのは（図2.4を参照），ネットワーク全体の過半数にあたるコンピューターの演算能力をもつ攻撃者（「51％攻撃」と呼ばれる）のみだからだ[33]。新たなブロックが追加されるたびに各ノードがブロックチェーンを再検証す

るため，ブロックが追加されるにつれて前のブロックの変更が困難になっていくのである。

　ビットコインなどのパブリックブロックチェーンでは，すべての取引がネットワーク全体に共有されており，完全に透明である[34]。また，ネットワーク上の各フルノードは，ジェネシスブロックから現在に至るまでのすべての取引履歴のコピーを保持しており，そのサイズは今では100GBを超えている[35]。現在，マイニングには業務用の処理能力が必要とされるため，個人ユーザーは基本的にマイナーとしては参加していない。個人ユーザーは通常，技術的な知識がある程度必要なフルノードの運用ではなく，ウォレットサービスやライトクライアントを介した接続を行っている[36]。

　ビットコインブロックチェーンは，誰もがそのコンテンツを利用できるだけでなく，関連ソフトウェアも利用が自由なオープンソースとなっている[37]。そしてビットコインは，検閲と改ざんの両方に耐性があるように設

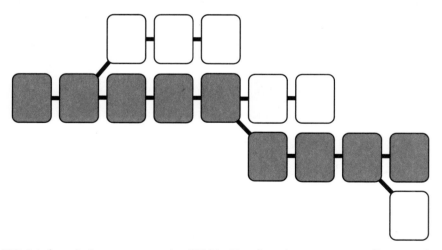

図2.4　ブロックチェーンのフォークの概略図。黒いブロックはコンセンサスが得られたブロックチェーンを，白いブロックはコンセンサスから拒否される可能性があるフォークを表している。

計されている。政府が操作したりブロックしたりできる中央制御ポイント
は存在せず，一度記録された取引は容易には変更できない。たとえば，ユー
ザー A がビットコインをユーザー B に送信した場合，ユーザー B がその
一部もしくは全部を返送することは可能だが，ユーザー A やマイナー，あ
るいは第三者が最初の送信を簡単に取り消せる方法は存在しないのであ
る[38]。また，何者かが台帳に対して改ざんを試みても，公開されているブ
ロックチェーンの記録を見れば容易に判別できるようになっている。

　ナカモト・コンセンサスにおける最後の重要な要素は，「なぜマイナー
はわざわざプルーフ・オブ・ワークの計算をするのか？」というゲーム理
論的・心理的な側面だ。プルーフ・オブ・ワークには文字通りコストがか
かる。高価なハードウェアだけでなく，大量の電力も必要だ。利他主義だ
けでは，マイナーたちはブロックの検証などしないだろう。

　ここに，サトシ・ナカモトの見事な発想の転換がある。ブロックの検証
に成功したマイナーは，価値のある通貨であるビットコインで報酬を受け
取るのだ。これは実のところ，ビットコインを新たに生成する唯一の手段
でもある。これにより，中央銀行なしにマネーサプライを増やしていく方
法などの問題が解決する。つまり，マイナーたちは純粋に自己の利益を確
保するために活動しているのだが，それによって社会的に有益な役割も果
たしているのである。発行されるビットコインのレートは，時間の経過と
ともに減少していく[39]。たとえば，2016 年半ば以降の報酬は 12.5 ビット
コインだが，これは 2020 年頃に自動的に半分になることになっている*。
サトシの設計では，ブロック報酬は自動的に減少していくものの，取引を
送信する側からの自発的な手数料がその減少分を埋め合わせていくことに
なっている。

---

* 日本時間 2020 年 5 月 12 日 4 時 23 分にマイニングの報酬は半減し 6.25 ビットコインになった。

　ビットコインは，システムのアウトプットであると同時に，インプット
でもあるのだ。したがって，ビットコインネットワークは，デジタル通貨
をサポートするために設計された信頼できるインフラであると同時に，そ
れをサポートするために設計されたデジタル通貨であるともいえる。そし
て，このネットワークはマイニングによって保護されている。マイナーた
ちがブロック報酬と取引手数料を獲得するために費やす金額が増えれば増
えるほど，悪意のある関係者がマイナーたちを圧倒してネットワークを破
壊するためのコストも増加するのだ。「暗号経済学」という用語はまさに，
暗号セキュリティと経済的インセンティブを組み合わせたこの新たな施行
メカニズムを的確に捉えている[40]。

暗号通貨の重要性

　私たちがお金とみなしているものは，社会の構造について多くを物語っ
ている。イギリス人経済学者のハーバート・フランケルは，著書『貨幣の
哲学』（1977年，邦訳：1984年文眞堂）で次のように述べている。

　　　貨幣に対する信頼 ── すなわち貨幣を定義する者に対する信頼
　　── は，金融秩序の維持に対する信頼を包含している。これは単に，
　　特定の個人の権利や債務，義務がどのように扱われるかという問題で
　　はない。ここでの問題は，性質が安定した信頼できる社会を維持し，
　　それを持続するにはどうすればよいかという，より根本的な問題で
　　ある[41]。

　ビットコインに対する当初の関心は，国家を超越したプライベートなデ
ジタル通貨としての地位に焦点があたっていた。現状，通貨の取引は厳し

く規制されている[42]。ビットコインは，どこの政府も発行や管理を行わない通貨に対する，（一部の）人々の期待を高めたのだ。たとえば，より効率的に国境を越えた支払いができる仕組みや，腐敗した政府に差し押さえられることのない金融資産の構築が可能になると考えた者がいた。さらには，グローバル金融システムを民主化し，その効率を改善するための手段になり得ると考えた者もいた。理論上は，ビットコインで取引する際に金融仲介業者は必要ない。取引はすべて，システムのコンセンサスに直接反映されるからだ。

その一方で，政府が発行や規制を行わない通貨は，違法行為，消費者詐欺，金融投機などの温床になる可能性がある[43]。実際，ビットコインに対する評判が芳しくなかった時期もあった。この章で既に述べた通り，政府や銀行システムの管理外にあるグローバル通貨の使途として真っ先に考えられるものの一つが違法行為である。さらに，ビットコインネットワークは，現実世界での身元の証明を必要としない暗号用の秘密鍵に基づいているため，テロリストの資金調達の阻止や制裁を目的としたアンチ・マネーロンダリング（AML）対策やノウ・ユア・カスタマー（KYC）規制を回避できてしまうのだ。

その最も顕著な例が，ビットコインをベースにしたマーケットプレイス「Silk Road（シルクロード）」である。ここでは主に，麻薬や密輸品の取引が行われていた[44]。このサイトは最終的に連邦捜査局（FBI）によって封鎖され，その開設者であるロス・ウルブリヒトは終身刑判決を受けてコロラド州にある連邦刑務所に服役している。しかし，Silk Roadはわずか3年間の運用期間中に，950万ビットコインもの売り上げを処理したのである[45]。当時流通していたビットコインの総額が1200万ビットコインに満たなかったことを考えると，その規模がどれほど大きなものか理解できるだろう。また，Satoshi Diceというサービスも，多くの法域で違法となって

いるオンラインギャンブルゲームによって，2012年だけで180万ビット
コインもの売り上げを処理している[46]。したがって，最初の数年間は，ビ
ットコインに対する違法性のレッテルは的外れではなかったといえる。

　しかしながら，分散型通貨を悪意のある人物が利用する可能性があるか
らといって，必ずしもそうなるとは限らない。その大幅な価格変動にもか
かわらず，ユーザーはビットコインを通貨として信頼し続けており，
Overstock.comやエクスペディアなどの合法的な企業もビットコインを
受け入れているのだ。そしてビットコインやそのデリバティブ商品の取引
はますます活発になっている。規制当局は，ユーザーに対する責任をビッ
トコインのサービスプロバイダーに負わせるための規則を作成している。
開発者は，規制を遵守すべく，ビットコインなどのブロックチェーンベー
スのシステム上で動作する認証レイヤーを開発している[47]。これは実際，マ
ネーロンダリングに対抗するための重要な仕組みになる可能性を秘めてい
る。また，2016年5月のゴールドマン・サックスレポートでは，口座情報
と支払い情報をブロックチェーンに保存することによって，データ品質が
改善され，コンプライアンスコストが削減し，AMLコストが年間30〜50
億ドル節約できることが示唆されている[48]。

　暗号通貨の愛好家は，デジタルトークンがクレジットカードと同様に世
界中のあらゆる種類の金銭的支払いに広く受け入れられることを夢見てい
る。あるいは，政府発行通貨の不確実性に対するリスクヘッジとしてビッ
トコインが金に取って代わると考える者もいる。これらは実際に起こるか
もしれないが，実現するとしても何年も先だろう。暗号通貨が従来の貨幣
や貴金属の地位を獲得するには，技術，運用，規制の面で非常に大きな障
壁がある状態だ。ビットコインはさまざまな企業が受け入れているものの，
多くの愛好家が予想したような消費者の一般的な支払い手段になる兆しは
未だに見えないのである。

　なかには，それ自体に世界を変えるイノベーションの可能性が秘められた，どの政府も検閲したり改ざんしたりできない通貨だと考えている者もいる。彼らがネット掲示板で語り合っているアイデアが「ハイパービットコイン化」だ。これは，国の通貨が崩壊し，世界経済における主要な交換手段が急速にビットコインに置き換わっていくというものである[49]。ただし，大半の人々はそのようなシナリオに懐疑的だ。暗号通貨の価値は当分の間，法定通貨に紐づけされ続けるだろう[50]。

　暗号通貨が政府が発行する通貨よりも魅力的に感じられる，極端な例をいくつか紹介しよう。通貨のハイパーインフレののちに2008年に米ドルに切り替えたジンバブエでは，ドルが不足しているため，多くの市民や企業がビットコインに目を向けている[51]。また，ハイパーインフレに直面しているアルゼンチンやベネズエラなどの中南米諸国では，ビットコインが支払い手段として最も積極的に採用されている[52]。さらに，厳格な緊縮政策を導入するよう2015年に圧力を受けたギリシャの急進左派連合は，ユーロを放棄して通貨をビットコインに切り替えることを真剣に検討した[53]。しかし，こういった国では，従来の通貨の弱体化をもたらした混乱や腐敗により，分散型暗号通貨を代わりに広く普及させることが困難になっている。

　一方，中央銀行が適切に機能している国では，通貨をトークン化して流動性と可視性を向上させることが検討されている[54]。たとえば，シンガポールは既に，銀行間の支払い取引を分散型台帳で記録するためのプロトタイプを作成し，シンガポールドルのシャドウバージョンを実験している[55]。また，国際通貨基金（IMF）の専務理事であるクリスティーヌ・ラガルドも次のように述べている。

　　いずれ，市民が仮想通貨を好む日が来るかもしれません。なぜなら，

仮想通貨は現金と同じコストや利便性を潜在的にもたらす一方で，決済リスク，決済遅延，中央登録機関，そして根拠や身元を確認する仲介業者が存在しないからです。民間発行の仮想通貨が危険で不安定なままである場合，市民が中央銀行に対してデジタル形式の法定通貨の提供を要求する可能性すらあるでしょう[56]。

トークン化は，前世紀に行われた金本位制からの大幅な移行と同様に，いくつかの点において重要な進展となる可能性がある。そして，ポジティブな面でもネガティブな面でも広範囲に影響を及ぼすだろう。たとえばイングランド銀行は，中央銀行がデジタル通貨を発行することで商業銀行から短時間で預金が移動され，その結果銀行が資本を奪われて金融システムが麻痺する可能性を懸念している[57]。

これらの取り組みでは基本的に，ビットコインなどの民間運営の分散型半匿名システムを使用するのではなく，身元認証の仕組みを備えた独自の暗号通貨を政府が発行することになる。皮肉なことに，中央銀行によるデジタル通貨の開発に積極的なのは，共通台帳のメリットよりも普遍的な監視を重視している権威主義的な国々だ[58]。現金に代わる追跡可能な暗号通貨は，実際には金融取引の匿名性を低下させる可能性があるのだ。

人々がビットコインを，法定通貨の撤廃に向けた取り返しのつかない動きと見るか，新たな民間グローバル金融システムの黎明期と見るか，興味深いが失敗したデジタル通貨と見るか，危険な脅威と見るか，詐欺と見るか，あるいは何かほかのものと見るかは，基本的にその「前科」次第である。ビットコインは実在しているが，その最終的なインパクトは依然として不明確なままだ。にもかかわらず，お金の領域は非常に広大なので，ビットコインはその領域の一部を占めただけで世界中に大きな影響を与える。そしてそのインパクトも，サトシ・ナカモトの論文がもたらした変革

と比べると見劣りしてしまう。分散型ネットワークが発行する通貨が信頼できるのなら，同様のネットワークが管理するほかのあらゆるものも信頼できるだろう。次の章では，この可能性を探っていく。

第3章　お金以上のもの

すべてはライフ吸収魔法が弱められたときから始まった

　「World of Warcraft（ワールド・オブ・ウォークラフト）」は史上最も成功したオンラインゲームの一つであり，最盛期には1200万人を超える有料プレーヤーが登録していた。2010年に定期的な調整の一環で魔術師がよく使う攻撃魔法が弱められたのだが，これが運命的な決定となる。カナダの優秀な高校生だったヴィタリック・ブテリンは，この変更に不満をもったハードコアプレーヤーのなかの一人だ。彼は，この変更を「中央集権化されたサービスがもたらし得る恐怖[1]」とみなしてゲームをやめ，ほかのことに時間を費やすことにした。そして，彼はビットコインに出合ったのである。彼はすぐにその虜になったものの，デジタル通貨にはあまりにも制約が多いと考えた。彼は次のように回顧している。「僕は世界中を回って，数多くの暗号プロジェクトを調査した。その結果，それらのプロジェクトは対象が特定のアプリケーションに集中しすぎていて，あまり包括的ではないことがわかった[2]」。こうして，当時19歳だった彼は，サトシ・

ナカモトの革命を終わらせようと決心したのである。

　ブテリンは成功したといえるだろう。彼が始めたイーサリアムプロジェクトは，ブロックチェーンの第二幕における中心的存在となったのだ。この新たな舞台では，成功しそうもない奇妙なテクノロジーが主要新聞の一面を飾り，大物実業家や大手金融機関，政府首脳にとっての重要なトピックになった。そしてそれは，ポジティブな面でもネガティブな面でもかなり影響力の大きい存在感を示した。2010年にビットコインで実際に行われたように，ピザの購入に利用できる暗号通貨というのもそれはそれで魅力的な成果だろう。しかし，数十億ドル（おそらくいずれは数兆ドル）規模のグローバルなビジネスエコシステムを支える分散型台帳は，それとはまったく異次元の存在なのだ。

　ビットコインはブロックチェーン時代の先駆けとなった歴史的存在だが，あくまでも関連する概念空間の一部にすぎない。一連のアプローチを包括した一般的な用語は「分散型台帳」である[3]。

　ビットコインは，初めて広く受け入れられた分散型台帳システムといえる。たとえば，20ビットコインもっている内の5ビットコインを誰かに送った場合,相手はどうやってそれを追跡すればいいのだろうか？　そして，送られたコインが正当な取引によって入手された本物のビットコインであることをどうやって確かめればよいのだろうか？　つまり，価値のある資産を譲渡する際には合意された記録の仕組みが必要なのだ。ビットコインなどの暗号通貨をこのような視点で見ていくと，それらがデジタル通貨の枠を超えた大きな可能性を秘めている理由が見えてくるだろう。

　台帳とは，勘定科目の記録である。最も身近な台帳はおそらく，会計の基本である複式簿記に使用される帳簿だろう。しかし，台帳は企業の決算のために借方や貸方を記録するだけではない。たとえば不動産市場は，土地の所有権登記簿なしには成り立たないだろう。民主主義では，投票の

集計に台帳が必要だ。また，著作権は権利の登録や譲渡について記載された公的・私的な記録に依存している。そして現代の企業は，財務だけでなく，社内関係者と社外パートナーの関係，サプライチェーン，バックオフィス，顧客対応なども台帳に依存している状態だ。マックス・ヴェーバーやヴェルナー・ゾンバルトなどの有名な社会学者は，複式簿記は現代資本主義の基礎であると主張した。ヴェーバーいわく，「現代の資本主義の存続における最も一般的な前提条件は，合理的な資本会計の存在である」とのことだ[4]。

　台帳は，物事を追跡し続けるための基礎的なインフラとなっている。所有権や資産フローに関する信頼できる記録を確保することが，所有権の強化につながるのだ。また，台帳があれば，契約上の複雑な合意を通じて所有権を取引可能な形に細分化することも可能になる。さらに，米国会計基準（GAAP）などの基準を台帳に反映させたうえで，監査やレポーティングの要件や内部統制などの要素を追加することもできる。記録の管理が紙の記録から，独立したスタンドアロンコンピューター，そしてデジタルネットワークへと移行するにつれて，台帳の範囲も拡大してきた。現代社会では，世界中で膨大な数の金融取引や大規模な資産の移動が行われており，台帳がかつてないほど重要になっているのである。

　ブロックチェーンシステムは台帳のネットワークである。この一大イノベーションを初めて「価値のインターネット」と呼んだのは，スタートアップのRipple（リップル）だといわれている[5]。この言葉は，インターネットがネットワークをリンクさせて情報をやり取りしているのと同様に価値のある資産をやり取りしているブロックチェーンの特徴を的確に捉えている。お金はそのような資産の最初の例にすぎないのだ。たとえば，ダイヤモンドのネックレス，株式，商標，コンサートのチケットなどは，いずれも価値のある資産である。さらに，現代社会ではデータにも価値がある。

グーグルは，データを収集・分析してそれを価値のあるサービスに活用することで，世界でも屈指の収益を上げる企業へと成長したのだ。分散型台帳は，中央集権的な管理によるデメリットなしに同様の大規模なデータ集積を実行できる可能性を秘めているのである。

ビットコインは，少なくとも最初は，暗号通貨の決済取引という単一の機能に限定されていた。一方，イーサリアムは，ソフトウェアとしてコーディングできるあらゆるアプリケーションを理論上はサポートできる動的な台帳へと進化している。このような環境では，プラットフォームをアプリケーションから分離することが可能となる。たとえば，スプレッドシートは台帳であると同時にその台帳を作成するソフトウェアアプリケーションでもあるが，アマゾン・ウェブ・サービス（AWS）などのクラウドコンピューティングプラットフォームと，そこで動作するアプリケーションやサービスは別物だ。同様に，ビットコインの初期のネットワークプラットフォームは決済通貨と一体化していたが，パブリックブロックチェーンネットワークはさまざまな分権型アプリケーション（DApp）の基盤となっているのである。

2010年の時点で既に，サトシ・ナカモトやビットコイン開発者たちは，ブロックチェーンテクノロジーがデジタル通貨以外の分野でも利用できる可能性についてオンライン上で言及していた[6]。この会話の内容を実現させた最初のシステムがNamecoinだ。これは，ビットコインが決済情報に対して行っているのと同様に，インターネットのドメイン名の登録情報に対して耐検閲性をもたせるシステムである。Namecoinは，ビットコイン初の派生システムとして2011年にローンチされた[7]。また，ビットコイン台帳に別の暗号通貨や動的な相関な関係を記録する方法も存在する。ビットコインは0.00000001ビットコインまで細分化が可能となっており（この最小単位を「Satoshi」という），ほとんど無価値の少量のコインに「色」の

ようなタグをつけた「カラードコイン」にすることで，そのコインにほかの
資産をもたせることができるのだ[8]。この方法では，ほかの本格的な暗号通
貨をもたせることすら可能となっている。さらに，「マージマイニング」や
「ペグドサイドチェーン」なども存在する。これは，別の暗号通貨ネットワー
クがビットコインのプルーフ・オブ・ワークに相乗りして取引を検証で
きる仕組みである[9]。これらのアプローチは，ビットコインのコンセンサス
ネットワークが生成した信頼を拝借しているのだ。

　このように，オリジナルのビットコインの台帳の機能が拡張された一方
で，新たな暗号通貨システムをゼロから構想した者もいた。上記の「ビッ
トコイン2.0」ネットワークは，決済以外にも対応させたことと，第三者は
一切信頼しないという要件を緩和したことの二つがビットコインの設計目
標から逸脱している。2012年にローンチされたRippleは，ビットコイン
と同様に決済に重点を置きつつも，銀行が国境をまたいだ送金を効率的に
行えるようにサービスを提供すべく，信頼できる検証ノードを数量限定で
組み込んでいる。その後，2015年には汎用的なイーサリアムネットワーク
が稼働を開始した[10]。そして，それ以外の暗号通貨プラットフォームで
も，さまざまな側面が強化されている。たとえば，Monero（モネロ），
Dash（ダッシュ），Zcash（ジーキャッシュ）は，ビットコインよりも強力
な匿名性を備えた暗号通貨となっている。また，Neo（ネオ）とQtum（ク
アンタム）は自身を「アジアのブロックチェーン」と位置づけており，同地
域における暗号通貨への強い関心をうまく利用している。

　現在，ほかにも数十種類のパブリックブロックチェーンネットワークが
稼働しているが，それはあくまでも氷山の一角にすぎない。2017年後半
の時点で，オープンソースソフトウェアリポジトリのGitHubには8万件
以上のブロックチェーン関連プロジェクトが登録されているのだ[11]。また，
あるサイトには2018年4月の時点で利用可能な1500種類以上もの暗号

通貨トークンが掲載されており，その大半がイーサリアムなどの基盤的な
コンセンサスプラットフォーム上で稼働している[12]。そして，これらのト
ークンはさまざまな役割を果たしている。たとえば，スタートアップの
Brave が発行する Basic Attention Token（ベーシック・アテンション・
トークン：BAT）は，ターゲティング広告を閲覧したユーザーに報酬とし
て支払われる。IPFS とブロックチェーンを組み合わせた Filecoin Token
（ファイルコイン・トークン）は，分散型クラウドストレージにハードドラ
イブ領域を提供したユーザーに報酬として支払われる。Numerai（ヌメラ
イ）は，ヘッジファンドで機能する優れたアルゴリズムを提案したデータ
サイエンティストに報酬として支払われる。そして，Earn.com は，メー
ルへの返信やアンケートへの回答などのタスクを完了したユーザーにト
ークンで報酬が支払われるソーシャルネットワークとなっている[13]。

　いわゆるビットコイン・マキシマリストたちは，ビットコインは長い歴
史やマイニング用の高い処理能力による強力なセキュリティを備えている
ため，暗号通貨をベースとしたあらゆる活動に最適なプラットフォームに
なると主張している。そして彼らは，ほかのプラットフォームへの投資を
趣味程度とみなしている。一方，その反対勢力は，ビットコインは暗号通
貨や分散型台帳テクノロジーのコンセプトを実験する場にすぎず，ほかの
プラットフォームが機能面で上回ったらすぐに時代遅れになると考えて
いる。

　ビットコインの大きな問題の一つがスケーラビリティだ。ビットコイン
ネットワークは，処理量の増加に伴って単位時間あたりに処理できる量で
あるスループットが低下してきている。そのため，取引希望者はマイナー
たちの作業を急かすために多額の手数料を支払わざるを得なくなってい
る。サトシ・ナカモトの本来の設計では，取引手数料はブロック報酬が減
少した際にのみ増加することになっていた。しかし，2017 年には取引 1 回

の手数料が10ドル以上に跳ね上がることが珍しくなかった。これにより，小額の決済が割に合わなくなり，通貨本来の主要な利用目的が妨げられている状態だ。ビットコインのスケーラビリティに関しては，多数の提案が寄せられている。たとえば，セキュリティは引き続きコンセンサスプロセスに依存しつつも取引の処理は基本的にブロックチェーンから外すといった対策だ。しかし，ビットコインを改良することが，ゼロからより優れたスケーラビリティを備えたネットワークを設計して乗り換えるよりも有意義かどうかについては，未だに議論の余地がある状態だ。

　ほかにも，ビットコインのプルーフ・オブ・ワークシステムに関する問題もある。このシステムはいってみれば，コストのかかる処理能力を故意に浪費させるシステムだ。ビットコインの価格が上昇するにつれて，ブロック報酬を獲得するためにマイナーたちが投入する資金も増加している。そして，その莫大な電力消費量により，ビットコインはエネルギー需要や二酸化炭素排出量の増加の一因となっている状態だ。2017年にビットコインの価格が急騰した際は，1回の取引にアメリカの一般家庭の1週間分の電力が消費されたと推計されている[14]。また，とあるアナリストは，ビットコインネットワークは2020年頃にはデンマーク全体と同じ電力を消費すると推測している[15]。気候変動が問題となっている今の時代に，これは深刻な問題だ。さらに，第6章で説明するように，現在はマイニングの大半が少数の強力なマイニングプールに統合されており，それによってさまざまな懸念が生じている。

　パブリックブロックチェーンネットワークにおける代替的なコンセンサスアプローチの主な候補になっているのが，プルーフ・オブ・ステーク（POS）だ。POS暗号通貨の所有者は，マイニングではなく，所有通貨の一部を賭けることで取引を検証する権利を競い合う。そして，ブロックを検証できた場合は報酬を獲得できる。しかし，そのブロックがネットワー

クの過半数に拒否された場合，賭けた通貨は「検証による棄却」によって
無効化されてしまう。つまりPOSは，マイニングにおけるコストと利益の
トレードオフを，作業量を削減しつつ模倣した仕組みである。ブロックを
検証したい者は，高額なコンピューティングパワーを投入してコミットメ
ントを証明する代わりに，スラッシュによって資産を失うリスクを負うの
である。故に，POSはゲーム理論的なインセンティブによって，コンプラ
イアンスに準拠した行動を促進しているといえる。

　一部のブロックチェーンネットワークでは，既にPOSが導入されてい
る。なかでも注目すべきは，イーサリアムがCasperというPOSソリュー
ションに今後移行していくことを表明したことだ。また，SteemitやEOS
などのブロックチェーンシステムでは，デリゲーテッド・プルーフ・オブ・
ステーク（DPOS）と呼ばれる派生型が導入されている。この仕組みでは，
トークン所有者はブロックを検証する代表者に投票することになる。しか
しPOSには，プルーフ・オブ・ワークのように大規模かつ安全に稼働した
実績がまだない。その上，POSによって権力の統合が促進されて暗号通貨
を大量に所有している者が有利になるのではないかという懸念や，システ
ムがギャンブル化するのではないかという懸念が存在する。ほかの経済シ
ステムと同様に，多数の参加者や多額の金銭が関与する現実世界での動作
は，机上での想定とは異なる可能性があるのだ。

　ブロックチェーンテクノロジーや暗号通貨に対する関心の高まりを受け
て，開発者たちはほかにもさまざまなコンセンサスアプローチを模索して
いる。たとえば，Dfinity（ディフィニティ）やAlgorand（アルゴランド）
では，ビットコインのような面倒なマイニング作業や危険な賭けをする代
わりに，ブロックごとにランダムに検証者グループを割り当てるための新
たな暗号技術を導入している。ハッシュグラフでは，取引情報の正確さに
対する投票や取引情報自体をネットワーク内の全ノードに伝達する手段と

して，「ゴシッププロトコル」を利用している。また，Chia（チア）では，プルーフ・オブ・ワークの高額な演算能力を，利用可能なハードドライブ領域の証明に置き換えている。さらに，ネットワーク接続デバイスの制御を目的とした分散型「モノのインターネット（IoT）」システムであるIOTAでは，コンピューティングパワーが限られた無数のノードが存在する環境では間違いなく効果的な「タングル」を導入し，ブロックチェーン型のデータ構造を完全に排除している[16]。

　これらの技術は，既存のソリューションと比べてパフォーマンスやセキュリティの大幅な向上が見込まれている。なかには，MITの著名な暗号学者であるシルビオ・ミカリが関わっているAlgorandや，代表的なファイル共有プロトコルのBitTorrentを作成したブラム・コーエンが関わっているChiaのように，技術的に強力な支援を得ているものもある。そして，その多様性にもかかわらず，これらのアプローチはすべてビットコインの子孫であるといえる。これらはすべて，中央管理者や仲介者がいないネットワークにおいて，信頼できる共通の真実を生み出しているからだ。

　新たなシステムはまだ，ビットコインやイーサリアムのように現実世界での検証や開発者を惹きつけるような魅力はもっていない。しかし，どのアプローチが普及するかについて明確に予測するのは時期尚早だ。集中的な実験を行う段階では，画期的なイノベーションだけでなく間違いやいき詰まりも必然的に発生するからだ。ここで最も注目すべきことは，ブロックチェーンのコンセンサステクノロジーに関するイノベーションの高度化と多様化だ。驚くべきことに，この波はスタートアップだけに留まらず，世界屈指の大企業も巻き込んで広がっているのである。

許可型台帳

　理論上は，誰もがビットコインネットワークのフルノードを運用でき，暗号通貨をマイニングでき，取引を検証できる。ある参加者がフォーチュン500の大企業なのか国際的な犯罪者なのかを見分ける手段は，ネットワーク上には存在しない[17]。また，ビットコインブロックチェーンのコンテンツは，オープンソースソフトウェアを実行している世界中のコンピューターに分散されているため，政府がそのコンテンツを検閲することはできない。仮にそのコンピューターの大半がオフラインにされたとしても，ビットコインブロックチェーンは稼働し続けるだろう。さらに，民間の参加者も，マイニングパワーの過半数を獲得するというほぼあり得ない条件を達成しない限り，ネットワークに独自の変更を加えることはできない。誰もが平等にネットワークにアクセスでき，誰もが過去の全取引を閲覧できるのである。

　しかし，この分権化にはさまざまな代償が伴っている。その一つが，パフォーマンスに関するコストだ。すべての取引情報をすべてのネットワークノードに伝達しているため，従来のデータベースに比べて非常に大きなオーバーヘッド（余計に費やされる処理時間など）が発生しているのだ。もう一つは，利用方法に関する代償だ。一部のアプリケーションや参加者にとっては，完全にオープンなアクセスや完全な可視性はあり得ない話である。たとえば規制の対象となっている業界では，取引相手の身元を確認することが法律で求められている場合がある。あるいは，取引情報を機密に保持することが規制や契約で求められる場合もある。さらに，ヨーロッパでは，「個人情報を忘れられる権利」が一般データ保護規則（GDPR）によって定められており，データ処理者は要求に応じて特定の情報を消去することが義務づけられている[18]。これをはじめとするGDPRが定める情報

権利全般は，パブリックブロックチェーンネットワークの不可逆的な取引台帳とは相容れないものとなるだろう[19]。

　とはいえ，これらの代償は，強力な耐検閲性や暗号経済的なセキュリティが実現できることを考えると，少なくとも一部のユースケースではそれに見合った価値があるといえる。また，ブロックチェーンネットワークのパフォーマンスを向上させる新たなテクノロジーの登場により，これらの代償が徐々に減少していく可能性もある。しかし，潜在的な分散型台帳ユーザーの大半は実のところ，効率化のためには分権化を多少は犠牲にしても構わないと考えているのである。

　ビットコインがきっかけでプルーフ・オブ・ワーク以外のビザンチン・フォールトトレラント（BFT）アルゴリズムに対する関心が再燃し，その結果新たな形態の分散型台帳が開発された。この分散型台帳は，誰もネットワークを制御しないという点では依然として分権化されている。しかし，取引の検証や新たな取引の提案 ── 場合によっては台帳の閲覧も実行できる。ただし，これは調整機関から許可された認証済みの関係者のみに限定されている。Hyperledger（ハイパーレッジャー）のエグゼクティブディレクターであるブライアン・ベーレンドルフは，このコンセプトを「実用最小限の集権化」と呼んでいる[20]。このアプローチは世界中の主要企業に採用されており，IBM，マイクロソフト，PwC，Oracle，HPEといった主要なソフトウェア企業やサービス企業も関心を向けている。

　企業が分散型台帳システムで行いたいことの大半は，身元がわかっている関係者による比較的小規模なネットワークに関するものだ。たとえば，オンライン広告の詐欺を減らしたいと思っている広告主とパブリッシャーのグループは，完全に匿名な関係者が参加する仕組みを必要としないだろう。このようなコンソーシアムでは，許可された者だけがアクセスできる新しい形の分散型台帳を採用すれば，ブロックチェーンベースのシステム

によるメリットの大半を享受することができる[21]。この台帳は,「許可型台帳」,「プライベート台帳」,あるいは「コンソーシアム型台帳」と呼ばれている。

　許可型ネットワークの開発を進めている組織の代表例が,Hyperledgerと R3 だ[22]。Hyperledger は,IBM による初期の開発をベースにした Hyperledger Fabric をはじめとする,さまざまな機能を備えた一連の分散台帳パッケージを運用しており,そのソリューションはモジュール形式で設計されている。そして,この許可型ネットワークは,Hyperledger Burrow のスマートコントラクト実行エンジンや Hyperledger Indy のユーザー管理型 ID モジュールにプラグインしたり,ほかのソリューションを利用したりできるようになっている。さらに,ニーズに応じてコンセンサスメカニズムを入れ替えることも可能となっている。

　Hyperledger は,オープンソーステクノロジーの標準化や企業と開発者の関係構築に取り組む非営利コンソーシアム,Linux 財団のプロジェクトである。そのリーダーのベーレンドルフは,代表的な Web サーバーソフトウェアである Apache を生み出した著名な技術者であり,オバマ政権時代のホワイトハウスや世界経済フォーラム,そして PayPal の共同創設者であるピーター・ティールのベンチャーキャピタル会社にも協力したことがある人物だ。

　一方,R3 は,著名な金融サービス会社をはじめとする 80 社以上の主要企業によるコンソーシアムを運営している営利企業である[23]。R3 の Corda（コルダ）プラットフォームは,分散型台帳テクノロジーを利用して,現金や証券,デリバティブ商品に関する金融機関間の契約を管理している。これについて,R3 のリチャード・ゲンダル・ブラウンはブログで次のように説明している。

　金融業界は基本的に，企業間の合意によって成り立っている。しかし，これらの企業は共通の問題を抱えている。合意事項は通常，双方の当事者が別々の手順で記録しているため，その過程で考えにずれが生じた場合，合意事項を修正するのに多大なコストが発生してしまうという問題だ[24]。

　Cordaでは，分散型台帳を利用して，銀行間の複雑な金融契約の共有記録を保持している。現在の法制度を補うように設計されており，認証された組織のみがネットワークに参加できるようになっている。また，取引を記録するためのデータ構造はブロックチェーンではなく通常のリレーショナルデータベースを使用しており，コンセンサスシステムは従来のBFTアルゴリズムに基づいている。さらに，このシステムでは，規制当局を明示的に招待して，取引に関する情報にリアルタイムでアクセスできる「監視監督ノード」を割り当てることが可能となっている。

　CordaやHyperledger Fabricなどの許可型ネットワークは，ネットワーク参加者の身元を確認できる信頼性を維持しているため，基本的にプルーフ・オブ・ワークは不要となっている。これにより，コストの増加やキャパシティの制約につながるマイニングプロセスを回避することができる。これがどの程度有益かは，許可型台帳が十分なセキュリティや耐検閲性を維持できるかどうか，そしてプルーフ・オブ・ワークに関する問題が今後の技術的な進歩によって緩和されるかどうか次第である。また，これらのプロジェクトは分散型台帳アプリケーションの運用のみを目的としているため，専用の暗号通貨トークンも不要となっている。一方，Rippleでは，許可型ネットワークとXRPという通貨を組み合わせている。XRPは，取引することは可能だが，パブリックマイニングによって新規に生成されることはない。

　現在，パブリック台帳の支持者と許可型台帳の支持者の間には，宗教戦争のようなものが起こっている。ビットコインやイーサリアムなどのパブリックネットワークの支持者は，許可型ネットワークは本質的に単なるデータベースにすぎないと主張している。Union Square Venturesの共同経営者であるアルバート・ウェンガーいわく，誰かが信頼されている必要があるのなら，それは基本的に従来と同じであるということだ[25]。分散型台帳はパフォーマンスの向上につながるかもしれないが，業界の構造を変えたり劇的な革新をもたらしたりはしないだろう。しかし，許可型台帳の場合はコンソーシアムがアクセスを制御しているため，大手企業の権力強化につながるのではないかという議論が続いている。さらに，パブリックネットワークの支持者のなかには，許可型ネットワークはそもそも同じ議論に上げるべきものではないと主張している者もいる。少なくとも，R3のようにデータが連続したブロックのチェーンに格納されていない場合，それはブロックチェーンに分類すべきではないだろう。

　一方，許可型ネットワークの支持者は，従来のデータベースと分散型台帳は完全に別物だと主張している。データベースは基本的に，同一の信頼された関係者 ── 通常は同一の企業 ── がすべてのノードを運用することを前提としている。通常のデータベースでも，複数のマシン間で分散や同期を行うことは可能だ。しかし，これらの同期アルゴリズムは，マシンの故障や暴走，ネットワークへの攻撃などからシステムを守るためのものである[26]。

　一方，分散型台帳では，ノードは個々の関係者によって運用されている。彼らはお互いを信頼しておらず，時には自発的に敵対していることすらある。シンガポールを拠点とするR3のリサーチディレクターであるアントニー・ルイスは，これはデータ共有と管理共有の違いであると説明している[27]。従来のデータベースは，データを共有している。そして，一度デー

タを共有してしまうと，データベースを運用している組織がどこであれ，その組織にデータの管理権を譲渡することになる。そうすると運用者だけが，情報にアクセスしたり変更したりする技術的な権限をもつのだ。一方，分散型台帳は，管理権を共有している。各データの管理権はその所有者が保持しつつ，特定の条件下で他者もデータを閲覧したり利用したりできるのだ。そして，その権限を覆せる者はいないのである。

　理論的には，従来のデータベースが許可型台帳のように情報を保持できないわけではない。やらないだけである。ブロックチェーンベースのデータベース関連のスタートアップであるBigChainDBの最高経営責任者（CEO）のブルース・ポンが，自動車業界における次のような事例を紹介している[28]。Boschなどの主要サプライヤーは，自社が提供するすべての部品のデータベースを所有している。しかし，彼らがデータの管理権を譲渡することはないため，自動車メーカーや卸売業者がBoschのデータにアクセスしたい場合，Boschのアプリケーションプログラミングインターフェイス（API）を構築したうえで，Boschのデータを自社のデータベースに取り込む必要がある。しかも，各サプライヤーに対して同じ手順を繰り返す必要があるのだ。さらに，システム間でデータに不整合が発生した場合，その対応にもコストを割かなければならなくなる。

　一方，分散型台帳では，ネットワークの参加者全員が同一かつ不可逆的なレコードセットを共有することができる。データの変更は瞬時に全ノードに反映されるが，各参加者は自身のデータの管理権を所有し続けている。そのため，Boschが分散型台帳にある自社の部品情報を更新したい場合，直接更新することができるのだ。外部の運用者の動向に依存したり，メーカーの在庫記録を正しい情報として受け入れたりする必要はないのである。

　R3やHyperledger Fabricなどの許可型台帳ソリューションは，たとえ

競合する組織が相手でも，組織をまたいで共有台帳を運用できるように設計されている。これらのソリューションは通常，誰が台帳の情報を表示したり管理したりできるかを細かく設定できるようになっているのだ。これにより，すべての情報をすべてのノードに伝達する必要がなくなって，パフォーマンスが向上するという副次的なメリットも生まれている。また，許可型台帳ソリューションの大半は，長年の学術的研究に基づいたBFTアルゴリズムに基づいて構築されている。故に，許可型台帳のコミュニティは，許可型台帳ソリューションがパブリックなプルーフ・オブ・ワークネットワークと同等に安全であると主張している。

　パブリック台帳と許可型台帳のどちらを選択するかは基本的に，解決しようとしている問題やソリューションの制約次第である。金融サービスプロバイダー向けにブロックチェーンテクノロジーソリューションを提供しているChainのCEOのアダム・ラドウィンは，完全に分散化されたソリューション（通常はパブリックネットワークを指す）の有用性は「対象ユーザーグループが対象市場において耐検閲性をどの程度必要としているか」次第であると述べている[29]。ビットコインがそれを必要とした理由は，政府が金銭に課している制約からの解放が目的だったからだ。しかし，それ以外の状況では，分散型アプローチが必要とされたり望まれたりする理由はさまざまである。

　許可型ネットワークは，分散型台帳テクノロジーに対する企業や政府の関心が2016年から2017年にかけて高まった大きな要因である。これは，ブロックチェーンコンセプトの正当性の実証にもつながっており，それがひいてはパブリックな暗号通貨の価格急騰に一役買ったことも間違いないだろう。そして，この二つのアプローチは一つに収束していく可能性がある。たとえば，JPモルガンのQuorumシステムは，イーサリアムソフトウェアにプライバシーと許可型アクセスを追加した派生システムだ[30]。また，

BitfuryのExonumは，取引情報をパブリックなビットコイン台帳に定期的に転送する許可型ブロックチェーンである。さらに，エンタープライズ・イーサリアム・アライアンスは，イーサリアムを企業のユースケースに適合させるべく取り組んでいる。一方，許可型台帳の側から見ると，Hyperledger Fabricはさまざまなコンセンサスメカニズムにプラグインできるため，将来的にはパブリックブロックチェーンネットワーク上で稼働できる可能性がある。

　「やがてパブリックネットワークが勝つだろう。クラウドコンピューティングがその証拠だ」。テクノロジー分野のシリアル起業家であり，Circle Internet FinancialのCEOでもあるジェレミー・アレールはこう予測している[31]。彼の最初の会社は，Webの動的アプリケーションが普及するきっかけとなったアプリケーションサーバーテクノロジーであるCold Fusionを作成した。彼は，分散型台帳テクノロジーはインターネットと同じ進化の道をたどっていると考えている。主要な企業や政府は当初，パブリックネットワークのセキュリティが十分に向上するまではプライベートイントラネットやローカルデータストレージに固執していたのだ。彼は次のように述べている。「パブリックブロックチェーンの強みはセキュリティだ。なぜなら，その根底にインセンティブシステムがあるからだ。受託信託関連のアプリケーションは，最も安全なインフラに自ずと集まっていくだろう。そして，最も安全なインフラはパブリックブロックチェーンになるはずだ」

　同様の収束を見込んでいる有識者は少なくない。2014年から2016年にかけてビットコインの価格が下落した際，人々の関心の対象は暗号通貨から許可型ネットワークへと移行した。その後，暗号通貨の価格急騰や，暗号通貨トークンをベースにした革新的で素晴らしいネットワークアプリケーションの登場により，人々の関心の対象は再び暗号通貨へと戻ってき

た。しかし，これで終わりではないだろう。双方のコミュニティが成熟するにつれて，彼らはお互いから学び，ユーザーは双方のいいとこ取りをしたソリューションを期待するはずだ。ただし，この変遷には時間がかかる。そして，第7章で説明するガバナンスシステムの開発も重要な要素になるだろう。

スマートコントラクト

　ここで，この章の冒頭に登場した元 World of Warcraft プレーヤーに話を戻そう。ヴィタリック・ブテリンは2013年に大学を中退した。そして彼は，ティール・フェローシップから提供された10万ドルを元手に，のちにイーサリアムプロジェクトとなるプロジェクトを立ち上げたのである。イーサリアムやその類似システムは，「スマートコントラクト」と呼ばれるメカニズムをさらに発展させることで，ブロックチェーンの可能性を大きく広げていくのである。

　分散型台帳は能動的なものであり，受動的ではない。言い換えると，分散型台帳は単に渡された情報を記録するだけではない。分散型台帳はコンセンサスシステムの一部なので，記録されたトランザクションをコンセンサスに合わせて実際に完了させる必要があるのだ[32]。ビットコインの場合，送金処理の自動実行がこれに該当する[33]。送金の調整や実行は一連のプロセスにセットで組み込まれているので，送金を約束したトランザクションを開始したあとにそれを取り消すのは不可能となっている。これがスマートコントラクト機能である。つまり，権利や義務の明確化とその合意事項の実行が両方ともプラットフォームを通じて行われるのだ。これは，清算や決済は合意自体とは別のプロセスであり，争議を裁判制度を通じて行われる従来の金融取引とは大きく異なるものである。

　スマートコントラクトによって，分散型台帳は分散型コンピューターへと変貌する。サトシ・ナカモトのイノベーションの大きな特徴の一つが，分権的タイムスタンプの問題を解決したことだ。同じコインが2回使われていないことを信頼するには，各取引の正確な発生時刻を追跡するための信頼できる方法が必要だ。しかし，分権型ネットワークには，すべてのマシンが同期できるマスタークロックは存在しない。マスタークロックは信頼できる第三者になってしまうからだ[34]。そして，マスタークロックがないにもかかわらず，各ノードはほかのノードが伝えてきたタイムスタンプを信頼する必要があるのである。

　プルーフ・オブ・ワークシステムは，取引の正確な順序に対してコンセンサスをとっている。つまり，各ノードは何が起こったかだけでなく，どのような順序で起こったかについても合意しているのである。したがって，各ノードが台帳の同一のコピーを所有できるコンセンサスアルゴリズムでは，同じ計算を同じ順序で実行することもできるのだ。これにより，コンピューター科学者が「状態共有」と呼ぶもの，すなわち「任意の瞬間におけるシステムの状態に関する情報」が得られることになる。

　スマートコントラクト関連のスタートアップであるSymbiontの共同設立者であり，Counterpartyの初期開発者の一人でもあるアダム・クレレンシュタインによると，ブロックチェーンネットワークは，信頼できる中央機関なしに状態共有を確立できた，現実世界における最初のシステムであるとのことだ[35]。これにより，無数の可能性が見えてくる。分散型台帳の分権化された環境において，コンピューターが実行できるほとんどあらゆることを実行できるようになったのだ。スマートコントラクトは，ブロックチェーン上で稼働するソフトウェアプログラムとして機能するのである[36]。

　ニック・サボは，ビットコインが登場するはるか以前の1990年代にス

マートコントラクトのアイデアを考案していた[37]。彼が思い描いていたのは，どこにでもある自動販売機だった。自動販売機は，代金を取り込んで商品を出すことで契約を完全に遂行する。また，契約違反（マシンを破壊しての窃盗など）を割に合わなくするための十分なセキュリティも備えている。つまり実質，自動販売機は契約環境そのものであり，契約の遂行や法廷での争議の解決に人間の介入を必要としていないのである。

しかし，ビットコインが登場するまで，このようなアイデアの実用例はほとんどなかった。自動販売機は，安価な商品を販売し，対面で稼働し，現金[38]を受け取っている（持参人払い式）原始的なスマートコントラクトであるといえる。分散型台帳が登場したことで，信頼できる関係者がいないネットワーク上において，あらゆる資産や契約に対して同様の仕組みをデジタル方式で導入できるようになったのだ。たとえば，保険契約，住宅ローン，遺言，ソフトウェアライセンスなどはすべて，現在は人間による仲介を必要としているが，おそらくスマートコントラクトによって自動化できるだろう。しかし，ビットコインですら，波に乗ってから堅牢なスマートコントラクトプラットフォームが導入されるまで数年かかったのである。

ビットコインプロトコルは通貨専用として設計されたため，金融取引のサポートに必要な機能のみが必要とされていた。ブロックチェーン取引にリッチなプログラミング機能を追加すると，セキュリティリスクや複雑さが増してしまう。ソフトウェアベースのシステムでは，できることが増えれば増えるほど，バグやエクスプロイト，ハッキングなどのリスクも増えるのだ。また，ビットコインには，任意の時点の暗号通貨の所有量を把握できる口座形式の共有ステートも存在しない。代わりに，「トランザクションの未使用アウトプット（UTXO）」と呼ばれる方法が使用されている。この方法では，ある秘密鍵に紐づいているビットコインの残高を知りたい

場合，過去に送受信された取引を毎回合計する必要がある。しかしこれは，デジタル通貨の仕組みとしては技術的にシンプルだが，汎用的なスマートコントラクトの運用には不向きである。

これらの制約を乗り越えることが，代表的なスマートコントラクトプラットフォームであるイーサリアムの目標だ[39]。イーサリアムでは，チューリング完全なプログラミング言語が実行可能となっている。それはすなわち，従来のコンピューターで実行可能なあらゆるアプリケーションが，理論上は分散型台帳でもコンセンサスネットワークを通じて実行できることを意味している[40]。そしてイーサリアムは，開発ツールも含めて完全なスマートコントラクトプラットフォームとして設計されている。これにより，グーグルやアマゾン，eBayの基盤であるアプリケーションサーバーなどのソフトウェアツールやウェブと同様に，新たなアプリケーションを比較的簡単に実装できる基盤となっているのである。

スマートコントラクトテクノロジーが具体的にどのように採用されていくかは現時点では未知数だ。たとえば，サボが1997年に発表した論文では，スマートカーのリースが想定されていた。この車は，ドライバーが月額利用料を滞納したり，リース期間が終了したりすると，自動的に操作不能となってキーの管理権が銀行に戻される。ただし，リース購入契約の場合は，支払いが全額完了した時点で銀行からのアクセスが終了して自由に使えるようになる。このようなシステムは，身近な契約を円滑に遂行するためのものだ。しかし，第6章で説明するように，自動化しすぎると新たな問題が発生する可能性がある。

また，スマートコントラクトでは，これまでになかったようなまったく新しい仕組みも実現できる。イーサリアムの初期に構築されたアプリケーションのなかで最も成功した例はおそらく，2017年の年末にローンチされ，すぐさまネットワーク上でも屈指のトラフィック量を誇るようになっ

た，CryptoKittiesというゲームだろう[41]。このアプリでは，漫画の子猫の外見をしたユニークなデジタル収集品が生成される。一匹一匹の子猫が，実際にはスマートコントラクトを実行している暗号通貨トークンだ。子猫同士を交配させて，ランダムに新たな子猫を生成することもできる。そして，子猫のなかには非常にレアなものもあり，10万ドル以上の暗号通貨でコレクターに販売された例もある。CryptoKittiesは一時的な流行で終わるかもしれないが，スマートコントラクトの用途の多様性を示す一例だ。複製はできないが販売したり変換したりできるデジタル資産は，金融業界などで重要な用途を担う可能性を秘めているのだ。

ビットコインとベースが同じ汎用コンピューティングプラットフォームというブテリンのアイデアは，2013年の年末にイーサリアムのホワイトペーパーがリリースされた直後から大きな反響を呼んだ。開発は2014年にスタートし，最終的にはスイスの財団の下で正式に行われた。また，資金を調達するために運用前のトークンを販売するという，現在では「イニシャル・コイン・オファリング」として知られているが，当時としては斬新な手法も取り入れた。

今では，イーサリアム開発者のネットワークは世界中に存在する。たとえば，ニューヨーク市ブルックリン区に拠点を置くConsensysは，イーサリアムの共同創設者であるジョー・ルービンが率いるソフトウェア開発スタジオだ。ここでは，イーサリアムをベースにした数十ものプロジェクトを立ち上げており，その一部は既に独立企業としてスピンアウトしている。また，既存企業におけるイーサリアムの導入を促進すべく結成されたエンタープライズ・イーサリアム・アライアンスには，マイクロソフト，JPモルガン，インド政府，Intel，Cisco，マスターカードをはじめとする200以上もの組織が加盟している[42]。

イーサリアムには，「イーサ（ETH）」という独自の暗号通貨がある。そ

して，イーサは現在，ビットコインに次いで二番目に価値がある暗号通貨となっている。しかし，イーサの主目的は投資商品や決済手段ではない。それは，イーサリアムシステム内にある取引不可能な内部リソースである「Gas（ガス）」を購入する唯一の手段なのだ。このGasを使って，イーサリアムネットワークの処理サイクルを購入することができる。スマートコントラクトが複雑になればなるほど，より多くの計算が必要となり，必要なGasも多くなる。そして，イーサリアムのスマートコントラクトが使用できるGasの量には厳しい制限が課されている。

　イーサリアムがこの方法を採用した理由は二つある。一つ目は，計算にコストがかかるからだ。パブリックブロックチェーンシステムであるイーサリアムネットワークでは，すべての検証ノードが各スマートコントラクトを処理している[43]。したがって，スマートコントラクトの開発者が計算量を極端に節約しない限り，システムの規模拡張は困難となる。また，誰もが無料で何千ものスマートコントラクトをローンチできてしまうと，処理がすぐに滞ってしまうだろう。二つ目は，スマートコントラクトはプログラムだからである。プログラムというものは，バグや非効率な処理によって想定以上に多くの計算が行われがちだ。また，ちょっとしたミスで簡単に無限ループが発生してしまう。イーサリアムなどのチューリング完全なシステムにおける基本的な制約の一つに，「停止性問題」というものがある。これは，あるプログラムが必ず完了するか無限に動き続けるかを事前に判断するのは事実上不可能であるというものだ。したがって，Gas料金やGas制限のような仕組みがなければ，イーサリアムのようなスマートコントラクトシステムはすぐに破綻してしまうのだ。

　独自のトークンでGasを販売していないほかのスマートコントラクトシステムでも，プログラムの暴走を防ぐために同様の仕組みを備えている。スマートコントラクトと聞くとイーサリアムが連想されがちだが，これは

許可型台帳システムをはじめとする大半の発展中の主要なブロックチェーンネットワークに備わっている機能である。また，ルートストックというプロジェクトでは，ビットコインネットワークに対して本格的なスマートコントラクト機能の追加を行っている[44]。

　スマートコントラクトは，ブロックチェーンベースのシステムがデジタル通貨以上のものをサポートできるようになるための原動力だ。そして，スマートコントラクトはよくも悪くも，ブロックチェーンの信頼アーキテクチャとしての重要性を示している。それが明確になったきっかけは，とある記事が「人生で起こり得る，おそらく最も哲学的に興味深い出来事」と称した出来事だ[45]。

The DAO 事件

　2016年半ば頃，わずか数週間の間に，世界中の約11,000人もの個人投資家が従業員や管理職，法的実体がない仮想企業に対して約1億5000万ドル相当の暗号通貨を投資した。この出来事は，「経済協力の新たなパラダイム（中略）ビジネスのデジタル民主化[46]」として歓迎された。ブロックチェーンプラットフォーム上で稼働するスマートコントラクトが，信頼の基盤として，法律や仲介者，個人的な関係などに取って代わったのである。

　しかしその後，大混乱が発生する。

　この恐ろしい事件において，イーサリアムネットワークは窃盗犯から数千万ドルを回収して自身の評判を守るため，ブロックチェーン型の信頼の主要な要素である不可逆性を覆すことを余儀なくされた。その将来的な影響については未だに議論が続いている。

　この事件のきっかけは，ドイツのスタートアップであるSlock.itのイーサリアム開発チームが，The DAOという分散型クラウドファンディング

システムを開発したことだった[47]。The DAO は，コーポレートガバナンスや運営がスマートコントラクトを通じて自動実行される，分権型自律組織（DAO）のコンセプトを実現すべく設計されていた。ユーザーはイーサと引き換えに，どのプロジェクトが資金提供を受けるべきかを投票できる権利のトークンを手に入れる。資金を必要とする組織は別のインターフェースからサインアップし，十分な票を集めた場合はイーサを獲得できる。その斬新さにもかかわらず，The DAO には総供給量の約15％ものイーサが投入された[48]。

　しかし，人々が興奮に包まれるなか，恐ろしいことが起こった。ローンチからわずか数週間の間に，The DAO のコードのバグを悪用したハッカーによって1/3以上のイーサが吸い上げられたのだ[49]。窃盗の試みがあったことは明らかだが，このハッキングはシステム上のルールで正式に認められた一連のスマートコントラクトを通じて実行されていた。つまり，スマートコントラクトシステムの観点で見ると，これらの取引は完全に正当だったのだ。故に，盗まれた資金を一時的に隔離して出金を防いだとしても，システム全体に影響を及ぼすことなくその資金を回収する法的・技術的な方法が存在しなかった。たとえ裁判所が資金の返還を命じたとしても，その命令を実行する者はいないのだ。

　イーサリアムコミュニティが対応に苦慮し，初期の判断を誤ったため，大混乱が生じた。ブテリンやイーサリアムプロジェクトのリーダーたちは最終的に，イーサリアムブロックチェーン全体を分割するハードフォークを実行すべく，過半数のノードを説得することを余儀なくされた。The DAO を事実上破壊し，イーサリアムプラットフォームに対する信頼を弱めたこの劇的な手段によって，ようやく盗まれた資金を取り返すことができたのである[50]。

　ハードフォークを実行すると，互換性のない二つのチェーンが生まれる

ことになる[51]。イーサリアムプラットフォームのオープンソースコードを
管理するイーサリアム財団は，マイナー用のソフトウェアのアップデート
を実施した。この新しいソフトウェアを実行すると，The DAOへのハッ
キングは起こらなかったように見える。新しいブロックチェーンには，該
当する通貨の移動が存在しないからだ。ただし，それ以外の点では，二つ
のブロックチェーンはハードフォークの時点ではまったく同一だった。つ
まり，問題となったイーサ以外，二つのブロックチェーンに記録されてい
るユーザーや口座の情報はまったく同一だったのだ。

　大半のマイナーは，この新しいソフトウェアを問題なく受け入れた。し
かし，この決定が物議を醸さなかったわけではない[52]。この決定によって，
イーサリアムの取引が中央集権的な管理による干渉から完全に守られてい
るわけではないことが明らかになったのだ。さらに，政府などの中央当局
が分散型台帳に保存された情報に懸念を抱くとどうなるのかという懸念も
発生した[53]。ハードフォークはビットコインブロックチェーンでも実行さ
れたことがあったものの，それは分散型台帳の完全性を危うくするダブル
スペンドに関するバグを技術的に修正するためだった。しかし，イーサリ
アムのハードフォークは，本来は有効だった取引を遡って無効にしたので
ある。

　当初，ハードフォーク以前の古いブロックチェーンは消滅すると思われ
ていた。マイナーたちが関わらなくなり，プルーフ・オブ・ワークが行わ
れなくなるからだ。しかし，そうはならなかった。台帳を分裂させるとい
うイーサリアム財団の方針に不満をもった少数のマイナーたちが，古いソ
フトウェアを実行し続けたのだ。そして，とある開発者グループが，「イ
ーサリアム・クラシック（ETC）」という名前で古いソフトウェアを管理し
続けていく意向を表明した[54]。さらに，暗号通貨取引所は，The DAO事
件後の新たなイーサに加えてETCも受け入れ始めた。

この奇妙な状況により，セキュリティリスクやダブルスペンドのリスクが新たに発生した。そして，主要なブロックチェーンベースアプリケーションプラットフォームとしてのイーサリアムの可能性が疑問視され始めた。さらに，イーサリアムコミュニティは，今後も障害によって大量の暗号通貨が危険に晒された場合，またハードフォークが行われるのではないかという懸念を抱き続けることになった。イーサリアムのコア開発者であるペーテル・シラージは，この事件について次のような簡潔かつ深みのある言葉でまとめている。「The DAO事件によって，スマートコントラクトの作成には当初の想定よりもはるかに労力がかかることが判明した[55]」

しかし，それだけではない。The DAO事件によって，ブロックチェーンに信頼が必要なことが明確になったのだ。信頼への依存をブロックチェーンによっていくらか排除できたとしても，状況が悪化した場合は何か別のもので代用しなければならない。第1章で説明した通り，信頼とは自信に満ちたヴァルネラビリティである。ネットワークの完全性を合理的に信じることは，その信頼の一部にすぎないのだ。

イーサリアムコミュニティがThe DAO事件を乗り越えることができたのは，ブテリンとイーサリアム財団がハードフォークに対する十分な支持を集めることができたからだ。大半の開発者やマイナーは，しばらく議論したのちにハードフォークに同意した。そして，コミュニティの一部のメンバーは，資金がさらに吸い上げられるのを防ぐため，「ホワイトハット」（友好的なハッキング）と呼ばれるオペレーションを行った。したがって，イーサリアムが生き残ることができた要因は，ネットワークのソフトウェアコードでもマイナーの自己利益のための合理的な計算でもない。必要なものは信頼だったのだ。

分散型台帳には確かにメリットがあるが，同時に危険性も秘めている。重要な点は，この危険性を回避するための近道は存在しないということだ。

ブロックチェーンが信頼され，信頼に値するものになるかどうかは，社会に不可欠なほかのものと同様に，人間のコミュニティによる煩わしい努力次第である。一番やってはいけないのは，ブロックチェーンテクノロジーを空想や詐欺とみなして排除することではなく，それを盲目的に信じて受け入れることだ。ブロックチェーンを成功させるには，可能性と現実を一致させる努力が必要なのである。

第4章　ブロックチェーンを使う理由

Whoppercoin の先にあるもの

　ファストフードチェーンが新たなブロックチェーンエコノミーを立ち上げたと聞いても，にわかには信じがたいかもしれない。少なくとも，サトシ・ナカモトがビットコインを生み出した際には想像していなかっただろう。しかし，2017年の夏に，バーガーキングがロシアの国内店舗用の暗号通貨のローンチを発表したのである。これはハンバーガーを購入すると，フードメニューと交換できる仮想トークンを獲得できる仕組みだ。このニュースは，BBCやフォーチュン，CNBCなどの主要メディアがこぞって取り上げた[1]。バーガーキング・ロシアの広報責任者であるイヴァン・シェストフは，このWhoppercoin（ワッパーコイン）という暗号通貨を次のように絶賛している。「ワッパーは今や，90カ国の人々が愛するハンバーガーであるだけでなく，投資ツールでもあるのです。この暗号通貨の価値は爆発的に増えることが予想されています。今やワッパーを食べることが，将来的な金融資産の構築につながるのです[2]」。

　しかし，現実はそこまでエキサイティングではない。Whoppercoin に
よってファストフードの購入が絶好の投資機会に変わることはなく，飲食
店が仮想資産の工場に変わることもない。Whoppercoin はよくあるロイ
ヤルティプログラムの一種にすぎず，マクドナルドが毎年提供しているモ
ノポリーゲームカードや航空会社のマイレージプログラムとほとんど同じ
ものである。暗号通貨は単に，人目を引くための宣伝用の商材にすぎない
のだ。

　Whoppercoin の価値が指数関数的に上昇していくというイメージは面
白くて無害かもしれないが，それに象徴されるブロックチェーンの誇大宣
伝は無害でも面白くもない。Whoppercoin という，従来のロイヤルティ
ポイントと違って顧客やバーガーキングに特別な真の価値をもたらさない
システムが高く評価されたとしたら，それは投機的バブルの危険な兆候と
いえるだろう[3]。市場は一時的に経済の現実と乖離することもあるが，いず
れ必ず現実に戻ってくるものだ。そもそも，世界を変えるイノベーション
と見込まれたブロックチェーンを活かす使い方は，人々がハンバーガーを
たくさん食べられるようにすることではないだろう。

　ブロックチェーンが「いかにしてビジネスや政府，社会を変革するか[4]」
や「いかにして開放的で分権化したグローバルインクルージョンの新時代
をもたらすか[5]」に興奮する人々も多くいるであろう。これまで，数多くの
優秀なスタートアップや主要な既存企業が無数のユースケースを構築して
きた。ブロックチェーンがもたらす可能性は非常に強力で，破壊的だ。大
衆紙の記事やホワイトペーパー，産業界の声明などはひっきりなしに，ブ
ロックチェーンは今まさに企業やグローバル経済の運用方法を変えようと
していると主張している。

　おそらく実際にそうなるだろう。分散型台帳テクノロジーに秘められた
可能性はあまりにも広大で予測不可能だ。ブロックチェーンは，イノベー

ション研究者が汎用技術（GPT）と呼ぶ，さまざまな業界に一斉に影響を与え得るテクノロジーであると思われる[6]。蒸気機関や電気，鉄道，インターネットといった過去のGPTと同様に，ブロックチェーンは直接的な活用方法だけでなくさまざまな波及効果をもたらす可能性を秘めているのだ。

　しかし，テクノロジーが革新的で，なおかつ強力な支援が得られたとしても，そのテクノロジーが見込み通りに発展するとは限らない。すぐにアーリーアダプターに受け入れられると思われたものが，実際には完成してから10年から20年かかることもある。有名な未来予測学者であるポール・サフォーの言葉にもあるように，「視界がクリアだからといって短距離とは限らない」のだ[7]。歴史上，大げさに宣伝された技術トレンドが結局は導入できるレベルに至らなかったり，微々たる進化で終わったりした例は枚挙にいとまがない。たとえば，あなたは3Dテレビのことを覚えているだろうか？　1960年代のコンピューター科学者は，汎用的な人工知能がほんの10年後には完成することを確信していた。また，1990年代前半には，デヴィッド・チャウムが開発したDigicash（デジキャッシュ）によって，至るところでデジタル通貨によるマイクロペイメントができるようになると思われていた。近年，どちらの分野も急速に発展しているものの，その発展は予想よりもかなり遅く，異なる方向へと進んでいる。

　よくあることだが，テクノロジーの世界に新しいトレンドが登場すると，企業はいつもそこに群がってその恩恵を得ようとする。そして，彼らはプレスリリースやパワーポイント資料を作成して，自身と最新トレンドの関係性をアピールする。これは，注目を集めて見栄えをよくし，資金を集めるための素晴らしい方法だ。新たなテクノロジーは，本当に革新的なものへと発展する場合もあれば，一時的な流行で終わる場合もある。しかし，このようなトレンドは有意義であることも少なくないものの，企業との関係性は見た目ほど強くない。ブロックチェーンに関しては，企業がブ

ロックチェーンに関与しているかのように虚偽のアピールを行うことを指す,「チェーンウォッシング」という用語すら生まれている[8]。

　イーサリアムのERC20規格や,バーガーキングがWhoppercoin事業で採用しているWavesなどのトークン作成プラットフォームを利用すれば,どこの企業も比較的簡単に暗号通貨を発行することができる。コンソーシアムを作成したり,プルーフ・オブ・コンセプトプロジェクトを開始したり,スタートアップを立ち上げたりするのはさらに簡単だ。これらはいずれも,ソフトウェアや重大な財政的責任を必要としないからだ。しかし,実際に事業として成功するのはごく一部だろう。そして,企業の規模が大きくなればなるほど,成功の確約がなくても開始できる実験も多くなる。そのため,単なるプレスリリースと成功事例を混同しないことが重要である。

　本書で取り上げている事例も例外ではない。5年後には,これらのほとんどが終了したり失敗したりしている可能性もあるのだ。もちろん,起業家や投資家にとっては勝者を選ぶことが非常に重要だろう。しかし,自身の組織や公共政策に影響を及ぼし得る市場の力学を把握する際に重要なのは全体像だ。AltaVistaやFriendster,Pets.comは失敗したものの,検索やソーシャルネットワーキング,Eコマースはインターネット経済に多大なる機会をもたらしたのだ。

　イノベーションと新テクノロジーは同義ではない。ウォートン・スクールの教授であるクリスチャン・テルヴィッシュとカール・ウルリッヒが説明している通り,イノベーションとはニーズとソリューションの新たな組み合わせである[9]。これには,新たな機能による押しと市場の需要による引きの両方が必要であり,どちらか片方では不十分だ。本書ではここまで主に,ブロックチェーンによって何ができるかに焦点を当ててきた。この章では,ブロックチェーンによってどのような問題が解決できるかに焦点を

当てていく。分散型台帳が優れた方法で現実の重要なニーズに対処できれば，やがて広く採用されるようになるはずだ。しかし，それができなければ，いくら誇大宣伝を繰り返したところで本質的に無意味なテクノロジーで終わってしまうだろう。

　重要な点は，ブロックチェーンは情報を保存する仕組みにすぎないことだ。コンピューターで情報を保存する仕組みとして最もメジャーなリレーショナルデータベースは，1970年代から存在している。また，多数のコンピューターにデータベースを分散させる技術も，実用化されたデジタル通貨と同様に数十年前から存在するものだ。

　だとすれば，ブロックチェーンによって初めて，あるいは新たな方法で対処できるニーズとはどのようなものだろうか？　分散型台帳をベースにしたソリューションの導入や投資を検討する者は，誰もがその点を疑問に思うはずだ。分散型台帳システムの導入には，その新規性や未成熟性をはじめとする多大なリスクが伴ってくる。既存のテクノロジーで同じことができるのなら，そちらのほうが優れている可能性もあるだろう。サトシ・ナカモトは，コンピューターサイエンスにおける基本的な制約や人間の性質に打ち勝ったわけではない。短期的には好奇心や熱意だけで十分かもしれないが，長期的には固有のメリットが不可欠なのだ。

長期的視点からみた仲介者の価値

　サトシ・ナカモトによる論文発表後の10年間に起こったカンブリア爆発的な発展により，誇大宣伝と持続可能な価値の創造は切り分けるのが難しくなってしまった。特に，ブロックチェーンはインターネットと同様に，仲介の問題点に対する最終的な解決策であると誤解されている。オンラインサービスは旅行代理店や新聞などの従来からある情報仲介業者を弱体化

させたものの，同時にそれらをグーグルやフェイスブック，アマゾンといった新たなプラットフォームへと変貌させて置き換えたのだ。同様に，ブロックチェーンと仲介者の関係も見た目より複雑なものである。

　ブロックチェーンベースのアプリケーションを利用したビジネスプランの大半は，仲介者の排除を中核的なメリットだと喧伝している。企業はブロックチェーンを導入することで，仲介業者やそこにかかるコストの排除を見込むことができるのだ。たとえば，保険会社のGeicoは，独立代理店の手数料をなくして直接販売に切り替えることで価格を15％引き下げられることに気づいた。従来は仲介業者がいた部分を，ブロックチェーン台帳への参加者同士による直接取引に置き換えることができるのだ。

　しかし，不要な仲介者を排除できることはブロックチェーンアーキテクチャの大きなメリットかもしれないが，常にそれができるわけではない。重要なレガシーシステムへの接続など，ブロックチェーンベースの新しいプラットフォームでは捉えない役割を担っている仲介者もいるからだ。また，白紙から始まる世界はスタートアップにとっては馴染み深いかもしれないが，既存の企業がネットワークに参加する場合はある程度の完成形が必要だろう。そもそも，法定通貨で売買する必要がある独自通貨に依存している暗号通貨アプリケーションは，それ自体が新たな仲介者を生み出していることになる。ユーザーがビットコインやイーサなどの暗号通貨だけで生活している場合は別だが，現時点ではそのようなケースは滅多にないだろう。法定通貨が人々の眼中にないのなら，ビットコインのドル建て価格の上昇に興奮することもないはずだ。

　送金市場を見ると，ブロックチェーンによる仲介やコストの削減が思ったほど劇的でも高速でもない可能性があることがわかる。毎年，先進国に住む移民や出稼ぎ労働者によって約5000億ドルもの仕送りが発展途上国の親戚に送られており，約300億ドルの手数料が発生している[10]。これは，

ブロックチェーンを活用できる潜在的な事例としてよく挙げられるシナリオだ。これらの送金には高額な通貨両替手数料を徴収する仲介業者が関わっており，そのような手数料は暗号通貨によって不要になるからだ[11]。しかし，これらの市場を実際に見てみると，そこまで明確なメリットがないことがわかってくる。たとえば，アメリカ国内に住む者がブロックチェーンベースのビットコイン送金サービスを利用してフィリピンの親戚に送金した場合，その過程で利用するシステムに対してどのみち手数料を払うことになるのだ。また，ビットコインはボラティリティが非常に大きいため，Western Unionなどの従来の事業者による通貨から通貨への直接両替よりも手数料の差（スプレッド）が大きくなってしまう可能性もある[12]。

　送金サービスの比較サイトであるSaveOnSendは次のように述べている。「送金を（ブロックチェーンベースのサービスのように）銀行口座への入金で受け取っても，（Western Unionのように）送金業者の店舗で受け取っても，メリットに大差はありません。大抵の場合，どちらの方法でも中間業者のマージンは同じです[13]」。発展途上国で仕送りを受け取る者は，税金の支払いを避けるため，より安い代替手段が利用可能な場合でもあえて現地業者に高い手数料を支払う傾向にある[14]。国際送金におけるコストの大半は，国際的な資金のやり取りではなく，受け取る側の物理的な準備に関するものだ[15]。送金業者はブロックチェーンを導入することで大成功を収めるかもしれないが，その成功が市場構造によって保証されていると考えるのは危険である。大半の人々の関心は既に，送金ではなく決済サービスに向いているのだ。

　送金の例でもわかるように，イノベーションには複数の形態がある。システムやプロセスの一部を徐々に改善することによってパフォーマンスが向上しても，それによって新たなビジネスチャンスが生まれることは滅多にない。一方，技術戦略学者のレベッカ・ヘンダーソンとキム・クラーク

が構造的イノベーション —— 既存システムを再構成して既存の要素を新たな方法で結びつけること —— と呼ぶものは，業界構造を一変させる大きな可能性を秘めている[16]。

　新たな信頼アーキテクチャとして機能するブロックチェーンテクノロジーは，従来の信頼構造の崩壊によって生じたニーズに対応し，莫大な可能性を秘めた構造的イノベーションを引き起こしている。具体的にいうと，ブロックチェーンは次の四つのバリュープロポジション（提供できる価値）をもたらしているのである。

・分権化
・共有された真実の視点の共有
・組織の境界を越えたコラボレーション
・トークンによる直接的な価値の交換

分権化

　分権化によって，ブロックチェーンネットワークは政府当局や仲介者に権限を譲渡することなく，中央集権型の信頼によるメリットの大半（規模，明確性，複雑な取引のサポートなど）をもたらすことができる。しかし，「コンセンサス」と同様に，「分権化（decentralization）」も定義するのが難しい用語だ。分権化とは，中心が複数存在する状態を意味するのだろうか？　それとも，中心がまったくない純粋なメッシュ構造を意味するのだろうか？[17]　そして，どの程度分権化すれば十分なのだろうか？　そもそも，分権型システムでは何が分権化されているのだろうか？[18]

　分権化の方法は数多く存在するが，それらはすべて，「システムが機能するために必要な単一の機関が存在しない」という共通した特徴をもって

いる。大抵の場合，分権化する理由は政府による検閲を防ぎたいからではなく，現在のシステムにおける実用上の制約を乗り越えたいからだ[19]。クリス・バリンガーは，トヨタ・リサーチ・インスティテュート（TRI）という，ロサンゼルスにある自動車メーカーの社内シンクタンクでモビリティサービスのディレクターを務めている。最高財務責任者（CFO）という経歴をもつ彼が分権型ブロックチェーンテクノロジーを支持しているのは意外に思われるかもしれない[20]。しかし，彼が共有分散型台帳の可能性を最初に見出したのは，金融サービス —— 複雑に細分化された自動車ローンプロセス —— だったのだ。彼は現在，TRIで，安全な自動運転車（自律型自動車）の開発における課題の解決に分散型台帳をどのように活用できるかを検討している。

　自動運転車は，機械学習技術によって道路上の障害物を識別し，対応方法を決定する。さまざまな運転状況のデータがシステムに蓄積されればされるほど，機械学習の結果は正確になる。そして，そのデータを取得するには，人間のバックアップ運転手が乗ったテスト車を実際に走らせる必要がある。専門家の推計によると，規制当局が公道での走行を認めるレベルの信頼できる自動運転車を作成するには，約1兆6000万km分の運転データで機械学習エンジンをトレーニングする必要があるとのことだ。これは，2016年のアメリカ全土における自動車走行距離の約1/3に相当する[21]。

　この大規模なデータ収集における問題は，中心的な役割を担う者がいないことだ。データを必要とする者，すなわち自動運転車のメーカーは，データをもっている者ではない。そして，データをもっている者（個人の運転手や輸送事業者など）にはまとまりがまったくない。さらに，輸送事業者が必要に応じて匿名の運転データを販売できる市場も存在しない。運転手もメーカーもデータを預かる単一の機関を信頼しないため，誰もそのよ

うな市場を作成できないからだ。

　この問題の解決策として登場するのが，ブロックチェーンの分権型構造だ。バリンガーは，分権型の市場であれば，運転データを暗号通貨トークンで保護することでその所有権を確立できると考えている。運転手は匿名の運転データを市場に共有することに対して報酬を受け取り，自動車メーカーは取引所が保持するデータにアクセスするために料金を支払うのだ[22]。グーグルなどの主力企業が大量の研究用車両を公道に投入したりデータを輸送事業者から購入したりしている現在の構造は，最終的には分権型の市場形態に置き換わるだろう。トヨタなどの自動車メーカーにとっては，これは鋼鉄などの車の材料を購入するのと同じことであり，特段大きな変化ではないのだ。経済的な観点で見ると，分散型台帳は運転データの購入者と販売者の間のインセンティブを調整する役割を担う。そして，トヨタは先日，このアイデアを推進するためのコンソーシアムを実際に立ち上げている[23]。

　ブロックチェーン型のシステムによって対処できる中央集権の問題点は，基本的に信頼に関するものである。信頼とはリスクが伴うものだ。自分が信頼していた相手が信頼に値しないことが判明するリスクは常にある。たとえば，バーナード・マドフによるポンジ・スキーム詐欺の被害に遭った投資家は，信頼する投資マネージャーを見誤ったため資金を失った[24]。法律や規制，保険などはすべて，そのようなリスクを制限するための仕組みである。

　マドフの例は，少なくともアメリカでは，どちらかといえば例外だ。しかし，高利貸しやペイデイローン業者，ぼったくり送金業者などの言いなりになっている者にとっては，ブロックチェーンは魅力的な代替手段となるだろう。あるいは，法の支配があまり守られておらず，政府自体が信頼できないような国では，国家主権に基づいていない金融インフラを利用で

きることは大きなチャンスになるだろう。また，銀行口座をもてない者は，信頼できる金融機関を利用できない場合がある。しかし，ブロックチェーンを信頼プラットフォームとして利用する際に必要なものはインターネット接続とコンピューターだけなので，現在の金融システムを利用できない者でも利用することができるのだ。

　中央集権型の信頼は，脆弱性も生み出している。管理の中心点は，障害の中心点，すなわち悪意をもった者が狙う場所でもあるのだ。近年，ヤフーや米国人事管理局，Equifaxなどの主要な中央データリポジトリにおけるセキュリティ違反が立て続けに発生している。組織は効果的な情報セキュリティルールを導入すべきだが，それだけでは不十分だ[25]。中心的な管理ポイントが存在する限り，脆弱性はデジタル連結世界における「ニュー・ノーマル」の一部であり続けるのだ。

　その顕著な例が，DigiNotarの事件だ。ウェブサイトへのアクセスは，正しいサイトに接続していることを認証する公開鍵証明書によって保護されており，途中で妨害を受けることはない。ブラウザは，Eコマースサイトなどの安全なサイトにアクセスするたびに暗号用の鍵を交換している。そして，これらのサイトは，「公開鍵認証基盤（PKI）」と呼ばれる認証局から安全な証明書を取得している。

　2011年に，オランダの認証局であるDigiNotarがハッキング攻撃を受けた[26]。そして，不正な証明書が発行された結果，ユーザーとグーグルのGmailサービスとの間の通信を攻撃者が傍受してリダイレクトできるようになってしまった（このハッキングには，自国民のEメールの傍受を画策するイラン政府もしくはイランの諜報機関が関与したと考えられている）。幸い，不正な証明書を無効にすべくグーグルやブラウザベンダーが迅速に行動したため，被害は限定的だった。しかし，それまでは優良な認証局とみなされていたDigiNotarは破産に追い込まれてしまった。また，

それ以外の認証局はセキュリティ手順を強化した[27]。ただし，ブラウザが認証局を信頼する必要がある限り，中央集権によるリスクは残り続けることになる。

　さらに，中央集権型の信頼は，中央管理者が信頼できる場合でもネガティブな副次的影響を生み出すことがある。これが仲介型信頼の危険な部分だ。仲介者は，ネットワーク同士を結びつけることで価値を生み出している。証券取引所がその典型的な例だ。トレーダーがごく少数であれば，直接お互いに交渉して取引できるだろう。しかし，市場が拡大するにつれて，純粋な個人対個人のアプローチはうまくいかなくなる。取引所は，取引の中央集約ポイントとして登場し，市場の流動性を大幅に向上させた。また，新たな事業は連鎖的に新たなサービスの機会を生み出すため，市場には複数の仲介者が多層的に存在することが少なくない。オンライン広告のエコシステムがその好例だ。オンライン広告のエコシステムは，広告ネットワーク，トラッキングシステム，リターゲティングサービス，アグリゲーター，分析プロバイダーといった，複雑かつ多彩なサービスで構成されている。これらはいずれも，何らかの機会や問題点に対処するためのサービスだ。そして多くの場合，その機会や問題点は前の階層の仲介のみによって生まれたものである。

　仲介者は，価値のあるさまざまな役割を担っている[28]。たとえば，買い手と売り手を結びつけたり，スケールメリットを生み出すために需要を集約したり，取引の不釣合いを解消したり，ほかの市場参加者による日和見的な行動から保護したり，情報フローのサポートや標準化によって取引コストを削減したりといった役割だ。また，複数のコミュニティにまたがる基盤的なビジネスチャンスを仲介者自身が生み出した場合，その仲介者はフェイスブックやUberのようなプラットフォームへと成長する。

　問題は，仲介者もコストを課すという点だ。仲介者が民間企業である場

合，提供する価値と引き換えに収益を期待するのは当然のことだ。たとえばグーグルは，広告を多数のユーザーに表示することと，広告を正確にターゲティングすることに対して広告主から料金を徴収している。グーグルの広告収入は現在，年間数百億ドルにのぼっているが，これはつまるところ仲介コストである。グーグルが登場したことによって初めて，市場の売り手と買い手を効果的に結びつけられるようになったのだ。しかし，グーグルを中心に据えることなく検索エンジン広告市場を存続させることができれば，これらのコストはもっと安くなるだろう。仲介者の増加に伴って，間接的コストも増加しているのだ。たとえば，検索エンジン最適化（SEO）会社は，グーグルに便乗した仲介業者だ。彼らは当然ながら，自身のサービスに対する料金を徴収している。そしてグーグルも，検索結果の過剰な操作を防ぐためにリソースを割かざるを得なくなっているのだ。

　中間市場は，一度確立してしまうと打倒するのは困難だ。ネットワーク効果によって，新規参入に対する強固な障壁が生まれるからだ。たとえば，一時期もてはやされたP2P（ピアツーピア）型ソーシャルネットワーキングサービスのDiasporaは，結局フェイスブックのライバルにはなれずじまいだった。グーグルですら，グーグル＋という類似サービスに数億ドルを費やしたものの，フェイスブックの牙城を崩すことはできなかったのだ。

　ブロックチェーンベースのネットワークは，従来の仲介者を中心に構築されたネットワークとは異なるバリュープロポジションをもっている。仲介を行うのはあくまでも台帳であり，台帳作成者ではない。もちろん，ネットワークを維持するための収益を生み出したり，取引を検証するためのハードウェアノードを運用したりする組織は存在するだろう。しかし，それによってデータに対する特別な権限が与えられるわけではない。ネットワークの参加者は，各自が自分自身の管理権を保持しているのだ。

共有された真実

　ブロックチェーン型の信頼モデルにおけるもう一つの魅力的な側面は，その潜在的な速度や効率性だ。これは一見，奇妙に見えるかもしれない。たとえばビットコインでは，ブロックの検証は約10分に1回となっており，取引は1秒間に7回までという公称限界も定められているからだ。この回数がいかに少ないかは，Visaクレジットカードのネットワークが1秒間に最大1万件の取引を処理しているのを見ればわかるだろう[29]。ニック・サボの推計によると，分散型台帳は同期のオーバーヘッドが非常に大きいため，その処理速度は従来のコンピューターの1万分の1であるとのことだ[30]。分散型台帳システムのなかには，分権化やセキュリティを多少犠牲にすることでパフォーマンスを向上させているものもあるが，それでも高度にチューニングされた最先端のエンタープライズデータベースには到底及ばない。

　しかし，取引の相手を信頼する必要性を排除できることには，隠れたメリットが存在する。信頼は推移的なものではない。つまり，私があなたを信頼していて，あなたがあなたの銀行を信頼していたとしても，それは私があなたの銀行を信頼していることにはならないのだ。私があなたから受け取った小切手を現金化するには，お互いの銀行同士が独自の信頼関係を結ばなければならない。しかし，何千もの金融機関が何百もの管轄区域にまたがる何十億もの取引を処理していると，このようなペアワイズ構造はすぐにいきづまってしまうだろう。正確にいうと，機能はするものの非常に非効率であり，莫大な取引コストも発生してしまうのだ。

　しかし，分散型台帳によって，このような冗長なプロセスを誰もが信頼できる単一の記録に置き換えることができる。JPモルガンのブロックチェーンプログラムのリーダーであるアンバー・バルデットは次のように述べ

ている。「物事をリアルタイムで同時に見ることができるのは非常に大きなメリットです。私たちは，お互いを信頼していない当事者間の情報の調整に何百万ドルも費やしているのです[31]」。仲介型の信頼ネットワークでは，このような調整コストが仲介者によるロックインや中抜きにつながっている。

　共有された真実（shared truth）は一見，分権化とは正反対の概念に見えるかもしれない。単一かつ正規の台帳はまるで，新たな中央当局のように見えるからだ。しかし実際には，この二つの概念はお互いの欠点を補う相補的なものである。「分権化」は，当事者が第三者に（台帳を管理する）権限を委ねる必要がないことを意味している。一方，「共有された真実」は，当事者も排他的に（台帳を管理する）権限を行使できないことを意味している。誰もがマスター台帳のコピーを保持できるものの，自身の台帳が最終決定であると主張することは誰にもできないのだ。その権限はコンセンサスの下にあるが，そのコンセンサスはどの関係者にも属していない。コンセンサスは，ネットワーク全体によって創発されるものなのである。

　信頼された大勢の関係者が関わっている取引では，調整が複雑になるため処理にタイムラグが発生する。たとえば，株式取引は通常，2日後に決済される（この基準は「T+2」と呼ばれる）[32]。決済が速くなると，その分資金が早く手元に戻るため，トレーダーや多国籍企業はその資金をほかに回せるようになるだろう。ただし，その迅速化には制約がある。決済のタイムラグの間に，企業は取引を決済するための資金を用意しているからだ。これは，デリバティブ市場などにおける重要な要素である。しかし，分散型台帳に移行することで，市場参加者にとって最も効率的な形で実際の決済レートを集約できるようになる。

　本質的には，金融システムにおける従来の信頼モデルとブロックチェーンモデルはどちらも分散型台帳を作成している。従来のシステムでは，各

ノードは仮想的なコンセンサスと同期して台帳を維持する責任を負っているが，直接的なパートナーに関する閲覧権限しかもっていなかった。一方，ブロックチェーンでは，追加されるブロックにはシステム全体の取引が含まれている。そして，本来は逐次処理の集合体だったものを効率的に並列化している。その結果，個々の取引の記録には時間がかかるようになるものの，システム全体の情報更新はより迅速に行われるようになる。さらに，その更新処理は，多数の個別の取引としてではなく，同期化された単一のプロセスを通じて行われるため，コストを大幅に削減できる可能性がある。ゴールドマン・サックスは，ブロックチェーンの導入によって，決済や調整にかかるコストを証券取引だけで年間110〜120億ドル節約できると推計している[33]。

　金融サービスに限らず，同じ取引を複数の関係者が記録する場合は常に，記録が不整合になるリスクが存在する。信頼できる仲介者が間に入ることもあるが，その場合は関係者全員が仲介者による共通のインターフェースに接続しなければならなくなる。そして，各企業の独自のデータ形式は共通の形式に変換しなければならなくなる。さらに，データに不整合が発生した場合は，どのバージョンが正しいかを決定するために手動による介入や例外処理が必要となる。

　間違いや争議は頻繁に発生している。グローバル企業は，サプライチェーンにおける独立系供給業者のネットワークを調整するために，毎年数十億ドルを費やしているのだ。IBMによると，同社の輸送部門では，到着したものが注文した内容と異なるといったトラブルの解決のために総コストの5％——年間約100億ドル——を費やしているとのことだ[34]。IBMは，ブロックチェーン台帳の「共有された真実」という特性を利用することによって情報追跡フローを改善することで，これらの損失を20％削減できると推計している。

　真実に対する普遍的な見解が得られることで，争議の発生を事前に回避できるだけでなく，事後の監査可能性も強化される。ブロックチェーンは，すべての情報が単一の分散型台帳に記録され，台帳に対するあらゆる変更も改ざん不可能な形で自動的に記録されるため，取引の監査がはるかに容易になるからだ。事業活動の「復元作業」はもはや不要だろう。なお，ここでいう監査者は，市場参加者（争議の場合），定期な視察を実施する監査法人，あるいは規制当局が考えられる。

　取引には，さまざまな組織に関連した複数の要素が関わってくることが少なくない。たとえば，不動産や自動車の取引では通常，銀行，保険会社，政府機関が関与しており，これらの組織は各自で取引に関する特定の情報を追跡する必要がある。土地登記所で証書を適切に登録できたからといって，ローン銀行や所有権保険会社，地方税務当局でもそうなるとは限らない。各組織が，独自のシステム，独自のデータ形式，独自のスタッフを使用しているからだ。これらの組織間で記録の同期や調整がうまくいかないことも珍しくなく，そうなった場合は追加のコストや遅延が発生してしまう。

　同じ問題はコンプライアンス関連でも発生している。銀行は，特定の取引情報を規制機関に送ることが規制で定められている。規制機関が多面的に調査して，システミック・リスクを評価するためだ。たとえば，取引の両当事者は，店頭スワップを商品先物取引委員会（CFTC）に報告する義務がある。しかし，R3の最高コンプライアンス責任者（CCO）であり，通貨監督庁（OCC）の元銀行審査官でもあるニーパ・パテルによると，同じ取引に関して両当事者が規制当局に送ってきた情報が一致しないケースは全体の約40％にものぼるとのことだ[35]。これらは通常，管理上のミスやシステム間の非互換性（項目名やタイムスタンプの差異など）によるものである。これらの不整合は手動で正確な情報に修正しなければならないのだ。

　また，同じ取引を記録しているシステムの間に差異があることによって，詐欺の可能性も拡大する。BigChainDBのCEOであるブルース・ポンが，かつて自身が自動車業界にITサービスを提供していた際の話を紹介している[36]。自動車は融資の担保としてよく利用される。しかし，ディーラーが担保にしている車を販売し，それを銀行に伝えないまま破産した場合，銀行は資金を回収できなくなってしまう。実際，ロシアの悪質な自動車ディーラーは，銀行融資の担保としても使用していた数千万ドル分の在庫を販売しようとした。また，同様の問題は部品でも発生する。認可されたディーラーが正規の部品のみを使用して車を修理しようとした場合でも，サプライチェーンのどこかで偽造部品が紛れ込む可能性を排除することはできないのだ。

　ここで必要なのは，サプライチェーン全体（製造から販売，アフターマーケットの修理まで）を通して車を追跡できる手段だ。自動車業界のメーカーや金融サービス会社，仲介業者が集まることで，自動車関連のサプライチェーンや金融チェーンに対する統一見解を作成できるのだ。ブロックチェーンモデルについて，ポンは次のように述べている。「不可逆的な真実が共有されており，誰もがすぐに確認できる。そして，何か変更があった場合は即座に反映される[37]」。この特徴により，保険や予測可能な価格設定アルゴリズムなどの追加サービスを共通のデータセットに適用することが可能となっている。ブロックチェーン自体は，記録されている情報の正確性を保証しているわけではなく，すべての企業に参加を強制するものでもない。しかし，共通プラットフォームの作成によって，これらの課題への対処が容易になるのだ。トヨタがエンタープライズ・イーサリアム・アライアンスに参加しているのも，このような業界全体のプラットフォームの開発を支援するためである。

　許可型分散型台帳テクノロジーを効果的に使用している例として，ウォ

ルマートがIBMと協力して実施している食品安全性試験のパイロットプロジェクトを紹介しよう。ウォルマートは世界最大の小売業者であり，世界屈指のノウハウをもつサプライチェーンマネージャーでもある。しかし，そのウォルマートですら，店舗に届く商品を提供する世界中の何千ものサプライヤーを追跡するのは容易ではない。食品の安全性は，サプライチェーンの可視性を改善することで命を救うこともできる重要分野である。また，ウォルマートの食品安全管理責任者のフランク・イアンナスによると，食中毒がわずかに減るだけで何十億ドルもの経済的な節約につながるとのことだ[38]。

食中毒発生時の最優先事項は，原因を特定して同じ農場からの商品を迅速に店頭から下げることだ。アメリカ産のマンゴーと中国産の豚肉を対象にスタートしたウォルマートのパイロットプロジェクトでは，商品が移動されるたびにバーコードを利用して分散型台帳に情報が記録された。たとえウォルマートでも，中国にあるすべての養豚場を単一の中央集権型台帳にまとめるのは不可能だ。物流上の問題に加えて，大半のサプライヤーはウォルマートの競合他社とも提携しているため，運用に関するすべての情報をウォルマートに対してオープンにすることに抵抗があるからだ。しかし，分散型台帳によって，管理権を放棄することなく情報を共有できるようになったのである。

システムをテストするため，イアンナスはウォルマートのとある店舗で販売されているマンゴーを生産した農場を従来のサプライチェーンメカニズムを使用して特定するようチームに要求した。この特定には一週間かかった。しかし，ブロックチェーンベースのシステムを利用した場合，わずか2秒強で特定することができた。食中毒発生時において，この差は生死を左右する可能性があるだろう。

初期試験に成功したため，ウォルマートはパイロットプログラムの対象

をほかの提携先 (ユニリーバ, ネスレ, タイソン, ドール・フードなど) に
も拡大した[39]。システムの分散性により, 多数の企業 ―― ウォルマートの
競合他社ですら ―― が従来のデータベースではできない方法で同一のプ
ラットフォームに貢献できるようになったのだ。

　ウォルマートが食品の安全性に関するイニシアチブをとることによって
小売業界が崩壊することはない。これは, 魅惑的な新ビジネスモデルでも
法定通貨からの経済的な移行でもなく, ブロックチェーン関連のテクノロ
ジーがなければ容易には実現しなかったと思われる一種のイノベーション
なのだ。そして, 記録の重複や調整を排除して真の経済的・社会的メリッ
トをもたらすものでもある。

「半透明な」コラボレーション

　信頼がまったくない場合, 暗号化による匿名のやり取りを行うことはで
きるものの, ネットワークによる規模の経済は失われる。一方, 信頼が十
分にある場合, 面倒な確認や調整が不要となる。しかし, コミュニティは
大抵の場合, 特にビジネスにおいては, 限定的に信頼した状態で相互作用
している。データは共有したいものの管理権は引き続き保持したいと誰も
が考えているからだ。私はこれを「半透明 (translucent) なコラボレーシ
ョン」と呼んでいる。

　2017年にIBMが世界中の3000人の上級管理職を対象に行った調査に
よると, ブロックチェーンの導入を検討している企業はこのテクノロジー
のことを, 協働を促進させる一種の「信頼の加速器」とみなしているとの
ことだ[40]。ブロックチェーンはさまざまな場面で導入されつつある。たと
えば, 通信会社でありメディアでもあるComcastは, アメリカやヨーロッ
パの主要メディアと協力して, このテクノロジーを利用した新たな広告プ

ラットフォームの開発を進めている[41]。Comcastのシステムでは，オーディエンスをセグメント化したデータとテレビネットワークのデータを結びつけることができるため，マーケッターはより的確にターゲティングができるようになる。現状，このようなデータ共有は限定的だ。誰も自分がもっている情報の管理権を放棄したくないからだ。しかし，分散型台帳を利用すると，潜在的な競合他社や仲介業者が自身のデータをどのように扱うかを心配することなく共有情報プールのメリットを享受できる，安全なプラットフォームを構築することができるのだ。

　金融サービス業界でも同様に，当事者が潜在的なライバルと情報を共有しなければならない状況が少なくない。たとえば，年間4兆ドルの市場を形成しているシンジケートローンでは，単一のローン契約を複数の貸し手が共有することになる。そうすることで，リスクを分散するとともに，小規模な貸し手も大規模な取引を扱えるようにしているのだ。しかし，シンジケートローンの難しい点は，対象となる金額が大きいため，当事者間の権利や義務の割り当てを正確に指定する必要があることだ。モルガン・スタンレーの元幹部であり，分散型台帳関連のスタートアップであるSymbiontの社長兼会長に就任したケイトリン・ロングによると，シンジケートローンはもとは人気がない商品だったが，金利の崩壊とともに，利回りに飢えた投資家の間で人気が急騰したとのことだ。そのため，シンジケートローン用のバックオフィスインフラは現在の事業規模に見合った仕様にはなっていないのである[42]。

　単一の貸し手によるローンの場合，取引はその貸し手のシステムで処理できる。しかし，シンジケートローンの場合は各貸し手のシステムで情報を記録する必要があり，しかもそれらのシステムは相互に連結していない。そのため，情報は手作業で共有することになる。これには通常，FAXが使用されており，2008年にはシンジケートローンの管理だけで2500万件も

のFAXが送信されている[43]。主要な投資銀行は，文字通り何百人ものスタッフ（インドなどの賃金が低い国でのオフショアが多い）を雇用して，これらのFAXの集約や自社システムへのデータ入力を行っている。また，シンジケートローンでは通常，シンジケートを構成する全組織が同じ金利を適用するのだが，金利の計算は各組織が個別に行っている。どの組織も，この重要な役割を任せられるほどほかの貸し手や第三者を信頼していないからだ。

シンジケートローンでは，プロセスが完全ではないために多大なコストがかかり，また多数のミスや不整合も生じている。そして，これらを毎回修正する必要があるため，そこでもコストや遅延が発生している。しかし，分散型台帳にローンを記録し，スマートコントラクトを通じてその条件を実行することで，これらはすべて回避できるのだ。各貸し手と借り手は，常にまったく同じ情報を見ることができるにもかかわらず，誰も情報の管理権を放棄する必要はないのである。

Symbiontは，Credit Suisse, Barclays, State Street, U.S. Bank, Wells Fargo, KKR, AllianceBernsteinなどの主要な金融サービス会社と協力して，シンジケートローンのソリューションを開発している[44]。これらの企業は，ブロックチェーンをベースにしたアプローチを利用する経験が増えるにつれて，それをほかの場面でも活用できるようになっていくだろう。現代の金融業界では，ほとんどあらゆる場面において，複数の当事者によるデジタル取引が関与している。それらは分散型の信頼モデルによって効率性を向上させることができ，そこから新たな機会が生まれるのである。

シンジケートローンネットワークを許可型システムとして構築した場合でも，各当事者に対する最低限の認証は引き続き必要となる。一方，パブリックブロックチェーンで同様のアプリケーションを構築した場合，既存

の金融サービス業者は抵抗感があるかもしれないが，スマートコントラクトを通じて十分な資本準備金の存在を証明できたあらゆる組織がシンジケートに参加できることになる。したがって，このアプリケーションは，分散型台帳プラットフォームの構成次第でまったく異なる二つのバリュープロポジションをもつ可能性があるのだ。パブリックブロックチェーンは半透明なコラボレーションを利用してまったく新しい金融市場を作成することができる一方で，許可型ネットワークは今ある世界をより効率的に機能させるのに役に立つ。この二つは理論的には共存できるものの，本書の第2部で取り上げる法律や規制の問題が大きく関わってくることになる。

価値のトークン

　ブロックチェーンシステムの活用機会として最後に紹介するのは，仮想経済を通じた価値の直接交換だ。従来，価値は希少性によって生まれてきた。たとえば，金やダイヤモンドは世界中で需要が高く供給量が少ないため，銅や花崗岩よりも価値がある。それに対して，インターネットの世界では「過剰の経済」が主流となっている。『ワイアード（Wired）』誌の編集者であるクリス・アンダーソンが2004年の記事で初めて唱えた「ロングテール」の概念は，デジタル商品の劇的に安い保管コストや取引コストによって市場構造がどのように変わったかを捉えている[45]。たとえば，物理的な書店では棚のスペースが限られている。そして，500部しか売れない本は50万部売れる本よりもはるかに収益性が低くなる。生産コストや流通コストが割高になるからだ。そのため，物理的な市場は少数のヒット商品に集中しがちである。一方，デジタル市場では，商品需要のロングテールを活用して少数販売を大量に行うことができる。また，アマゾンはほとんどコストをかけることなく画面に別のおすすめ商品を掲載できる。さらに，

アマゾンは直接的な収益が得られるだけでなく，膨大な在庫を通じて蓄積したデータをサービスの改善に役立てることもできるのだ。

　インターネットの「過剰の経済」と物理世界の「希少性の経済」の対立によって，インターネット関連の法律に関する数多くの大論争が起きてきた。たとえばクリエイティブ業界は，実質無料でコンテンツの完璧なデジタルコピーを作成したりそれを世界中に配布したりできるようになることによってビジネスモデルが崩壊することを恐れ，現在も続く著作権法関連の争いを引き起こした。また，ブロードバンド料金に「定額制」のプランが登場した際は，不当な格差を防ぐための「ネットワーク中立性（network neutrality）」をめぐってネットワーク事業者が大論争を始めた。さらに，グーグルやフェイスブックなどの企業が広告によって無料サービスの収益性を高める方法を確立し，それに伴って大規模な個人データの収集を行うようになったことで，現在も続くプライバシーに関する議論が勃発した。政治コンサルティング会社の Cambridge Analytica が数百万人分のフェイスブックユーザー情報を不正に取得し，それをアメリカ大統領選挙で有権者へのターゲティングに利用していたことが2018年春に暴露された際は，フェイスブックの株式時価総額が1000億ドル以上暴落し，規制強化を求める声が一層強まった[46]。

　ブロックチェーンは，希少性を人工的に生み出す技術といえる。デジタル取引のメリットと，デジタルリソースがコピー不可能であるという保証を組み合わせているのだ。コンテンツの所有者は，デジタル著作権管理の一環で暗号化を使用して，オーディオファイルや動画ファイルの不正コピーを防止している。分権型ネットワーク上でこれと同じ働きをしているのが暗号通貨トークンだ[47]。ビットコインでは，持続可能な通貨を実現させるため，コインの二重使用を不可能にしたりシビル攻撃に負けない検証ネットワークを構築したりする必要があった。しかし，トークンがひとたび

希少価値を獲得すると，それはお金以上のものとして使用できるようになるのだ。これは，暗号で保護されたデジタル資産，すなわち「暗号資産」である[48]。

　この章で紹介した自動車の例のように，暗号資産には物理的な物品を対応させることができる。あるいは，第3章で紹介したCryptokittiesの収集品のように，希少なデジタルエンティティを対応させることもできる。さらには，ネットワーク自体の設備を対応させることもできるのだ。ビットコインの場合はお金が主要アプリケーションとなっているため，ネットワークの価値は単純に利用可能なビットコインの総額となる。しかし，イーサリアムの場合は，演算に必要なGas（ガス）をイーサで購入することで実行できる分権型アプリケーション（DApp）の作成機能もその価値となる。イーサトークンの供給量には上限があるため，イーサリアムのスマートコントラクトに対する需要が増えるにつれてトークンの価格も上がっていく。そして，DApp自体の価値も上がっていくのである。

　たとえば，Civicはブロックチェーンをベースにした本人認証サービスを提供している[49]。このサービスでは，個人データを提供するユーザー，それを認証する認証者，自社のユーザー情報をCivicのシステムに連携させる大規模サービス事業者に，CivicのCVCトークンで報酬が支払われる。このトークンは，情報検証（雇用主による大学の成績証明書の確認や銀行によるマネーロンダリング防止チェックなど）をはじめとするCivicのサービス全般の支払いに使用できる。そして，ネットワークが活発になればなるほど，トークンの価値も高くなる。トークンが一般の取引所でも取引できる場合，その価値はトレーダーの期待に基づいて変動するだろう。しかし，時間の経過とともに，トークンの価値の合計はDAppの価値に近づいていくのである[50]。

　故に，DAppは企業に似ているといえる。DAppは価値を創造する活動

のためのプラットフォームである。企業がその事業資金を得るために株式を公開販売できるのと同様に，DAppはトークンを販売することができるのだ。ネットワークの場合，トークンは「プリマイニング」によって一定量が生成され，プルーフ・オブ・ワークなどのプロセスによって追加分が生成される。そして，トークンにスマートコントラクトを設定することで，民間企業のストックオプションでよくある4年間の権利確定スケジュールのようなルールセットを必要に応じて定めることができる。トークンの販売は，株式のイニシャル・パブリック・オファリング（IPO）になぞらえて「イニシャル・コイン・オファリング（ICO）」と呼ばれている。

初めてICOを行ったプロジェクトはMastercoinである[51]。Mastercoinは，ビットコインネットワーク上で新たなアプリケーションコイン（アプリコイン）を作成できるシステムだ。2013年に実施されたこのICOでは，500万ドル相当のビットコインが調達された。その次にICOを行ったのはイーサリアムだ。イーサリアムは2014年半ばにICOを実施し，イーサのブロックが初めてマイニングされる前に約1800万ドルを調達した。イーサリアムでは，その後の2年間にも同等規模のICOが追加で何度か実施されている。

2016年半ばから2017年後半にかけて，ビットコインの価格が400ドルから2万ドル近くにまで急騰した。それに伴ってICOも急増し，その調達金額もますます大きくなった。また，既に述べた通り，イーサリアムではERC20という規格が定められている。この規格によって，イーサリアムのスマートコントラクトをベースにしたトークンを作成するプロセスが簡易化されたのだ。さらに，サービス業者やヘッジファンド，法務専門家などによるネットワークが出現し，プロジェクトがトークン販売を計画したり実行したりするのを支援するようになった。その結果，2017年には何百件ものICOによって40億ドル以上の暗号通貨が調達されている[52]。そし

て，メディアの関心もそれに伴って増加している。

　2017年の一時期には，ICOの最高記録が毎週のように更新された。第3章で紹介したWebブラウザ開発会社のBraveは，広告の報酬としてパブリッシャーへの支払いに使用できるベーシックアテンショントークン（BAT）を導入した。このトークンはわずか数分で完売し，当時の価格で3500万ドル相当のイーサが調達された。しかし，そのわずか数日後には，暗号通貨トークン取引の簡易化を行うBancorが1億5000万ドル以上もの資金を調達した。さらに，柔軟なガバナンスに基づいた新たなブロックチェーンネットワークを開発したTezosが，それを上回る2億3000万ドル以上の資金をICOで調達した。その後，分散型クラウドストレージネットワークを運用するFilecoinも，トークンの販売によって2億5000万ドル以上の資金を調達した。このトークンは，一般向けの販売に加えて，提携先向けに割引価格での事前販売も行われた。2017年全体で見ると，3000万ドル以上を調達したICOは50件以上にのぼっている[53]。

　ICOの熱気が高まるにつれて，投資家たちはブロックチェーンに関わっているあらゆる企業がトークンを販売することを期待し始めた。暗号通貨を活用した有名な分権型マーケットプレイスのOpenBazaarに至っては，ICOを実施しない理由をブログで説明する必要性に迫られたほどだ[54]。ここで理由として挙げられたのは，このコンセプトが経済的・法的に不確実であることや，同社のビジネスモデルにトークンが不要であることだった。しかし，同社のCEOはその6カ月後に，OpenBazaarトークンの計画をトークン・サミット会議で発表している[55]。

　ICO市場は，ピーク時ですらインターネット関連のスタートアップが林立した1990年代末のIPO市場よりもはるかに小規模なものだった。しかし，この二つには驚くべき類似点がある。コードがほとんど，あるいはまったく書かれていないプロジェクトが突然10億ドル単位の評価を獲得し，

しかもその正当性が曖昧であることが少なくないという点だ。イーサリアムの元CEOのチャールズ・ホスキンソンは次のように述べている。「企業は，既存のブロックチェーンで同じタスクが実行できる場合にトークンを発行しています。人々は速くて簡単なお金に目がくらむのです[56]」。

　暗号通貨に対する関心が非常に高い，一般公開されている投資商品の在庫が限られた，将来性に大きな不確実性があるホットな市場では，トークンの市場価格（販売価格）が合理的な評価に基づいた実際の価値 —— ネットワークにおける将来的な事業の割引現在価値 —— と乖離しがちだ。このようなギャップは金融市場に特有のものである。マーケットメーカーやアービトラージャーは，取引価格と実際の価値の間にあるギャップを金儲けの機会として利用し，それによって市場を「事実に則した」価格へと誘導している。これは「（市場の）価格発見機能」と呼ばれるプロセスだ。ただし，これは理論上の話である。実際には，投資家が被害を受けるケースが多数あり，それを防ぐための金融規制も数多く定められている。トークンの販売に関する法律や規制の状況については第9章で詳しく説明する。

　トークンの販売は，従来のベンチャーキャピタルモデルにおける制約のない，新たな資金調達手段となり得るものだ[57]。プロトコルがポジティブなネットワーク効果を生み出すには，ユーザーのクリティカル・マスが不可欠だ。新たなプロトコルは既存企業と競争しなければならず，時には軌道に乗ることすら難しい場合がある。ベンチャーキャピタリストが探し求めているのは，急速に規模を拡大でき，「ホームラン級」のリターンを生み出せる事業だ。だが，これはスタートアップにとっては必ずしも適切なモデルとは限らない。ベンチャーキャピタリストのクリス・ディクソンいわく，「ネットワーク事業の構築における最大の課題はブートストラップ問題」であるとのことだ[58]。BraveやCivicは，従来のベンチャーキャピタルによる資金調達だけでなく，トークンも発行してそのメリットを活用して

いる。

　従来の事業構造では，成功時の価値は基本的にユーザーではなく事業者に蓄積される。たとえば，フェイスブックを利用してコンテンツを投稿している約20億人ものユーザーは，フェイスブックが生み出している経済的な利益をまったく得ることができない。しかし，仮にフェイスブックがアプリコインをベースに構築されている場合，ユーザーは少なくとも理論上は，トークンの価格上昇に伴って利益を享受することができる。また，トークンの潜在的な価値は，次のフェイスブックになり得るものにユーザーを集めるためのインセンティブにもなるだろう。新プラットフォームのアーリーアダプターや熱烈な支持者は，トークンの価格が安い初期段階の内に参加しようとするからだ。会社が売却されたり公開されたりするまで「流動性イベント」が発生しない従来のベンチャーキャピタルモデルの資金調達とは異なり，トークン販売モデルでは投資を即座に通貨に変換できるのだ。

　今はまだ暗号通貨市場の黎明期なので，トークンの価値を十分に高められる規模で稼働している実用ベースのプラットフォームはビットコイン以外にほとんど存在しない。これまでに実施されたICOの大半は，まだ運用されていないサービス用のものだ。なかには本番ネットワークがローンチされないまま終わるサービスもあるだろう。そして，たとえ本番稼働しても，そのサービスが大勢のユーザーを惹きつけられるとは限らない。トークン化できるからといって，トークン化する必要があるわけではないのだ。ただしトークン化は，それが理にかなっている環境では，スタートアップの資金調達や成長の方法を一変させ得るものである。

　トークン化された事業は，実際には二つの経済システム，すなわち外部の暗号経済的なセキュリティシステム（ブロックチェーンネットワーク）と内部の暗号資産市場が結びついたものである。大半のDAppは，イーサ

リアムなどのインフラプラットフォーム上で稼働することで暗号経済的な検証を外部委託している。しかし，重要な課題がまだ残っている。OpenBazaarがICOを見合わせた最大の理由は，インセンティブとしての内部トークンが必要なかったからである。eBayのような市場では，商品とお金を交換するという仕組みが既に確立しているのだ。

　事業をトークンエコノミーとして運用するには，専門的な知識が不可欠だ[59]。ICOが登場するまで，ユーザー所有型の民間通貨の主な例は，オンラインゲーム内でアイテムを購入したり能力を獲得したりできる仮想コインだった[60]。ZyngaやSupercellなどのゲーム会社は，この仮想アイテムモデルによって急成長したのだ。しかしこのモデルは，金持ちの「クジラ」への過度な依存やユーザーの気まぐれな好みに対する脆弱性などの問題も引き起こし，結果としてジンガのサービスや株価の崩壊へとつながってしまった。市場価格という，自分が制御できない要因に縛られた会社を経営するのは簡単なことではない。通常，トークン発行者はプラットフォーム上のサービスのトークン交換レートを調整できる権限をもっているが，トークンの価値を下げすぎるとユーザーの反感を買ってしまうだろう。

　結局のところ，トークンエコノミーが優れたモデルであるのなら，なぜフェイスブックはそれを採用しないのだろうか？　フェイスブックは，ユーザーに広告を表示する代わりに仮想クレジットを販売することもできるのだ。現にフェイスブックはそれをやろうとしたことがある。2009年に，フェイスブック上のゲームにおける仮想アイテム用のトークンシステムとしてフェイスブッククレジットが作成された。しかし，独自の内部通貨を運用するメリットを見出せなかったフェイスブックは，2012年にサービスを終了してしまった[61]。ユーザーもまた，（フェイスブックが料金を徴収する）各ゲームの独自通貨で仮想アイテムを購入するほうが簡単だと感じていたのである。

　さらに，フェイスブックのような中央集権型企業はつまるところ，自身のネットワークから価値を引き出すことで収益を上げている。そのビジネスモデルは，完全にトークン化されたネットワーク自体に価値がある構造とは両立しない。これにより，トークンエコノミーをベースにしている競合他社にチャンスが生まれているものの，これらの競合他社も結局は同じトレードオフに直面している。ただし，フェイスブックの場合はビジネスモデルを変更する必要があるが，アマゾン・ウェブ・サービス（AWS）のように既にサービス料を徴収していて競合他社と比べて明らかに価値のあるプラットフォームがある場合は簡単にトークンモデルを導入できる可能性がある。

　しかし，トークンモデルにはリスクも存在する。価値が疑わしいICOが乱立して，第9章で説明する法律や規制に関する議論が加速しているのだ。また，トークンベースのプロトコルを統括する非営利団体と開発者やユーザーの経済的利益とのバランスをとるのが困難になる可能性がある。さらに，トークン化されたネットワークは，攻撃やバグ，そして先々の開発に関する意見が合わなかった場合に対して脆弱だ。そのため，第7章で説明するようにガバナンスの仕組みが必要になってくるのである。

　これらのリスクにもかかわらず，トークン化に秘められた可能性は，ブロックチェーンのほかの三つのバリュープロポジションに秘められた可能性と同様に非常に刺激的だ。ハイパービットコイン化によって法定通貨や中央銀行が近いうちに要らなくなるというシナリオは信じがたいが，それでもブロックチェーンはインターネットが始まって以来，最も重要な技術であるといえるだろう。あらゆる場面で信頼が衰退しつつある現在，ブロックチェーンに秘められた可能性は非常に魅力的なものなのだ。

　ビットコインが実現させたのが民間が運用する持続可能な分権型通貨だけだとしたら，ビットコインは金融の歴史における重要で画期的な新テク

ノロジーということになるだろう。しかし，ビットコインが実現させたの
はそれだけではない。その影響は，今や世界の隅々まで，そして経済界の
ほぼあらゆる業界に広がっている一連の付随するシステムやサポートの起
源なのである。本質的に，お金は価値を伝えるための信頼できる情報形態
だ。したがって，分権化されたネットワーク形式のデジタル通貨は，コミ
ュニケーションの新しい形態であるといえる。故に，その影響力は果てし
なく広がっていくのである。

　ブロックチェーンテクノロジーの基盤的イノベーションをベースにした
システムはやがて，ビジネスや政府，人間コミュニティのあらゆる面に影
響を与えるだろう。ブロックチェーンのことを印刷機や電話，インターネ
ットなどと同等のインパクトをもった革命とみなすのは時期尚早だが，少
なくともこれらと同じ概念カテゴリーに属しているのである。

第2部

台帳と法律の交錯

第5章　ブロックチェーン型信頼の解析

無から生まれるもの

　あるウェブページが有益かどうかをコンピューターが判断する効果的な手段は，ほかの有益なページがそのページにリンクしているかどうかを確認することだ。しかしそれには，リンク元のページが有益かどうかあらかじめ知っておく必要がある。そして，リンク元のページが有益かどうかを判断するには，ほかの有益なページがそのページにリンクしているかどうかを確認しなければならない。これは際限なく繰り返されてしまい，解決するのは一見不可能に思われる。

　しかし，偶然にも二種類の解決策がほぼ同時に発見された。IBM基礎研究所のコーネル客員教授が考案したものと，スタンフォード大学の無名の二人の大学院生が考案したものだ。後者の大学院生は，ラリー・ペイジとセルゲイ・ブリンである。彼らはその解決策を利用してグーグルの検索エンジンを構築した[1]。そして，言うまでもないことだが，それは成功した。もう一方の解決策のCLEVERが大企業であるIBMのバックアップを受け

ていたにもかかわらず，グーグルは勝利し，インターネットの発展を加速
させたのである。何かしらの制約があるネットワーク環境では，時に数学
の力で無から何かを生み出せるのだ。

　ブロックチェーンの概念的な課題もこれと同様だ。ビットコインなどの
暗号通貨トークンに価値があるのは，それに価値があることに皆が同意し
ているからである。このような無からの価値創造は一見，非論理的だ。普
通は，誰かもしくは何かが台帳を保証する必要があると思うだろう。しか
し，そのような存在の必要性を排除したことこそが，「トラストレスとい
う信頼」の真髄なのだ。ただし，それを理解することは探求のスタート地
点にすぎない。第1章で説明した通り，ブロックチェーンはあくまでも信
頼を改革するものであって，排除するものではないのである。

　グーグルの情報検索アルゴリズムは，オンラインマーケットプレイス
や，知識を入手する手段を形成した。それと同様に，ブロックチェーンテ
クノロジーは次のような特徴によってある種の信頼を構築する。まず，ブ
ロックチェーンネットワークは分散化されており，中央管理ポイントが存
在しない。次に，ブロックチェーンネットワークは暗号による数学的な保
証と経済的インセンティブを組み合わせた暗号経済的な制約に依存してい
る。また，ブロックチェーンネットワークでは改ざん不可能な形で情報が
記録されるため，一度記録された情報を変更するのは（不可能ではないに
せよ）困難だ。さらに，ブロックチェーンネットワークでは台帳の内容が
完全に可視化されている。そして，ブロックチェーンネットワークは手続
きではなくソフトウェアアルゴリズムによって信頼を維持している。

　これらの特徴には，メリットもあればデメリットもある。そして，ブロ
ックチェーン型の信頼があれば，ブロックチェーンシステムと法律を連携
させることも可能となるのである。

分散型

「トラストレスという信頼」の一番の特徴は，分散型であることだ[2]。ブロックチェーンは，個人や組織に対する信頼をシステム全体への信頼に置き換えている[3]。たとえば，従来の金融システムにおける信頼は，銀行や規制当局といった個々の関係者に対する信頼がメインだった。一方，ブロックチェーンでは，マイナー，ノード運用者，コード作成者，ユーザーといった個々の関係者は必ずしも信頼されていない。また，各フルノードがブロックチェーンの完全かつ正確なコピーを保持しており，管理ノードや階層関係は存在しない[4]。誰もが同じソフトウェアにアクセスできるのだ。そして，マイニングパワーの過半数を獲得しない限り，信頼に値しない関係者がシステムの完全性を侵害することはできない。これが，ブロックチェーン型の信頼が「トラストレス」と称される所以である。

この制約は，許可型台帳ではいくらか緩和されているものの，排除されているわけではない。許可型分散型台帳システムとは，アクセスを制御することができる分散型台帳だ。そして，完全に可視化されているパブリックブロックチェーンシステムと異なり，トランザクションに対するさまざまなレベルの閲覧権限を参加者に付与することもできる。ただし，台帳を改変したり管理したりする権限は誰にも与えられない。また，許可型台帳にもマスターコピーの保持よりもコンセンサスの協議をメインに行うノードが存在する。そして，Symbiontのシンジケートローンプロジェクトやウォルマートの食品安全性プロジェクトなどの参加者は，従来のやり方と比べてお互いを信頼しない代わりに台帳を信頼する傾向にあった。

分散型の信頼のアーキテクチャの中核的な特徴は，個々の要素を信頼することなくシステムの出力を信頼できるという点だ。通常，この二つは切り離せない。たとえば，自転車の車輪やブレーキが信頼できない場合，そ

の自転車に乗った際の安全性も信頼できないだろう。しかし，構成する要素の信頼性を評価するにはコストがかかり，不可能な場合も少なくない。たとえば，振込処理の際の銀行のセキュリティをどの程度信頼できるだろうか？　あるいは，スーパーで買った鶏肉がサルモネラ菌に汚染されていないことを確信できるだろうか？　そもそも確かめられるだろうか？　おそらく無理だろう。それでも人々は銀行を利用し，何も心配せずに鶏肉を食べているのだ。

　ここで信頼のアーキテクチャが登場する。人々が銀行や鶏肉のブランドを信頼している理由は，過去の経験もあるかもしれないが，何か悪いことが起こった際に頼れるものがあるというのが大きいだろう。頼れるものとは，相手の自主的な対応，規制当局の介入，訴訟などが考えられる。消費者は，食肉会社や規制当局が対応してくれることを信頼しているので，食肉処理場の衛生状態を気にする必要がないのである。

　これらの例では，システムの信頼性は依然として個々の要素の信頼性に依存している状態だ。たとえば，食肉処理場が手抜きをした場合，たとえサプライチェーンのほかの全関係者が責任をもって仕事をしたとしても汚染された鶏肉が市場に出てしまう可能性がある。逆に，食肉処理場はきちんと仕事をしたものの肉屋が手抜きをした場合も同じことが起こり得る。しかし，仮に一部の関係者が信頼できなくても，必ずしもシステム全体の信頼性が損なわれないとしたらどうだろうか？　肉の汚染を許容するように聞こえるかもしれないが，汚染された肉は市場から自動的に拒否されるのだ。ブロックチェーン型の信頼のアーキテクチャが生み出そうとしているのは，まさにこのような仕組みである。ユーザーは，取引相手や仲介者を信頼することなく，取引の信頼性を確信できるのだ。

　ブロックチェーンアーキテクチャは，インターネットアーキテクチャがトラフィックルーティングを分散化しているのと同様の方法で信頼を分散

化している。インターネットでは，データのパケット送信はあくまでもネットワーク側の「ベストエフォート」で行われており，どのルーターも情報の転送を確約していない。しかし，これには何の問題もない。インターネットのプロトコルが，喪失したパケットを瞬時に検知して再送信しているからだ。トラフィック送信に対する中央集権型の信頼の必要性を排除することで，新規で参入するシステムは他者に依存したり承認を求めたりすることなく自身のサービスに集中できるようになったのだ[5]。ブロックチェーンは，従来のように中央集権的に管理されたデジタルエコノミーを模倣し，それを分散型の信頼に置き換えることで，「価値のインターネット」を生み出すと考えられている。これにより，ユーザーはネットワークを介してパケットを送信するのと同様に支払いをしたり強制力のある約束をしたりできるのだ。

　ブロックチェーン型信頼の分散化された形態は，従来の概念と完全に相反するわけではない。フランシス・フクヤマの分析によると，信頼とは共通の規範をもつコミュニティ内で生じる期待であるとのことだ[6]。そして，信頼は個々の当事者間で起こるものだけでなく，組織の集合的な状態でもある。ソーシャル・キャピタルに関するフクヤマの主張やロバート・パットナムの研究の根底には，社会は自身がサポートしている信頼関係の強さに応じて（相対的に，そして時間とともに）変化するというものがある。信頼性が高い社会において影響力の強い民間企業や政府機関が発展するのは，対人的な信頼の基盤が強固だからであって，その逆ではない。そして，個々の取引における中央集権型の信頼は，社会規範として分散化された基礎的な信頼に依存しているのである。

　同様に，ブロックチェーンの分散コンピューティング環境上には，顧客のビットコインの保管場所を管理するデジタルウォレットプロバイダーのような中央集権型の関係性を構築することができる。現在，ビットコイン

のフルノードを運用したり，マイニングによってビットコインを獲得したりしている一般ユーザーはほとんどいない。大半は，Coinbase などの仲介業者を経由してブロックチェーンにアクセスしている状態だ。そして，既に述べた通り，ブロックチェーンは物理的には分散化されているものの，論理的には中央集権化された記録として機能している[7]。つまり，実際には分権的であるにもかかわらず，信頼できる唯一の情報源のように機能しているのである。

暗号経済

　仮想通貨への欲望を利用した経済という意味で用いられる暗号経済によるセキュリティは，パブリックブロックチェーンネットワークに特有の特徴だ[8]。これは，経済的インセンティブによって台帳の検証者を動機づける仕組みである。ビットコインの場合，10分ごとに生成されるハッシュパズルを最初に解いた者にブロック報酬が与えられている。ただし，許可型台帳は通常，この仕組みを使用していない。許可型台帳は，セキュリティを暗号に依存してはいるものの，インセンティブによって潜在的な攻撃者を正当なトランザクション検証者に変えるというサトシ・ナカモトのアイデアは採用していないのだ。したがって，暗号経済的なセキュリティの重要度は，パブリックネットワークと許可型台帳ネットワークを区別する大きなポイントとなる。

　パブリックブロックチェーンアーキテクチャでは，ネットワークの参加者全員が信頼できることを想定していない。むしろ，参加者の一部は信頼できないことが想定されている。仮に，すべての検証ノードが情報を忠実に記録していることが合理的に信じられる場合，コンセンサスを確保するのは簡単だろう。逆に，大半の参加者が一貫して不正行為を行っている場

合，システムを信頼するのは無謀といえる。では，全員がたまに信頼できる場合，あるいは一部が常に信頼できる場合，信頼できるコンセンサスは確保できるだろうか？　これは，社会学や政治理論における基本的な問題だ。常に正直な人間など，現実世界にはほとんど存在しない。経済学用語でいうと，人は日和見的に行動し，コストを上回るメリットを認識すると規則を破るのである。

　従来の信頼のアーキテクチャはすべて，制裁という方法によってこの問題に対処している。たとえば，法律に違反したり契約を破ったりした者は，P2P型や仲介者型などの信頼のアーキテクチャとの対比として用いられるリヴァイアサン型の信頼のアーキテクチャを通じて補償することになる。また，ガバナンスが効いたコミュニティの規範に違反した者は，コミュニティから追放されたり罰せられたりする。そして，仲介者の利用規約に違反した者は，利用を拒否されたり罰金を課されたりする。

　従来のアーキテクチャは，制裁の手段は異なるものの，信頼を確保するには制裁が必要という考え方は共通している。しかし，制裁システムにはコストもかかる。制裁の対象者やコミュニティ組織が負担する制裁自体のコストに加えて，制裁システムの運用には監視や執行のコストもかかるのである。

　制裁なしに日和見的な行動を阻止できれば，それは素晴らしいことだろう。実際，ブロックチェーンネットワークの暗号的な要素は，ある種のブルートフォース攻撃を防いでいる。しかし，過去のデジタル通貨の失敗例を見ればわかるように，それだけでは不十分だ。ここで，サトシはまたもや発想の転換によって解決策を見つけたのである[9]。ビットコインは，不正行為を割に合わなくするのではなく，正当な振る舞いにコストがかかるようにしているのだ。マイニングには，コストがかかる。高価なコンピューター機器と電気が必要だ。これはかなりの浪費である。ほかのブロックチ

ェーンネットワークがプルーフ・オブ・ステークなどのさまざまな代替コンセンサスプロトコルを模索しているのもそれが理由だ。しかし，この浪費は一見すると阻害要因になりそうだが，実際にはそうでもない。

　実のところ，制裁のない信頼のアーキテクチャの構築においては，コストがかかることがメリットになるのである。そして，マイニングには確実にコストがかかる。自身が検証作業を行ったことを証明できた者だけが，ブロック報酬とトランザクション手数料を獲得できるのだ。このシステムにおけるコストは，処罰による損失ではなく，インセンティブをかけた「スキン・イン・ザ・ゲーム」（自分の資産をかけたゲーム）[*1]である。

　もちろん，ソフトウェアが出力する報酬よりもマイナーたちが費やすコストの総額が上回る可能性は十分にある。しかし，プルーフ・オブ・ワークシステムでは，ネットワーク内のコンピューティングパワーに応じてハッシュパズルの難易度が定期的に調整されている。そしてマイナーたちは，暗号通貨の現在の価格から推測できる収益に基づいて投資内容を合理的に決定しているのだ。マイナーたちはコストを負担しているものの，ブロックチェーンの中心的な運営者というわけではない。

　このシステムがうまく機能すると，最終的にはプラスサムゲーム[*2]が形成されることになる。暗号通貨の信頼性が向上すると，その価値も高まっていく。ユーザーがビットコインにお金を払えば払うほど，ビットコインはマイナーにとってより価値のある報酬となる。マイナーが投資をすればするほど，そのリターンも大きくなる。そして，マイニング作業が増えれば増えるほど，51％攻撃によってブロックチェーンを支配するのに必要なパワーも増えるため，ブロックチェーンのセキュリティが向上する。つまり，自己利益によってネットワーク全体のセキュリティを向上させているのである。

　こうして，ブロックチェーンは執行メカニズムの不確実性をメリットへ

と一変させているのだ。制裁の場合，捕まらない可能性があればルールを破る者が出てくる。しかし，プルーフ・オブ・ワークの場合は，ブロック報酬のランダム性があるからマイナーたちが投資するのである。ハッシュパズルの難易度は，数学的に明確に定義されている。そしてマイナーたちは，そこに必要な計算量を知っており，予想される利益に対してハードウェアやエネルギーにどの程度投資できるかを検討できるのだ。

1921年に，経済学者のフランク・ナイトがリスクと不確実性の決定的な区別を定義した[10]。未来の大半は未知であり，その一部は予測すらできない。しかし，「予測するのは難しい，特に未来については」というヨギ・ベラの名言に常に従うわけにもいかないだろう[11]。ナイトは，確実にモデル化できるシナリオとそれができないシナリオは根本的に異なると指摘した。たとえば，今日の降水確率が20％であることがわかっている場合，実際にどうなるかはわからないものの，傘をもっていくかどうか判断することはできる。しかし，雨が降るかどうかまったく情報がなければ，判断のしようがない。ナイトは，前者を「リスク」，後者を「不確実性」と分類した。経済学は，リスクへの対処に関する研究であり，心理学や宗教などで扱われるべき不確実性は基本的に対象外となっている[12]。

ブロックチェーンは，ビザンチン将軍問題の不確実性をリスクに変えている。そして，ネットワークの参加者は，インセンティブを目当てにした合理的な経済的な主体としてモデル化されている。彼らは，正当か不正かにかかわらず，投資によって最大限の利益を得たいと考えている。ただし，正当に振る舞うことが有利な戦略になるようにシステムが構成されており，不正を行う場合はネットワークの過半数と争わなければならない。少

---

*1 成果のために投資すること。
*2 ある人の利得が必ずしもほかの誰かの損失にならず，全体の利得の和が正の値になるゲーム。

なくとも理論上は，正しく行動してシステムからの報酬を獲得するほうがメリットが大きいのだ。そして，現実世界におけるビットコインの成功は，この理論が実際にうまくいくことを示している。

不可逆性

不可逆性（immutability）は，ブロックチェーン型信頼の時間的な特性だ。分散型検証ネットワークでは，情報は暗号経済的な設計によって正確かつ一貫性をもって記録されている。しかし，昨日記録されたものが今日見ても同じであることが保証されているわけではない。

銀行の口座残高はつまるところ，銀行のデータセンターにあるデータベース内の数字の羅列にすぎない[13]。理論上は，適切な権限をもつ人物がデータベースにログインして，ある口座から別の口座にお金を移動したり口座残高を改ざんしたりできる。しかし，通常はそのようなことは起こらない。セキュリティ対策や内部統制，調整のプロセスなど，銀行は不正な取引を検知できる仕組みを備えているからだ。ただし，これらの仕組みは基本的にはうまく機能するものの，常にそうとは限らない。たとえば，2016年にハッカーがSWIFTシステムに不正接続して，バングラデシュ中央銀行から8100万ドルを盗み出した[14]。SWIFTシステムとは，銀行間の国際送金を仲介する中央ネットワークであり，そのセキュリティは決して低いものではない。

中央集権化は，必然的に障害点を生み出すことになる。そして，現在データベースに表示されている情報と記録された時点の情報が同じであることを信頼するには，仲介者の善意や手順を信頼する必要がある。これは，ブロックチェーンが信頼の分散化によって対処している問題だ。しかし，たとえ信頼が分散されていても，不可逆性が高くないと情報を信頼するこ

とはできない。検証プロセスを分散させると，台帳を操作できる立場にある人が増えるため，改ざんのリスクが増加してしまうのだ。

　ブロックチェーンは，トランザクションを不可逆的にすることでこの問題に対処している。ネットワークが想定通りに機能している限り，一度記録された値を変更するのは基本的に不可能だ。これは，プルーフ・オブ・ワークシステムのコストのかかる計算が担っている役割の一つである。ビットコインのマイニングプロセスでは，有効なブロックは前のブロックのハッシュ値で署名されていく。そして，最も長いブロックの連鎖が正当なチェーンとみなされる。誰かが過去のブロックに何か変更を加えた場合，チェーン全体がそこから分岐することになる。しかし，ブロックは決まった順番でリンクされているため，不正行為者がマイニングパワーの過半数を保持していない限り（51%攻撃）そのような行為は拒否される[15]。こうして，ブロックチェーンに記録されている情報の不可逆性が保証されているである。

　ブロックチェーンはある意味，マークルツリー構造で構成されたトランザクション履歴の記録にすぎない。ビットコインには，残高機能を備えた口座の概念や，コンピューター科学者が「ステート」と呼ぶもの，すなわちシステムの現在の状態を表すものが存在しない。あなたが所有しているビットコインの量を把握するには，過去のすべてのトランザクションを合計する必要があるのだ。イーサリアムなどの，スマートコントラクトが強化されたシステムでは口座機能を利用できるものの，口座を直接編集できる機能はやはり存在しない。編集する場合は，更新回数を自動カウントする仕組みによって更新処理の重複を防ぐ必要がある。

　不可逆性は，分権化された台帳を信頼できるものにするための重要な要素だ。従来の信頼のアーキテクチャでは，情報に対する信頼は実際にはその情報を保持している関係者に対する信頼だった。たとえば，あなたは銀

行を信頼しているのであって，銀行のデータベースを信頼しているわけではないだろう。しかし，台帳が不可逆的であるのなら，暗号経済などによるセキュリティ以外のうしろ盾は不要となる。さらに，不可逆性によって，暗号通貨トークンを無記名証券として機能させることもできるようになる。台帳に記録された情報との関係性を断ち切る手段が存在しないため，価値を暗号資産に直接もたせることができるのだ。

　しかし，不可逆性は必ずしも明確な用語とはいえない。この用語の意味は複数の解釈が考えられるからだ。さらに，不可逆性を備えたシステムが必ずしも優れているとも限らない。アメリカの投稿サイトRedditのオンラインディスカッションのこの話題に関するスレッドにおいて，とある投稿者が皮肉を込めて述べたように，「ブロックチェーンにおける不可逆性の概念は，かなりの可変性を備えているように思われる」のだ[16]。法学者のアンジェラ・ワルシュは，不可逆性の曖昧さは二つの理由で問題だと述べている。その理由とは，記録の変更やロールバックは絶対に不可能であるという過信が生まれてしまうことと，立法や司法が不可逆性を備えた台帳に関わった際に不確実性が生まれてしまうことだ[17]。

　曖昧さの原因は，信頼などの不可逆性は存在するかしないかという二者択一なものではないことだ。ブロックチェーン型信頼の不可逆性は，蓋然的なものである[18]。言い換えると，信頼に値しないチェーンとコンセンサスの区別は0か100かという単純なものではない。改ざんしたいブロックのあとにブロックが追加されればされるほど，そこからチェーンをフォークするために必要な処理能力も増えていく。つまり，過去のトランザクションに対する信頼性は時間の経過とともに高まっていくのである。ニック・サボは，これを琥珀に閉じ込められたハエに例えている。樹液に覆われれば覆われるほど，ハエはそこから動けなくなる。つまり，分厚い琥珀に包まれたハエは，それだけ長くそこにいたのである[19]。

したがって，ブロックチェーン型の信頼は，即座に発動するわけではない[20]。ビットコインブロックチェーンの場合，新たなブロックは約10分ごとに検証されている[21]。そして，ブロックのサイズは固定されているため，次のブロックまでトランザクションを待たなければならないことも少なくない。ブロックを有効なものとして受け入れるために必要な信頼レベル（すなわち遅延）は，その事業のリスクプロファイル次第である。たとえば，リスクがあまりない場合は小規模かつ段階的な堅牢性よりも速度を優先するかもしれない。一方，大規模かつ重要なトランザクションが関わっている場合はより多くの検証を待とうとするだろう。蓋然的な信頼の理論上のメリットは，追加の遅延を許容することによって各自が希望の保証レベルを選択できるようになることだ。しかし，実際はそこまで単純な話ではない。ビットコインの場合，6ブロック以上前のトランザクションは不可逆的で改ざん不能だと一般的にいわれているが，これはあくまでも独自の慣例にすぎない[22]。ユーザー（時には企業も）は，自分がどの程度の信頼レベル（遅延）を必要としているか判断できない場合があるのだ。

また，ブロックチェーンの不可逆性は絶対的なものでもない。分散型台帳ネットワークには，記録済みのトランザクションをロールバックできる権限をもっている関係者グループが少なくとも二つ存在するからだ。そのグループとは，開発者と検証ノードである。ビットコインやイーサリアムなどの大半のパブリックブロックチェーンネットワークは，オープンソースソフトウェアプロジェクトとして構築されている。そしてそこには，非営利財団の支援の下で検証ノード用の公式ソフトウェアを開発するコア開発者グループが存在する。開発者は，プロジェクトの方向性を変えたい場合，コードを独自に変更した派生バージョンを開発して新たな検証ノードネットワークを作成することができるのだ。たとえば，JPモルガンが開発したQuorumは，イーサリアムのソフトウェアに認証機能やプライバシー

機能を組み込んだ派生システムだ。

　さらに，コア開発者は，ネットワークのコードを更新してブロックチェーン自体を分岐させることもできる。過去の特定のトランザクションが無効化されたソフトウェアコードを過半数のノードが実行している場合，そのトランザクションはもはや，過半数のノードが認識しているブロックチェーン上には存在しないことになる。このような，システム全体に影響を及ぼすソフトウェアアップデートは「ハードフォーク」と呼ばれている。そして，ハードフォークされたチェーンの片方が過去の検証済みのトランザクションを無視している場合，それは台帳の不可逆性が直接破られたことを意味している。

　ハードフォークは，滅多に起きない一大事だ。何よりもまず，検証ノードの運用者をはじめとするネットワークの参加者全員にチェーンの選択を強制することになる。ハードフォークを実行すると，互換性のない二種類のチェーンが生まれるのだ。そして，まるで誰かが悪意をもって不正なトランザクションを追加したかのように，片方のチェーンはもう片方のチェーンを無効なものとして扱うことになる。仮に全員がどちらか一方のチェーンを選択することに合意した場合，そのチェーンが「正しい」チェーンになるだろう。これは，初期のビットコインで，通貨を実質無限に自分に付与できてしまうという致命的な技術的欠陥が発見された際に何度か実施されたことだ。しかし，ハードフォークに対して異議が出た場合，事態は複雑になる。その場合，どちらのチェーンにもそのチェーンが「正しい」と考える支持者が存在することになるからだ。第3章で紹介した，The DAO事件のあとにイーサリアムで実施されたハードフォークがその例だ。

　ハードフォークは，ブロックチェーン型の信頼にとって厄介な問題だ。これはいってみれば，有名な「裸の王様」の話の逆バージョンだ。ブロック

チェーンネットワークの作成者は，自身が王様ではないことを宣言している。彼らは中央集権型ネットワークの運営者と違って情報を操作できる権限をもっていないので，ユーザーはネットワークを作成者と切り離して信頼することができるのだ。しかし開発者は，作成者が認める以上の権限をもっている。ネットワークを信頼することはある意味，その開発者の判断を信頼することでもあるのだ。そして，たとえオープンソースプロジェクトであっても，たった一人の開発者が重大な権限を行使できてしまう。こうなると，自慢の不可逆性が脆弱に見え始めてくるだろう。イーサリアムプロジェクトのリーダーであるヴィタリック・ブテリンが新コンセンサスアルゴリズムに関するセキュリティ上の懸念に対して「(51%) 攻撃者が作成したチェーンを削除して続行できる[23]」とぶっきらぼうにツイートで応じた際には，とあるコメント投稿者から「暗号通貨関係者による史上最も危険な発言[24]」と批判されている。

　さらに，ハードフォークを開始できるのはネットワークソフトウェア開発者だけではない。検証ノードの運用者も，ソフトウェアを更新して独自にチェーンをフォークできるのだ。実際，第7章で紹介するビットコインのブロックサイズに関する論争中に，マイニングプール事業者がそれを実行すると言って脅した事例がある。

　そして最後に，不可逆性は信頼にとって必ずしも有益とは限らない。誤った自信を生み出す可能性があるからだ。ブロックチェーンは，トランザクションが正確に一度だけ記録されたことは保証しているものの，そのトランザクションを行った人物がそこに紐づいている秘密鍵の正当な所有者であることは保証しておらず，何らかの要因を制御しているわけでもない。また，過去の約束を変更可能にしたほうが，より信頼できる関係を構築できる場合もある。

　関係的契約理論では，契約は相互のニーズに適切に対処すべく必要に応

じて再交渉できる動的な取り決めとなり得る，ということが力説されている。関係が時間とともに進化する場合，過去の約束が変更不可能であることは必ずしも相互信頼の最大化にはつながらない。また，政府が関与しているシステムでは，「不可逆性」は正当な政治的権威への抵抗となってしまう場合もある。

　ブロックチェーンの不可逆性が絶対的ではないからといって，ブロックチェーンシステムの信頼度が必ずしも損なわれるわけではない。既に述べた通り，信頼にはヴァルネラビリティがつき物だ。現実世界で誰かを信頼するという行為には，相手との距離に関係なく，相手に裏切られる可能性が必然的に含まれているのである。私たちは人間の心理を直感的に理解しているので，そのような場面は容易に想像できるはずだ。しかし，ブロックチェーンの場合はそうではない。分散型台帳システムの存続可能性に関する議論では主に，不可逆性に関する難問について話し合われている。これらの理由により，ブロックチェーンのなかには，トランザクションをロールバックしたりネットワークの規則を変更したりできるガバナンスメカニズムが組み込まれているものもある。これについては，第10章で詳しく説明する。

透明性

　ビットコインシステムなどのネットワークでは，あらゆるトランザクションが公開されている。誰もが，サトシがマイニングしたジェネシスブロックから現在に至るまでの完全なブロックチェーンをダウンロードできるのだ。しかし，参加者はトランザクションに紐づけられた秘密鍵のみで識別されており，アカウントは存在しない。そのため，細かく分析しない限り，誰がどれだけビットコインを所有しているのかはわからない。さらに，

鍵に対する管理権をもっていても，トランザクションに対して異議を唱えることはできない。たとえ台帳が信頼できたとしても，透明性がなければユーザーはその内容を誤認してしまう恐れがあるだろう。また，透明性によって，ネットワーク内のトランザクションパターンを調査する分析サービスを第三者が提供することも可能となっている。

　さらに，ブロックチェーンには，主要なネットワークソフトウェアがオープンソースであるという透明性も存在する[25]。ブロックチェーンのアルゴリズムは，グーグルやフェイスブックのアルゴリズムのように隠されておらず，エコシステムのあらゆる参加者が検証することができる。たとえば，ビットコインやイーサリアム，Hyperledger（ハイパーレッジャー）コンソーシアムなどは，ソフトウェアソースコードの管理や配布を行う非営利財団が主体となっており，誰もがコードをレビューしたりコードの改善を提案したりできるようになっている。これらのネットワークのコンセンサスメカニズムの有効性に対する信頼性は，評判や法執行機関だけでなく，アルゴリズムに対する直接的な検証や分析によって裏づけられているのである。

　従来の信頼のアーキテクチャでは，秘密性によって信頼が強化されているケースが少なくない。たとえば，銀行は資産を厳重な金庫に保管している。また，弁護士はクライアントとの会話を特権的なものとして扱わせており，コカ・コーラはその製法を頑なに企業秘密にしている。透明なものは，本質的に信頼できないと思われがちなのだ。しかしこれは，実際には評判やプライバシーと信頼が混同されていることが少なくない。銀行が完全な取引台帳を開示しないのは，記録の正確さを疑わせるためではなく，ほかの顧客の事業内容を公表したくないからだろう。グーグルが検索アルゴリズムを公開していないのも，競合他社に模倣されたり広告主にシステムをゲーム理論化されたりするのを防ぐためだ。

　それに対して，オープンソースのブロックチェーンソフトウェアは，コピーや変更が自由となっている（余談だが，ブロックチェーンテクノロジーに関する特許申請が相次いでいるため，既に普及しているアプローチが権利侵害として訴えられる懸念が高まっている）。そして，ブロックチェーンネットワークの設計者は，ブロックチェーンシステムがゲーム理論化することを想定している。実際，それがブロックチェーンシステムにおける暗号経済的な信頼モデルの本質だ。ブロックチェーンは，不明瞭化ではなくゲーム理論によって戦略的な行為を抑制しているのである。

　現代の暗号やソフトウェア開発の世界では，「従来の〈不明瞭さによるセキュリティ〉を利用したソリューションは不適切である場合が多く，〈構造化された透明性によるセキュリティ〉に置き換えが可能」という考え方が主流となっている。実際，Linux OSやApacheウェブサーバーなど，インターネットを支えている重要なソフトウェアプログラムは大半がオープンソースとなっている。ソースコードにアクセスできる開発者が増えれば増えるほど，バグを調査できる人も増えていく。そして，コードが公開されていると，セキュリティ上の欠陥も見つかりやすくなる。暗号を効果的に利用すれば，たとえ暗号方式が知られていても鍵なしで簡単に解読するのは不可能だ。また，公開鍵暗号方式では，秘密鍵を所持していない限り何も解読できないため，公開鍵を自由に配布することができる。

　それ以外の点では，透明性から信頼が生まれるというブロックチェーンのコンセプトは目新しいものではない。たとえば公開企業は，四半期ごとの財務実績に加えて，投資家にとって重要と思われる情報を随時公表する義務がある。また，外部企業による定期監査を受ける義務もある。監査とは，企業が公表している情報が正確であることや，企業が業績に関して出した結論がその根底にある事実と一致していることを確認するためのものだ。しかし，エンロンやワールドコムなどの事例を見れば，これが不完全

なプロセスであることがわかるだろう。監査は，特に監査者と投資家のインセンティブが不釣り合いな場合に失敗しがちだ。一方，暗号経済システムである分散台帳プラットフォームでは，インセンティブと信頼性が連動するように設計されているのである。

　しかし，たとえ関係者が匿名であっても，すべてのトランザクションを公開しないほうが望ましい場合もある。たとえばサプライチェーンでは，トランザクションフロー自体に大きな競合優位性がある場合がある。その場合，参加者は競合他社に正確なトランザクションパターンを知られたくないだろう。あるいは，秘密性がユーザーやアプリケーションにとってとりわけ重要である場合もある。そのため，大半の許可型ブロックチェーンでは，ビットコインのように完全に可視化された台帳は排除されている。許可型ブロックチェーンは，高い秘密性を維持したい組織や組織ネットワークが利用する傾向にあるからだ。また，すべてのトランザクション情報をネットワーク全体に伝達する「フラッディング」がないためパフォーマンスが大幅に優れているというメリットも存在する。

　一方，パブリックブロックチェーンでは，「ゼロ知識証明」という新たな暗号方式を導入することで許可型ブロックチェーンと同等以上の秘密性を実現している[26]。ゼロ知識証明を利用すると，暗号化された情報を復号化することなく検証できるのだ。たとえば，Zcash（ジーキャッシュ）やMonero（モネロ）などでは，ゼロ知識証明を利用してビットコインのような暗号通貨トランザクションを完全に非公開化している[27]。また，ゼロ知識証明は現在，イーサリアムやQuorum許可型台帳システムにも組み込まれつつある[28]。

　ブロックチェーンシステムの適切な透明度については，未だに議論の余地がある状態だ。どの程度の透明度が適切かは，アプリケーションによって異なる可能性があるだろう。あるいは，同一ネットワーク内に複数の透

明度を用意できる可能性もある。その手段の一つとして考えられるのは，可視性は高いが取引はできない監査ノードを導入することだ。企業の監査役は，監査のために多大な労力を費やして帳簿や記録を確認している。しかし，帳簿や記録では通常，遡及的な確認しか行えない。同様に，政府の規制当局も，トランザクションネットワークをリアルタイムで監査したいと考えている。ここで，上記の監査ノードが役に立つ。たとえば，中央銀行などの金融規制当局は，監査ノードを利用してシステミックリスクを評価できるのだ。この俯瞰的な規制者の視点は，市場参加者が利用できる地上レベルの可視性とは安全に分離することができる。今後，多様なネットワークが，ユーザーのニーズを満たすためにさまざまな透明性構造を模索していく可能性があるだろう。

アルゴリズム的

　最後に，ブロックチェーン型の信頼はアルゴリズム的だ。アルゴリズム自体は，問題を解決するためのレシピにすぎない。たとえば，バナナナッツパンケーキをつくりたい場合，レシピの手順に従えば毎回正しくつくることができる。レシピ自体を食べることはできないが，レシピがあれば何か食べられるものをつくれるのだ。同様に，コンピューターはソフトウェアに記述されたアルゴリズムに従って動作している。アルゴリズムが非常にシンプルな場合，そのステップをたどっていけば，コンピューターがなぜその動作を行ったのかを正確に理解することができる。しかし，なかには非常に難解なアルゴリズムも存在する。

　たとえば，フェイスブックが数十億件もの投稿からニュースフィードに表示する投稿を決定するために使用しているアルゴリズムは，何百もの指標に基づいており，絶えず調整されている。したがって，表示する投稿を

フェイスブックが決定するプロセスは，朝刊の一面に掲載する記事を『ニューヨークタイムズ（*The New York Times*）』紙の編集委員会が決定するプロセスとは完全に別物だ。人間が選択しているわけではないので，フェイスブックの社員はその根拠を説明することができない。できるのは，アルゴリズムの目的や構造を説明することと，出力内容を見ながら入力してもらうことだ[29]。そのため，フェイスブックは2016年のアメリカ大統領選挙で有権者を誘導したとして告発された際，答弁に苦労した。フェイスブックの目的は単に，広告収入を最大化するという一見無害なことだったのだ。ほかはすべて，アルゴリズムが勝手にやったことであり，それを第三者が悪用したのである[30]。

　したがって，アルゴリズム的なシステムにおいて信頼されるものは，人ではなくマシンである。ブロックチェーンの場合，コンセンサスプロセスのソフトウェアやその根底にある数学がそれに該当する。『ビットコインとブロックチェーン』（2014年，邦訳：2016年NTT出版）の著者であるコンピューターセキュリティ専門家のアンドレアス・アントノプロスは，これを「コミュニケーションによる信頼[31]」と呼んでいる。これはいわば，3の平方根を計算機に尋ねた答えが1.7320508であることを信頼するようなものだ。これはマシンにとっては単純な計算なので，その答えを疑う者はいないだろう。しかし，その計算機が，プログラミングでミスを犯しがちな学生が作成したオンライン計算機だった場合はどうだろうか？　あるいは，将来の株価や，早期に仮出所した重罪犯の再犯率など，より複雑な計算を求めた場合はどうだろうか？　おそらく，その答えを疑う者も出てくるだろう。

　ブロックチェーンネットワークのアルゴリズムは，検証ノードで実行されるソフトウェアに組み込まれている。そして大抵の場合，特にパブリックチェーンの場合，ソースコードは自由に閲覧できるようになっている。

誰もがそのコードを調査して，信頼できる結果を生み出すためのメカニズムを検証できるのだ。通常，システムが信頼性の高いコンセンサスを確保する方法は，ホワイトペーパーなどのドキュメントで説明されている。また，ビットコインが軌道に乗った要因の一つに，専門家がアルゴリズムを検証し，潜在的な欠陥について話し合い，その影響をモデル化したことが挙げられる。開発者は，その調査結果に応じてコードの拡張や修正を行ったのだ。その結果，誰も聞いたことがないような中国の企業によってブロックがマイニングされたとしても，そのコンテンツを信頼できるようになっている。自分の銀行を信頼するのとは違って，その企業を信頼する必要はないのである。

　アルゴリズム的な信頼は，分権化に関連したものだ。ヴィタリック・ブテリンは，客観的な暗号経済システムと主観的な暗号経済システムを次のように区別している。客観的なシステムは，「プロトコルの運用やコンセンサスは，公開済みの完全なデータセットとプロトコル自体の規則しか知らないノードのみによって維持することができる[32]」。しかし，主観的なシステムでは，追加の情報が必要だ。そして，その情報は，外部 —— 通常は中央当局 —— から得る必要がある。ブテリンのモデルでは，どちらのシステムも暗号経済的なセキュリティを使用している。しかし，スマートコントラクトの場合，トランザクションが適切に記録されたことを確認するだけでは不十分だ。有効なトランザクションであるためには，合意のための情報を超えた情報（一般的には「オラクル（神託）」と呼ばれる情報を指す）が必要になる場合がある。

　これだけ見ると，客観的なシステムのほうがよさそうに見えるかもしれない。実際，ブロックチェーン型信頼の仕組みは，不完全で日和見的な人間ではなくマシンによって運用されているという信頼性に基づいている。しかし，そこには盲点がある。コードを実行しているのはマシンかもしれ

ないが，人間もそこで活動しているのだ。そして，主観的なシステムでは，客観的なシステムでは不可能な方法で正当なトランザクションと不正なトランザクションを区別できる場合がある。ブテリンが述べているように，「不正操作や乗っ取り，詐欺などの概念は，純粋な暗号では検知できず，場合によっては定義すらできないが，プロトコルを取り巻く人間コミュニティなら問題なく理解できる」のだ。ブテリンがこの特徴について主張したのは，2015年はじめのことである。そして，第3章で述べたように，翌年の The DAO 事件以降，この特徴はイーサリアムに対する現実的な脅威の根源となっている。

また，アルゴリズム的な信頼には，人間の意思決定者を明示的に組み込むこともできる。その一例が，ビットコインに導入された「マルチシグ（多重署名）」だ。通常のビットコイントランザクションでは，通貨の受領者は，それを使用するために自分の秘密鍵をもっている必要がある。しかし，マルチシグを利用すると，通貨の受領のために必要な鍵を送金者が複数指定できるようになる。最も一般的なマルチシグは，三つの鍵を指定していずれか二つを必須とするものだ。これにより，シンプルな仲裁プロセスの構築が可能となる。たとえば，両当事者が合意できた場合は，両者の鍵だけでトランザクションを消費できる。一方，合意できなかった場合は，第三の鍵の保持者の判断次第となる。第三の鍵の保持者は通常，あらかじめ指定されている中立的な当事者だ。このように，マルチシグを利用すると，仲裁者が敵対的な当事者間の仲裁を行えるようになるため，ブロックチェーンと人間ベースの信頼を組み合わせることができるのである。

逆に，ブロックチェーンシステムは，アルゴリズムによる意思決定を利用して人間を完全に排除することもできる。しかし，それは両刃の剣となる可能性があるだろう。また，法学者のフランク・パスカルが「ブラックボックス社会[33]」と称したものの台頭には，重大な危険性も潜んでいる。ア

ルゴリズム的なシステムは，プライバシーを徐々に侵害したり，人々を意図しない方向に誘導したり，ソースデータに含まれた社会的バイアスを強化したり，時には派手に失敗したりする可能性があるのだ[34]。アルゴリズムは中立的なものだと思われがちだが，実際には作成者の目的やデータに潜むバイアスが含まれているのである[35]。

　アルゴリズム的な信頼が特に危険なのは，システムに機械学習（あるいは一般的な用語でいうAI）が組み込まれている場合だ。機械学習が組み込まれたシステムは，データに応じて進化して並外れた能力を発揮する[36]。しかし，機械学習の進歩は，SiriやAlexaなどのAIエージェントや自動運転車（自律型自動車）などの急速な発展に追いついていない状態だ。アルゴリズムの機械学習は，人間が解釈したり検証したりするのが難しい抽象的な統計的相関に基づいて行われるからだ。そのため，AIによるトレーニングを受けたシステムを信頼するのは，ハードコーディングされたアルゴリズムに基づいたシステムを信頼するよりもハイリスクとなる[37]。

　ブロックチェーンネットワークは，スマートコントラクトを導入することで意思決定や実行を自動化できるようになる。そしてそれによって，分権型自律組織（DAO）と呼ばれる新形態のアルゴリズム的な組織を構築することができる（紛らわしいが，イーサリアムを停止寸前に追い込んだ「The DAO」というクラウドファンディングサービスは，このコンセプトを実装したシステムの一つである）[38]。DAOは，ソフトウェアのみで構築された，契約の集合体のような事業体だ[39]。資産や負債，コーポレートガバナンスといった企業の標準的な仕組みは，暗号通貨に基づいた一連のスマートコントラクトに置き換えられる。そしてDAOは，分散型ブロックチェーン上で稼働する自動実行型のソフトウェアなので，従来の企業のようなオーナーは必要ない。DAOは単純に，そのアルゴリズムに従って動作しながら世のなかと関わり合いをもつのである。このコンセプトは，

DApp開発者のダニエル・ラリマーが2013年に初めて提唱し，その後，イーサリアムを作成したヴィタリック・ブテリンが発展させたものだ[40]。

　DAOはまるで，SFの世界に登場するアイデアのように聞こえるかもしれないが，その初期バージョンは既に実現しつつある。たとえば，イーサリアムベースのプラットフォームであるAragonは，トークン販売で2500万ドルを調達して，スマートコントラクトベースの組織を容易に構築・運営できるシステムの構築を進めている。これは具体的にいうと，株式の発行，株主の役割や権限の設定，給与計算，会計，会社細則の投票といったコーポレートガバナンス機能が利用できるシステムだ。

　第1章で説明した通り，企業は取引コスト経済学の観点から，従業員やビジネスパートナーに対する信頼が日和見的な行動によって侵害される可能性があることを知っている。そのため，合意を締結，監視，実行するための費用には，解決策や組織構造を構築する費用も含まれている。Aragonは，このような業務上の取引コストをスマートコントラクトによって削減することを目指しているのだ。

　しかし，Aragonは当初，DAOや「止められない企業[41]」用のプラットフォームを目指していたものの，今では人間が所有する従来型の企業を，ブロックチェーンのスマートコントラクトを利用して管理する方向に方針を転換している。その理由としてAragonは，純粋な自律型の組織を構築するには「解決しなければならない問題が多い」ことを認めている[42]。その問題の一部は技術的なものだ。たとえば，現時点のイーサリアムのようなシステムではシンプルな契約しか満足なパフォーマンスで処理できないことや，自律型の組織が機械学習によって世の中と関わり合いをもてるかどうかがまだ定かではないことなどだ。しかしなかには，法律やガバナンスに関する難しい問題もある。実用化された例としては最も完成度の高かったThe DAOは，とんでもない失敗に終わったのだ。

　要約すると，ブロックチェーンシステムをアルゴリズム的に信頼できる
ものにしている要素は，同時にそれを信頼できないものにもしているのだ。
しかし，それは驚くことではない。これまで見てきたように，信頼には脆
弱性がつき物だ。真の信頼を実現できるのは，裏切りの可能性がある場合
のみなのだ。また，ブロックチェーンネットワークが危険なのは，そこに
大きな価値があるからだ。そして，その価値と同様に，その危険性も既に
現れ始めているのである。

第6章　失敗の要因？

幻想と現実

　1984年に，Unix OSの共同開発者であるケン・トンプソンが米国計算機学会（ACM）のチューリング賞を受賞したときのことだ。その受賞スピーチで，彼は奇妙なことをした。Unixについてはまったく触れず，代わりに信頼について語ったのだ[1]。彼は，ソフトウェアの開発者は悪意のあるコードを外から見えないように埋め込むことができるため，コンピューターのセキュリティを完璧に証明するのは不可能だと述べた。そして，「自分で全部書いたコード以外は信頼できないのです」と締めくくったのである。言い換えると，ユーザーはコードを書いた人間を信頼する必要があるということだ。中枢部には常に人間がいるのである。

　その原則は，30年経った今でも変わっていない。サトシ・ナカモトは，ビットコインによって新たな分権型信頼アーキテクチャを構築した。彼は，信頼の必要性を排除したわけではない。そして，地図が実際の場所と同じではないように，理想論的な設計と実際のコンピューターシステムも同じ

ではない。机上では素晴らしそうに見えるアイデアは大概，現実世界の複
雑さに直面すると色あせてしまうものだ。人間の行動が一夜にして変わる
ようなことは滅多にない。さらに，既存のシステムに統合可能な大規模テ
クノロジープラットフォームの構築には時間がかかり，出だしでつまずく
ことも少なくない。なかには，ブロックチェーンでは解決できない問題も
あるだろう。ブロックチェーン愛好家が騒いでいるほど導入のメリットが
大きくない可能性もあるはずだ。あるいは，既に大きな強みをもっている
既存企業は必ずしもイノベーションを必要としていないということも考え
られる。ブロックチェーンの成功はつまるところ，未知数なのである。

　実際，ブロックチェーンの革新的な利用シナリオのなかには，誇大宣伝
されたものの期待に応えられなかったものも少なくない。たとえば，ブロ
ックチェーンに土地所有権を記録して個人に権限を付与するというホンジ
ュラスでの先駆的な取り組みは，地元当局との論議の末に失敗に終わって
いる[2]。また，ブロックチェーン評論家のデイビット・ジェラルドによる
と，専門家が「音楽業界を変革できる[3]」と評したとある企業がシンガーソ
ングライターのイモージェン・ヒープの「Tiny Human」をイーサリアム
上で大々的に配信したものの，その売り上げはわずか133ドルにすぎなか
ったとのことだ[4]。さらに，潤沢な資金を有するとある著名なスタートアッ
プが，移民が家族に送金する際のコストを削減すべく2年がかりでシステ
ムをローンチしたものの，1年後の利用者数は1日あたりわずか75人にす
ぎなかった[5]。これらの例ではいずれも，そこに関わっている企業やそのユ
ースケースは失敗する運命にあった。おそらく，彼らは単に時期尚早だっ
たのだろう。しかし，これらの例は，ブロックチェーンが間違いなく成功
すると盲信している人々への警告でもあるのだ。

　また，インターネットにおける事例も，ブロックチェーンの社会的影響
について過信的な予測をしている人々への警告になるだろう。たとえば，

インターネットは世界中の人々が言論の自由を手にできる素晴らしいツールだが，同時に抑圧的な政府の世論操作ツールにもなっている[6]。また，人々を結びつけているソーシャルメディアは，ヘイトコミュニティや，国家による情報操作活動の温床にもなっている[7]。さらに，Uberは世界中の人々に便利な交通手段を提供しているが，その運営会社は強大な権限を手に入れてそれを繰り返し悪用している状態だ[8]。ブロックチェーンも同様に，よいことにも悪いことにも利用される可能性があるだろう。そしてその解決策は，昨今の信頼の危機を引き起こしたものと同じ力の影響を受ける可能性があるのである。

　ブロックチェーンが優れた新ソリューションをもたらしたからといって，世のなかの仕組みが再構築されるわけではない。既存の主要システムは基本的に，見た目よりも弾力的なのだ。たとえば，ニューヨーク大学（NYU）のトーマス・フィリポン教授が行った縦断的研究では，「現在の金融仲介業者の単価は，1900年頃と同じぐらい高いように思われる」という結論が出ている[9]。電話やコンピューター，インターネット，クラウドなど，前世紀からさまざまな技術的イノベーションが導入されてきたにもかかわらず，金融市場における実質的な取引コストはかつてとほぼ同じなのだ。市場活動の量や洗練度は劇的に増加したものの，金融サービス業界の取引コストも同様に増加してきたのである。フィリポンは，まずは基本的なサービスが商品化され，市場に対抗するための継続的な努力のなかで，資産管理などの高価な新商品が登場してきたと推測している。

　同じくニューヨーク大学の教授であるデイビット・ヤーマックは，この結果を「金融仲介コストを（おそらく大規模に）削減するためのテクノロジーの登場が実際には切望されている」と解釈している[10]。そして彼は，これは分散型台帳テクノロジーをはじめとする金融テクノロジー（フィンテック）イノベーションにとって大きなチャンスだと考えている。しかし，こ

こでの疑問点は，フィンテックイノベーションがこの構造を変える可能性が高いのはなぜかということだ。確かに，金融取引を分散型台帳に記録すれば，リコンサイルが必要なデータベース群に記録するよりも遥かに安く済ませることができ，さまざまな新サービスも立ち上げられるだろう[11]。しかしそれは，記録が紙からコンピューターへ，そして部屋サイズのメインフレームからインターネットクラウドストレージへと移行した際にも起こったことだ。たとえば，金融サービス業界を代表する巨大企業のJPモルガン・チェースは，ジョン・ピアポント・モルガンが1895年に設立した当時とは比べ物にならないほど進歩している。にもかかわらず，同社は当時と同様に，金融の仲介者という役割を担っているのである。

　金融サービスなどの業界の経済性を本当に変えるには，業界構造の根本的な変革が必要だろう。そして，それをもたらす可能性があるのが，第2章で紹介したトークン化モデルなのだ。トークン化とは，価値を管理事業者ではなくネットワークにもたせるアプローチである。トークン化によって，有力な仲介業者がそのビッグネームによる比較優位を得られなくなると，ブロックチェーンの支持者が言うところの権力の劇的な移動が発生する可能性がある。そうなれば，優れたアイデアをもつ起業家はもはや，ベンチャーキャピタリストやファイナンシャル・ゲートキーパーの言いなりになる必要はないだろう。ミュージシャンや作家も，管理権や大半の収益を音楽レーベルや出版社に譲る必要がなくなるはずだ。また，開発者は既存アプローチの非効率さを打破することができるだろう。そして，世界中の個人，特に低所得地域の個人が，経済的なチャンスを手にできるはずだ。さらに，政府は市民サービスの効率を向上できるだけでなく，市民生活への干渉を減らせるだろう。このメリットは，既存の民間企業も享受できる可能性がある。ただし，透明性を高めるとともに，ユーザーへのサービス提供により専念する必要があるだろう。

　これらの変革はものすごく面白いが，必然的なものではない。また，金融業界を見ればわかるように，市場構造に影響を及ぼさない技術変革から大規模なイノベーションが生まれることもある。したがって，ブロックチェーンに対する適切な対応は，避けられない混乱を受け入れることではなく関心をもつことだ。重要なのは，ブロックチェーンが変革をもたらすと思われる業界ではなく，実際に変化させると思われる市場や慣例である。両者を区別するには，プレスリリースや資金提供の発表，暗号通貨の価格といった表面的な要素の裏側を探る必要があるだろう。

　分散型台帳テクノロジーは，たとえそれが大きな価値をもたらし得る環境に導入された場合でも，かなりの不確実性や危険性が伴ってくる。サトシ・ナカモトは，分散型の信頼に対する斬新で価値のあるアプローチを考え出したものの，それは完璧なソリューションにはほど遠いものだった。なかには，そもそもテクノロジーでは解決できない課題もあるだろう。しかし，第4章でも説明したように，Whoppercoin（ワッパーコイン）の誕生にもつながった大量の誇大宣伝によって，大勢の人々がブロックチェーンは絶対に失敗しないと思い込んでいる状態だ。実際には，たとえ分散型コンセンサスの基盤的なセキュリティが完璧でも多くの問題が起きる可能性がある。そして，鳴り物入りで発表されたパイロットプロジェクトやスタートアップが公開目標を達成できない要因も無数に存在するのである。

　ブロックチェーンテクノロジーをベースにしたシステムがそのポテンシャルに到達するには，強固な信頼が必要になるだろう。ブロックチェーンでは，信頼は私益の源ではなく公共財として扱われる。そして，パブリックブロックチェーンの参加者は，（一見）誰も責任を負っていない分権型モデルを信頼する必要がある。また，許可型分散型台帳ネットワークを使用する企業は，管理権を共有できることを信頼する必要がある。さらに政府は，自国民が保護され，税金が納付され，悪用を取り締まることができる

ことを信頼する必要がある。これはつまるところ，ブロックチェーンベースのソリューションがガバナンスや法律の仕組みに関与する必要があることを意味しているのだ。

サトシの誤解

　ニック・サボいわく，「まったく信頼できない機関やテクノロジーは存在しない」とのことだ[12]。サトシ・ナカモトがビットコインのホワイトペーパーに「信頼に依存しない電子取引システムを提案した」と書いた際，彼は実際にはもっと狭い範囲のことを想定していた。ビットコインによる電子取引の有効性は，政府や銀行といった信頼できる第三者による検証なしに信頼することができる。それは確かに劇的な変化だろう。特定の関係者を信頼する必要があるが故に非効率性や争議，失敗などが発生するケースは山ほどあるからだ。ビットコインやそこから生まれた分散型台帳プラットフォームは，信頼の範囲を制限することによって成り立っている。システム内における信頼の必要性を減らすことによって，逆に全体の信頼性を向上させているのである。しかしそれは，単純に信頼が存在しないというわけではない。QuadrigaCXの例を見てみよう。

　QuadrigaCXは，ビットコインやイーサなどの暗号通貨と法定通貨をやり取りできる，カナダ最大の暗号通貨取引所だ。しかし，2017年5月に，当時のレートで約1400万ドル相当のイーサがプログラミングエラーによってアクセス不可能になってしまった[13]。不正行為が行われたわけではなく，イーサが消失したわけでもない。イーサリアムの分散型台帳では，誰もがその通貨の記録を閲覧することができた。しかしそれは，巻き込まれた顧客にとっては，鍵がなく開けることができない金庫に閉じ込められた札束のようなものだった[14]。これがもし，銀行の金庫や電子記録で保管さ

れた従来の現金であれば，何の問題もなかっただろう。銀行は当然ながら，資金の管理権をもっている。したがって，難色を示したり法的な制約があったりする可能性はあるものの，資金を解放することはできるはずだ。しかし，それはまさに，サトシが否定した「信頼に頼る」形になってしまうのだ。

この話の要点は，QuadrigaCXの顧客が信頼していた取引所に失望させられたということではない。確かに，顧客は取引所を信頼していたし，取引所は顧客を失望させた。しかし顧客は，暗号的にロックされた資金はQuadrigaCXにも回収できないという仕組みも信頼していたのだ。これは不可逆性のダークサイドである。銀行や政府が事後に取引を変更しないのは，単にできないからだ。他人への依存が不安材料である場合，このように第三者への信頼を最小化することによって参加者は取引しやすくなるだろう。しかし，逆に言えば，それは参加者側への信頼がより必要になるということでもある。ブレーキやハンドルを操作できない自動運転車に乗ったときのような，誰も状況を制御できない環境で重要な取引に関わるのは，思い切った決断であるといえるだろう。

分散型台帳システムにおける信頼の程度や方向性は，設計次第である。状況に応じて調整することができるのだ。たとえば，国境をまたいだ匿名の決済が可能なデジタル通貨システムは，パブリッシャーや広告主向けのオンライン広告ターゲティングソリューションとは異なるリスクプロファイルをもっている。ただし，設計上の決定にはトレードオフが伴うものだ。たとえ仮想通貨で支払うにしても，無料のランチなどは存在しない。そして，そのトレードオフは必ずしも明確ではないのである。

信頼が解決済みの問題であるという誤解に続くサトシの二番目に大きな誤解は，人間が解決済みの問題であるという誤解だ。たとえ正確で緻密な処理を行う論理的なコンピューターがシステムの根幹を担っていても，人

間は無関係ではない。そしてブロックチェーンは，人間の問題を解決し，人間の活動を強化するために存在する。ブロックチェーンは人間のいい加減さから完全に逃れることはできず，そうしようとすべきでもないのである。

ブロックチェーンは信頼の欠乏に対処すべく開発されたものだが，それ自体もまた信頼の欠乏の原因となる可能性がある。それは，分散型台帳の開発初期段階において特に顕著だった。そして，暗号通貨の世界では現在，インフラに依存したアプリケーションの開発と並行して大規模なインフラ開発も行われている。それはいわば，一階がまだ骨組みだけなのに上層階の内装を行うようなものだ。ビットコインは，分散型台帳インフラのなかでは群を抜いて成熟しているが，それでも基本的なスケーラビリティやガバナンスの問題に苦慮している状態だ。そして，ビットコイン以外のインフラコンポーネントの大半は，まだ試験段階か机上の概念にすぎないのである。

暗号通貨や分散型台帳がその基盤の未成熟さにもかかわらず順調に成長してきたことは注目に値する。しかし一方で，物事はひどく間違った方向に進んできた。そして，今後もそうなる可能性はあるだろう。イーサリアムのコア開発者の一人であるヴラド・ザンフィルは，2017年5月に次のようなツイートを投稿して物議を醸しだした。「イーサリアムは，安全でも拡張可能でもない未成熟な実験的技術である。本当に必要でない限り，ミッションクリティカルなアプリに使用すべきではない[15]」。テクノロジーに対する彼の現実主義的な姿勢は称賛に値するものだ。しかし，その警告は遅すぎた。その時点で，イーサリアムの資産価値は100億ドルを超えていたのだ。そして，彼の警告は無駄となる。彼がその7カ月後に「本番稼働に耐えられるブロックチェーンや暗号通貨は一つも思いつかない[16]」と投稿したときには，イーサリアムの資産価値は700億ドル近くまで増加し

ていたのである。

　ブロックチェーンベースのシステムは完全無欠なものではない。わかり
やすい例を挙げると，分散型台帳はハッシュアルゴリズムなどの最新の暗
号テクノロジーに依存しているが，そのようなテクノロジーに潜む基本的
な脆弱性を排除するのは不可能だ。コンピューティングパワーが進歩した
場合は特に顕著である。たとえば量子コンピューターは，従来の最強のコ
ンピューターですら解読できない暗号方式を解読できる可能性がある。た
だし，仮にそのような欠陥が存在する場合，同じ暗号方式を利用している
既存のオンライン取引システムにも同等以上の影響があるだろう。そし
て，ブロックチェーンの世界には，そのような障害の阻止に積極的に取り
組んでいる世界的なコンピューター科学者が何人もいる。たとえば，イー
サリアムなどのプラットフォームでは，稼働可能な量子暗号コンピュータ
ーの導入はまだ難しいものの，量子耐性は既に設計に組み込まれている状
態だ。

　あるいは，実際にはランダムではない乱数生成器を利用しているなど，
暗号テクノロジーの実装に欠陥があるケースも考えられる。コンピュータ
ーコードで構築されたほかのシステムと同様に，ブロックチェーンテクノ
ロジーも完璧ではない。永続的なダメージが発生する前に対処できたもの
の，ビットコインのオープンソースコードでも重大なバグが発見されたこ
とがあるのだ。また，MITの研究者は，IOTAの暗号通貨ネットワークに
おいて潜在的かつ致命的な脆弱性を発見した。これにより，IOTAはハー
ドフォークを実施せざるを得なくなり，ネットワークが3日間利用できな
くなったのである[17]。

　さらに，プルーフ・オブ・ワークなどのコンセンサスメカニズムにも明
確な制約がいくつかある。なかでも特徴的なのは，51％攻撃によって破る
ことが可能という点だ[18]。現在，ビットコインネットワークやイーサリア

ムネットワークの処理能力は，世界最速のスーパーコンピューター数百台分と同等となっている。しかも，ノンストップで稼働しているので，その処理能力を上回るのは非常に困難だ。必要なハードウェアだけで数億ドルかかると推計されている。にもかかわらず，マイニングの大半は現在，多数の参加者の活動を集約したマイニングプールを通じて行われているため，いずれかのマイニングプールの処理能力が51％を超えてしまう可能性が十分にある状態となっている[19]。

また，マイニングネットワークのパワーが低下した場合も，51%攻撃の危険性が高まることになる[20]。これは，ビットコインの価格が下落してマイナーのインセンティブが減少したり，半減期にアルゴリズムが新規通貨の投入量を減らすべく自動的に報酬を減らしたりした際に起きる傾向がある[21]。2017年に発生した暗号通貨の価格急騰によってマイニングパワー低下の危機は後退したように思われるが，今後価格が暴落したら状況は変わるだろう。ブロックチェーン市場の急速な成長はつまるところ，その未成熟さにそぐわないものなのだ。2015年には，とある主要な研究者グループが「我々はビットコインが実際にうまく機能し続けると自信をもって結論を出せるほどまだ十分に理解できていない」と述べている[22]。

分権化の限界

ブロックチェーンの分権化には限界がある。これは，おそらく最も純粋な分権型暗号通貨であるビットコインにも当てはまることだ。ビットコインのユーザーは，コア開発者が開発したコードを信頼している。そして，そのコードには「チェックポイント」などのハードコードされた要素が組み込まれている。チェックポイントとは，それ以前のブロックにはチェーンをフォークできないポイントである。また，ビットコインは保有量がか

なり偏っている状態だ。2017年末の分析によると，わずか1000人が全通貨の40％を保持しており，100人が17％以上を保持していた[23]。この偏りは，イニシャル・コイン・オファリング（ICO）が行われたトークンではさらに極端だ。たとえば，Brave（ブレイブ）が3500万ドルを調達したトークン販売では，わずか20人が全体の2/3を購入したのである[24]。

しかし，パブリックブロックチェーンにおいて中央集権的な要素が最も残っているのは，マイナーとコア開発者だ。ビットコインは，マイナーとネットワークユーザーの経済的利益をナカモト・コンセンサスによって調整することで機能している。そして，ビットコインのホワイトペーパーに書かれたビジョンでは，マイニングは一般ユーザーが参加できる，比較的難易度の低い活動となることが想定されていた。世界中にいる何百万人ものマイナーが，報酬を得るために処理能力を投入するイメージだ。実際，ビットコインが登場してから最初の数年間は，これに比較的近い状態だった。

しかし，ビットコインの価格が上昇し，それに伴ってマイニング報酬も増加するにつれて，マイナー間の競争は激化していった。やがて，マイニングを専門とする企業が登場し，ビットコインのハッシュパズル用に最適化された専用ハードウェアの開発を開始した。これらの企業は最終的に，マイニング専用の特定用途向け集積回路（ASIC）と呼ばれるカスタムチップの設計を行うことになった。ASICはあらゆる点においてほかの手段の性能を遥かに上回っていたため，マイニングは設備の拡張合戦と化してしまった。そして，BitmainやBitfuryなどの企業は，ASICの設計を習得したことによって持続的な優位性を獲得したのである。

また，マイニングプールもこの傾向を加速させた。ビットコインでは本来，ブロック報酬を獲得するためにマイナー同士が競い合うことが想定されていた。しかし，マイニング事業者たちは，収益をプールしたほうが得

になることに気づいたのだ。ブロックを検証して報酬を獲得できる万に一つのチャンスを一人ひとりのマイナーが狙うのではなく，プールした収益を各自が提供した処理能力に応じて分配することにしたのである。これにより，収益の安定性や予測可能性が向上し，マイニングの商業化がさらに加速した。さらに，ASICの開発者がハードウェア老朽化のリスクの一部を小規模なマイナーにアウトソーシングできるという付加的なメリットも発生した。

　さらに，処理能力の向上に伴うマイニング経済圏の変化も，マイニングの統合をあと押しした。大量のコンピューターの稼働や冷却に必要な電力のコストが，ハードウェアや帯域幅のコストを大幅に上回るようになったのだ。そのため，安価もしくは無料の電力を利用でき，大規模なサーバーファームの運用や冷却が容易にできる地域にいる者が有利になった。電力供給を管理する地元当局や国家当局との関係性が，マイナーたちの競争における差別化要因となったのである。

　2017年の時点で既に，ビットコインのマイニングは10に満たないグループによる独占状態となっていた[25]。そして，その大半は中国のマイニングプールである（主な例外としては，独自のデータセンターを運営し，大規模事業者にハードウェアを販売しているBitfuryが挙げられる）。また，イーサリアムのマイニングも，ASIC耐性のあるコンセンサスアルゴリズムが導入されているにもかかわらず非常に偏った状態となっている[26]。

　マイニングの集中化は，パブリックブロックチェーンが分権化されているという根本的な前提を揺るがすものとなっている。マイナーたちが馴れ合うことによって，日本の主力企業グループの「系列ネットワーク」のような，表向きは競争的な市場だが実際には官民一体の小規模な連合体が生まれる可能性があるのだ。また，暗号通貨の価格が上昇するにつれて，プルーフ・オブ・ワークによって得られる報酬も増えていく。ビットコイン

やイーサリアムのマイニング事業者は現在，ブロック報酬によって日に数百万ドルもの収益を上げている。さらに，ビットコインが直面しているスケーラビリティの問題に伴って取引手数料も増加しつつあるため，マイニングプール事業者の収益はさらなる増加が見込まれる状態だ。自分たちの経済的利益が損なわれる可能性がある以上，彼らがビットコインネットワークの分権化を促進する理由はないのである。

　イーサリアムなどのネットワークは，コンセンサスアルゴリズムをプルーフ・オブ・ステークに切り替えることでマイナーの権限を制限したいと考えている。プルーフ・オブ・ステークとは，演算集約的なマイニングをトークンの賭けに置き換えた仕組みである。しかし，たとえそれが成功したとしても，賭けに使用できる暗号通貨を大量に保有している者に権限が集中し，結局は中央集権化が促進されることになる可能性があるだろう。

　ブロックチェーンにおける中央集権的な利益団体はマイナーだけではない。コアソフトウェアの開発を行う開発者もまた，大きな権限を行使できる小規模グループを形成する傾向がある。ビットコインは2009年にサトシ・ナカモトと数人の仲間によって実装され，それ以降も大幅な修正や拡張が行われてきた。スケーラブルで信頼性が高く，バグのないネットワークを構築するには，継続的な努力が不可欠だ。たとえば，HyperledgerやR3は，主力企業にとって魅力的なオープンソースソフトウェアプロジェクトとなるべく，確立したやり方を踏襲している。そして，これらのプロジェクトは，資金やコードに加えてプロジェクトメンバー用のガバナンス構造を提供する企業メンバーを有している。

　2017年半ばに，Coinbaseの共同創設者であるフレッド・エールサムは，ビットコインとイーサリアムのプラットフォームにはコア開発者がそれぞれ約15人しかいないと推計した[27]。また，ビットコインネットワークの大幅なパフォーマンス改善につながる新たなアプリケーションレイヤーの開

193

発を目指す Lightning Network などの重要なインフラプロジェクトは，わ
ずかな予算で運用されている。数百億ドルもの資産価値をもつ，世界中の
企業が自社の将来をかけた暗号通貨を管理するプロジェクトとして，この
人数や予算はあまりにも少なすぎるものだ。これらのプロジェクトは，コ
ア開発者の人数が少ないため開発作業は迅速ではあるものの，必要な作業
をこなせなくなるのではないかという懸念が生じている。どちらのプロジ
ェクトにも外部の大規模な開発者コミュニティが存在するものの，彼らも
コア開発者グループの作業に依存しているのだ。

　ビットコインの場合，ビットコイン財団という団体がプロトコルの推進を
担っているが，主要な開発者の大半は，MIT Digital Currency Initiative
（MIT デジタル通貨イニシアチブ），ベンチャーキャピタルの支援を受け
たスタートアップである Blockstream，あるいは独立系の ChainCode
Labs といった第三者から支払いを受けている。また，Bitcoin Core の開
発者グループは，実際には非常につながりが弱く，意見が異なることが少
なくない。そして，Bitcoin Core の公式ソフトウェアリポジトリを更新で
きる「コミット権限」をもっているのは，グループのなかでもごく一部の
開発者のみとなっている。

　一方，イーサリアム財団は，イーサリアムのエコシステムにおいてそれ
以上に強い権限をもっている。まず，2014 年に実施した ICO により，同
財団はコア開発者に支払うための資金を自前で有している。また，ヴィタ
リック・ブテリンという，プロジェクトを率いる「慈悲深い独裁者」も存在
する。さらに，イーサリアムのコミュニティ規範は，ビットコインのそれ
よりも協力的な傾向がある。このやり方は，ほかの有力なオープンソース
プロジェクト，特にリーナス・トーバルズが率いる Linux 財団のやり方と
類似したものだ。しかしこれは，純粋な分権型システムというイーサリア
ムのコンセプトを揺るがす要因にもなっているのである。

　ブロックチェーンシステムの分散型信頼モデルは，ネットワーク自体に集約されている権限に基づいている。検証者は，参加を動機づけられてはいるものの，取引を制御する権限は一切付与されない。トークン販売を行うDAppは，この構造を一つうえのレイヤーで再現したものだ。ネットワークの価値は，ユーザーやトークン保持者に分配される通貨に内在しているのであって，中央集権的な情報プラットフォームやソーシャルメディアプラットフォームのようにネットワーク運用者が占有しているわけではない。そしてネットワークは，あらゆる人々に価値をもたらすインフラだ[28]。しかし，そのインフラに資金を提供する責任を必然的に負う者はいないのである。

　これにより，コモンズの悲劇が発生する可能性がある。アプリケーションの開発者やユーザー，トークン所有者は，ブロックチェーンプラットフォームの優れたエンジニアリングの恩恵を受けているが，その見返りに寄付をするわけではない。ICOブームの最中に大規模なトークン販売を実施したネットワークは，ローンチ前の開発をサポートするためのマネタイズには成功したものの，結局はそのICOの規模相応の期待に直面したのである。

　しかし，マイナーやコア開発者がブロックチェーンシステムの方向性に影響を及ぼせるからといって，分権化の基本的な要件が覆されるわけではない。魔法のボタンを押してネットワークを変更できる人物が存在するわけではないからだ。ブロックサイズなどのプロトコルを変更できる権限は，台帳に記録された情報を変更できる権限とは別物だ。ネットワークが集合的に攻撃者より強力である限り，不可逆性は維持されるのである。

　ブロックチェーンの分権化の限界は，ガバナンスや規制の問題が無視できないことを意味している。ブロックチェーンシステムは信頼に依存しており，信頼はプラットフォームを形成する人々の集合的な決定に依存して

いるのだ。

　一方，中央集権化にはメリットもある。2013年に行われた Bitcoin Core のソフトウェアアップデートで，大惨事を招きかねないハードフォークが誤って発生してしまったときのことだ。ビットコインコミュニティはすぐに，以前のバージョンにダウングレードしてフォークを破壊するのが最善策であると考えた[29]。そして，当時ビットコインのマイニングパワーの20〜30％を保持していたBTC Guild（ギルド）というマイニングプールがそれを支持したため，コミュニティは速やかに修正を実行することができた。コミュニティがもっと分権的であったなら，おそらくさらに時間がかかったことだろう。

　しかしその一方で，中央集権化はブロックチェーンベースの事業の取り締まりを画策する国家の足掛かりにもなり得る。多数のノードが国外にある場合，ネットワークを完全にシャットダウンするのは不可能だろう。しかし，国内にいるユーザーやマイナー，そして暗号通貨と法定通貨のやり取りを行う取引所に圧力をかけることは可能なのだ。実際，2017年半ばに中国はそれを実行した。金融詐欺や資本逃避のリスクを懸念した中国政府が，ビットコインの取引所やICOを禁止したのである[30]。しかしその直後に，中国人民銀行デジタル通貨研究所の責任者であるヤオ・キアンは，中国の中央銀行に対して独自の暗号通貨を発行するように提言している[31]。

　中国の指導者たちはおそらく，第二次世界大戦後のマーシャルプランやグローバルな準備通貨としての役割を担ったアメリカ国債をはじめとする経済的なソフトパワーがアメリカの超大国への成長に大きく寄与してきたことをよく理解しているのだろう。ほかの主要な法定通貨に先立っての中国人民元のトークン化は，中国が21世紀における同様のソフトパワーを模索していることの表れだ。同様の構想は，ロシアももっているように思われる[32]。暗号通貨のマイニングは，第二次世界大戦中の原子物理学や冷戦

中のスーパーコンピューティングのように，主要国にとっての戦略的なテクノロジーとなる可能性すらあるのである。

　しかしこれらは，現時点では机上のシナリオだ。たとえ何が起こっても，パブリックブロックチェーンネットワークは中央集権型の公的・私的な支配に屈しないという根本的な前提を守る必要があるだろう。そして，暗号通貨の金融的・政治的な重要性が増したとしても，現在暗号通貨に従事している者たちが暗号通貨を発展させる能力を失うことはないだろう。

あまりスマートではないコントラクト

　ブロックチェーンプラットフォームの根本的な欠陥が無視できない一方で，分散型台帳のソフトウェアやサービスにも大きな懸念がある。既に述べたように，分散型台帳の完全性は純粋に数学的なものだが，それはブロックチェーン型信頼システムの特徴の一つにすぎない。分散型のコンセンサスをアプリケーションやサービスへと変換するソフトウェアレイヤーは，ブロックチェーンに革新的な力をもたらしている。しかし同時に，高度な数学では解決できないリスクや課題も発生しているのである。

　ブロックチェーン本体のすぐうえのレイヤーには，取引を実行するスマートコントラクトのコードがある[33]。そして，ビットコインのスクリプト言語は，欠陥のあるスクリプトや悪意のあるスクリプトを防ぐため，意図的に大きな制限がかけられている。実行できるのは，ユーザー間の通貨移動という基本機能のほか，マルチシグなどの少数の追加機能のみである。そのため，ビットコインのブロックチェーンを利用してほかのことを行うには，トークンをカラードコインにしてほかの資産をもたせるなど，高度なプログラミング技術が必要となっている。

　一方，イーサリアムなどの汎用ブロックチェーンプラットフォームでは，

スマートコントラクトシステムによって本格的なアプリケーション機能を
実装することができる。ただし，ほかのソフトウェアコードと同様に，ス
マートコントラクトにはエラーやセキュリティ上の欠陥が発生し得る。現
に，イーサリアムの有名なスマートコントラクトでも脆弱性が見つかって
いる[34]。ブロックチェーンは資産の価値や権利を直接扱うので，スマート
コントラクトのバグや不正利用は非常に危険である。そして，人間による
契約遂行をブロックチェーン上で稼働するソフトウェアへと置き換えるに
は，実用面で大きな制約がある。物事は計画通りに進むとは限らないか
らだ。

　先ほど紹介したQuadrigaCXの事件は，スマートコントラクトの単純な
コーディングミスによって約1400万ドルのイーサが露と消えてしまった
実際の例である。イーサの残高はイーサリアムブロックチェーンに正しく
記録されていたのだが，肝心の通貨本体がアクセス不可能なスマートコン
トラクトに取り込まれて取り出せなくなってしまったのだ。スマートコン
トラクトは不可逆的な形で記録されていたため，編集して間違いを修正す
ることができなかったのである。

　皮肉なことに，QuadrigaCXの問題の原因には，第3章で紹介したThe
DAO事件の解決策が絡んでいた。寄付者から盗まれたイーサをThe
DAOクラウドファンディングシステムに戻すため，イーサリアムはチェ
ーンを二つに分岐させた。その結果，暗号通貨取引所は，フォーク前にイ
ーサリアムを保有していた者が今ではイーサリアム・クラシック（ETC）
も保有しているという事実との辻褄を合わせるため，「分岐用」コードを追
加する必要に迫られた。QuadrigaCXもそのような取引所の一つである。
そして，その分岐用コードのバグが原因で，アクセス不可能なスマートコ
ントラクト内に顧客の資金が閉じ込められてしまったのだ。この事件は，
意思決定や遂行をソフトウェアコードによって自動化した際に必然的に発

生する相互依存関係を象徴している。

　たとえバグや攻撃がなくても，スマートコントラクトが期待通りに動作するとは限らない。また，スマートコントラクトでは，人間の言葉を機械が読めるコードに変換する必要があるため，その対象は正確かつ明確に指定できるテーマや内容に限定される。たとえば，イーサリアムのSolidityというプログラミング言語を利用すれば，特定の暗号鍵を提示すると連携している車のロックが解除されるというスマートコントラクトをコーディングすることができる。しかしこの場合，車のロックのネットワークアドレス，必要な暗号鍵，実行するアクションなどをすべて正確に定義する必要があるだろう。一方，契約条件のなかには，人間の判断が伴うため形式的なロジックでは表現できないものもある。たとえばマシンは，当事者が「ベストエフォート」を尽くしたかどうかを正確に評価することはできないだろう。

　The DAO事件において正当な取引と窃盗を分けたものは，結局のところ当事者の意図だった。そしてそれは，コンピューターがスマートコントラクトの条件に従って区別することができないものである。The DAO事件について，Lightning Labsの最高経営責任者（CEO）であるエリザベス・スタークは次のように述べている。「The DAO事件は，コードに込められた意図と実際の動作が異なった場合に何が起こるかを示す，興味深い実例でした[35]」。また，事件の直後には，攻撃者本人が書いたといわれている次のような匿名のメッセージが投稿された。

　　私はThe DAOのコードを入念に調査した。その結果，分割された資金を何度も貰える機能を発見したため，参加することにしたのである。（中略）この意図してつくられた機能を利用したことを「窃盗」とみなした人々には失望している。私は，この明示的にコード化された

機能を，スマートコントラクトの規約に従って利用したのである。法律事務所も，私の行動はアメリカの刑法や不法行為法に完全に準拠していると言っている。（中略）私は，私が合法的に入手したイーサを不当に強奪，凍結，押収しようとするいかなる者に対しても法的措置を講じることができるあらゆる権利を有しており，法律事務所と緊密に連携しているところである[36]。

　この投稿は十中八九いたずらだが，教訓的なものでもある。この投稿は，ヴィタリック・ブテリンが1年前に提起し，今やその結果が現実のものとなった，主観性に関する問題を浮き彫りにしたのである。

　機械学習の大幅な進歩にもかかわらず，コンピューターは契約の曖昧さを解消するために必要な，状況に応じた分野固有の知識や鋭い理解力を取得できていない。しかも，スマートコントラクトのなかには，実際に実行してみるまで何が実行されるか確認するのが難しいものもある[37]。正式な検証方法を利用すれば，ブロックチェーンに導入する前にスマートコントラクトを検査することは可能だ。通常は自動システムによる検査だが，重要なスマートコントラクトの場合は専門家チームによるオーダーメイドの検査を利用することもできる。既に，会計監査法人のような立ち位置のコンサルティング会社も登場しているのだ。しかし，このような手順を利用しても意図した通りに動くかどうか明確に確認できないスマートコントラクトも存在するのである。

　また，たとえスマートコントラクトが設計通りに動作しても，最適な結果が得られないこともある。事前に契約上の権利を設定してから事後に法的効力によって裁定されるまでの間に，事実が変わることがあるからだ。スマートコントラクトの当事者は，適切な文言や不可抗力の条項を組み込むことによってこのような変化の回避を試みることができるものの，これ

はコンピューターのコードで設定するのが難しい曖昧な条件だ。ほかにも，契約遂行前に当事者自身が双方にとってメリットがあるように契約を変更することを望むケースもある。

契約法に基づいた通常の契約であれば，このような変更は問題ない。しかし，スマートコントラクトの場合は厄介だ。合意した時点で，契約がロックされるからだ。そのため，遂行前の中間ステップを有効にするには，スマートコントラクトのコードに変更の可能性を明示的に組み込む必要がある。しかしその場合，処理が複雑化するという技術的な問題が発生する。さらに，当事者がスマートコントラクトの条件をいつどのように変更できるのかをどのようにエンコードするかという問題も発生する。開発者たちは，ユーザーがスマートコントラクトの最適なバージョンに投票できるようにするなどのクリエイティブな解決策を編み出しているが，それらは効果的ではあるもののトレードオフが伴うものとなっている。

そして，文化評論家のイアン・ボゴストが指摘しているように，スマートコントラクトの力は悪用される可能性がある[38]。遂行に人間の介入が不要という特徴は，スマートコントラクトの高い効率性につながっているが，法的監視から逃れられる要因にもなっているのだ。一方，契約法は基本的には救済制度である[39]。そのため，合意を結ぶ際の当事者の行動の変化よりも，事後の結果の正しさに関心が置かれている。さらに，そこに組み込まれているさまざまな法原則 —— 不当性，相互錯誤，違法性，法定資格，約因，詐欺，強迫など —— により，当事者は明確に指定された契約上の義務からですら逃れることができる。ただし，その適用は裁判官が管理しているので，これらの例外によって契約遂行への信頼が損なわれることはない。

一方，スマートコントラクトには裁判官は存在しない。当事者は最初に条件を指定し，ブロックチェーンネットワークは契約が有効になるとそれ

を自動的に遂行する。そのため，当事者が誰も意図していない形で契約が遂行されるという，The DAO事件のような事象が発生する可能性がある。さらに，一方の当事者が，法的な制約を受けることなくもう一方の当事者に対して法外な権限を行使することも可能となる。したがって，スマートコントラクトは，絶妙にバランスのとれた著作権保護を覆したデジタル著作権管理テクノロジーと同類の脅威であるといえる[40]。このテクノロジーでは，コンテンツ所有者は法律では認められないような制限を課すことができたのだ。

ニック・サボが提案したように，スマートコントラクトとしてコード化された自動車リースでは，借り手が支払いを怠った場合，貸し手が車を遠隔操作で無効化することができる。これは一見，規制された金融サービス業者の気まぐれさに対する分散型の代替手段に見えるかもしれない。しかしこれは，私的権力を恣意的に行使できるツールにもなり得るのだ。このシナリオにおける借り手は，現行システムにおける借り手よりも遥かに貸し手に束縛されている。つまり，ブロックチェーンベースのシステムは，規制やガバナンスによる制約がなければ簡単に中央管理の手段になり得るのだ。ボゴストは，このように私的権力を誘惑するオープンな分権化は，現在アマゾンやグーグル，フェイスブックといった少数のプラットフォームに支配されているインターネットで起こったこととまったく同じであると述べている。

トークン発行者への信頼

ビットコインコミュニティでは，「Vires in numeris」というスローガンがよく使われている。これは，「数がもつ強さ」をざっくりとラテン語に訳したものである。しかしときには，「購入者側が警戒せよ」を意味する

「Caveat emptor」が使われることもある。従来の信頼アーキテクチャでは，当事者が規則を破った場合の制裁措置が認められているが，トラストレスという信頼にはそのような保護は存在しない。分散型台帳は，情報が正確に記録されていることは保証しているものの，その情報の正当性は保証していないのである。

　そして，ICOには利点と危険性が混在している。たとえば，企業は新たな方法で資金を調達したり，新たな種類のアプリケーションを運用したりできるようになる。また，世界中の投資家が，これまでは投資できなかったようなスタートアップに対してマウスをクリックするだけで資金を提供できるようになり，プラットフォーム上で独自の投資価値や有益性を備えたトークンを受け取ることができる。これらはポジティブな面である。一方，ネガティブな面としては，トークン販売に寄与している人々が，証券販売では長らく常識となっている法的保護を享受できないことが挙げられる。

　2017年6月に，Polybiusという企業が，22ページに及ぶ「目論見書」と「Polybius銀行はいつでもどこでもアクセスできる完全にデジタルな銀行になります」という宣言とともにICOを開始した[41]。同社が発行した「ブロックチェーン株式」は，通常の株式と同様に「会社の利益の一部を受け取る権利」を具現化したものだった。しかし同社は，世界の大半の地域で高度に規制されている株式ではなく，誰でも購入できるトークンをエストニアの財団を通じてオンライン販売することを選択したのだ。そして同社は，新設するPolybius銀行の登録国はICOが終わるまで発表しないと宣言した。しかし投資家たちは意に介さず，3100万ドル相当のトークンを我先にと購入したのである。

　Polybiusトークンの購入者たちは基本的に，中央管理のない取引の不可逆性には無関心だった。おそらく彼らは，従来の株式私募を通じて株式を

購入するのと同様の感覚だっただろう。彼らが期待していたのは，ベンチャー自体の成長とトークンの価値の上昇だったのだ。そして後者は，ブロックチェーンの実行可能性には間接的にしか依存していない。投資家たちは，分散型台帳テクノロジーではなくPolybiusを信頼していたのである。

　Polybiusは，個人的な評判を得るための従来の方法で信頼を構築した。ICOの資料では創設者たちがかつてビットコインのマイニング用ハードウェア事業で得た専門知識について説明し，ホワイトペーパーではテクノロジーやビジネスにおける彼らの才能を証明しようとしたのだ[42]。しかし金融業界は，高度に規制された，非常に複雑な業界である。エストニアの金融規制当局は，Polybiusが同国内で金融サービス業を行うライセンスをもっていないという，グローバル銀行にとっては憂慮すべき事実をプレスリリースで発表した[43]。Polybiusのようなスタートアップが金融市場に参入しようとしても，経験豊富な協力者の支援がなければ成功の見込みはほとんどないだろう。

　そこでPolybiusは，世界四大会計事務所の一つであるアーンスト・アンド・ヤング（EY）との提携を盛んに宣伝した。プレスリリースによると，EYのパートナーであるダニエル・ハウデンシルトほか2名が「銀行業務，テクノロジー，法律の面でPolybiusプロジェクトチームの運用に協力」しており，「金融機関に対する助言的なサポートは，EYのメイン業務の一つである」とのことだ[44]。中央集権型信頼の代表例ともいえるEYの組織的な評判は，有効性が未知数な未構築の事業に対するリスクをとる投資家の背中を確実にあと押ししたのである。

　しかし，よく調べてみると事実はそれほど明確ではない。Polybiusプロジェクトのウェブサイトを見ると，ICOに先立ってトークンが報酬として付与されたと考えられる15人の「アドバイザー」のなかに3人のEY従業員が含まれている[45]。しかし，この監査法人との正式なパートナーシップ

や資本関係，コンサルタント提携などは一切明記されていないのだ。もし投資家たちがEYを信頼することによって間接的にPolybiusを信頼しているとしたら，その信頼は見当違いである可能性が高いだろう。実際，ICO開始直後に，EYは『ファイナンシャルタイムズ（*Financial Times*)』紙に次のように述べている。「ダニエル・ハウデンシルトは既に弊社とは関係がなく，弊社のブロックチェーン戦略に関する彼のコメントは正しくありません[46]」。

　これらはいずれも，Polybiusが詐欺である，もしくは法的義務に違反していることの証拠にはならない。しかし，大半の投資家が投資をためらうことになるだろう。もしかしたら，Polybiusはグローバルな仮想銀行の構築に成功し，トークン保有者は利益を獲得できるかもしれない。あるいは開発者がICOの収益を着服し，トークン保有者はすべてを失うかもしれない。この種のトークン販売は，世界中の個人投資家を対象にした，「何でもあり」の突発的かつ大規模な実験なのだ。ブロックチェーンテクノロジーの不確実性や技術的な複雑さを考えると，たとえ財務情報を大々的に開示しても，大半の投資家はその事業内容をほとんど理解できないだろう。その結果，彼らは事業者や投資プロモーターの言いなりとなってしまうのだ。大規模な悪用を誘発するシステムは，得てして悪用されるものである。

　したがって，ほかのブロックチェーンベースの事業と同様に，ICOも境界線やベストプラクティスを定める必要があるだろう。その答えは国によって異なるかもしれないが，それは法律の発展においても普通のことである。ただし，市場を適切に機能させるには，開示や正確さに関する最低限の要件が不可欠であると思われる。ブロックチェーンはファンド会社の効率性や流動性を劇的に向上させるかもしれないが，人間の本質を変えることはないのである。

中央集権型のエッジプロバイダー

　ブロックチェーンベースの事業における重大なヴァルネラビリティは，台帳システムのエッジ部分にも存在する。たとえ貨幣的価値が分権型システムにエンコードされていても，そこへのアクセスは中央集権型のエッジサービスを介していることがある。たとえば，CoinbaseやBlockchain.info，Xapoなどのコンシューマー向けウォレットサービスでビットコインを保存している個人投資家は，銀行と同じようにそのプロバイダーを信頼する必要があるだろう。ウォレットプロバイダーが顧客の秘密鍵を預かっているため，顧客は通常のユーザー名とパスワードを使用して暗号通貨にアクセスすることができる。しかし，ウォレットプロバイダーがハッキングされると，その鍵は脆弱になってしまうのだ。ウォレットが分散型台帳に接続しているからといって，ウォレットサービス自体が従来のウェブサービスよりも本質的に分権化するわけでも，ウォレット自体がより安全になるわけでもない。ニック・サボがツイートしたように，「ビットコインは地球上で最も安全な金融ネットワークだが，その周囲にある中央集権型の企業は最も安全ではない」のである[47]。推計によると，ICOで調達されたイーサの10％が既に盗まれており，その大半はウォレットから盗まれているとのことだ[48]。

　ブロックチェーンネットワークのエッジ部分にある最も顕著な脆弱ポイントは，暗号通貨とドルなどの政府発行通貨をやり取りできる取引所だ。ビットコインの場合，暗号通貨を取得する方法はマイニングを行うか誰かと取引するかの二つだけである。現状，エンドユーザーがマイナーとして参戦するのは不可能なので，ビットコインなどの暗号通貨を取得したい場合，まずは既存通貨で購入する必要があるだろう。このニーズを満たすために，世界中で数多くの取引所が設立されている。そして，これらの取引

所は個人投資家だけでなく機関投資家も利用している。取引所が従来の証券取引所と同様にうまく機能した場合，価格発見プロセスを促進して効率的な資本形成を促すことができるのだ。

しかし残念ながら，暗号通貨取引所はその業務に見合った力量を備えていないことが少なくない。たとえば2014年には，有名なビットコイン取引所であるMt.Goxがハッキングされて当時の価格で約4億ドル相当の暗号通貨が持ち去られ，結果として倒産を余儀なくされた[49]。また，2016年には同じく主要な取引所であるBitfinexがハッキングされ，当時の価格で約7000万ドル相当の暗号通貨が盗まれた。時価総額6億ドル以上の暗号通貨から100万ドル以上の通貨が盗まれた事件は，全部で15件以上発生しているのである。その数は，ビットコイン評価額のピーク時には一桁以上増えるだろう。

言うまでもないことだが，セキュリティ上のヴァルネラビリティに対して堅牢な，取引量が増加しても十分な流動性を維持できるプラットフォームを構築するよりも，取引所としての最低限のテクノロジープラットフォームを構築するほうが遥かに簡単だ。暗号通貨取引所をライセンス制にする動きはこれまでにもあったものの，市場のグローバル性に阻まれて今でも大半の取引所が実質規制されていない状態だ。ユーロをビットコインに変換する取引所は，ユーロをドルや円に変換する従来の両替所に似ているかもしれないが，安全性は両替所よりも遥かに低いのである。

そして，たとえ不正行為がなくても，取引所などのエッジプロバイダーはバグに対して脆弱だ。たとえば，この章で紹介したQuadrigaCXの事例では，単純なコーディングミスによって回復不可能な1400万ドルもの損失が発生した。また，最近では，特定のバージョンのソフトウェアを使用しているすべてのスマートコントラクトをアクセス不可能にするコマンドをユーザーが誤って（ということになっている）入力してしまい，結果と

して1億6000万ドル以上に相当するイーサが閉じ込められてしまったことをParityウォレットサービスが公表している[50]。

　QuadrigaCXのケースと同様に，Parityのバグも過去の欠陥を修正するためにウォレットソフトウェアを更新した際に発生したものだ。その当初の問題では，トークン販売で調達した3000万ドル相当のイーサがハッキングによって盗まれている。しかし，Parityは決してブロックチェーン初心者ではなく，イーサリアムの元最高技術責任者（CTO）であるギャビン・ウッドによって共同設立された会社である。取引所と同様に，ウォレットもまた一般ユーザーが暗号通貨を扱いやすくするために容認された中央集権的な存在だ。ウォレットのセキュリティ対策は時間とともに改善されていくかもしれないが，人々がエッジプロバイダーに依存している限り，リスクは残り続けるのである。

　さらに，エッジプロバイダーへの信頼には，取引を取り締まるかどうかをプロバイダーが決定できるという側面もある。たとえばビットコインの場合，ドラッグやギャンブル，契約殺人などに関する取引は，ピザの取引と同じように処理される。従来の金融取引では，決済処理業者（Visaやマスターカードなど）は政府が違法な取引をブロックするよう圧力をかけられる制御ポイントとなっていた。一方，ビットコインによる決済では，決済自体の関係者にそのような圧力をかける者はおらず，分散型のマイニングネットワークが存在するだけだ。ただし，その取引がエッジプロバイダーを経由している場合は法的執行の対象となる可能性がある。サービスの拠点がある場所や，管理者情報の公開状況によっては難しくなるかもしれないが，決して不可能ではない。その最も有名な例が，第2章で紹介したSilk Roadである。

　セキュリティや堅牢さは，状況に応じた調整が必要だ。たとえば銀行は，消費者向けの少額取引を行う小売店があまり懸念しないようなリスクを懸

念するだろう。また，ブロックチェーン上の医療記録には，ダイヤモンドのサプライチェーンの記録とは異なるリスクプロファイルがあるはずだ。このようなバリエーションは，ブロックチェーンに特有のものではなく，既存の中央集権型システムにおける信頼やセキュリティにも存在するものである。ただし，分散型台帳の目新しさを考えると，適切なセキュリティモデルの策定には時間がかかることが予想される。

道路交通法

　ブロックチェーンネットワークやその関連事業が害を及ぼす可能性があるからといって，分散型台帳の価値が損なわれるわけではない。信頼に関する問題がサトシ・ナカモトの発明によってすべて解決したという盲信が明るみに出ただけである。大きなメリットを生み出すものは，大きな危険性も生み出すのだ。たとえば自動車は，ブレーキの故障によって運転手が死ぬ可能性があり，飲酒運転によって他人を殺す可能性もあり，さらには武器として人混みに突っ込ませることもできる。しかし，自動車を禁止すべきであると提案する者はいないだろう。その代わり，運転免許証，車両登録，交通法，保険，不法行為責任などの規則によって，安全に対する欲求と運転者や自動車メーカーの利益のバランスをとっているのである。

　さらに深掘りすると，自動運転車（自律型自動車）を導入して人間の運転手をマシンに置き換えれば，飲酒運転などの問題は解決するだろう。しかし，機械化もまた新たな課題を生み出すことになる。たとえば，バグや第三者によるハッキングによって崖から転落した場合はどうすべきだろうか？　あるいは，歩行者をひき殺してしまった場合はどうすべきだろうか[51]？

　通常の自動車と同様に，自動運転車のテクノロジーを禁止する必要もそ

209

の欠点を無条件に受け入れる必要もないだろう。さまざまな規則がつくられて，リスクとメリットの最適なトレードオフが実現されるはずだ。実際，自動運転車が事故を起こした際に誰が責任を負うのかという問題や，自動運転車を公道で走らせるためにはどのような承認手順が必要かという問題が現在議論されている。ブロックチェーンシステムでも同様の課題が発生し，同様の検討が必要になるだろう。ブロックチェーンシステムの場合，メリットのほうが極端に大きいかもしれない。しかし，だからといって潜在的な欠点を無視すべきではないのである。

　このあとの章では，ブロックチェーンシステムの信頼性を高めるために法律や規制がこれらの欠点にどのように対処できるかについて見ていくことにする。第7章では，政府が定めた法規則や，行動を抑制する私的手段が，ブロックチェーンネットワーク上の活動にどのように影響を与えるかについて検証する。第8章では，ブロックチェーンのソフトウェアコードが従来の法執行機関とどのように連携しているかを紹介する。そして第9章では，政府がブロックチェーンネットワークをどのように監視できるか，監視していくか，そして監視すべきかについて検証する。

第7章　ブロックチェーンガバナンス

ヴィリのパラドックス

　オックスフォード・インターネット研究所の社会経済学者であるヴィリ・レードンヴィルタは，決してラッダイト（機械化反対主義者）というわけではない。デジタル市場の専門家であり，元ゲーム開発者でもある彼は，仮想世界における組織力学やギグエコノミーにいち早く注目した人物の一人であり，サトシ・ナカモトの正体ではないかと『ニューヨーカー（*The New Yorker*）』誌の記事で指摘されたことすらある人物だ（彼は笑って明確に否定した）[1]。しかし彼は，暗号通貨に対してはどちらかといえば批判的な立場をとっており，「私はブロックチェーンが経済や政府を根本的に変革するであろうという主張には非常に懐疑的だ」と述べている[2]。

　そしてレードンヴィルタは，分散型台帳はガバナンスのパラドックスに直面していると主張している[3]。集団的に紛争を解決する手段が自発的な合意しかない状態では，分散型台帳はうまく機能しないだろうということである。一方で彼は，分散型台帳ネットワークがガバナンス構造を公式も

しくは非公式に導入した場合，それはもはや分権的とはいえないとも述べ
ている。たとえば，イーサリアムが成功した理由が，ヴィタリック・ブテ
リンやコア開発者という，コードを変更して決定を下せる賢明なリーダー
がいたからだとすると，イーサリアムはLinuxやフェイスブックなどの中
央集権型開発プロジェクトと本質的に同じものということになるだろう。
その時点で，分権化によって生じるオーバーヘッドによって分権化のメリ
ットは消えてしまうのだ。レードンヴィルタは，ガバナンスが存在する時
点で既に分権的ではないと主張している。しかし，有益な規模で分権化を
行うにはガバナンスが不可欠だ。これが「ヴィリのパラドックス」である。

　ヴィリのパラドックスは，ブロックチェーンの信頼アーキテクチャとし
ての将来性について真剣に議論するための出発点である。ブロックチェー
ンエコノミーは法律や規制といった外部的な力によって形成されるかもし
れないが，ブロックチェーンベースのシステムが本当に成功するかどうか
は新形態のガバナンスを実現させる内部的な能力次第なのだ。実用的なガ
バナンスがないのであれば，ブロックチェーンネットワークはピアツーピ
ア（P2P）型やリヴァイアサン型，仲介者型といった，従来の信頼基盤に戻
るほかないだろう。ブロックチェーンは，最悪の事態を引き起こして派手
に失敗するリスクを抱えているのである。

　レードンヴィルタは，ブロックチェーンの機能である規則の執行を，自
身が「ガバナンス」と呼んでいる規則の制定と区別している。分散型台帳
は，第三者による規則の執行は排除しているものの，それ自体が規則の産
物なので，第三者による規則の制定を排除することはできない。ブロック
チェーンのような規則システムを自動構築させる手段はなく，誰かが設計
する必要があるのである。そして，規則が最初から完璧でない限り，遅か
れ早かれ修正する必要が出てくるだろう。それには，中央集権型の第三者
が必要となるのである。

　レードンヴィルタの主張はもっともだ。ブロックチェーンが既存の仕組みよりも間違いなく優れた革新的な分権的経済秩序の先触れであると信じるのは，偽りの神を信じるようなものである。しかし，彼の説明は不完全でもある。「ガバナンスの問題が解決するとブロックチェーンは不要になる」というのは確かにそうかもしれないが，依然として必要な場合もあるはずだ。ブロックチェーンガバナンスという言葉は，自己矛盾しているわけではないのである。ただし，法律や規制と同様に，多数の関係者が関与し，多数の方法で連携する，多数の形態が存在することになるだろう。

　ヴィリのパラドックスへの対応はつまるところ，分散型台帳を導入する際の細かい条件次第である。ブライアン・ベーレンドルフの論説によると，「実用最小限の集権化」の程度を変更した場合，たとえわずかな変更でも違いが生じるとのことだ。ここで，サトシ・ナカモトが作成したと主張した「信頼に頼ることなく機能するシステム」と，それよりも限定的だが有意義な実際のシステムとのギャップに話を戻そう。ビットコインが実際に排除したのは，信頼できる第三者による取引の検証の必要性だった。ただし，これは信頼の要素の一つにすぎないものだ。ブロックチェーンテクノロジー関連企業であるChainのCEOのアダム・ラドウィンが「暗号通貨にはガバナンスの仕組みは存在しない。暗号通貨がガバナンスの仕組みなのだ」と明確かつ簡潔に述べているが，これも同様の間違いである[4]。正確にいうと，暗号通貨ネットワークはガバナンスのテクノロジーなのだ[5]。ブロックチェーンは，規則の執行は分権化しているものの，規則の制定は必ずしも分権化していないのである。

　ここでは，ガバナンスの定義も重要になってくる。レードンヴィルタは，私的な規則の制定をガバナンスと定義し，公的な規則の制定を規制と定義している[6]。しかし，この二つはそこまで簡単に分離できるものではない。正当性は，内部規則と外部規則の相互作用によって生じるものだからだ[7]。

たとえば，ブロックチェーンネットワークやDAppが明らかに法的義務の対象である場合，エキゾチックなガバナンスの仕組みを導入する余地が大いにあるだろう。この場合，法律はあと押しとなるはずだ。逆に，スマートコントラクトが強力な保護をもたらす場合，適切に設計されたイニシャル・コイン・オファリング（ICO）と同様に，従来の法制度を適用する必要性があまりない状態になるだろう。

エリノア・オストロムが自身の著書で強調したように，ガバナンスはポリセントリックなものである。彼女は次のように述べている。「私たちが研究している人間は，複雑な動機づけの構造をもっており，生産的で革新的な，あるいは破壊的で邪悪な結果を生み出すために，さまざまな民間企業や政府，コミュニティが，多様な規模で機能する制度的な取り決めを確立しているのです[8]」。

ブロックチェーンの世界も同様だ[9]。ブロックチェーンのガバナンスの成否は，スマートコントラクトの成否が必ずしも事前のコーディング次第ではないのと同様に，単なる設計の良し悪しの問題ではない[10]。ブロックチェーンネットワークは，中央集権化の程度が異なる，部分的に重なり合ったガバナンス構造の影響を受けるため，システムが実際に開発されたり連携したりする方法を考慮する必要があるのである。

そうすると，レードンヴィルタが唱えた，規則の制定と規則の執行の明確な区別に対して疑問が生じることになる。単に優先順位を表明するだけではガバナンスとはいえないだろう。そして，規則自体は誰もが作成できるものの，難しいのは人々にその規則を遵守させることである。その方法はさまざまだ。たとえば，厳しい執行メカニズムを導入すれば，人々に特定の行動を強制できるかもしれない。ただし，パブリックブロックチェーンの暗号経済的な信頼設計に関連して第5章で説明したように，制裁は必ずしも最善の解決策ではなく，時には効果がないことすらある。トム・タ

イラーの研究を見ればわかるように，刑罰の重さは人々が法律に従うかど
うかを決定する主要因ではないのである[11]。

コンセンサスの力

　ブロックチェーンテクノロジーが本質的に生み出しているものは，お金
ではなく合意である。第2章で述べたように，サトシが生み出したプロト
コルはネットワークにコンセンサスをもたらすために設計されている。し
かし，コンセンサスはよく考えると奇妙なものである。過半数より多くて
満場一致より少なく，しかもある意味，そのどちらよりも強力なのだ。コ
ンセンサスについて，社会学者のエドワード・シルズは次のように述べて
いる。

　　　コンセンサスは，対立をもたらし得る利害や信念の相違に対抗する
　　力である。そして，協力関係を促進させるものでもある。具体的には，
　　利害の一致によって生じる協力を強化し，双方が納得できる限度を定
　　めることによって利害の相違の幅を制限し，利害の相違によって生じ
　　る協力を阻害する行動を制限するのである[12]。

　では，コンセンサスとは厳密には何なのだろうか？　ウェブスター辞書
には，「包括的な合意」と「感情や信念の面での団結」という二種類の定義
が載っている。この二つはまったく異なる意味合いだ。一つ目の定義では，
コンセンサスを獲得しているコミュニティの感情や心理状態には触れられ
ていない。一方，二つ目の定義はコミュニティの見解を全体的に捉えてい
る。そしてブロックチェーンネットワークは，二つ目の定義を一つ目の定
義に置き換えようとしているように思われる。コンピューターは「感情や

信念」をもっていないものの，その概念が正確に定義されていれば，「包括的な合意」の獲得において有用なものとなるだろう。

コンセンサスを獲得するにあたって，参加者全員が同意する必要はない。たとえば，悪意をもった参加者が分散型台帳でダブルスペンド（二重支払い）を試みているケースを考えてみよう。この場合，システムは依然としてコンセンサスが成立した状態とみなされるだろう。その参加者は残りの参加者に影響力で劣るため，その取引は拒否されるはずだ。一方，参加者の51％が取引を拒否して49％が同意した場合，多数派は存在するものの，必ずしもコンセンサスが成立した状態とはならない。反対の割合が非常に大きいため，多数派に対する信頼が弱まるのだ。

このように，コンセンサスは信頼と深く結びついている。とある政治学者は，「コンセンサスに対する合意がある場合，それは政治組織のメンバー間に強固な信頼が存在することを意味する」と述べている[13]。コンセンサスとは，結論に反対していた者が多数派に従うことに同意できるときにのみ成立するものである。そして，民主主義システムとは異なり，反対者だった者がアクティブな少数派として存続することはない。彼らも常に，コンセンサスを支持するコミュニティと一体化するのである。ただし，反対者を自発的にコンセンサスに参加させるには，多数派に搾取されないことを彼らが信頼できる状況が必要だ。

健全なコンセンサスには，信頼が自ずとついてくるものである。コンセンサスが成立すると，参加者はシステムが機能していることを確信することができる。そして，コンセンサスにより，コミュニティの意向に従っていればやがてほかの人もそうするだろうと強く信じることができるのだ。

コンセンサスは，科学者や技術者の間では長年にわたって最適な競合を解決する手段とされてきた。理想とする技術的アプローチがエンジニアによって異なる場合，満場一致は基本的に不可能だ。また，コードに意見を

代弁させることに慣れているエンジニアは，投票による多数決を統制的と捉えがちなのだ。

「拒否すべきものは王，大統領，投票。信ずるべきものは大まかなコンセンサスと動くコード[14]」。これは，MITの研究者であるデイビッド・クラークが唱えた，インターネット技術タスクフォース（IETF）の有名なスローガンである。クラークは，避けるべきものとして投票を明示的に含めている。中央集権的な権力は，たとえ公平かつ民主的な手段によって行使されるとしても排除の対象だったのだ。そして，二つの修飾語を加えることによって，気難しい関係者たちに納得してもらうという難関を突破したのである。つまり，コンセンサスは「大まか」でなければならないとし，ソフトウェアは「動いている」という存在証明によって単なる机上のアイデアと明確に区別したのである。

サトシ・ナカモトはクラークのスローガンを参考にしたわけではないものの，彼のシステムはその基本方針を体現したものとなっている。まず，ビットコインやその類似システムは，不完全なコンセンサスを許容している。実際，これらのシステムは，信頼できない，あるいは頼りにならないネットワーク参加者が一定数存在するという前提に基づいて構築されているのだ。そして暗号通貨では，動くコードは絶対的な存在として扱われる。従来は民主的な手続きや政府機関に基づいて遂行されていた役割がシステムに組み込まれ，自動化されているのである。ただし，のちほど説明するが，これはブロックチェーンのソフトウェアが政府の法制度よりも優れているということではない。そもそも，ブロックチェーンのコードは別種の法律として機能するのである。

そのアプローチは，ビットコインのマネーサプライに表れている。インフレ率に影響を及ぼす金融政策は従来，専門知識をもつ中央銀行総裁の領域だった。ただし，中央銀行総裁を指名する政治家は有権者に対して責任

を負っている。一方，サトシは，通貨の総供給量を2100万ビットコイン
に固定し，徐々に発行ペースが遅くなる通貨自動発行プロセスを確立した
のである。そして，ビットコインの検証者やユーザーは誰もが，この仕組
みを通貨の特性として受け入れている。ただし，供給量の制限は，十分な
支持を得たハードフォークによって解除が可能となっている。

　ビットコインのアプローチは，よいアイデアかもしれないし，そうでな
いかもしれない。金融専門家のなかには，供給量の固定は必然的にデフレ
を招き，政府が自由に印刷できる法定通貨に負けることになると主張して
いる者もいる[15]。ただし，すべての暗号通貨が同じアプローチをとってい
るわけではない。たとえば，イーサリアムでは，コインの数に絶対的な制
限は設けられていない。また，ビットコインでもイーサリアムでも，ネッ
トワークのアルゴリズム的な規則がコンセンサス成立に向けて行動を調整
するガバナンスメカニズムとして機能している。そして，ブロックチェー
ンネットワークのコンセンサス規則に同意できない者は，新たな技術的コ
ンセンサスを構築するか，独自のネットワークを作成することになるので
ある。

　したがって，不可逆的なスマートコントラクトによってコンセンサスが
成立した場合でも，その背後には必ず「動く」ガバナンスプロセスが存在す
ることになる。ヴィタリック・ブテリンはこれを，次のようにガバナンス
を「信号旗」に例えて説明している[16]。まず，規範の範囲内で活動する調整
機関の関係者が，参加者に対して特定の行動をとるように信号を発する。
すると参加者は，ほかの参加者がそれに従うかどうかを考えて，自分も従
うかどうかを決定する。場合によっては，コンセンサスの兆候が複数現れ
るのを待つかもしれない。この発想は，オストロムが唱えた信頼構築の説
明と驚くほど類似したものだ。彼女は次のように述べている。「難関を乗
り越えるための代償を分担する信頼できる呼応者になるにあたっては，個

人が規範を採用することだけでなく，状況の構造から生まれる，他者がと
ると思われる行動に関する情報も重要となるのです[17]」。

　公的な強制力なしに行動を統制する方法はほかにも多数存在する。たと
えば，インセンティブの設定は，たとえそれ以外の選択肢が理論上は存在
する場合でも，理想的な行動が合理的な選択肢になるように誘導する手法
だ。行動ナッジは，意思決定の「選択アーキテクチャ」を形成することによ
って，たとえ合理的な自己利益が根底にない場合でも同様の結果を生み出
す手法である[18]。また，コミュニティによる制裁をうしろ盾にしたコミュ
ニティ規範は，十分すぎるほど強力なコンプライアンス促進手段だ。ただ
し，これらの仕組みはいずれもトレードオフが伴ってくる。規則の制定プ
ロセスにおいて行われる選択は，必然的にコンプライアンス構造に関わっ
てくるのである。

　ブロックチェーンネットワークは，分散型台帳に対してコンセンサスを
執行するだけではない。ブロックチェーンネットワークには，さまざまな
公式・非公式のガバナンスメカニズムが組み込まれているのである。同じ
内容の紛争がビットコイン，イーサリアム，Ripple（リップル），R3 Corda
（コルダ）で発生した場合，その結果はそれぞれ違ったものになるだろう。
さまざまなガバナンスモデルを実験できることは，ブロックチェーンネッ
トワーク乱立のメリットの一つでもあるのだ。分権型の規則執行と分権型
のガバナンスは同じではないという点ではレードンヴィルタは正しいが，
分権型の規則執行はガバナンスのイノベーションを促進する可能性がある
のである。

ガバナー（統治者）に対するガバナンス

　新制度派経済学者のアブナー・グライフは，10世紀のイスラム世界で活

動したマグリブ商人（ユダヤ人商人）たちが法律によるあと押しや近代的な通信手段なしに効果的な評価システムを構築した方法を論文で説明している[19]。これは，P2P型信頼の好例だ。マグリブ商人を騙した取引相手は，地中海西部全域の商取引から締め出されたのである。彼らは，掟によって相手のすきにつけ込むような行動を抑制していたため，取引相手を信頼することができたのだ。彼らが構築したガバナンス構造は，オリバー・ウィリアムソンが「取引の完全性をもたらす制度的枠組み」と称する極めて効果的なものだったのである[20]。

　グライフは，ガバナンスをより広い視点で捉えることによって，豊かで安定した国と貧しくて政治秩序を欠いた国が存在する理由を探求した。そして彼は，不可欠な制度的機能として，「契約の遂行」と「統制の強制」の二つを挙げている。グライフいわく，前者は「個人が契約上の義務遵守を確約できる取引の範囲」を定義しているため，学者たちは前者を重視してきたとのことだ[21]。一方，信頼できる執行機関は，トマス・ホッブズの論理に従って，統制がもつ潜在的な力を拠りどころとしている。しかし，その執行機関自体も市場にとっては脅威となる。たとえば，国家の代理人が個人的な利益のために取引をいつでも無効化できるとしたら，誰も民間取引を信頼できなくなるだろう。故に，グライフが説明したように，市場における信頼の発展には，権限の分離や国家権力のチェックなどの仕組みも重要となるのである。大規模な信頼には制度が必要であり，制度にはガバナンスが必要なのだ。

　許可型台帳の主要な特徴の一つに，従来の信頼された仲介者とは異なる方法でネットワーク参加者の権限を制限するガバナンス規則を備えているというものがある。Hyperledgerのエグゼクティブディレクターであるブライアン・ベーレンドルフは，「中心にメッセージ中継機（本質的には神）として振る舞うプレーヤーを用意し，サッカーのレフェリーのような役割

を与えれば，取引をより有利に進めることができるだろう」と述べている[22]。レフェリーは強力な権限をもっているが，その権限は一定の範囲内に制限されており，明確に定義された規則に従って権限は行使されるのである。

　逆に，第3章で説明したThe DAOの大失敗は，執行機関が統制を強制することなく発展するとどうなるかを示す好例だ。この事件では，ブロックチェーンが不正な取引を必ずしも識別できないことが明らかになったのだ。たとえ意図的ではないにせよ，窃盗を許すシステムは正当な契約を保証しないシステムと同義である。さらに，窃盗への対応にも問題があった[23]。ハードフォークを実行してロールバックするという決定をイーサリアム財団が下し，過半数のマイニングノードがそれに賛同した。しかし，ハードフォークに関する議論中には非公式な投票が多数行われたものの，イーサリアム財団には民主的な意思決定プロセスが存在しなかったのだ。Slock.itのCEO（イーサリアムプロジェクトの元チーフテスター）とCOO（同プロジェクトの元CCO）は，資金の流出に対して適切な措置がとられたかどうかについて疑問を呈している。イーサリアム財団の意思決定プロセスは不完全で無秩序だったのだ。

　ヴィタリック・ブテリンは自戒の念を込めて，「2015年まで，〈ブロックチェーンにガバナンスは不要〉と浅はかに考えていた」と述べている[24]。この率直な見解がどこまで浸透するかは現時点では未知数だ。ただし，少なくともThe DAO事件やその後のハードフォークに関与した人々にとっては，ガバナンスが重要であることに疑問の余地はないだろう。ハードフォークによって，イーサリアムチェーンは二つに分岐した。そして，二つのチェーンはあらゆる点において同一だったものの，一つだけ例外があった。イーサリアム・クラシックは（ETC）は，不可逆的な実行済みのスマートコントラクトを取り消すことは一切許容できないというガバナンス

規則を採用したのである。一方，メインのイーサリアムチェーンは，その
ような抜本的な手順が今後も必要になる可能性があるという立場をとって
いる。

　法律が信頼の発展を促すことができるのは，それが単なる規則の集合体
ではなく制度だからである。法制度は，変化する状況や，起草時には想定
されていなかったエッジケースにも適応することができる。そして法律は，
さまざまな正当性の根拠を備えたプロセス（判決，立法，行政措置など）を
通じて施行される。その柔軟性やプロセスは，法律の不完全性の原因とな
っており，非効率性につながることも少なくない。しかし，これまで見て
きたように，規則をスマートコントラクトのコードに置き換えて人間によ
る執行メカニズムを排除すると，また別の問題が発生するのである。

　ブロックチェーンのアルゴリズム的なアーキテクチャは，信頼の促進に
おける人間の役割を排除するものではない。たとえば，主要なブロックチ
ェーンプラットフォームを支えるプルーフ・オブ・ワークシステムは，取
引の検証を経済的インセンティブ目当てのマイナーたちに依存しているシ
ステムだ。また，ブロックチェーンのハードウェアやソフトウェアに対す
る投資や，従来の通貨の代わりに暗号通貨を受け入れるかどうかの決定も，
マシンではなく人間が行っているものである。さらに，自動化された，リ
ーダーの存在しない，ソフトウェアをベースにした組織の典型例だった
The DAO ですら，特定のアクションを承認する管理者や，請負業者とい
う形で明確な人間の役割が存在したのである[25]。そして，これには大きな
意味がある。人間の組織は，ソフトウェアコードよりも法的執行の対象に
しやすいからだ。たとえば政府は，アルゴリズムを直接規制するのは難し
いが，アルゴリズムの設計や実装を行う個人や組織を規制することはでき
るのだ。

　ブロックチェーンの信頼アーキテクチャにおいて人間の関与を完全に排

除できない潜在的な理由としては，主観性の根絶が不可能であることが挙げられる。The DAO事件はその典型的な実例だ。攻撃者はバグを悪用して，大量の通貨をユーザーのアカウントから自分のアカウントへと流出させた。そしてそれには，正当な自動実行型のスマートコントラクトが使用された。そして，The DAOのサービス規約では，コードの機能は人間の言葉で書かれた規約よりも明示的に優先されていたのである。

> ここに記載した内容と0xbb9bc244d798123fde783fcc1c72d3bb8c189413にあるThe DAOのコードの機能に齟齬または矛盾がある場合，The DAO Creationの規約よりもThe DAOのコードが全面的に優先されるものとする[26]。

当然ながら，攻撃の被害者たちはこの結果を受け入れたくなかった。ネックになったのは，正当なクラウドファンディングと不正な窃盗を区別できる要素が「意図」だけだったことである。意図は，スマートコントラクトが評価することができないものだからだ。一方，これは法廷では日常的に行われていることである。法廷では，証拠が整理され，当事者が表明した意図を裁判官や陪審員が評価しているのだ。

しかし，このような人間ベースのガバナンスや紛争解決メカニズムがない場合，ブロックチェーンのスマートコントラクトは当事者の意に反する形で実行される可能性がある。分散型台帳の汎用性の高さを考えると，これは非常に憂慮すべき問題だ。The DAO事件のような金銭的な損失以外にも，さまざまなトラブルが発生する可能性があるだろう。ブロックチェーンレジストリは，さまざまな物理的資産やシステムも管理しているからだ。スマートコントラクトが意図した通りに動作しないという事象が頻発した場合，ブロックチェーンに対する信頼が損なわれるだけでなく，かつ

て予想された (ただし, ほとんど顕在化しなかった) 2000 年問題のような損害が発生する可能性もあるのである。

グライフが研究した歴史的な事象と同様に, 分散型台帳システムの成否も結局のところは効果的なガバナンス次第である。ベーレンドルフは,「自分たちに対する規制の必要性のなかから自分自身を排除できると考えるのは浅はかだ」と述べている[27]。ブロックチェーンネットワークは, コンセンサス規則だけでは基本的なトランザクションの検証のレベルを超えた紛争を解決することができないのだ。

社会契約

ブロックチェーンネットワークにガバナンスが必要だとすると, 次に生じる疑問はそのガバナンスシステムをどのように構築していけばいいのかということだ。その答えは場合によっては簡単だ。たとえ信頼モデルが分散型台帳をベースにしていても, その関連組織は従来の組織構造を使用できるのだ。たとえば, Silk Road や Mt.Gox, AlphaBay などは中央集権型のシステムであり, 誰かが鍵を管理していたのである。そして, その鍵が盗まれたり運用者が逮捕されたりすると停止に追い込まれた。つまり, これらのシステムは取引手段として暗号通貨を使用していたものの, それ自体は分権化していなかったのである。

2017 年の WannaCry ランサムウェア攻撃も同様だ。このマルウェアは, ユーザーのハードドライブを勝手に暗号化し, 復号化の対価としてビットコインでの支払いを要求したものだ。ここでの暗号通貨は, 強盗が使用する銃と同様の単なる道具にすぎなかった。このサイバー攻撃の本質は, ユーザーを騙して有害なソフトウェアをインストールさせることだったのだ。そしてそこには, 法的責任を求めることができる明確なポイントが存

在するのである。

　同じことが，ガバナンスにも当てはまる。たとえば，世界屈指の規模を誇る暗号通貨取引所のCoinbaseは，拠点としているアメリカの州法や連邦法の下で送金業者として規制されている。Coinbaseは，ビットコインやイーサリアムといった暗号通貨の分散型ネットワークから収益を上げているものの，それ自体は分散型ネットワークではなく，経営陣や株主がいる組織である。そのため，従来の証券会社と同じガバナンスプロセスの対象となっているのである。

　しかし，ブロックチェーンネットワークやDAppはそうではない。ほかの関係者よりも影響力をもった関係者はいるかもしれないが，マスターキーをもった関係者は存在しないのだ。そして，その構成レベルもさまざまだ。たとえば，ビットコインコアの開発者グループは，グループ内ですらコンセンサスの獲得に手を焼いている，不明瞭で変化の激しいグループだ。一方，大半のブロックチェーンネットワークやDAppには，イーサリアム財団のような明確な中央組織が存在する。ただし，これらの組織はコミュニティの決定事項に従っており，トップダウン形式で規則を課すことはできない。しかし，だとしたら，決定事項の正当性の根拠はどこにあるのだろうか？

　ナカモト・コンセンサスやチューリングにおける完全なスマートコントラクトの技術コミュニティでも，この本質的な疑問は広く認識されている。この疑問は，トマス・ホッブズやジョン・ロックといった啓蒙主義者の時代から存在するものだ。彼らは，「政府はどこから来るのか？」という基本的な疑問に焦点を当てていた。啓蒙時代より前の価値観では，権力を生み出せるのは神のみであり，王権は神から付与されたものだった。それ以外の解釈は，まるで信頼が存在しない場所に信頼やガバナンスを構築するかのような，堂々巡りのように思われていたのである。しかし，ロックとホ

ッブズは，人民からの同意，すなわち彼らが「社会契約」と呼んだものによって，無から政府を生み出すことが可能であると主張したのだ。この思想は，アメリカ独立運動の指導者たちも心に抱いていたものである。

それから数百年後，ビットコインが同様の（信頼とガバナンスの）自己創造を実現した。この哲学的概念は，ブロックチェーンネットワークがガバナンスの危機に直面した際にも有用だ。たとえば，イーサリアムのヴラド・ザンフィルは，The DAO 事件後のハードフォークを提言した際に次のようにロックの言葉を使用している。「イーサリアムコミュニティには，イーサリアムのプロトコルやプラットフォームに対してどの変更を採用すべきかをコミュニティが検討する際の助けになる，進化し続ける黙示的な社会契約が存在する[28]」。そして彼は，「ゲーム論的利得を求める者にプラットフォームを委ねること」が非常に危険であると警告したのである。

これは，アメリカ憲法の起草者たちにとっての最大の懸念事項でもあった[29]。彼らは，民主的な体制を構築したいと考える一方で，有権者を操って権力を得る可能性がある利己的な派閥や政治家に過剰な権限を与える結果になることを懸念していたのだ。そこで起草者たちは，過半数主義に対する抑止力として，抑制と均衡，二院制の立法府，三権分立といった仕組みを制度化したのである。これらの仕組みは，ガバナンスのブレーキとして機能する。これにより，効率が低下する可能性はあるものの，システムの暴走を防ぐことができるのだ。つまり，これらのガバナンス構造は，グライフが主張した統制強制の仕組みとして機能するのである。

パブリックブロックチェーンにおけるガバナンスは，開発者，検証者（マイナー），トークン保有者という，抑制と均衡の対象となる三つの主要な利益グループの観点から説明することができる[30]。場合によっては，ここにアプリケーションソフトウェア（ウォレットなど）の開発者や取引所が加わることもある。理想的なのは，ガバナンスプロセスがこれらのグループ

の利益バランスをとって，グループ間の紛争解決への道筋をもたらすことだ。ビットコインのスケーラビリティに関する議論やイーサリアムでThe DAO事件後に行われたハードフォークは，ブロックチェーンネットワークにおけるガバナンスの実例なのである。

実際のガバナンス

　経済学者いわく，お金には取引の媒体，価値の貯蔵所，会計の尺度という三つの性質があるという。問題は，最初の二つがときに競合することだ。たとえば，近所のカフェでエスプレッソを購入するのと退職に備えて貯蓄するのはどちらもお金の使い方だが，両者はまったく異なるものである。そして，取引に通貨を使用する人々は，その価値が安定していることを期待している。先週は1ドルだった1ビットコインが2ドルになった場合，ビットコインで支払うコーヒーの値段は2倍になってしまうのだ。経済全体がビットコインで動いているのであれば，それでも問題ないだろう。あらゆる価格の基準がドルではなくビットコインになるからだ。しかし，そのようなことは当分実現しそうにない。一方，投資口座にビットコインを保持している場合，ドル建てレートが2倍になると資産も倍増するのである。
　したがって，ビットコインを取引に使用したいユーザーと投資に使用したいユーザーの利害は一致しないことになる。両者ともにビットコインの成功を望んでいるにもかかわらず，何をもって成功とするかの基準が異なるのだ。ポール・ヴィニャとマイケル・ケイシーが著書『仮想通貨の時代』（2015年，邦訳：2017年，マイナビ出版）で説明しているように，この対立は長年の間議論されてきたものだ。「金属主義者」がお金を使用者の行動やコイン固有の価値から生まれる固有の価値をもつものとみなしている一方で，ゲオルク・フリードリヒ・クナップをはじめとする「表券主義者」は

227

お金を規則や社会関係の産物とみなしているのである[31]。では，暗号通貨はその使用目的によって価値が生まれているのだろうか？　それとも，価値があるから使用されているのだろうか？　信頼という集合的事象に焦点を当てている本書では，後者の見解を採用している。ただし，議論する意義は大いにあるだろう。

　初期のビットコイン愛好家の大半は，政府や社会的相互作用に依存しない通貨を欲していたため，信頼よりも取引を重視していた。しかし，これまでのところ，市場では基本的に，ビットコインは現金のような決済手段ではなく価値の貯蔵所として扱われている状態だ。2015年に，デジタルウォレット会社であるXapoの有名なビットコイン起業家兼CEOのベンセス・カサレスが，Xapoのコインの96％は購買用ではなく投資として保有されていると述べている[32]。2017年にビットコインの価格が急騰する前からこの状態だったのだ。そして，2017年の時点では，上位500社のオンライン小売業者のなかでビットコインを受け入れていたのは前年よりも少ないわずか3社のみだったのである[33]。そして，ビットコインで支払いを受けた企業は通常，価格変動を避けるためにドルなどの従来の通貨に即座に換金しているのが現状だ。ビットコインなどの暗号通貨が決済手段として存続するには，安全な台帳や制限されたマネーサプライよりも根本的な部分で信頼される必要があるのである[34]。

　ビットコインが登場した当初，ビットコインが使える場所はほとんどなかった。そして今でも，ビットコインで支払える場所では基本的に（違法な活動を除いて），従来のお金でより簡単に支払える状態だ。現在，ビットコイン保有者の大半は，ビットコインを取引手段ではなくそれ自体への投資として保有しているのである。そして，ビットコインの交換レートが上昇すると，マイナーに対する報酬の実質的な価値も増加する。それによって，より多くのマイナーが参入し，システムのセキュリティが向上する

のである。

　したがって，ビットコインの価値が増加すると，通貨の正当性が強化されることになる。ただし，これを見てビットコインの成否とドル建てレートが相関関係にあると考えるのは尚早だ。ビットコインは，株ではなく通貨なのだ。それ単体の価値ではなく，何か別のものを購入するための価値として見た場合，価格が変動することのデメリットがメリットを上回るのだ。2017年12月にオンラインゲーム販売サイトのSteamがビットコインによる支払いの受け入れを中止した理由も，投資活動に起因する高い手数料やボラティリティだったのである[35]。

　今でも，Overstock.com，Dish Network，マイクロソフトのXboxゲームサービス，Expediaなどのオンラインサイトや，多数の小規模小売業者では，ビットコインを支払い手段として利用することが可能だ。あるいは，投資としてビットコインを購入して保有することも可能である（ビットコイン愛好家の間では「HODL」という言葉が「保有する」の意味で使われているが，これはとある掲示板への投稿にあった「hold」のスペルミスが定着したものだ）。しかし，サトシ・ナカモトがビットコインに込めた，どこでも使える低コストで高速のグローバル取引通貨という夢は未だに実現していない。そして，その実現は近年の取引速度の低下と手数料の増加によってさらに遠ざかりつつある状態だ。

　これは，ビットコインのガバナンスに関する論争でよく取り上げられる問題だ。サトシの当初のアイデアでは，検証ノードがインセンティブを獲得する手段は当分の間，マイナーがブロックのマイニングに成功した際に獲得できる自動報酬のみだった。そして，ブロック報酬が減少するにつれて，取引希望者が自発的に追加する取引手数料が徐々に増加していくことが想定されていたのだ。しかし実際には，取引手数料は想定よりも速い速度で増加した。トラフィック量の増加がビットコインネットワークを圧迫

したため，スムーズな取引処理を望む人々は自分の取引の優先順位を上げるために手数料を上乗せすることを余儀なくされたのだ。その結果，2017年にはビットコインの取引手数料は一回あたり数ドル，場合によってはそれ以上に膨れ上がり，小額の「マイクロペイメント」は非現実的になってしまった[36]。そして，ビットコインの取引速度低下により，さまざまなアプリケーションの遅延が増加したのである。

　ネックとなったのは，ネットワークの規模を拡張する方法だった。ビットコインのコードを管理するコア開発者グループは，何をすべきかについて数年間にわたって議論を行った。ある派閥は，ブロックサイズを拡大して一個のブロックに含まれる取引の件数（＝一度に検証される取引の件数）を増やすことを希望した。しかし，それによってネットワークが不安定になるのではないかと心配する者もいた。迅速な改善を望む者もいれば，時間をかけてゆっくり変えることを望む者もいたのである。そして，ブロックサイズの拡大に反対した派閥は，ブロックの処理を効率化する「セグウィット」という技術的アップグレードを行う方向で団結した。セグウィットによって，取引をブロックチェーン外で一連のグループとして検証できる「ライトニング」という機能も実現可能になる。しかし，議論の決着に向けてさまざまな試みが行われたものの，どの案も十分な支持を得ることはできなかったのだ。

　開発者同士の技術的な争いは決して珍しいことではない。たとえば，IETF も長年にわたって多くの論争が繰り広げられてきたことで知られている。しかしそれでも，ビットコインコミュニティは IETF の「ラフコンセンサス」のレベルに到達していない。その主な原因として，ビットコインコミュニティの場合，発言力をもっているのが開発者だけではないことが挙げられる。ソフトウェアを作成しているのは開発者だが，それを実行しているのはマイナーやフルノード運用者なのだ。暗号通貨には通常，特定

のバージョンのソフトウェアの使用をマイナーに強制する手段は存在しない[37]。そして，検証ネットワークの過半数のコンピューティングパワーが最長のチェーンとみなしたチェーンが正当なチェーンとみなされる。そのため，十分な数のマイナーが別のソフトウェアを選択した場合，ブロックチェーンがフォークして徐々に二つに分岐していくことになるのである。

　フォークは，ある点においては，ブロックチェーンネットワークの有益な機能といえる。たとえあるグループが（マイニングの「ハッシュパワー」という形で）投票権の過半数を獲得していても，少数派はそのグループの決定を強制的に受け入れることをフォークによって回避できるのだ。その場合，両者はそれぞれ独自の方向に進み，ユーザーはどちらのブロックチェーンを評価して信頼するかを決定することになる。ソースコードのフォークは，オープンソースの世界では広く受け入れられている手法である。既存のプロジェクトから離脱したグループは，自身のビジョンの受け入れを誰にも強制することなく，特定の方向にソフトウェアプロジェクトを進めることができるのだ。たとえば，匿名型暗号通貨のMonero（モネロ）は，開発者の懸念に起因するフォークで生まれた暗号通貨である。そして，Moneroは今や，フォーク元のブロックチェーンであるBytecoin（バイトコイン）よりも広く受け入れられているのである。

　しかし，フォークは混乱を引き起こし，暗号経済的セキュリティのレベルを低下させ，信頼を弱める可能性も秘めている。プロトコルに対する変更のなかには，「ソフトフォーク」で対応できるものもあるだろう。この場合，チェーンは分岐するものの，二つのチェーンは互換性を保ったままとなる。片方のソフトウェアを実行しているノードはもう片方のソフトウェアの機能を利用できないが，どちらのチェーンにも同じ一連の取引が記録され続けるのだ。しかし，ブロックサイズの調整などの重大な変更を行う際には，「ハードフォーク」と呼ばれる完全な分岐が必要となる。

　マイナーのなかには，ブロックサイズの拡大を望んだ者もいた。より大きなブロックにはより多くのトランザクションが含まれるため，より多くの手数料を獲得できるからだ。しかし，ビットコインのコア開発者の意見は割れたものの，彼らは基本的にトランザクションの量よりもネットワークの健全な状態の維持を重視していた。政府に依存しない価値の貯蔵所としてのビットコインの安定性を最大限に高める解決策は，ビットコインを大規模な決済手段として使用しやすくする解決策と必ずしも同じではないのである。また，トークン保有者は，マイナーや開発者に並ぶ第三の利益グループだ。彼らもまた，実行するクライアントソフトウェアの選択によって，どのブロックチェーンが正当なブロックチェーンかを決定することができる。そして，多数の活動的なビットコイン保有者やウォレットプロバイダーも，賛否双方の側から規模拡張に関する議論に加わったのである。

　これまでのところ，ビットコインは決定的な破綻をなんとか回避できている。2017年半ばには，ニューヨーク合意と呼ばれる協定によってセグウィットの実装が許可された。また，それと同時期に，とあるグループがハードフォークを実行して，ブロックサイズを拡大させたビットコインキャッシュという派生通貨を作成した[38]。ビットコインキャッシュはそこまで広く受け入れられておらず，ビットコインよりもかなり安い価格で取引されている状態だが，とりあえずビットコインネットワークがハードフォークを経ても崩壊することなく存続できることの証明にはなっている。ただし，ニューヨーク協定に基づいて構想された，ハードフォークを実行してメインのビットコインチェーンのブロックサイズを拡大する計画は，十分な支持が得られなかったため中止となっている[39]。

　ビットコインの規模拡張の論争におけるポジティブな面は，ガバナンスの拡散によってビットコインの安定性が増すという点だ。重大な変更に対

する十分な支持を集めるのには時間がかかる。そのため，変更を提案したい者はコミュニティの支持を得るための下準備に追われることになる。その結果，ビットコインが特定のグループの基本方針に偏ることはなくなり，リスクのある新機能は導入前に十分な審査を受けることになるのだ。プロトコルレイヤの発展の遅さは，ライトニングペイメントチャンネルのような技術を通じて，イノベーションがアプリケーションレイヤの流れ込むためのドアを開いているのである。

　一方，ネガティブな面としては，ビットコインのガバナンスが崩壊し，必要な変更の実施が過度に困難になっていることが挙げられる。ある人にとっての安定性は，別の人にとっての厳格性なのだ。論争が長年にわたって続いた結果，2013年にハードフォークが誤って発生した際（第6章で紹介）のように，ビットコインコミュニティが危機に対して一致団結して迅速に対応する光景はもはや想像しがたい状態となっている。さらに，規模拡張の方法に関する対立によって，ビットコインにおける新規コードや新機能の実装はイーサリアムなどのほかのブロックチェーンプロジェクトと比べて遅くなっている。サトシの設計は素晴らしく，それ以降もビットコインに対しては数多くの優れた取り組みが行われてきたものの，ビットコインネットワークはテクノロジーや市場の変化に応じてさらなる進化が必要だろう。

　一方，イーサリアムには，イーサリアム財団を中心としたより緊密な開発コミュニティが存在する。しかし，このコミュニティもまた，ガバナンスの真価が問われた際には苦悩した。The DAO事件が発生した際，コミュニティはとるべき対応について数週間にわたって議論を行った。しかし，最終的に採用されたハードフォークには反対者が続出し，旧イーサリアムをETCとして残す方向で団結したのである。そして，同様の壊滅的なイーサの流出が今後発生した際にも同じようにハードフォークを行うかどうか

233

は未決定のままとなっている。

　ハードフォークの際，イーサリアムのヴラド・ザンフィルは，「ハード
フォークを管理するソーシャルガバナンスプロセスや規則，原則が制度化
されないことが重要だ[40]」と発言し，ネットワークの社会契約を実行するた
めの正式なメカニズムを拒絶した。しかし，それから1年後，彼は態度を
一変させている。彼は次のように，経済的インセンティブ以外の何かに基
づいたガバナンスの必要性を主張したのである。「（形成されつつある）ガ
バナンス機関やその正式な規則，そしてその周囲にある黙示的な規則や一
時的な規範，文化と連携する必要がある[41]」。インターネットのガバナンス
がIETFの緊密な技術コミュニティからビジネスや国家機関などのより広
い世界へと移動したのと同様に，イーサリアムネットワークを確立させた
信頼はネットワークを大規模にサポートするには不十分だったのだ。

　おそらく偶然だが，The DAO事件によって，イーサリアムプラットフ
ォームのガバナンスプロセスに対する信頼性は強化された。確かに，ハー
ドフォーク直後はイーサへの信頼が揺らぎ，価格は暴落した。しかし，最初
はゆっくりだったものの，やがて急速にリバウンドしたのである。ハード
フォーク直後には10ドルだったイーサの価格は，一年後のQuadrigaCX
（クアドリガCX）事件の頃には300ドル近くまで上昇していたのだ。実
際，イーサに対する信頼の根拠をトレーダーに尋ねてみると，その大半が
ハードフォークの成功をイーサリアムが重大な問題を解決できる証拠とし
て挙げている[42]。イーサリアムコミュニティは現実の脅威に直面し，見事
に対応したのだ。コミュニティにはリーダーがおり，彼らがコミュニティ
を導くための基礎的なプロセスが存在したのである。

　イーサリアムのThe DAO事件からの復活劇を見れば，ガバナンスがい
かに重要かわかるだろう。しかし，そのプロセスは完璧にはほど遠いもの
だった。すでに地位を確立しているブロックチェーンネットワークです

ら，柔軟性と厳格さの適切なバランスを見出すために試行錯誤を続けているのだ。そしてその成否は，どのプラットフォームが成功するかを判断する際の助けになるだろう。

第8章　法律としてのブロックチェーン／法律とブロックチェーン

ヴラド問題

　イーサリアムのコア開発者であるヴラド・ザンフィルは，ブロックチェーン関連プロジェクトに関する大規模な法的論争が起こった際の状況を調査して次のようにツイートした。「多くの政府に採用されている政策目標とブロックチェーンテクノロジーの〈真の成功〉との間には直接的な対立があるように思われる[1]」。これについてイーサリアムプロジェクトのリーダーであるヴィタリック・ブテリンから詳しい説明を求められた彼は，政策目標の具体例として，制裁，アンチ・マネーロンダリング（AML），テロ資金調達の規制，脱税の阻止，資本規制，著作権，そしてある種の情報公開に対する規則を挙げている。これらは公共政策における周辺的要素ではなく，大半の政府が譲れないと考えているものである。

　ザンフィルの発言はまさに，「ブロックチェーンは法律と両立できるのか？」という本質的な疑問を言語化したものだ。ブロックチェーンテクノロジーの〈真の成功〉が，コンセンサスプロセスによって形成された規則だ

けが唯一の規則であるという状態を指す場合，法律との両立は難しいように思われる。また，耐検閲性はパブリックブロックチェーンネットワークの大きな特徴だが，ある人にとっての検閲は別の人にとっての法の支配かもしれない。さらに，スマートコントラクトには，窃盗犯と正当なユーザーを区別できないのと同様に，合法的な取引と違法な取引を自力で区別することもできない。政府が定めた法律の施行において，ブロックチェーンの分権化は角を矯めて牛を殺すようなものなのだ。

　ブロックチェーンは，Silk Road のドラッグ販売サイトのように実際に違法行為に使用されたかどうかに関係なく，違法行為の阻止を不可能にするだろう。これを「ヴラド問題」と呼ぶことにする。なかには，国の法執行機関から解放されることを素晴らしいと感じる者もいるかもしれない。しかしザンフィルは，それに対して懸念を示している。法の支配は，機能的な社会にとって不可欠だ。たとえ人々が政府の権力に対して非常に懐疑的であったとしても，ブロックチェーンが無法テクノロジーという形で「真の成功」を達成することはないだろう。

　さいわい，この問題は解決することが可能だ。ブロックチェーンは一種の法律として機能するが，それはブロックチェーンがほかの様式の規制よりも優れている，あるいは優れているべきということではない。ブロックチェーンのソフトウェアコードを法律として認識することは，あくまでも探求の始まりであって終わりではないのである。

　北朝鮮で活動している人権活動家が違法な民主主義派のマニフェストを公表するためにブロックチェーンテクノロジーを活用した場合，多くの人々が喝采するだろう。しかし，そのようなよいことだけとは限らない。真に分権化したネットワークには，既知のテロリストへの送金，人身売買の取引，盗まれたとわかっている資金の移動などを制限する手段は存在しないのだ。すべてが極限的に自由な状態は，無政府状態，すなわちトマス・

ホッブズが「万人の万人に対する闘争」と呼んだものと同義である。真に分散化したネットワークでも，少なくとも正当なポリシーの決定には参加者の多数決が必要だろう。しかし，そのような純粋に民主的な仕組みでさえ，たとえそれが実現可能であるとしても，大きな制約のある新たなガバナンステクノロジーが必要となるのである。

　法律や倫理観は，環境によって大きく異なるものだ。そのなかで，個人はどのような行動が許容できるかを決定することができる。宗教団体や国民国家など，正当な権力を行使する個人のコミュニティも同様だ。しかし，世界はそうではない。そして，その根底にある問題は技術的なものではない。たとえば，完璧なリアルタイムのグローバル投票システムをつくったとしても，中絶に対する適切な扱いやオンラインプライバシーの理想的な解決策を決定することはできないだろう。なかには，人々がまったく合意できない問題もあるはずだ。人々が不愉快な解決策を受け入れられるのは，信頼できる機関に最終的な権限を譲ることをいとわない場合のみなのである。そして，ブロックチェーンの分権化では，この問題を解消することはできないのだ。

　ジョン・ロールズなどの政治哲学者や，トム・ドナルドソンやトム・ダンフィーなどの企業倫理学者は，多様な価値観が入り乱れる世界においていかにして安定した規則を確立するかという問題に取り組んできた[2]。たとえば，本国では賄賂は違法もしくは非倫理的だが事業を展開している国では賄賂が期待されている場合，多国籍企業はどうすればよいのだろうか？　また，市民はたとえ固有の政策決定には同意できなくても民主的に選出された立法府と適切に任命された裁判官の決定には従うというのが共和制の基本的な考え方だが，全員が同じ国の市民ではない場合，その論理的根拠は意味を成さなくなる。哲学者たちはこのような問題に対してさまざまなアプローチを提供してきたものの，それらはいずれもコード化する

のが難しいものだった。

　予測市場プラットフォームのAugurは、ヴラド問題の例証となっている。予測市場では、参加者は予測を株のように売買することによって予測に賭けることができる[3]。賭けた予測が間違っていた場合、賭け金が没収されて正しい予測をした者へと分配される仕組みだ[4]。参加者が資金を投入し、価格シグナルを通じてほかの人の予測と合算しているため、予測市場は非常に正確なオッズを生成できることが少なくない。これは、「集団的知性」の実例としてよく引き合いに出されているものだ[5]。グーグルなどの企業は、予測デバイスとして内部的に予測市場を使用しているのである[6]。

　予測市場とブロックチェーンは、非常に相性がよさそうに思われる。予測市場は、買い手と売り手を結びつけ、価値を流通させ、予測を追跡するための記録を共有しているからだ。しかし、一つだけ問題がある。本物のお金を賭ける未規制の予測市場は、アメリカでは基本的に違法なのだ。選挙結果を予測するアイオワ電子市場などの例外はあるものの、賭け金は500ドルに制限されている。予測市場は違法賭博やデリバティブ取引の一種とみなされているため、商品先物取引委員会（CFTC）から承認を受ける必要があるのである。たとえば、アイルランドを拠点としていたIntradeは、最大規模の商用予測市場だったものの、2012年にCFTCに告訴されたためアメリカの顧客に対するサービスの停止を余儀なくされた。その後、「財務上の不正行為」が発覚したため、Intradeは2013年に完全に閉鎖されている[7]。さらに、予測市場には、違法行為を助長する可能性のある予測が行われるのではないかという懸念もある[8]。にもかかわらず、AugurはICOによって500万ドルを調達し、予測市場を作成するための分権型プラットフォームをイーサリアム上で開発しているのである[9]。

　ドン・タプスコットとアレックス・タプスコットは、ベストセラーとなった著書『ブロックチェーン・レボリューション』（2016年、邦訳：2016

年ダイヤモンド社）において，Augurのポテンシャルを絶賛している。二人は，Intradeなどの中央集権型の予測市場が閉鎖された件について述べたうえで，「暗殺市場とテロの未来」に関する懸念に言及した。そして彼らは次のように，ブロックチェーンをベースにした予測市場ではこのような問題は起きないと盛んに強調したのである。「Augurは，犯罪に対するゼロ・トレランス・ポリシーを導入することによって，非倫理的な契約に関する問題を解決している[10]」。しかしこれは，「予測市場の契約当事者や開発者，あるいは当事者以外の参加者に適用される法律によって認められない場合，何を犯罪とみなすのか？」という問題を完全に無視している。何を非倫理的とみなすかを決定するのはさらに困難だろう。

　そもそも，ここでいうゼロ・トレランスとはどういう意味だろうか？Augurの開発者は，予測市場に投稿できる質問を制限していない。つまり，フェイスブックやRedditの場合はユーザーによる違法，不快，あるいは嫌がらせの投稿を管理者が削除できるが，Augurのような分権型プラットフォームの場合はそうではないのである。Augurの予測は，人間の介入なしに処理されるスマートコントラクトだ。たとえば誰かが暗殺の契約を掲載した場合，誰がそれを止めるのだろうか？　ザンフィルが指摘したように，Augurのような革新的な領域と正当な公共政策の間には内在的な衝突があるようだ。

　解決策の一つとして考えられるのは，分散型アプリケーションが単純に法制度を無視することだ。暗号通貨をベースにした分権型オンライン市場であるOpenBazaarの開発者は，次のように述べている。

　　従来の裁判所や法律に対するユーザーの説明責任を認めるのは，パンドラの箱を開けるようなものだ。政府が「取引における不正行為」とそうでないものに関する独自の法律をつくることによって干渉できる

ようになり，検閲の余地を残すことになるからだ[11]。

　議論の余地はあるものの，耐検閲性はブロックチェーンベースのシステムにとって不可欠な要素である。問題は，法的な責任がないということはすなわち，何も責任がないことを意味するという点だ。「何でもあり」の状態はネットワークが拡張するとすぐに破綻し，複雑な規則構造が必要になるのである。これは，eBayやウィキペディア，Redditなどのインターネットベースのコミュニティから得られた教訓だ[12]。そしてこれは，The DAO事件で得られた教訓でもある。また，Silk Roadの閉鎖措置を見ればわかるように，政府は過度の違法行為に対しては厳しく対処する。Silk Roadに取って代わって出現した，仮想通貨を利用した闇サイトであるAlphaBayとHansaもまた，2017年に法的執行によって閉鎖されたのである[13]。

　違法行為というものは，いくら潰してもきりがないものである。NapsterなどのP2P（ピアツーピア）サービスがシャットダウンされてからビットコインが台頭するまでの間にも，オンラインファイル共有，マルウェア配布，薬物取引などを目的とした「ダークネット」コミュニティが数多くローンチされている。しかし，規制された合法的な市場に影響を及ぼすほどの規模にまで成長したケースはほとんどない。数少ない例の一つとして，ニュージーランドを拠点とする悪名高いキム・ドットコム（本名：キム・シュミッツ）が運営するファイル共有サービスのMegauploadが挙げられるが，彼も結局は逮捕されて起訴されている。OpenBazaarなどの分権型システムの場合は法的措置が困難になるかもしれないが，それでも阻止することはできないだろう。

　もちろん，違法行為を行わない健全な小規模コミュニティも多数存在する。そこでは，「買い主に用心させよ」が十分に機能している状態だ。しか

し，同じ状態を大規模なグローバル市場で再現しようとしてもうまくいかないだろう。技術的な限界ではなく，人間の限界があるから法律が必要になるのである。人間は，群衆の匿名性に守られると行動が変わるのだ。インターネット関連のエッセイストのクレイ・シャーキーが書いたように，「集団にとっての最大の敵は集団自身」なのである[14]。

　さいわい，政府が課す規制と制約のないブロックチェーンの衝突はそれほど深刻なものにはならないだろう。法律や国家権力からの完全な自由をもたらす可能性を秘めたネットワークテクノロジーは，ブロックチェーンが初めてではない。また，自由とモラルや社会秩序の対立について考慮するのも，ブロックチェーン支持者が初めてではない。彼らは歴史から学ぶことができるだろう。あるいは，ブロックチェーンの分権型テクノロジーを活用して，新たな形態の説明責任を生み出すこともできるはずだ。たとえばAugurは，違法あるいは非倫理的な予測契約に対処すべく，革新的なコンピューター陪審員の仕組みを開発している。これについては，第10章で詳しく説明する。

　ブロックチェーンと法律の関係は，確かに不安定な状態だ。Silk Roadのようなシステムが違法行為を過度に促進することもあれば，政府が価値のある技術の取り締まりを強化しすぎることもあるだろう。しかしそれでも，マシンによる台帳と人間による法律の道が分かれている必要はないのである。

暗号技術式規制（Cryptoregulate）とは

　著名なサイバー法学者のローレンス・レッシグの格言「コードは法である」は，ブロックチェーンなどの技術的アプローチが法的執行よりも優れている根拠としてよく引き合いに出されている。しかし，その解釈はレッ

シグの意図とは根本的に異なるものだ。彼は「コードは法律を崩壊させる」や「コードは法律よりも優れている」などとは言っていない。彼が言いたかったのは、ソフトウェアコードと制定法はどちらも人間の行動を管理できるメカニズムであるということだったのだ。コードはあくまでも法律の一形態であり、必ずしも最適なものではないのである。

　レッシグの独創的な著書『CODE—インターネットの合法・違法・プライバシー』(1999年、邦訳：2001年翔泳社)[16]で詳述されている彼の新シカゴ学派の理論[15]によると、人間の行動の制約には通常、法律、社会規範、市場、アーキテクチャという四つの規制力が使用されているとのことだ。最後のアーキテクチャは、技術的な環境ではソフトウェアコードによって定義されている。レッシグの書籍や、私自身のものも含めた[17]初期のインターネット学における主要な見解では、テクノロジーは独自の規制様式として研究されるべきと考えられていた。ソフトウェアは規制に取って代わるものではなく、ほかのメカニズムと共存する別種の規制なのである。

　研究者たちはインターネットベースのシステムの技術アーキテクチャに対する詳しい調査を行ってきた。ファイル共有、ネットワーク中立性、仲介者の責任、デジタルプライバシーなどに対する公共政策のさまざまな取り組みはすべて、ある意味ではアーキテクチャに対する戦いでもあったのだ。そしてそれは、新旧多数の競合他社が衰退するなかでアップルやグーグル、フェイスブック、アマゾン、マイクロソフトなどを世界有数の大企業へと押し上げた、数多くの事業変遷においても同様だったのである。

　ブロックチェーンは、ソフトウェアをベースにした新たな形態のアーキテクチャである。レッシグが執筆した当時、インターネットを技術的な観点だけで見るのが誤りだったのと同様に、ブロックチェーンを一つの視点だけから見るのも誤りだ。ただし、ブロックチェーンベースのシステムには、レッシグのコードカテゴリーでは捉えきれない属性が存在する。それ

	規制	動機
形式言語	暗号技術	自己利益
人間の言語	法律	信頼

表8.1　ブロックチェーンにおける規制の構成要素

を修正してより正確にしたものが表8.1だ。

　まず，ブロックチェーンネットワークにおけるアーキテクチャ的な要素は暗号技術だ。分散型台帳システムの内容の確実さは，暗号化されたデータに対する逆変換の数学的な困難性に基づいている。次に，市場の代わりになっているものは自己利益，あるいは経済学者が「インセンティブ」と呼んでいるものだ。暗号通貨のマイニングにコンピューティングパワーを投入するかどうかや，フォーク後にどちらのチェーンを選択するかなど，そこで成される決定の大半に市場取引は関与していないのである。また，「自己利益」という用語は，ナカモト・コンセンサスの素晴らしい側面，すなわちマイナーたちの純粋な金銭欲が共有台帳の公共の利益に寄与しているという側面を的確に捉えたものとなっている。

　そして，規範に相当するものは信頼だ。信頼は一種の社会規範と考えることも可能だが，より正確にいうと規範を実現させる要素である。これらの三つのカテゴリーの組み合わせによって，ブロックチェーンコンセンサスの本質的な特徴が形成されているのである。なお，四つ目の「規制するもの」は法律のままだ。法律は政府関係者に由来するものなので，ブロックチェーンのソフトウェアやネットワーク，コミュニティにとっては外部的な規制要素となる。このブロックチェーン版「新シカゴ学派」カテゴリーは，数学的な形式言語と人間の言語のどちらで表現されているか，そして規制の体系と人間の動機のどちらを表しているかという二つの軸に沿っ

て構成されている。

　暗号技術によって，議論の余地のない正式な規制が形成される。秘密鍵は数学的に特定の公開鍵に紐づいているものの，公開鍵から秘密鍵を特定するのは非現実的なレベルのコンピューティングパワーを投入しない限り不可能だ。また，ハッシュ関数を使えば，たとえドキュメントそのものはハッシュ値から復元できなくても，特定のドキュメントを所持していることを証明することができる。このような仕組みをビットコインやHyperledger Fabricなどのソフトウェアシステムに組み込むことで，行動を効果的に制限できるようになるのである。

　経済学も数学をベースにしているが，こちらは人々が強制選択を行う方法に焦点を当てた学問だ。具体的にいうと，インセンティブに対してどのような反応が期待できるかについての理論を構築している。たとえば，理論上は札束の代わりに一握りの石炭を選択できたとしても，自己利益（および常識）がそれを思いとどまらせることになる。このシンプルな前提が，数多くの知識につながっているのである。経済学のなかでもここでの論点に特に関連しているのは，敵対的相互作用に対して自己利益分析を適用するゲーム理論である。

　ブロックチェーン型のシステムを表8.1の一行目だけで評価するのはごく自然なことであり，非常に魅力的でもある。暗号技術と自己利益を融合した暗号経済学は，サトシ・ナカモトの主要なイノベーションとして広く認識されている[18]。形式通りにつくられたシステムは，きちんとしていて正確だ。そのようなシステムは，人間社会において困難を引き起こしたり自由を制限したりしている曖昧さや濫用を排除できるように思われる。さらに，暗号によるアーキテクチャによって，経済学のゲーム理論が拘束力のある規制へと具現化されることになる。

　しかし，分散型台帳の人間側の要素を無視するのは間違いだ。人や組織，

社会を統制するシステムは，数学的な言葉だけでは説明しきれないのである。暗号経済学 (Cryptonomics) は，信頼と法律の両方に影響を及ぼし，両方から影響を受けている。法律はマシンではなく人間が読むための用語で記載されているが，行動の可能範囲を定義する規則構造でもある。そして，暗号技術は数学的な深い調和に基づいている一方で，法律は機関の権限やプロセスに基づいている。同様に，信頼は経済学用語で正確に説明できるものではなく，論理的な理屈を超えた思い切った賭けなのだ。その賭けがなければ，社会がここまで繁栄することはなかっただろう。人間は，誰もが個人の幸福を最大化しようとするのと同じように，どうにかしてお互いを信頼しようとするようにできているのだ。たとえ人間の指示がコンピューターによって自動実行される場合でも，そのコンピューターが目的を果たせるようにプログラミングするのは人間なのである。

　ブロックチェーンは規制を行う。したがって，ブロックチェーンを完全に理解するには，四つの要素すべてを考慮する必要があるのである。いずれかの要素を無視した場合，そのソリューションは意図と違った望ましくない結果を生み出すことになるだろう。特に，内部的なコンセンサスの力のみに焦点を当てて外部的な法律を排除しているソリューションは，迷走するリスクを冒していることになる。実際，一部のソリューションは既にそうなっているのである。

　ただしこれは，法律はこのまま変わる必要がないという意味ではない。法律のほうも順応していく必要があるのである。可能であれば，新たな技術モデルや暗号経済モデルの発展と連動して進化していくのが理想的だ。ブロックチェーンは，法制度と同様に，イノベーション，富の創造，経済発展，平等性，表現の自由，より信頼性の高い市場，より効率性の高い政府などを助長することができる。しかし同時に，過激な違法行為，厄介な論争，権力の濫用，権威主義的な管理などを誘発する可能性も秘めている。

法律や，法律の一形態として機能するブロックチェーンシステムは，これらの課題に対処するにあたって重要な役割を担っているのである。

　レッシグの分析から得られる重要な教訓の一つに，法律とコードは二者択一的なものではないというものがある。インターネットの黎明期における起業家や技術者のなかには，ソフトウェアベースのネットワークは国境を超えたコミュニティを形成できるため，技術的に施行された規則を支持して国の法律を無視できるようになると主張する者もいた[19]。しかしそれは，結局のところ不完全な評価だった。セルフガバナンスの成功例もいくらか存在するものの，規範や市場も関与しつつ，法律が主導権を握ったり両者が相互作用したりしているケースのほうが遥かに多かったのである。

　同じようなことが，ブロックチェーンテクノロジーでも起こるだろう。暗号技術や自己利益，信頼が法律に取って代わるケースもあるかもしれないが，法律と共存するケースのほうが遥かに多いはずだ。その共存は，相乗的な場合もあれば競合を引き起こす場合もあるだろう。政府とブロックチェーンコミュニティ双方にとっての課題は，ハイブリッドな環境において最高の成果を達成することである。

今回は違うのか？

　ブロックチェーンが法律を崩壊させるのではないかという議論は，決して耳新しいものではない。1990年代後半にも，インターネットは分権化によって規制を弱体化さるテクノロジーであるという論調が盛んだった。サイバー活動家のジョン・ペリー・バーロウは，1996年に発表した『*Declaration of the Independence of Cyberspace*（サイバースペース独立宣言）』において，政府は「我々が集まる場所に対する主権をもっておらず」，「我々が恐れる理由のあるいかなる執行手段ももっていない」と述べ

ている[20]。これは，従来の熱狂的なリバタリアンだけでなくイノベーションに注力する開発者や法律専門家も加わった運動の意図を表現したものである。学者たちは，領土主権の制約から解放されたオンラインコミュニティについて盛んに論じた[21]。さらに，サイバー活動家のなかには，法的な規制をまったく受けずにサーバーを運用できると信じて，イギリス海軍が公海上に放棄した海上プラットフォームを占有してシーランド公国としての領有権を主張した者すらいたのである。

　しかし，規制を受けない分権型サイバースペースというこれらのビジョンはすべて，無情で厳しい現実に直面することとなる。ジャック・ゴールドスミスとティム・ウーが著書『インターネットを支配する者』（2006年，未邦訳）で説明したように，世界中の政府はオンライン活動に対して自身の意向を強要することができたのだ[22]。シーランド公国のような先駆的なユートピアは，諸外国からの公認がほとんど，あるいはまったく得られず，最終的に内部抗争によって崩壊してしまった。また，中国は国内外のすべてのインターネットトラフィックを監視する「グレート・ファイアウォール」を構築した。さらに，位置情報テクノロジーにより，裁判所は管轄法域内の市民に影響を及ぼした活動に対して制裁を課せるようになった。そして，P2Pテクノロジーや，ギャンブルが合法な法域にあるオンラインギャンブルサービスを利用することによって法制度を回避する試みは，繰り返し阻止されてきた。インターネットはまさに，「新しくてすごいもの」だった。しかし法制度は，印刷機以降のあらゆるテクノロジーに対して行ってきたのと同様に，インターネットを受け入れて順応してしまったのである。

　これはつまり，インターネットの実体はどこにもないが，インターネットサービスを提供する人や会社，システムはどこかに実在するということだ。ビットフローを管理するインターネットサービス会社やホスティング

プロバイダー，あるいはマネーフローを管理する金融サービス会社など，規制当局がオンライン活動を制御できるポイントは無数に存在する。インターネットは規制された空間なのだ。もちろん，すべてが同じように規制されているわけでも，オンライン取引がオフラインのアナログ取引と同じように規制されているわけでもない。インターネット規制の現実的な問題に対する取り組みは，これまで20年にわたって世界的に行われてきたことであり，未だに終わりが見えない状態だ。ただし，一つだけ確かな点がある。それは，インターネット規制という言葉は矛盾しているわけではないということだ。

　ブロックチェーンは，サイバーリバタリアンの熱意を再燃させるきっかけとなった。ブロックチェーンと法律に関する議論の大枠は二つある。一つは「ブロックチェーンテクノロジーは司法や行政による監視の対象となり得るか？」，もう一つは「そもそも監視の対象となるべきか？」というものだ。大半のブロックチェーン開発者や支持者，特に初期からビットコインに関わっている者たちは，二番目の疑問に対する答えは明白であり，最初の疑問に対する答えもほぼ明白であると考えている。彼らは，暗号通貨は政府が価値をベースにした取引を監視することに対する解決策として作成されたものであると主張している。サトシ・ナカモトのイノベーションの目的は，規制に囚われないお金を生み出すことだったのだ。

　この観点で見ると，ブロックチェーンネットワークの分権型アーキテクチャは政府の介入に対するファイアウォールということになる。ブロックチェーンは，耐改ざん性だけでなく耐検閲性も備えている。インターネット上の活動を制御しているようにブロックチェーンに対して何かを命令できる上位権限は存在しないのだ。ブロックチェーンには，規制するポイントがないのである。そして，検証ノードを世界中に分散させることによって，どこの政府もネットワークの過半数に対する法的権限をもてないよう

にすることができる。つまり，政府の規制とブロックチェーンは正反対のものなのだ。

　この考え方には，分散型台帳の支持者たちも賛同している。法学者のアーロン・ライトとプリマベラ・デ・フィリッピは，ブロックチェーンの「レックス・クリプトグラフィア（暗号の法）」と，フォーダム大学の法学教授であるジョエル・ライデンバーグが1997年に発表した論文で説明したソフトウェアコードの「レックス・インフォーマティカ（情報の法）」の直接的な関連性を指摘している[23]。彼らは，「ブロックチェーンによって，市民が独自の法制度を作成しやすくなり，独自の技術的・法的な枠組み内で独自の規則を自由に施行できるようになる」と主張しているのだ[24]。そして，ビットコインが民間運営のグローバル通貨を生み出したのと同様に，自己実行型のスマートコントラクトや分権型自律組織（DAO）によって国家主権と無関係な民間運営の法制度を施行できるようになると主張しているのである。

　この考え方をさらに発展させた者もいる。たとえば，Bitnationを立ち上げたスザンヌ・ターコウスキー・テンペルホーフとジェームズ・フェネル・テンペルホーフは，「ブロックチェーンテクノロジーによって，ガバナンスを再発明できるだけでなく，国家を根本的に置き換えることも可能となり得る[25]」と述べている。2014年にローンチされたBitnationは，憲法や民主的ガバナンス，さまざまな市民サービスを備えた国境のない仮想的な国家を構築することを目的とした，イーサリアムブロックチェーン上で運用されているサービスだ。

　しかし，過去20年を振り返ると，政府や強力な民間機関は容易に排除できないことがわかるはずだ[26]。彼らはオンライン活動を規制したいと強く望み，その手段を見出したのだ。ブロックチェーン上の活動に対しても同じようなことが起こる可能性があるだろう。リスクが高すぎる場合，政府

は権限をさらに強化してくることも考えられる。国境をまたいだ，暗号で保護されているP2P形式のデジタル取引であっても，ネットワーク上のプロバイダーが識別されて該当地域の法的義務を負わされる可能性があるのである。そもそも，違法行為や極端な安全性が必要な活動を行うわけでもない限り，大半のユーザーにとっては既存の法制度が機能しているなかであえて独自の法制度を選択するメリットがあまりないだろう[27]。そして，The DAOの作成者が気づかされたように，法律に取って代わるのは見た目ほど簡単ではないのである。

　ライトとデ・フィリッピもこの事実を認めている。彼らは，ブロックチェーンはコードによってほかの規制様式よりも規制の範囲を拡大できる可能性があると述べている。それは確かにそうかもしれない。しかし，コミュニティや組織向けにカスタマイズされた，法律とは別種の規則集を分散型台帳によって構築できるからといって，実際にそれが行われるというわけではないだろう。過去20年間に起こってきたことを考えると，今回は違う結果になると主張するのは無理がある。注意すべきは，ナカモト・コンセンサスに基づいた分散型台帳は新しいものだが，スマートコントラクトとデジタル通貨はそうではないという点だ。ニック・サボは，1990年代前半の時点で既に，スマートコントラクトによる私法のメカニズムに言及していたのである。にもかかわらず，暗号に基づいた私法はほとんど導入されていないのだ。

　また，政府は自身の権限を強化するためにブロックチェーンテクノロジーを自ら導入することもできる。分散型台帳における取引の完全な可視性は，権威主義体制にとって魅力的なのだ。たとえば中国は，ライセンスをもたないビットコイン取引所を禁止するとともに，中央銀行発行通貨を許可型ブロックチェーンによってトークン化することを検討している。中央銀行がデジタル通貨を発行した場合，現金取引の匿名性が排除されること

になるだろう。また，個人情報やその関連データの追跡システムをトークン化した場合，たとえ個人に対する管理は分権化できたとしても，政府や主要な民間プラットフォームはそれらのデータに本質的にアクセスしやすくなるはずだ。このシナリオに言及しているテクノロジー評論家のアダム・グリーンフィールドは，「ブロックチェーンテクノロジーによって，非常に強力な権限をもった機関が長年にわたって望んできたことが実現可能になる」と述べている[28]。

　繰り返しになるが，ローレンス・レッシグが言いたかったのは，コードは市場や規範と並ぶ規制の一形態にすぎないということだ。故に，彼の著書のタイトルも『サイバースペースにおけるコードやその他の規則』（邦題：『CODE──インターネットの合法・違法・プライバシー』）となっているのである。そして，コードのほうが優れているかどうかは状況によって異なってくる。たとえば，デジタル著作権の管理ソフトウェアは，フェアユースやファーストセール・ドクトリンといった安全弁を無視するため，コンテンツの使用を著作権法よりも厳しく制限することができる[29]。コードや暗号による規制は，自由やイノベーションにとって必ずしもプラスとはならないのだ。

　したがって，レックス・クリプトグラフィアが実現するとしたら，まずやるべきことはその長所や短所を認識することだ。第4章で述べたように，ブロックチェーンは，信頼できない仲介者や当局への依存を解消したり，取引コストや複数の台帳の同期によるエラーを排除したりすると，従来の法律よりも信頼できるようになる。一方，第6章で述べたように，台帳インフラに障害が発生したり，スマートコントラクトの厳格さが予期せぬ結果をもたらしたり，豊かな信頼関係ではなく一部への依存を促進したり，あるいは永続的な権力の不均衡が大きすぎたりすると，信頼性が低下し，時には危険になることすらあるのである。

　これらの根底には，規制制度としてのブロックチェーンと法律の間に広がる深い溝がある。両者は，執行において根本的に異なるアプローチをとる。法制度は裁判所や行政機関といった法規制を執行するメカニズムを確立している一方で，ブロックチェーンシステムは自動的に執行される規制の設計に重点を置いているのだ。サトシ・ナカモトが説明したように，ビットコインでは，「法執行機関は不要。法執行機関が必要な事態が発生しないから。」なのである[30]。

事前の設計 vs 事後の紛争解決

　法律の代替としてのブロックチェーンコードは，スマートコントラクトによって実行される。これは一見，複雑な法的執行プロセスよりも優れているように思われる。当事者が契約条件に合意しさえすれば分権型ネットワークが合意事項を毎回完璧に実行できるのに，どうして遅くて不正確で偏見をもった，司法管轄的な制約のある裁判所に頼る必要があるのだろうか？　これは，ブロックチェーン支持者たちの一般的な見解だ[31]。しかし，この理論には，契約の実行と契約の履行を区別していないという欠点がある。契約で指定された手順を実行するだけなら簡単だ。実際，それは特段目新しいことではない。毎日，何十億ドルものデリバティブ取引が人間の介入なしに実行されているのである。コンピューターは契約条件に基づいてプログラムされており，特定の状況が発生した際に取引を実行しているのだ。

　ここでの疑問点は，自動化された取引を分散型台帳で実行するのと中央集権型プラットフォームで実行するのに根本的な違いがあるのかどうかという点だ。法学教授でありソフトウェアエンジニアでもあるハリー・サーデンによると，現在の「コンピューター化された契約」では，契約の実行は

自動化されているが履行は自動化されていないとのことだ[32]。関係者は履行前に契約を改訂でき，裁判所が事後にそれを取り消すこともできるのである。一方，スマートコントラクトは，台帳を管理している分権型ネットワークにすべての権限を譲渡することによって契約履行を自動化している。コード以外はすべて，単なる説明なのだ。あるいは，The DAOの利用規約を引用すると，「単に教育目的で提供されている」のである[33]。

　契約履行の自動化は，実行の自動化のように単純なものではない。法制度を契約プロセスから排除することには，間違いなく大きな潜在的メリットがあるのである。スマートコントラクトの「止められない契約」は，いい加減な裁判官，腐敗した地方公務員，貪欲な政府，欺瞞的な取引相手などに左右されることなく機能する。弁護士を履行プロセスから外すことによって効率性が向上し，実用的なDAOなどの，スマートコントラクトとしてエンコードされた事業が実現可能となるのである。

　しかし，1983年に公開された『ウォー・ゲーム』という映画を見たことがある人なら，この時点で不安を感じることだろう。この映画のなかで，アメリカ政府は核ミサイル発射の決定権を人工知能「ウォーパー」に委ねている。彼らは，間違いを犯しがちな政治家よりもウォーパーのほうがよい決定を下せると信じていたのだ。しかし案の定，物事は想定通りには進まない。マシュー・ブロデリック演じる少年ハッカーがシステムにアクセスし，大混乱を引き起こしてしまったのだ。彼は最終的に，核戦争をかろうじて阻止する（ついでにガールフレンドもゲットする）。彼はウォーパーを相手に三目並べをして，世のなかには必勝手段が存在しないゲームも存在することをウォーパーに教えたのだ。その結果，ウォーパーは信念を打ち砕かれて戦争を諦めたのである。『ウォー・ゲーム』は，単なるフィクションのコメディ映画だ（ただし，現実世界の法執行機関においてハッキングに対する関心が大幅に高まるきっかけとなった）。しかし，この映画

にはある重要な教訓が秘められている。それは，コンピューターはいくら計算が速くても，人間にできることができないこともあるということだ。そしてこれは，スマートコントラクトにも当てはまることである。

　たとえスマートコントラクトが契約を完璧に実行したとしても，その結果に不満を抱いた当事者はこれまでと同様に訴訟を起こすだろう。そして，不正もしくは法的に認識可能な権利侵害が発生したと確信した裁判官は，単に手をこまねいて分散型台帳に委ねるだけではないだろう。仮名もしくは匿名の相手を特定したり，他国の関係者に対して訴訟を起こしたりする際には，実行上の困難が伴うかもしれない。しかし，前者に関しては，訴訟が成功するかどうかは別として，訴えることが可能な法主体がほぼすべてのケースにおいて存在する。たとえば，The DAOの寄付者がハードフォークによる返金を受けていなかった場合，彼らは間違いなくSlock.it（DAppの開発者）とイーサリアム財団を訴えていただろう。また，後者の懸念点についても，国境をまたいだ契約紛争は今や，多国籍企業間のビジネスにつきものとなっている。出廷を拒否する当事者は確かにいるかもしれないが，名の知れた企業がそのようなことをする可能性は低いはずだ。司法管轄権や法の選択の問題は確かに難題だが，決して解決不可能ではないのである。

　スマートコントラクトに関する訴訟では，関係者の立ち位置が逆転することになる。原告側は，約束された義務の遂行を求めるのではなく，完了した取引の取り消しや破棄を求めるようになるのである。専門用語でいうと，違反の申し立てが原状回復の申し立てへと変わるのだ。これは，訴訟原因や立証責任などの法的基準に影響を及ぼし，想定外の結果をもたらすことになる。そして，分散型台帳に記録されている暗号通貨や権利を移転する法的判決の実行可能性がより重要になってくる。たとえば原告は，反対取引を実行するために，被告に対する秘密鍵の放棄命令を裁判所に求め

ることができるようになる。たとえこのような試みが失敗したとしても，それに伴う混乱や費用によってスマートコントラクトプラットフォームに問題が発生する可能性があるだろう。

　不完備契約や関係的契約に関するさまざまな学術文献では，契約は通常，単なる一回限りの相互関係ではなく，そのあとに契約の遂行や紛争の司法的解決が続くと主張されている。不完備契約について研究しているオリバー・ハート，ベント・ホルムストローム，ジャン・ティロールなどの学者たちは，契約で明確に想定されていない状況が発生する可能性を契約に関する商慣習がどのように想定しているかを示している[34]。また，関係的契約を専門とするイアン・マクニールなどの学者たちは，契約に進行中の関係性がどのように表れるかを調査した[35]。関係的契約の当事者は，事前にその後の再交渉を予測する必要があり，裁判所は合意された契約におけるギャップを埋める方法を事後に決定する必要があるのである[36]。

　スマートコントラクトによって，契約プロセスは細分化されることになる[37]。スマートコントラクトは一見，当事者間の相互関係における時間的な要素や，将来的な司法的解決における不確実性を排除するように思われる。しかし実際には，関係する当事者が束縛され，リアルタイムで契約遂行が進行することになる。これにより，従来の契約に伴う問題を回避することができなくなるのである。

　皮肉なことに，R3とRipple（リップル）という分散型台帳テクノロジー業界の大企業が暗号通貨によるサービス料支払いの契約を結んだ際，両社は契約にスマートコントラクトを使用しなかった[38]。2016年9月に，RippleはR3が3年間で最大50億XRP（Rippleの暗号通貨）を購入できるオプション契約を締結した。R3はその見返りとして，金融サービスパートナーのネットワークに対するアクセス権をRippleに提供し，Rippleのテクノロジーの発展を支援することに同意したのである。しかし1年後，

R3が合意事項を遂行しなかったことを理由にRippleは契約の終了を試みる。その間，XRPの価格は20倍も上昇しており，R3のオプションの価値は一時的に150億ドルを超える状態となっていた。そして，R3はその棚ぼたの利益を守るために訴訟を起こしたのである。

　仮にこの契約がスマートコントラクトで定められていたとしても，事態はさらに悪くなっていただけだっただろう。この契約におけるR3の義務は，まさにスマートコントラクトによる自動実行では扱いにくい，漠然としたものだったのだ。合意の時点では，R3のオプション行使価格はXRPの市場価格よりも高かった。この契約の趣旨は，通貨の価格上昇をインセンティブに，R3がパートナーにRippleを売り込むというものだったのだ。おそらく両社ともに，外的要因によって2017年にXRPの価格が急騰することを想定していなかったのだろう。

　分散型台帳企業でさえ，状況がどのように変化していくかを予測するのは難しいようだ。つまり，法律には依然として担うべき役割が存在するということだ。コードは不確実性に徐々に適応していくかもしれないが，スマートコントラクトに依存するのは事前の定義に対する賭けであり，それが人間による事後の意思決定の柔軟性に匹敵することは決してないのである。

信頼のテクノロジーとしての法律

　では，法律はどのように信頼を促進するのだろうか。実は，信頼と法律の関係性は曖昧だ。たとえば，契約法の必須要素を欠いた約束は，強制力がないにもかかわらず信頼を生み出すだろう。逆に，信頼できない敵対者であっても，お互いにとって有利な場合は法的な拘束力のある取引を開始することもある。しかし，両者の領域には明らかにつながりがある。多く

の学者たちも取り組んでいるここでの疑問は，法律は信頼を促進するのか，それとも弱体化させるのかということだ[39]。

　法律は，信頼性を高める手段によって自信やチャネル関係性を強化することができる。法制度は，合意違反に対する救済策をもたらすため，関係を結ぶ際に当事者の自信を強化することができるのだ。これは，トマス・ホッブズのリヴァイアサンの本質的な論点でもある。法執行は完璧なものではなく，信頼は必然的にリスクが伴うものだ。しかし法執行メカニズムは，信頼できないことによって生じる損失の可能性や規模を低減し，信頼に基づいた関係性を促進させるのである。さらに，法律は関係性を形式化する。両者の期待の範囲を把握し，制度の範囲内で最適な取り決めを行うことができれば，誤解を最小限に抑えることができるのだ。このように，法執行は国家権力のリヴァイアサンに基づいているものの，法律はP2P型信頼の非公式な取り決めに必要な余地を生み出すことができるのである。第1章で紹介した「自信に満ちた脆弱性」という信頼の定義に基づくと，法的な救済策が期待できることによって関係者は脆弱性をあまり感じなくなり，取引に対する自信が拡大するのである。

　一方，法執行は実際には信頼を低下させる可能性もある。アメリカの法制度に対する批判者たちは，法律や弁護士の過剰な使用によって社会的な結束が徐々に損なわれていくと主張している[40]。法律による形式化によって，通常の人間関係の流動性が無味乾燥な責任へと置き換えられる可能性があるのである[41]。また，法的な救済策によって信頼のリスクが軽減される可能性がある一方で，信頼性を高める行動が抑圧されて当事者の立場が悪化してしまう可能性もある[42]。実際，純粋に計算に基づいた信頼は，信頼とはいえないだろう[43]。この観点では，信頼は人間関係にとってプラスとなる。人間関係のなかには，契約などの法的手続きによって強化される部分もあるかもしれないが，それは信頼とは別のものである[44]。研究者た

ちは，信頼できる当事者が相手の善意に反して相手の能力に依存している
場合，その能力を明示的に契約用語に置き換えると疑惑が生じてしまう可
能性があると述べている[45]。さらに，うまくいかなかった場合にどうなる
かという点に注目しすぎると，物事がうまくいくことに対する自信が損な
われる可能性がある。それは不信の原因となるものであり，不信は相手側
の不信を招くこともあるのである[46]。

　しかし，その選択はそこまで難しいものではない。当事者に選択の自由
がある場合，私的な契約上の合意や規制による法執行は，対人的な信頼が
不十分な環境におけるうしろ盾となり得るのだ。また，法的リスクの軽減
によって人間関係に対する信頼が高まるにつれて，感情的な信頼も拡大す
る可能性があるのである。

　国家の仕組みであるという点は，信頼の手段としての法律の長所である
と同時に制約にもなっている。法的な権限は当事者の権限よりも優先され
る。そして，法律は国家主権から生じるため，地理的な有効範囲が定めら
れている。また，法律は官僚的な仕組みや当事者対抗主義的な手続きを通
じて機能するが，これらにはよく知られている欠陥が存在する。さらに，
法律は特定の関係者に合わせて無制限にカスタマイズすることはできず，
全員を平等に扱う必要がある。これらの特徴にはそれぞれ利点もあるもの
の，場合によっては欠点となることもあるのである。

　弁護士の重要な役割の一つが，「何か問題が発生した場合はどうするの
か」と尋ねることだ。完璧な大規模コンピューターシステムなど存在しな
い。技術的な欠陥がある場合もあれば，ヒューマンエラーがある場合もあ
り，両者が複合的に発生することも少なくない。法制度は，これらの欠陥
に対処して私益と公的目標の間を取りもつメカニズムとして存在するので
ある。

　つまり，法制度とソフトウェアコードは，どちらも信頼を促進すること

ができ，弱体化させることもできるのだ。分散型台帳の重要性が増すにつれて，分散型台帳があれば法律は不要になるという単純な見解は支持されなくなっていくだろう。Silk Roadの事例では，ブロックチェーンが法的執行に対して鉄壁の防御力を誇るわけではないことが判明した。また，The DAO事件では，純粋にアルゴリズム的なシステムの限界が露呈することとなった。したがって，政府関係者と分散型プラットフォームを新規開発する技術者の双方が，信頼を生み出すために積極的な手段をとる必要があるのである。彼らはそのためにお互いに協力できるはずだ。

三種類の役割：補足，補完，代替

　通常，ブロックチェーンベースの技術的な執行メカニズムと従来の法制度に直接的な接点は存在しない。法律はごく限られた状況においてのみ作用する一方，ブロックチェーンベースの台帳が構築できる活動領域は広大であり，そこに法律は関与しないのだ。仮にその領域が重複した場合でも，両者の目的は異なっていることが少なくない。たとえば，アメリカ市民が暗号通貨を売買して100万ドルの利益を上げた場合，アメリカの税法は彼らが政府に支払うべきものを指定する。スマートコントラクトを利用すれば利益の一部を政府のプログラムに自動的に送金できるからといって，税務官の仕事が減るわけではないのである。

　しかし時には，ブロックチェーンベースのシステムが法的義務に対するコンプライアンスを直接形成することもある。その場合，ブロックチェーンの役割は補足，補完，代替という三種類が考えられる。

　まず，ブロックチェーンは，法律を基本的な執行手段とする際の補足として機能する。この場合，分散型台帳の主な役割は共有データレコードの効率性向上だ。ブロックチェーンでは，取引やスマートコントラクトに対

する独自の執行メカニズムを構築することも可能だが，ここでは既存の法規則を強化するように構成されるのだ。このシナリオにおけるブロックチェーンベースのシステムは，たとえ代替のコンプライアンスメカニズムとして機能する場合でも，既存の法制度に取って代わるわけではないのである。

また，法制度に欠陥がある場合，ブロックチェーンはその補完として機能する。たとえ洗練された法制度が確立している法域でも，法律がうまく機能しなくなる要因は無数に存在する。たとえば，規制対象となる活動の量が増加して，法的メカニズムのキャパシティを上回る可能性があるだろう。あるいは，規制対象となる物事や人々を追跡するためのよりよい手段が必要になってくることもある。さらには，インセンティブが適切に調整されていないことによって執行が遅れることもあるはずだ。ブロックチェーンのコンセンサスは，従来の手段による執行の欠陥を埋めるために介入することができるのである。

さらに，執行メカニズムを法律からブロックチェーンに完全に置き換える場合，ブロックチェーンは代替として機能する。これは，法律とブロックチェーンに関する議論ではおそらく最もよく登場するシナリオだが，実際には最もレアなケースである。ただし，この三つにはいずれも大きな可能性が秘められている。

1. 法律の補足としてのブロックチェーン

ブロックチェーンシステムによる新たな法的目標達成手段が従来の政府発行の法律を強化できる状況は数多く存在する。たとえば，第 2 章で説明したように，企業が株式を発行する際の法制度の根底には Depository Trust & Clearing Corporation（DTCC）などの中央証券預託機関がある[47]。中央証券預託機関とは，実質的な所有者（実際の株主）に代わって株

式を保持している機関である。その法的な仕組みは明確だが，実行には実務上の困難が伴ってくる。しかし，ここに分散型台帳を導入すると，所有権を直接追跡する単一のリアルタイム記録を利用できるようになる。このメカニズムは，既存の法的関係を変えることなく，今ある証券制度に統合することができるのである。

　デラウェア・ブロックチェーン・イニシアティブ（DBI）は，分散型台帳によって既存の企業法制度を強化するための新たな取り組みだ。DTCCのような手形交換所の問題点は，記録の同期に失敗する可能性があることだ。たとえば2015年に，ドール・フードの元株主が，損害賠償として1株あたり2.74ドルを請求する集団訴訟に勝訴した[48]。しかし，同社の発行済み株式数は約3700万株だったのだが，どういうわけか，裁判所が受理した請求には4900万株と記載されていたのである。この不一致には二つの原因があった。一つ目の原因は，アービトレージャーが合併の直前まで大量の取引を行っていたことだ。そのなかに，合併が正式に完了した際にDTCCを介さずに行われた取引があったため，売り手と買い手の双方が所有権を主張していたのである。そしてもう一つの原因は，実際には保有していない株式を不正に売却する，いわゆる「裸の空売り」が一部の取引で行われていたことだ[49]。

　企業が分散型台帳で株式を発行することができれば，このような不一致（あるいは資本政策表や代理投票記録の誤りなども）を防ぐことができるだろう。企業の発行済み株式数やその所有者をいつでも確認できるようになるからだ。DBIは，このようなビジョンの実現を目指しているのである。

　デラウェア州は，多数のフォーチュン500企業や中小企業がひしめく小さな州だ。法人フランチャイズ税やその関連事業は，同州が手放したくない貴重な収入源となっている。そしてデラウェア州は，分散型台帳テクノロジーは州の行政サービスだけでなく州内の企業にとっても価値のあるツ

ールであると考えた。そこで同州は州法を変更して，会社登記情報を分散型台帳で管理できるようにしたのである。会社の設立申請が承認されると，州政府機関は暗号で署名された株式を会社に譲渡する。この株式は，ブロックチェーン上での取引によって配布することができる。デラウェア州は，このシステムを実装するにあたって，ブロックチェーンテクノロジーのスタートアップであるSymbiontと提携している。

　DBIは，第3章で説明した台帳の力を体現している好例だ。かつて，P2P形式による株券のやり取りがDTCCによる仲介型信頼の手形交換所モデルへと移行されたことによって，より流動性の高い新たな記録管理の仕組みに基づいた金融イノベーションへの道が開かれた。企業の株式情報追跡や基本的な金融業務を分散型台帳による完全にデジタル化されたリアルタイム環境へと移行することは，将来的に同様のインパクトを生み出す可能性を秘めているのだ。そして，記録管理に関する同様の議論は，経済界のあらゆる業界で起こっているのである。

　企業がブロックチェーンで株式を発行したとしても，会社法の要件は依然として満たされている。その方法が異なるだけだ。分散型台帳株式を取り入れるにあたってデラウェア州が州法を変更しなければならなかったという事実は，ブロックチェーンによる法律の補足の有効化にはさらなるステップが必要である可能性を示唆している。ただし，それによって法律が崩壊したりコードに置き換えられたりすることはなく，これまでと同じように進化していくことになるだろう。

　また，イリノイ州は，同様の仕組みを土地の登記に導入する実験を行っている。アメリカの不動産記録は，もともとブロックチェーンによく似た仕組みとなっている。大半の主要国では，「登記による権原」と呼ばれる，取引の登記が承認されることによって正式な土地所有権が発生するプロセスが採用されている。一方，アメリカでは，全国の地方登記所で管理され

ている記録は「権原のチェーン」として構成されており，時には一世紀以上前から続いていることもある。そしてそこには，歴代の所有者間の譲渡履歴が記録されている。さらに，ブロックチェーンと同様に，記録は追加のみが可能となっており，変更や削除を行うことはできない。非常に大きな価値に関する記録なので，不可逆性は重要だ。また，通常の金融アプリケーションとは異なり，情報を誰が閲覧できるかを細かく制御できる必要はない。政府が運用する不動産台帳は，パブリックブロックチェーン台帳と同様に，誰でも閲覧できるようになっているからだ。

シカゴがあるイリノイ州クック郡は，ブロックチェーンをベースにした不動産登記の概念実証を2016年に開始した[50]。この実証では，ビットコインブロックチェーンのカラードコインで取引情報を保持する仕組みがテストされた。図8.1に示すように，不動産の譲渡や新規の住宅ローン，地役権などの情報が暗号的なハッシュ値で表示される。そして，そのハッシュ

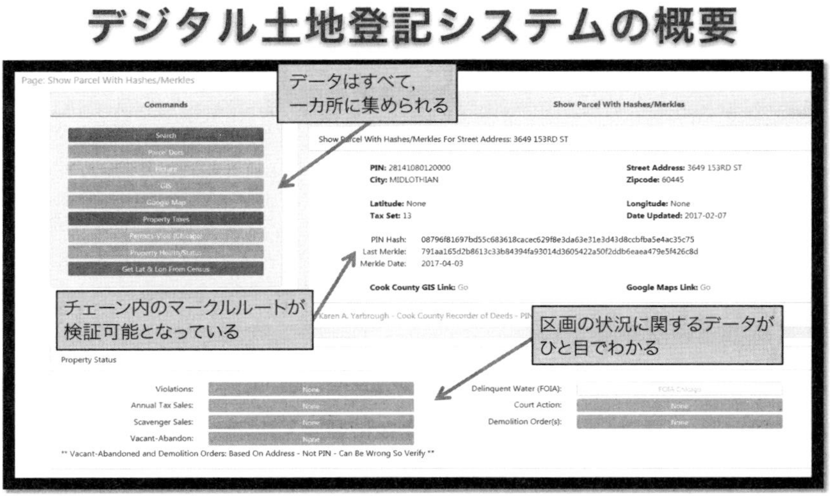

デジタル土地登記システムの概要

図8.1 ブロックチェーンをベースにした，クック郡の土地登記システム

値はすべて，ブロックチェーン上のマークルツリー構造でリンクされている。これにより，変更を確実に追跡することができるのだ。

　このシステムでは，変更が自動的に区画情報に反映されるため，不動産記録の信頼性が高まることになる。また，台帳や全取引履歴を誰もが閲覧できるため，透明性も向上する。将来的には，より複雑な取引に対応するためにスマートコントラクトで拡張される可能性もあるだろう。

　企業の株式登録システムと同様に，ブロックチェーンベースの不動産登記システムもまた，誤りを大幅に減らしたり，経済圏における重要システムの効率性を向上させたりすることができる。これらの例のもう一つの特徴は，公的な記録が登録されているという点だ。サイファーパンクがそのルーツとなっているにもかかわらず，ブロックチェーンは政府の代替だけでなく政府のツールにもなり得るのだ。政府が情報の責任者である場合，「耐検閲性」は「耐ハッキング性を備えた公的記録」へと変化する。そして，公的記録は民間産業の重要な基盤を形成している。また，アメリカの土地登記制度では，ごく普通の不動産取引でも民間運営の高額な権原保険が必要となっている。ゴールドマン・サックスは，分散型台帳に移行することによって効率性が向上してリスクが減少するため，アメリカ国内の権原保険コストを年間20億ドルから40億ドル削減できると推計している[51]。

　しかし，その潜在的なメリットにもかかわらず，ブロックチェーンベースのソリューションによって法制度を強化する取り組みの実施は必ずしも容易ではない。既存の仕組みによって利益を得ている仲介業者が，変化に抵抗する可能性があるからだ。たとえばデラウェア州では，必要なソフトウェアの準備や州法の変更が完了していたにもかかわらず，後任知事の方針によりDBIのローンチにストップがかかったのである[52]。この新システムによって自身のサービスが不要になる可能性がある登録代理人が，仕事を失うことについて不満を述べたのだ。この遅延は一時的なものかもしれ

ないが，パイロットプロジェクトや概念実証が成功したからといって本格的な導入も成功するとは限らないことを示唆している。しかし将来的には，株式所有権などの管理にブロックチェーン台帳を導入することによる効率性の向上は無視できないものになるだろう。

2. 法律を補完するものとしてのブロックチェーン

　二つ目のケースは，法制度に基づいた信頼が壊れている，もしくは不十分な状況におけるものだ。ブロックチェーンベースのソリューションは，法的規則の執行を妨げる問題への対処に役立つのである。この場合，ブロックチェーン台帳は従来の記録メカニズムと並行して機能するのではなく，有効な法的コンプライアンスをもたらすメカニズムとして機能するのである。

　たとえば，著作権法におけるオーファンワークスの問題について考えてみよう[53]。オーファンワークスとは，著作権の所有者を特定できない作品のことだ。そのような作品はパブリックドメインとなっている可能性があるものの，容易に確認できる方法は存在しない。ドキュメンタリー映画にオーファンワークスをアーカイブ映像として取り入れようと思っても，交渉相手がわからないため使用許可をとりたくてもできないのだ。このように，オーファンワークスは合法的に取り残された状態となっているのである。そして，著作権侵害に対する法定損害賠償のリスク —— 実際の損害額にかかわらず一作品あたり最大15万ドル —— は，素材の使用を敬遠させる深刻な脅威となっている。その結果，著作権法の目的である市場の発展が妨げられるとともに，クリエイティビティの低下につながっているのである。これは決して小さな問題ではない。カーネギーメロン大学の司書が蔵書をデジタル化しようとした際には，サンプル抽出した著作物の約1/4の権利所有者が不明だったとのことだ[54]。

　オーファンワークスには，共有レジストリを活用して新たな市場を構築できる大きなチャンスが潜んでいる[55]。ブロックチェーンをベースにしたレジストリは，誰もが利用でき，仲介者に過度の管理権限を与えることもない。また，著作権法で義務づけられている，権利所有者の入念な調査に関する記録を残すこともできる[56]。さらに，スマートコントラクトを活用すれば，正当な権利所有者が現れた際にオーファンワークスの使用者が（おそらく仲裁メカニズムを利用して）確実にライセンス料を支払う仕組みを構築できるだろう。ここでの分散型台帳は，通常の著作権法に取って代わるわけではなく，著作権法では現状カバーしきれない部分を補完しているのである[57]。

　また，法的執行における問題には，インセンティブの調整不足が関わっている場合がある。法制度は，自身の円滑な運用に必要なものを備えているが，それが活動に従事している者たちのコンプライアンスを実際に促進するとは限らない。インセンティブは，技術的な問題ではなく人間の問題だ。信頼できる記録が台帳にあるからといって，インセンティブが変化するわけではない。しかし，ブロックチェーンを利用すれば，価値のある資産を形成し，ネットワーク参加者間のインセンティブを変更することによってそれを分配することができるのだ。

　オンライン広告の世界では，不正行為が大きな問題となっている。広告主は，不正行為によって2017年だけで160億ドルを失ったと推計されており，その金額は増え続けている状態だ[58]。オンライン広告やモバイル広告はこの10年間で急速に成長しており，従来のメディアに対する出資率に追いつきつつある状況となっている。グーグルやフェイスブックなどの企業が主導するオンライン市場は，静的なバナー広告からマーケッターとパブリッシャー間の広告フローを管理できるプログラマティック広告へと移行してきた。今では，毎年数百億ドルものオンライン広告が，広告主とサ

イトをマッチングさせて動的に価格を設定している仲介業者を通じて配信されているのである。

　広告主は通常，広告が表示された回数（インプレッション）やユーザーが広告をクリックした回数に基づいて広告料を支払っている。問題は，広告をクリックしたのが本物の人間なのかソフトウェアによるボットなのかを区別するのが難しいという点だ。不正者たちは，実際には誰も見ていない広告をコンピューターで自動的に表示させる，大規模な「クリック詐欺」ネットワークを構築している。彼らは明らかにシステムを悪用しているものの，これに対する法的措置や監視は容易ではない。

　このインセンティブの調整に関する問題は，オンライン広告業界の経済構造に起因している。広告の表示回数やクリック数に応じて広告主は広告料を支払い，パブリッシャーは収益を上げる。したがって，これらの数字が増えれば増えるほど，パブリッシャーの利益も増加する。その結果，パブリッシャーは不正行為を積極的に監視しようとしなくなるのである。自分たちの収入を減らすかもしれない行動に時間とお金を費やすのは無意味だからだ。オンライン広告市場の関係者は，誰もがクリック詐欺は違法であることに同意している。にもかかわらず，状況は悪化し続けている状態だ。これまでのシナリオとは異なり，ここでの問題は規模拡張や関連情報の追跡に関するものではなく，参加者にいかにして執行措置を執らせるかというものなのだ。

　この問題に対処すべく，スタートアップのMetaX，イーサリアムテクノロジー開発スタジオのConsenSys，およびデータ＆マーケティング協会（広告主のための業界団体）が，アドチェーンという名前のソリューションを2017年に発表した[59]。このシステムでは，広告主とパブリッシャーは暗号通貨トークンを購入できる。そして，広告の配信を希望するサイトは，そのトークンを支払うことによって，不正を行わないパブリッシャーの

「ホワイトリスト」に加わることができる。一方，広告主も，サイトが正当かどうかについてトークンを使用して投票することができる。ホワイトリストの質が高まるにつれてトークンの価値も上昇し，それがシステムに誠実に参加するインセンティブとなるのである。ホワイトリストが完成すると，広告主はどのサイトからの広告入札を承諾するかを決定する際にそれを参考にできるようになる。このトークンエコノミーは，既存の市場をよりよいインセンティブに基づいた市場に置き換えるように設計されているのである。

　法律の補完として機能するブロックチェーンシステムは，スタートアップや新ソリューションが参入時に必ず直面する課題に依然として直面している状態だ。法的執行の欠陥を解消したからといって，必ずしもビジネス上の問題を解決して軌道に乗れるわけではない。補完は，法律とブロックチェーンテクノロジーがお互いに役割を果たして連携するための道筋なのである。

3. 法律の代替としてのブロックチェーン

　法的執行力が弱い，もしくは存在しない場合，場合によってはブロックチェーンがその代替となることができる。一部のブロックチェーン支持者の見解に反して，コストのかかる仲介や法的執行のメカニズムを完全に排除するのは不可能だ。初期のインターネットの世界と同様に，従来の法律の枠組みから外れた自己定義型の規則の概念的な可能性が国家主権や民間仲介業者の権力を上回ることはない。しかし，紛争地域や発展途上国など，法の支配や信頼が機能していない場所では，ブロックチェーンによる代替が実現可能となる可能性がある。このような，法律の枠組みから外れた信頼体制は，意外な場所からボトムアップ的に出現する可能性が高く，かなりの規模まで拡大する可能性を秘めている。

　たとえば，クレジットカード会社がUberライドシェアの取引を扱うのをアルゼンチンのブエノスアイレス市政府が禁止した際，Uberはビットコインによるデビットカード取引に切り替えた[60]。これは，ビットコインがSilk Roadなどの違法行為に使用された事例によく似ている。違いは，その根底にある活動自体は違法というわけではなく，単に規制の対象となっているだけであるという点だ。暗号通貨によって，Uberは従来の中央集権型の支払い手段とは別種の信頼できる支払いオプションを確立でき，政府に対抗することができたのだ[61]。オーファンワークスの例と同様に，ブロックチェーン型の信頼は法的権力の様相を変化させる可能性を秘めているのである。

　また，土地所有権の記録が不完全なため一般市民が土地に関わるのが難しい地域は世界中に多数存在する。第1章で述べたように，ペルー人経済学者のエルナンド・デ・ソトは，土地の登記制度がうまく機能していないことが発展途上国における経済発展を阻害している主要因であると主張している[62]。その解決策として，イリノイ州クック郡の概念実証のようにブロックチェーンを活用する試みが世界各地で進行中だ。エルナンド・デ・ソトも，ジョージア共和国初の暗号通貨マイニング＆サービス会社であるBitfuryが主導するプロジェクトをサポートしている[63]。また，同様の取り組みはスウェーデンやドバイなどでも行われている。

　土地所有権登記などの行政サービスが概ね問題なく機能している場合，ブロックチェーンによって効率性が向上する可能性はあるものの，従来のデータベースと比較した際のメリットはそこまで大きなものではない。メリットが大きくなるのは，信頼できるレジストリをブロックチェーンによってゼロから構築できる場合だ。ここで障害となり得るのは，台帳の周囲にいる人間の関係者である。たとえブロックチェーンを導入しても，腐敗した地方登記所が情報を正確に記録することを拒否したり台帳の情報を無

視したりしようとすればできてしまうのだ。たとえば，スタートアップの
Factomがホンジュラスで行った，ブロックチェーンに土地所有権を記録
する先駆的な試みは，現地のパートナーとの折り合いがつかなかったため
失敗に終わっている[64]。一方，ガーナに拠点を置くスタートアップの
Bitlandは，土地の登記が機能していないアフリカの地域においてボトム
アップ型のアプローチを試みている[65]。同社は，測量士を派遣して農家に
聞き取りを行って土地の境界線を特定し，その情報を，銀行がローンの認
可の際に参照できるプライベートブロックチェーンベースのレジストリに
記録しているのである。

　機能的な法制度がない地域にブロックチェーンを導入する取り組みが成
功した事例は現在のところ，Bitlandのように比較的小規模なものが大半
だ。国連世界食糧計画（WFP）の例を見てみよう。人道支援は，法的執行
力がない環境で実施されることが多く，不正や非効率性の温床となってい
る[66]。そこにブロックチェーンを活用できる可能性を見出したWFPは，一
万人のシリア人難民を対象に難民キャンプでパイロットプロジェクトを実
施したのである[67]。難民は法的な身分証明書をもっていないため，このプ
ロジェクトではキャンプ内の貯蔵庫で網膜スキャナーが使用された。そし
て，物資の配布に関する情報がイーサリアムブロックチェーンの許可型の
フォークに記録されたのである。このパイロットプロジェクトは成功し，
2018年末までに対象がヨルダンにいる50万人のシリア人難民全員に拡
大されることになっている。これは非常にエキサイティングな実例だ。し
かし，WFPが唯一の検証ノードを運用しているため，このシステムは真
に分権化しているわけではない。また，WFPのすべての活動地域に導入
されるわけでもない。企業向けの分散型台帳システムと同様に，試験運用
から本番運用への移行は容易ではないのである。

　ブロックチェーンシステムが法律の代替となるうえで重要なのは，国家

がうしろ盾となった執行メカニズムを拠りどころにできないという点だ。これにより、Eコマースの信頼性を高めるために評価システムや認証システムがインターネット上で発展したのと同様に、信頼強化メカニズムの第二層を開発する必要性に迫られることになるだろう。第10章で紹介する分散型オンライン仲裁メカニズムは、裁判所のような従来の執行手段に代わるものの一例だ。ブロックチェーンテクノロジーをベースにした分権型ソリューションが法律に取って代わっても、執行の公平さや効率性に関する課題がなくなるわけではないが、そのような課題に対処するための新たな道が開かれる可能性はあるだろう。その際は、バランスが重要になってくる。つまり、導入を正当化するのに十分な規模であるとともに、政府が取り締まらざるを得ないと感じるほど強力であってはいけないのだ。

　結局のところ、分権型プライベートブロックチェーンシステムと中央集権的な政府が定めた法制度のどちらを選択するかは、見た目ほど難しいことではない。これらはどちらも、信頼のメカニズムなのだ。政府による制度は失敗する可能性があるが、テクノロジーによる制度も同様である。そして、これらを実行するにあたっては、両者の表面的な特徴よりも人間側の準備のほうが重要なのだ。今後の課題は、両者がそれぞれどのような状況で最も効果的に機能するのかを理解することだ。その過程では、対立や誤解も起こるだろう。しかし、ブロックチェーンベースのソリューションがうまく機能したからといって、うまく機能している法的なソリューションを犠牲にする必要はないのである。

第9章　我々は政府の者です，助けに来ました

どこかから始める必要がある

　それは幸先の悪いスタートだった。2015年に，ニューヨーク州が世界で初めて暗号通貨に対する規制制度を導入したときのことだ。同州の金融サービス局が，州内で事業を展開する，もしくは州内の顧客に対してサービスを提供する仮想通貨事業者に対して，「BitLicense（ビットライセンス）」の取得を義務づけたのである[1]。局長のベン・ロースキーは，その規則を発表した際に次のように述べている。「我々は，新たなテクノロジーを利用してよりよい金融会社を構築しようとしている企業を応援し，サポートしたいと考えています。それにあたって，規制のガードレールを適切に配置する必要があるのです。もちろん，規制によってバランスが最適になるとは限らないでしょう。しかし，どこかから始める必要があるのです[2]」。

　BitLicenseは，当初より物議を醸していた。ビットコイン関連の起業家や技術者は，過剰な規制による脅威やコンプライアンスコストによってス

タートアップの活動が委縮すると主張した。また，1年間にわたる意見募集期間中には4000件以上もの意見が寄せられたが，その大半は批判的なものだった[3]。そして，規制施行後には，Kraken や Shapeshift，Bitfinex，Poloniex などの取引所をはじめとする多数のビットコイン関連スタートアップがニューヨークを去ったのである[4]。『ニューヨーク・ビジネス・ジャーナル（*New York Business Journal*）』の記事では，「ニューヨークにおけるビットコインのエコシステムは〈ビットコイン大脱出〉によって完全に様変わりした」と断言されている[5]。

　BitLicense の取得義務は，「仮想通貨に関する事業活動全般」，すなわち「他者が所有する仮想通貨の保管，保持，または保管・管理状態の維持」および「仮想通貨の管理，運営，または発行」に対して適用される[6]。しかし，この分類は曖昧だ。ソフトウェアウォレットも本格的な取引所と同じように登録する必要があるのだろうか？　扱っている暗号通貨に対する管理権をサービス自身が有しているかどうかは本当に重要なのだろうか？　「非金融的な」環境における譲渡は例外とは，正確にはどういう意味なのだろうか？

　ロースキーの，規制はどこかから始めなければならないという発言は確かにその通りである。また，BitLicense の根底にある，暗号通貨用の保管取引所は従来の通貨を扱う取引所と同様に扱われるべきであるという考え方も概ね適切だ。顧客がドルを別の通貨と交換したり国境をまたいで送金したりする際，取引所は暗号通貨が関与している場合と同様のリスクを負っているのである。

　しかし，そのやり方に問題があったのだ。BitLicense の，対象範囲に関する要件は厄介だった。この規制は，保管取引所だけでなく，ほかのさまざまな暗号通貨事業も対象に含めて作成されていたのである。そして，その認定プロセスは非常に時間のかかるものだった[7]。2017年はじめの時点

で，約20件の申請のうち認定済みの申請はわずか3件だったのだ[8]。ライセンスを取得できた，Circle Internet Financial，Ripple，Coinbaseはいずれも，この地域でも屈指の資金力を誇るスタートアップだった。そのため，BitLicenseによって小規模事業者が締め出されるのではないかという懸念が一層強まることになったのである。ロースキーが主張したように，暗号通貨のイノベーションを「応援し，サポートする」ことが目的だったのなら，BitLicenseは失敗したといえるだろう。その後，アメリカ国内外の多数の法域で暗号通貨に関する規則が導入されたものの，ニューヨークのやり方を参考にしたものはほとんどないのである。

　ビットコイン大脱出から2年経っても，取引所がニューヨークのブロックチェーン業界に戻ってくることはなかった。しかし，そうではない企業もある。たとえば，1億ドル以上の資金を有している，金融業界の分散型台帳コンソーシアムであるR3は，ニューヨークに本社を置いている。Digital Asset HoldingsやSymbiont，Axoniといった多数の金融関連ブロックチェーンスタートアップも同様だ。そしてそれは，金融サービスに限った話ではない。たとえば，イーサリアム関連テクノロジーの開発を行っているベンチャー開発スタジオのConsensysは，ブルックリン区にある本社の従業員数が2017年だけで100人から400人以上にまで増加し，世界中で何十件もの革新的なプロジェクトに取り組んでいる。また，ブロックチェーン上に「分権型アプリのための新たなインターネット」を構築することを目指しているBlockstackもニューヨークに拠点を置いている。さらに，ニューヨークにおけるビットコインやイーサリアムのミートアップには，それぞれ5000人以上が参加しているのである。

　BitLicenseの欠陥にもかかわらず，ニューヨークの暗号通貨事業は壊滅しなかったのだ。そして，BitLicenseの作成者が意図していた規制改革も実現しなかった。変化が激しい分野では，規制当局は必然的にジレンマに

直面することになる。規制当局が速く動きすぎて，合理性のない古い規則を新しいテクノロジーに適用してしまうと，イノベーションを排除したり国外に追い出したりしてしまうリスクがある。一方，ゆっくり動きすぎると，その間に国民が危害を受ける可能性があるだけでなく，業界が成長してしまってから規制を課すことになるためコストが余分にかかることになる。規制当局は，自身が阻止すべき危害の明確な証拠を見つけた場合，行動を起こす必要があるだろう。BitLicenseのような不明確な要件は不確実性を生み出すが，明確な規制がない状態も同様に不確実性を生み出すのである。

ブロックチェーンシステムは規制の影響を受けないという発想は，ブロックチェーンシステムはまったく信頼できないという発想以上に絵空事だ。現在，数え切れないほど多くの企業が，分散型台帳をベースにした強固で合法的な事業を構築しようとしているのだ。難しいのは，その規制がどのようなものであるべきかという点だ。2013年にニューヨーク州がこの問題を検討し始めた当時，暗号通貨ネットワークのなかではビットコインが圧倒的優位に立っており，イーサリアムのようなスマートコントラクトエンジンは存在せず，Ripple以外に許可型台帳はほとんど存在しなかった。また，マイニングや取引は，多数のスタートアップや個人が従事する小規模事業だった。しかし，現在の市場はまったく異なるものとなっている。このような環境で長続きする規則を考案するのは，不可能な挑戦に思われるかもしれない。

しかし，今でも証券取引に適用されている基本方針を80年前にアメリカが導入して以来，金融の世界も劇的に変化を続けてきたのである。きちんと考慮してつくられた規則は，たとえ古くても新たな発展に対処できるのだ。規制当局がうまく立ち回れば，悪用を防ぎつつイノベーションを促進することができるのである。

　「無料かつ未承認の団体による，インターネットを介した通信サービスの提供[9]」の禁止を求める請願を連邦通信委員会（FCC）が1994年に受理した際，彼らはニューヨーク州が2013年にビットコインに対峙したときと同様の課題に直面することになった。そのようなサービスを提供すべく登場したVoIPのスタートアップは，価格，ユニバーサルサービスへの貢献，消費者の保護，緊急サービスといった，従来の電話会社に課せられていた要件の対象に含まれていなかったのだ。しかしFCCは，イノベーションを打ち砕くか自らの使命を放棄するかという難しい選択をなんとか切り抜け，徐々に規則にVoIPサービスを取り入れていったのである[10]。今では，自宅に固定電話を置いているアメリカ人の大半が，知らないうちにVoIPテクノロジーを使用しているのだ。同時に，従来の電話サービスとはまったく別種のサービスであるSkypeやFacetime，WhatsAppなどの音声・ビデオ通話サービスも，このイノベーションやその採用をあと押ししてきた[11]。規制当局がFCCと同じやり方をとることができれば，暗号通貨に秘められたポテンシャルが実現するにあたって大きなうしろ盾となるだろう[12]。

規制に関する論争

　ビットコインは，ナカモト・コンセンサスのソフトウェアコードが行動をうまく規制して価値のあるデジタル通貨を生み出せることの例証となっている。ビットコインが長年にわたって安全に運用され，数百億ドルの資産価値へと成長したため，分散型台帳テクノロジーが法律として機能できることにもはや疑いの余地はない状態だ。ただし，台帳と法律の規制アプローチがどのように異なるのかという疑問は依然として残っているのである。

　広く受け入れられている公共政策目標を達成する手段として法執行のほうが優れている場合，法律は可能な範囲で分散型台帳テクノロジーの要件に合わせる必要があるだろう。一方，ソフトウェアコードが本質的に優れたメカニズムである場合，法律は徐々に道を譲るべきである。しかし，どちらにしてもスムーズな移行は難しそうだ。どちらの規制様式が望ましいかという単純な問題ですら，論争になる可能性を秘めている。その答えは，法域やテクノロジーの状態によって自ずと変わってくるだろう。しかしこのアプローチは，法律の社会的安定とコードの力の折衷点を見つけるための最善の手段なのである。

　暗号通貨や分散型台帳の規制に関する論争には，大まかにいうと違法性，有効性，分類という三つの論点がある。一つ目の論点は，暗号通貨を利用した違法行為や，ハッキングなどによる暗号通貨の窃盗に関するものだ。違法ドラッグの購入にビットコインが使用できるからといって，それだけで暗号通貨が法的に問題となるわけではない。中国人民元やドル，あるいは金の延べ棒でも同じことができるからだ。問題は，民間運営の分権的な通貨には仮名性や匿名性があるため，結果を恐れることなく違法行為に使用しやすいという点だ。しかし，そのような懸念があるにもかかわらず，主要な西側政府は暗号通貨の所有や使用を禁止しようとしてこなかった。そのような規制を行ったのは主に，ボリビアやバングラデシュなどの小国だ。現在ビットコインの取引を禁止している中国ですら，暗号通貨の所有や使用は禁止していないのである。

　暗号通貨は，本質的に違法行為に使用されやすいわけではないが，検閲や改ざんを防ぐコードによって麻薬取引やランサムウェアへの利用も容易になるという，いわゆるヴラド問題を抱えている。また，それに関連して，ブロックチェーンは分権型のデジタル無記名証券を構成できるため，窃盗犯の魅力的なターゲットになりやすいという懸念も存在する。これらの問

題が具現化した典型的な例が，ビットコイン黎明期における重大な法的問題であるSilk RoadとMt. Goxの事件だ。その後も，違法取引用の闇サイトが新たに出現し，ビットコインによる支払いを要求するランサムウェア攻撃も発生している。したがって，これらは今でも深刻な問題だ。

　これらは実在する課題だが，法執行機関が対処できる種類の課題でもある。Silk Roadを運用していたロス・ウルブリヒトは逮捕されて有罪判決を受け，終身刑を宣告された。また，Mt. Gox事件の首謀者とされるアレクサンダー・ヴィニクも，4年後にアメリカ当局の要請によりギリシャで逮捕された。これらの例を見ればわかるように，ブロックチェーンネットワークがグローバルな規模だからといって，国家による法執行を防ぐことはできないのだ。法執行と，犯罪人引き渡しなどの制度を組み合わせれば，犯罪者を処罰することができるのである。また，アメリカなどの主要国の裁判所は，自国民の利益が関わる問題に対して権限を行使するにあたって，従来の司法管轄権の原則を難なく適用できている[13]。たとえばニューヨーク州の連邦地方裁判所は，ビットコインよりも前にLiberty Reserve（リバティリザーブ）というデジタル通貨を生み出したアーサー・ブドフスキーの主張を明確に否定した。彼は，Liberty Reserveはコスタリカに拠点を置いており，世界中にサービスを提供しているため，アメリカの司法の対象にはならないと主張していたのだ[14]。

　そして，ブロックチェーンの匿名性もまた，法執行に対する絶対的な防御壁ではない。EllipticやChainalysisなどの企業は，法執行機関と協力し，暗号通貨の取引パターンを分析することによって犯罪者を追跡している。そのプロセスはいたちごっこだ。犯罪者は追跡を回避するために，「タンブラー」と呼ばれる多数のトランザクションを集積して撹拌するサービスや，Zcash（ジーキャッシュ）やMonero（モネロ）などの匿名暗号通貨を使用し始めているのだ。それに対して，分析テクノロジーも進化してい

るのである。しかし大抵の場合，そのような分析は必要ない。ユーザーは通常，登録時にアンチ・マネーロンダリング（AML）やノウ・ユア・カスタマー（KYC）に関する確認が義務づけられているウォレットアプリを通じて暗号通貨の取得や保持を行っているからだ。そして，そのような対策を行っていない，ヴィニクのBTC-eなどは，規制当局から罰金やシャットダウン命令を課せられることになる。法執行機関は今後も，暗号通貨の導入が増加するにつれて，ウォレットプロバイダーに関する規則を厳しくしていくことだろう。

　暗号通貨が関与している犯罪行為の規模は無視すべきではないが，過大視すべきでもない。世界各地のコンピューターがアクセス不能にされ，ロック解除の対価としてビットコインによる支払いが要求されたWannaCry（ワナクライ）ランサムウェア攻撃では，イギリスの国民保健サービスなどの主要なサービスが大混乱に陥った。しかし，支払い先として指定されたビットコインのアカウントには約14万ドルしか入金されず，法定通貨に換金されたかどうかの追跡も可能だったのだ[15]。

　二つ目の論点は，ほかの法制度が分散型台帳をどのように認識するかに関するものだ。どのような情報を法的に有効とみなすべきかという問題は，金融関連の規則や法廷における証拠の規定など，さまざまな場面で重要になってくる。そして，国や州，地方自治体の規則では，既に数多くの定義が定められている。しかし，そのような規則の大半は，有効な情報が「特定の法主体」の管理下にある「特定の場所」に存在することが前提となっている。これらはいずれも，ブロックチェーン環境においては無意味なものである。

　アメリカの各州は，ブロックチェーンベースの情報システムを従来の記録に類似したものとみなし始めている。たとえばデラウェア州は，第8章で紹介したデラウェア・ブロックチェーン・イニシアティブ（DBI）の一環

として，政府の公的記録や，企業の株式や先取特権の追跡などの規制業務に分散型台帳を利用できる法律を導入した[16]。また，アリゾナ州では，ブロックチェーンベースのデジタル署名に法的強制力があることを認める法案が可決された[17]。そしてバーモント州では，ブロックチェーンに記録された情報を裁判所が証拠として認めたのである[18]。

　ブロックチェーン台帳の記録を同等なものとして扱うにあたっての最大の課題は，その定義に関するものである。何をブロックチェーン，暗号通貨，分散型台帳，あるいはスマートコントラクトとみなすかの正式な定義が存在しないのだ。現在，Chamber of Digital Commerce（チェンバー・オブ・デジタルコマース）などの業界団体や，州議会にモデル法案を提出する専門家グループである統一法委員会などの組織が定義化に取り組んでいるものの，適切な定義は場面によって異なってくる。企業の記録としての有効性に必要な要素と，法廷での証拠としての有効性に必要な要素は同じではないはずだ。そのため，たとえばデラウェア州の法律では，ブロックチェーンについてはまったく言及されておらず，単に「分散型電子ネットワークまたはデータベース」とだけ記載されている[19]。情報の有効性や記録が関わってくる法的な場面は非常に多いため，法域ごとに時間をかけて取り組んでいく必要があるだろう。

　同じような立ち位置だったデジタル署名の場合，アメリカ合衆国議会が2000年に可決したE-Sign法によって，「署名が電子形式であるという理由のみによってその法的な効力，有効性，または強制力を否定してはならない」ことが定められた[20]。この連邦法は，紙の署名を必須と定める州法よりも自動的に優先されるため，ケースバイケースで署名の形式を変える必要がなくなったのである。ただしこの法律は，電子形式であることだけを理由に署名を無効にはできないと定めているだけであり，具体的なケースにおいてデジタル署名が有効かどうかについては言及していない。そのた

め，暗号による保護が必須な電子署名もあれば，入力フォームにイニシャルを入力するだけで十分な場合もある。これは，物理的な署名にさまざまなバリエーションがあるのと同様だ。物理的な署名の場合も，当事者のイニシャルだけで十分な書類もあれば，連署人や公証人，あるいはその他の手続きが必要な書類もあるのである。

ブロックチェーンの有効性に関する問題の解決策は，E-Sign法ほどシンプルなものではない。電子署名と非電子署名のように，あらゆるアプリケーションに適用できる明確な境界線がないからだ。しかし，特定の法規則のセキュリティ要件などを満たしているのであれば，ブロックチェーンや分散型台帳の記録を一つのカテゴリーとして認めることによって，導入プロセスの効率が向上することになるだろう。ブロックチェーンの有効性もデジタル署名の場合と同様に，契約の遂行のような私法の問題と，規制対象の業種（ヘルスケアや金融など），行政サービス，政府の公的記録のような公法の問題の両方が関わっているのである。

規制に関する論争の三つ目の論点は，基本的には合法だが，ブロックチェーン以外の同様の活動に対する法的要件に従っていない活動に関するものだ。たとえば，トークン販売は証券取引委員会（SEC）の規則に基づいた「投資契約」であり，投資マネージャーが発行を行っているのだろうか？暗号通貨取引所には，商品先物取引委員会（CFTC）が定める規制要件の対象となるデリバティブ市場としての資格があるのだろうか？暗号通貨の価格上昇によって利益を得た場合，課せられるのはコモディティ取引としての所得税だろうか，それとも通貨取引としての所得税だろうか，それともどちらでもないのだろうか？

ブロックチェーンテクノロジーを利用すれば，規制対象となっている事業と機能的によく似たサービスを展開することができる。単に似ているというだけでは，まったく異なる環境用につくられた規制を同じように課す

ことはできないだろう。しかしその一方で，ほかのテクノロジーを利用した場合と同じ機能がブロックチェーンテクノロジーによって実現し，同じ問題が発生するのであれば，それは惰性的に規制対象から除外すべきではないのである。

これは，ニューヨーク州がBitLicenseによって対処しようとしていた課題でもある。ニューヨーク州の金融サービス局は，既存の定義は従来の送金と同様の問題を引き起こす暗号通貨事業をカバーするには不十分だと結論づけたのだ。そして，新たな分類と，そこに該当するものを対象にした規則集を作成したのである。別の選択肢としては，「規制しない」が考えられるだろう。そして最後の選択肢は，「まだ規制しない」である。

ブロックチェーンベースの活動の規制に関する論争の大半は，このような議論で占められている。証券法におけるトークン販売の扱いは，リアルタイムで実施されている重要なテストケースとなっているのである。

トークン販売のテストケース

現在の証券取引に関する規則は，1929年のウォール街大暴落ののち，多数の小規模投資家が詐欺の被害に遭った際につくられたものだ。証券取引の規則の基本原則は開示である。投資とはリスクが伴うものであり，判断のミスに対して法的な保護を受ける権利は誰ももっていない。しかし，規則がない場合，投資家 —— 特に個人投資家 —— と投資プロモーターの間には大きな情報の非対称性が生まれることになる。リスクを評価できる機会がないと，投資家は簡単にカモにされてしまうのだ。

アメリカでは，1933年証券法と1934年証券取引所法によって，証券発行時の情報登録と開示要件が義務づけられている[21]。事前に定められた例外を除き，私募はリスクを負えるだけの資金力と知識を備えた認定投資家

285

に対してしか行えない。また，募集の際，特に公募の際は，財務情報とリスクの開示が必須となっている。そして，虚偽の情報を開示したり重要な情報を開示しなかったりした場合は，制裁の対象となる可能性がある。さらに，投資家が平等に扱われ，発行者が投資家を故意に刺激しないように，タイミングや情報伝達に関して厳しい制約が設けられている。SECなどの規制当局は，これらの規則を執行して違反者を起訴する権限をもっているのである。

　この規制の対象となる「証券」もしくは「投資契約」は，米国法で明確に定義されている。ヨーロッパの法制度では，対象となる投資商品のカテゴリーを列挙するのが一般的だが，アメリカでは「ハウィーテスト」と呼ばれる判断基準が定められている。この基準は，とあるオレンジ果樹園の所有者が，自身がフロリダ州に所有するリゾートホテルの宿泊客に果樹園の権利を分譲した事案に由来しており，次の四項目で構成されている。

1. 金銭の投資であること
2. 共同事業に対する投資であること
3. 投資によって利益が期待できること
4. 出資者以外の活動による利益であること[22]

　問題は，イニシャル・コイン・オファリング（ICO）がこの基準に該当するかどうかである。ICOがこの基準に該当する場合，アメリカで実施される，もしくはアメリカ市民が対象のICOは，従来の証券発行に適用される規則を遵守する必要がある[23]。

　まず，ICOは明らかに金銭の投資である。法定通貨ではなく暗号通貨による投資であるという点は問題ではない。また，ICOは通常，アプリケーションやブロックチェーンプラットフォームという形態の共同事業に対す

る金銭の投資である。しかし，残りの二項目が問題だ。Clash of Clans（クラッシュ・オブ・クラン）やCandy Crush（キャンディー・クラッシュ）などのオンラインゲームでは，現金でデジタルトークンを購入することができる。しかし，そのようなトークンはゲームのサポートを主目的としているため，明らかに証券ではない。購入者は，そのトークンを売り戻して収益を上げようなどとは考えていないはずだ。仮にそのような者がいたとしても，購入者が事業者の成功に能動的に関与している場合はやはり証券とはいえないだろう。規制による保護は，投資プロモーターにつけこまれる可能性のある，従来の受動的な投資家のためにつくられたものなのだ。

　一方，SECは，The DAOのクラウドファンディング事業（第3章で紹介したように，この事業は盛大に失敗した）におけるトークン販売に対して，初めてハウィーテストを適用した。SECは，The DAOが発行したトークンは明らかに証券であり，証券として登録・規制されるべきだったと結論づけたのだ[24]。このトークンの購入者は，出資したプロジェクトの業績に基づいて利益を得ることができたため，明らかに投資機会として販売されたものだったのである。そしてSECは，The DAOが分権型の自律組織であるという誇大宣伝とは裏腹に，The DAOトークンの購入者は事実上，ソフトウェア開発者であるSlock.itの管理下にあったと結論づけた。Slock.itの従業員が，コードを書き，システムの運用を監督し，資金を求めるプロジェクトとの間を取りもつ管理者役を務めていたのである。トークン所有者は，The DAOの運営にほとんど関わることができなかったのだ。実際，ハッカーが資金の大半を流出させた際，投資家は資金を取り戻すためにSlock.itとイーサリアム財団に頼らざるを得なかったのである。

　真に自律的な，集合的に管理された組織も同じ扱いになるかどうかは興味深い問題だ。現在稼働中の，分権型自律組織（DAO）と銘打ったスマー

トコントラクトベースのシステムは，依然として主要な管理機能を人間の手に委ねている状態だ。DAOが完全な自律型の域に達した場合，証券規制の問題とは比較できないぐらい多くの法的問題が発生するだろう。しかしそれでも，従来の企業向けの基準や期待値を設定することによって，そのような厄介な問題への対処は容易になるはずだ。

　The DAOに関するSECのレポートには，ほかにも三つの重要なポイントが含まれている。一つ目は，アメリカ国外に本拠地を置く事業者がグローバルに事業を展開している場合でも，ICOがアメリカの投資家を対象としている場合は依然としてアメリカの証券法の対象となり得るという点だ。これは，既に確立している法原則である。現代の証券市場では多くの事業がグローバルに展開されているが，事業者の拠点の場所だけを理由に責任を逃れることはできないのだ。

　二つ目は，イーサリアムもトークンを販売することによってローンチされたにもかかわらず，SECはイーサリアムを証券ではなく通貨とみなしたという点だ。ただし，SECは明確に分析をしたわけではなく，将来的にこの分類が再考される可能性は残っている。主な相違点はおそらく，イーサはイーサリアム財団の事業に投資する手段であるだけでなく，それ以上に大きなユーティリティ性をもっているという点だろう。ビットコインの主目的がものを買うことであるのと同様に，イーサの主目的はスマートコントラクトの実行に必要なGas（ガス）を取得することだ。そして，イーサの購入者は，The DAOトークンの購入者とは異なり，事業の成功に能動的に貢献している。特に，イーサリアムが2017年のICOブームよりも遥か前の2014年にトークン販売を実施した際の購入者は，必ずしも利益を重視していなかったのである。また，イーサリアム財団は，流通しているイーサのごく一部しか所有していない非営利団体だ。このように，トークン販売の実態や状況，あるいはマーケティング資料の内容などによって，

分類に違いが生じる可能性があるのである。

　三つ目は，証券に分類された暗号通貨を交換したり転売したりする者も また，証券の規則に従わなければならないという点だ。これは，トークン 発行者だけでなく金融仲介業者にとっても重大な通告だ。一部のICOトー クンが非常に高額な理由は，プラットフォーム内におけるユーティリテ ィ性があるからだけでなく，ほかの暗号通貨や法定通貨と交換できるから である。ただし，新規のトークンを換金できるかどうかは，取引所にその トークンを扱う意欲があるかどうか次第である。大半の暗号通貨取引所は， 規制の対象となる証券流通市場として設立されたわけでないので，制裁を 受けるリスクがあるトークンを扱いたがらないのだ。実際，Bitfinex取引 所のように，アメリカのユーザーに対するトークン販売を突然禁止された 事例もあるのである[25]。

　The DAOに関するSECのレポートを確認した暗号通貨取引所の Shapeshiftは，証券とみなされる可能性が高い一部のトークンの扱いを停 止しなければならない可能性がある旨をブログに投稿した。その判断は理 解できる。しかし，同社の説明は理解できないものだった。その投稿には， 「トークン（ブロックチェーン台帳の記録を指す口語的な用語）は，本質的 には言葉です。意味のある情報を共有記録に記したものなのです」と書か れていたのである[26]。この定義だと，車や土地の所有権や，株式なども，規 制から隔離された言葉ということになってしまうだろう。暗号通貨資産に によってイノベーションが実現するからといって，それらを規則から隔離し てよい理由にはならないのである。

　一方，それとは逆の方向に動き始めている取引所も存在する。オルタナ ティブ・トレーディング・システム（ATS）に登録して，証券規制の対象 になるという方法だ。これは，プラットフォームにとってはコストのかか る面倒な手続きだが，証券に分類されたトークンを取引する際に法的な保

護を受けられるようになるのである。既に，ほかの取引所に先駆けて，
TemplumとtZEROがATS認証済みの暗号通貨取引所を立ち上げてい
る。そして，PoloniexやCoinbaseなどの競合他社もそれに続くようで
ある。

　大半のトークン販売は証券である可能性が高いというSECの結論（ほ
かの場でも繰り返されている）に最も脅かされているのは，既にICOを実
施した事業者だろう。なかには，The DAOに関するSECのガイダンスに
従って，計画していた発行を中止したり発行済みのトークンを払い戻した
りした事業者もいるのである。たとえば，有名人が暗号通貨トークンによ
ってファンからの資金提供を受けられるプラットフォームを目指していた
Protostarrは，SECからの電話調査を受けたあとに，ICOによる収益を返
金してシャットダウンしている。同社は約47,000ドルしか調達しておら
ず，当局から告発されることはなかった。同社の最高経営責任者（CEO）
であるジョシュア・ギルソンは，『フォーブス（*Forbes*）』誌に対して次の
ように述べている。「僕たちは，自宅の地下室で活動しているただの技術
オタクです。世界中の誰もがやっていることに対して適用される特定の法
律があるなんて，思いもしませんでした[27]」。

　ギルソンは清々しいぐらい正直だった。しかしその一方で，法的基準を
満たすことなく世界中の投資家から資金を集めることができるという彼の
世間知らずな思い込みは，ブロックチェーン熱が世のなかにいかに広がっ
ているかを物語っている。実際には，小規模企業が証券登録の制約を受け
ることなく資金を調達できる例外的な手段は多数存在する。Protostarrは
そのような手段で何億ドルも調達することはできなかったかもしれない
が，トークン販売でもどのみちできなかったのだ。

　トークン販売において「何でもあり」の状態がはびこっている問題につ
いては，第6章でPolybiusの事例を例に説明した。Polybiusのとある幹

部は，同社のトークンがハウィーテストの基準を満たしており，アメリカ
では証券に分類されるであろうことを認識していたのである[28]。これは，
同社のトークンがアメリカを拠点とする取引所で扱われない理由として提
示されたものである。しかし同社は，トークン販売を証券発行として登録
したりアメリカの投資家を販売対象から除外したりはせず，よくある質問
（FAQ）ページに次のように掲載しただけだったのである。

　　　投資には，一部の例外を除くあらゆる国の皆様にご参加いただけま
　　す。例外は，アメリカをはじめとする一部の法域に存在する規制によ
　　って定められています。投資家の皆様には，法的紛争を起こさないよ
　　う，慎重にご判断いただくことをお勧めいたします[29]。

　Polybiusにどういう事情があったにせよ，これは擁護できない状況だ。
法律で何かが定められているのなら，企業は法的要件に明らかに反すると
思われる行動を取れるようにすべきではなく，投資家にその責任を押しつ
けて言い逃れすべきでもない。しかし，このようなICO発行者はPolybius
だけではない。そして，アメリカのみにおける問題でもない。スイスやシ
ンガポールなど，ICOが実施されているほかの法域にも証券規制は存在す
る。トークンを購入した投資家が在住しているほかの国々も同様だ。細か
い点は異なるものの，企業が開示要件や不正防止策なしに何千万ドルも調
達できる国など存在しないのだ。潜在的な問題が非常に深刻なため，中国
と韓国ではICOが全面的に禁止されている[30]。
　ICOを証券法の制約に対する技術的な抜け穴とみなすのは，Napsterと
同じ過ちだ。NapsterのP2P（ピアツーピア）ファイル共有アプリケーシ
ョンの支持者たちは，音楽の使用性やレアコンテンツの可用性の向上や，
従来の配布プロセスよりも安い取引コストといったNapsterのメリット

によって，同サービスが著作権侵害を助長しているという批判を抑え込めると信じていた。しかし，それは間違いだった。そして，開示義務に反対する未承認ICO発行者の主張は，クリエイターと消費者の双方にとってよりよい音楽配信サービスを作成できたはずというNapsterの主張よりも遥かに根拠が弱いのである。

ICOの場合，証券規制の背後にある投資家保護の根拠は，販売される資産がトークンであろうと株式であろうと同じぐらい妥当である。しかしその一方で，ICOは必ずしも証券と同じように機能するわけではない。ICOはさまざまな方法で構成することができ，購入者に対するアピールポイントもシステムの性質によって異なってくる。「エアドロップ」と呼ばれる，純粋にトークンをユーザーの手に渡すことだけを目的とした，資金をまったく調達しないトークン配布もあるぐらいだ[31]。また，規制対象外のICOによって資金を調達しているプロジェクトのなかには，自発的に情報を開示し，法律の専門家と協力して購入者に合理的な保護を提供しているプロジェクトも少なくないのである。

ここで，分類に話を戻そう。大きな区別ポイントは，トークン販売の主目的が資金調達なのか，それともアプリケーションプラットフォームにおけるユーティリティ性なのかという点と，ICOの時点でプロジェクトが稼働中かどうかという点の二点である。分権型イノベーションに対する障壁がトークン販売によってどのように排除されるかに関する，ベンチャーキャピタリストやテクノロジーソートリーダーの分析によると，ICOに対する発行者と購入者の関心は主に金儲けに関するものであるとのことだ。一般の人々にとって，トークン販売はホットで新たな投資スキームなのである。

コアビジネスモデルとしてトークンエコノミーを構築しているBraveやFilecoinなどの企業は，自分たちの主目的は投資家ではなくユーザーで

あるというもっともらしい主張をしている。彼らにとって，トークンはネットワークの運営に不可欠だ。ユーザーがネットワークに参加するには，トークンを支払うか，もしくは広告の閲覧やストレージの提供などのアクションを実行する必要がある。このようなコインは，ユーティリティ性が主目的であるため，ハウィーテストに該当しない可能性があるだろう。ただし，ソフトウェアプラットフォーム上で何らかの機能を提供している「ユーティリティトークン」であっても，受動的な投資商品としての販売がメインである場合は証券である。SECは，レストラン評価システムを開発するMunchee（マンチー）というスタートアップのレストラン・レビューサイトのICOに対する執行措置において，この点を明確にしている[32]。Muncheeは，ネットワークへの能動的な参加手段としてではなく，導入の拡大に伴って価格上昇が見込まれるという触れ込みでトークンを積極的に売り込んだのである。規制制度では，発行者がカテゴリーの境界線を理解するためのガイダンスを用意する必要があるだろう[33]。そして，たとえ未登録のユーティリティコインであっても，基本的な要件は存在するべきだ。不正は不正なのである。

　二つ目の区別ポイントは，ハウィーテストに直接関係するものではなく，サービスが稼働中か稼働前かの違いである。企業は，トークンが利用できるアプリケーションを運用開始する前に，そのトークンを販売することができる。それにより，プロジェクトの初期段階から，ソフトウェア開発に必要な資金を，従来のスポンサーやベンチャーキャピタルチャネルから調達するよりも簡単に獲得できるのである。2017年10月の時点で，ICOが実施されたトークンネットワークのうち，稼働が可能な状態だったものは10％に満たなかったのだ[34]。これは，素晴らしいことであると同時に，恐ろしいことでもある。イーサリアムは，稼働前にトークン販売を行っていなかった場合，ネットワークの開発に必要な資金を手にできていな

かった可能性があるだろう。初期のトークン販売は，プラットフォームの発展や，プラットフォームに関心のある支持者や出資者で構成されるネットワークの構築に役立っていたのである。

一方，ポテンシャルを武器に資金を調達する企業のなかには，コードをまだ一行も書いていない状態でリスク要素を提示する企業もある。そのため，パンプ・アンド・ダンプ*などの詐欺や不正操作がはびこっている状態だ。たとえ悪意がなくても，技術的な問題や管理上の問題，あるいは競争上の問題によってローンチしないまま終わるプロジェクトもあるだろう。また，事前に手にした資金が多すぎると，スタートアップにとってはマイナスになることもある。浪費の原因になったり，次のステージに進まなければならないという不要なプレッシャーになったりするからだ。さらに，ネットワーク稼働前にトークンを発行することの容易さや，関連市場の大熱狂により，ベンチャーキャピタリストやヘッジファンドなどの機関投資家が「マイニング済み」トークンを割引価格で取得できる取り決めが横行している。それにより，機関投資家が個人投資家よりも有利になる構造が生まれているのである。

法的な観点で見ると，稼働前のトークンは当然ながらユーティリティ性を備えていない。販売された時点では，使用できる用途がないからだ。そのため，そのようなトークン販売はハウィーテストの要件を満たす可能性が高くなる。現在，ICOに関する規制当局の懸念を解消すべく，数多くの取り組みが行われているところだ。その一部は第10章で紹介する。ICOに対する標準的なアプローチが定義されるまでは，公的機関と民間セクターの両方において規制の実験が行われていくことになるだろう。資金を調達したい者と市民を保護したい者が協力していく限り，そのプロセスは健全だ。

そして，トークンが発行されたあとも投資家保護の必要性が消えること

はない。ICOプロジェクトは，自身の活動を管理するための法的なコーポレートガバナンスの枠組みを確立する必要があるだろう。出資者から受け取った暗号通貨を法定通貨に換金するかどうか，いつ換金するか，誰を雇うべきか，どのようにプロジェクトを運用するかなどを，誰かが決定する必要があるのである。多くの有名なICOは，税制優遇や法的確実性が得られる非営利財団として構成されている。しかしそれにより，特にプラットフォームの創業開発者が営利企業を運営して財団と取引している場合，さまざまな義務も生じるのである。

　ICOによって過去最大規模の2億3000万ドル以上もの資金を調達した，Tezosの事例を紹介しよう。Tezosは，ネットワークを管理するための財団をスイスに設立し，テクノロジーを開発する営利企業との契約関係を結んだ。しかし，数カ月後，開発チームのリーダーたちは，自分たちが財団の運営のために雇った幹部の解任を求める訴訟に巻き込まれることになる[35]。そしてその結果，財団理事会の再編によって問題が解決するまで，Tezosトークンの発行とネットワークの開発が数カ月間にわたってストップしたのである[36]。皮肉なことに，Tezosブロックチェーンのセールスポイントは，ネットワークガバナンスの動的な管理だった。これは，ビットコインコミュニティを麻痺させた技術的な膠着状態を回避すべく設計されたものである。しかし，稼働中のネットワークにおけるポリシー変更の調整は，多額の資金が投入された人間のチームが関わる開発プロセスの調整とは大きく異なるものなのだ。

　このように，プロジェクトをグローバルに運用して規制による監視を回避できる自由さは，問題の原因にもなり得るのだ。規制制度の遵守にはコストがかかるものの，そのコストよりも社会的便益のほうが上回る可能性

---

*投資商品の価格を変動させる目的で、ミスリードする情報を拡散させるなどの操作行為を働くこと。

があるのである。

規制とイノベーション

　規制は，イノベーションと対照をなすものと見られがちだ。実際，暗号通貨やブロックチェーンシステムの開発に政府が関与することによって新システムの開発が阻害されると考える者は少なくない。政府が必要な理由が，リヴァイアサンによる恐怖がなければ人々がお互いを信頼できないということだけだったとしたら，おそらくサトシ・ナカモトはその問題を解決していただろう。

　しかしここにも，サイバーリバタリアンの時代遅れな見解に疑問を投げかける理由が存在する。インターネットに対する規制は，実際にはインターネットが広く普及するための重要なステップだったのだ。インターネット黎明期において「うまくいったこと」の大半は，小規模で緊密な身内同士のオンラインコミュニティによる成果だった。そして，インターネットが現実社会に似ていくにつれて，インターネットもオフラインコミュニティと同様の政治的・経済的問題に直面したのである。

　たとえば，1990 年代後半にマイクロソフトが独占力を利用してインターネット関連のスタートアップを脅かした際，アメリカ政府は反トラスト法の執行によってそれを抑制した。独立したウェブブラウザ市場が存在しなかった場合，あるいはあらゆる電子商取引に少額手数料を課す計画[37]を実行できるだけの影響力をマイクロソフトがもっていた場合，現在のインターネットはまったく異なるものになっていただろう。さらに，政府が不正行為を取り締まっているという情報は，オンライン取引という新たで馴染みのない言葉に対する信頼の促進につながった。その後，インターネットの支持者たちは，ブロードバンド事業者による外部サービス排除の防止

や，プライバシーの保護を求めて，政府が介入して中立的なネットワーク規則を施行することを要求し始めたのである。

　分散型台帳テクノロジーでも，同じようなことが起こる可能性があるだろう。ブロックチェーン上の活動は法執行の対象になり得ないという妄想は，遅くともロス・ウルブリヒトが逮捕された時点で崩れ去った。特に，パブリック台帳に加えて許可型台帳や企業向けシステムが登場したことにより，ブロックチェーン開発の促進剤としての規制が広まりつつあるのである。

　それは決して，ブロックチェーンの将来が安泰という意味ではない。インターネットは，政府が思慮深く行動し，新興業界も責任をもって活動できた好例だ。反例も少なからずあるものの，規制当局と規制対象が協力して成長やイノベーションを実現させた事例が数多く存在する。同じことがブロックチェーンにも当てはまるという保証はないが，可能性はあるという意味である。

　確かに，監視対象と許容できる利用方法の境界線をどこに引くかは大きな問題だ。犯罪者やテロリストは，ほかのテクノロジーと同じように，ブロックチェーンも可能な限り悪用しようとするだろう。また，政府は過剰に反応し，合法的な事業に二次的な損害をもたらし得る規則を提案するかもしれない。しかし，これらの問題は決して目新しいものではない。そして，規制が必要だからといって，暗号通貨のイノベーションが終わりを告げるわけでもない。規制の必要性は，ブロックチェーンが成熟しつつあることを示しているのである。

　前の節で説明したように，規制において大きなウェイトを占めているのが分類の実施である。規則によってカテゴリーが定義され，規制当局はそのカテゴリーに属する者を監視する。分類は，場合によっては簡単だ。たとえば，従来の回線交換型の固定電話回線を提供しているVerizonやAT

＆Ｔは，1934 年通信法に基づいた「電気通信事業者」に分類されていることに異議を唱えていない。しかしなかには，分類が非常に難しいケースも存在する。たとえば，インターネットテクノロジーを利用した専用のパケット交換型データネットワークで電話サービス業界に新規参入した Comcast は，このカテゴリーに該当するのだろうか？　自前のネットワーク設備は所有していないもののブロードバンドユーザー向けの音声通話アプリを提供している Vonage はどうだろうか？　あるいは，Echo パーソナルアシスタントデバイスによるボイスメッセージ機能の提供を始めたアマゾンはどうだろうか？

　簡単な解決策は，「アヒルのように見え，アヒルのように鳴くものはアヒルである」という，いわゆる「ダック・テスト」のやり方でサービスを分類することだ。そして，サービスが過剰に規制されている場合は規則を調整するのである。しかし，インターネットベースの音声通信サービスに対してこれらの原則を適用することの影響については，10 年以上にわたって議論が繰り広げられた。それは必ずしも悪いことではない。FCC は，先制的で過剰な規制によってイノベーションが弱まることを非常に懸念していたのである。テクノロジーが未熟すぎて，実装方法が限られていたため，1990 年代の時点では分類に関する論争を短期間で収束させるのが難しかったのだ。

　現在，規制当局は新興の暗号通貨サービスを分類するにあたって同様の課題に直面している[38]。2015 年に，アメリカ財務省の金融犯罪捜査機関である FinCEN は，ビットコイン以外で初めて成功した暗号通貨ネットワークである Ripple に対して民事執行措置を行った。Ripple は，通貨をまたいだ国際取引をサポートするように設計されたネットワークである。ビットコインが通貨として機能するように作成された一方で，Ripple の通貨である XRP は，ドルやユーロ，円などの仲介機能として作成されたのだ。

　FinCENから見たRippleの問題点は，規制対象となるマネーサービス事業者として登録することなく活動していたことだった。送金処理自体は問題ではなく，業界の既存企業に課せられた義務を果たすことなくそれを行っていたのが問題だったのだ。特に問題だったのは，アンチ・マネーロンダリング（AML）やノウ・ユア・カスタマー（KYC）に関する規則を遵守していなかった点である。これらの規則は，犯罪者やテロリストが自身の活動のために銀行システムを利用するのを防ぐためのものだ。FinCENの措置に対して，Rippleは45万ドルの罰金を受け入れ，AMLやKYCに関する規則を遵守する体制の構築を約束したのである。

　Rippleに対する制裁は，暗号通貨業界のターニングポイントだった。分散型ネットワーク上に実装されたプロトコルであるビットコインとは異なり，Rippleは企業である。そして，そのビジネスモデルは，XRPと現地通貨を交換できるようにするためのパートナーシップを世界中の金融機関と構築できるかどうかにかかっている。そのため，FinCENによる制裁は一大事だったのだ。通常，AMLやKYCに関する手続きでは，パスポートなどの物理的な身分証明書を確認し，ブラックリストと照合する必要がある。しかしこれは，サービス事業者，特にコンピューター化が進んだスピーディなサービス事業者にとっては面倒なものなのだ。

　なかには，FinCENの措置を，アメリカが暗号通貨企業に対して友好的ではない証拠とみなした企業もあった。たとえば，ベンチャーキャピタルの支援を受けたビットコインウォレットスタートアップであるXapoは，FinCENの措置からわずか10日後に本社をカリフォルニア州からスイスに移転したのである。その数カ月後にはニューヨーク州でBitLicenseが施行され，規制当局が暗号通貨事業という金の卵を産むガチョウを殺してしまうのではないかという懸念がさらに広がった。しかし結局のところ，これらの懸念は過大だった。アメリカの規制当局は，やりすぎることもあっ

たものの，どちらかといえば市場参加者が優先事項を決めるのを助けていたのである。FinCENの要件に準拠するように業務を調整した結果，Rippleはより信頼できるネットワークになったのだ。そして，その後の2年間で，Rippleのテクノロジーや通貨の導入数は劇的に増加したのである。

　ドットコム時代と分散型台帳時代の大きな違いは，アメリカがもはや活動の中心地ではなくなっていることだ。1990年代には，慣例の形成やスタートアップの設立はアメリカで中央集権的に行われていた。しかし現在，インターネットは高度にグローバル化されており，分散型台帳はさらにグローバル化されている。ニューヨークやシリコンバレーに加えて，ロンドン，ベルリン，チューリッヒ，シンガポールなどが主要な拠点となっており，中国，カナダ，韓国，エストニア，香港にも重要な拠点が存在する状態だ[39]。また，イーサリアムプロジェクトのリーダーであるヴィタリック・ブテリンは，カナダで育ったロシア人であり，スイスに本拠地を置く財団を率いており，現在はシンガポールに住んでいる。もし彼がインターネット黎明期にインターネット関連のスタートアップを設立していたら，彼はおそらくシリコンバレーに向かっていただろう。

　ブロックチェーン開発事業がグローバルに分散したことによって，支配権に関する競争が加速している。アメリカは，初期のインターネット業界を支配したことによって，経済面でも世界的なソフトパワーの面でも大きなメリットを享受することができた。そのため，ジブラルタルやロシアなどの国々が，暗号経済圏におけるシリコンバレーになることを目指して，ブロックチェーンスタートアップやトークン販売などを誘致するための新たな法的枠組みを作成しているのだ。早い段階から先陣を切っているのは，安定した政府，ヨーロッパの中心部という好立地，暗号通貨会社に対して友好的な環境，そして有利な税制が揃った，スイスのツーク州である。

同州は，暗号通貨業界において，アメリカの大企業にとってのデラウェア州と同じような存在になることを目指しているのである（ただし，既に紹介したように，当のデラウェア州も暗号通貨事業を積極的に誘致している）。

しかし，アメリカは今でもブロックチェーン事業において非常に重要な役割を担っている。ビットコインの主要部分の開発は，大半がアメリカで行われたのだ。また，ニューヨーク州は金融サービスに関する分散型台帳テクノロジーの中心地となっている。さらに，ブロックチェーンスタートアップに出資している投資家の多くはアメリカに拠点を置いており，企業向け分散型台帳アプリケーション開発の最前線にいるのはIBMやマイクロソフト，PwCといったアメリカの大企業である。技術力やITスタートアップのエコシステムにおいてアメリカに匹敵する国は依然として存在しないのだ。

繰り返しになるが，主要なインターネット企業が拠点を置いているのはシーランド公国やタックスヘイブンではなく，開発者や顧客がいる場所だ。そして，組織が求めているのは最低限の規制ではなく，一連の候補のなかでも最高の規制である。信頼できる安定した規制環境は，大規模なユーザー基盤が必要なブロックチェーンプラットフォームにおける信頼の構築に不可欠だ。同様に，暗号通貨企業などの誘致に積極的な地域も，単に底辺への競争をしているわけではないのである。

たとえばシンガポールは，規制が緩いこともあって，ブロックチェーン事業の一大拠点となっている。しかし，シンガポール金融管理局（MAS）は2017年8月に，ICOに対してマネーロンダリングやテロ資金調達に関する制約を課すことを発表した[40]。そして，ICOが「発行者の資産や所有物に対する所有権もしくは担保権を象徴している」場合は証券として規制することを明言したのである。なかには，税収の創出を優先して，「何で

もあり」の方針をとる地域もあるかもしれない。しかし，そのような地域を拠点とするICOは結局のところ信頼性が低くなり，資本の誘致に失敗することになるだろう。さらに，そのような資本の拠出元の国は，司法権を行使することを躊躇しないはずだ。これらは，すべての企業が海外のタックスヘイブンに拠点を置いているわけではないのと同じ理由である。

　暗号通貨業界におけるBitLicenseの評判は芳しくなかったかもしれないが，最近の規制案はより慎重に設計されている。たとえば，州議会にモデル法案を提出する専門家グループである統一法委員会は，規制の範囲を慎重に制限した暗号通貨関連のモデル法案を2017年に提案した。暗号通貨の規制緩和に関するシンクタンクであるCoin Centerでリサーチディレクターを務めるピーター・ヴァン・ヴァルケンバーグは，同法案を「ビットコインや暗号通貨にとっての大きな勝利」と評している[41]。また，CFTCは，暗号通貨の研究や新興業界との連携を行うためのLabCFTCグループを作成した。さらに，ICOやThe DAOに関するSECの調査レポートは，テクノロジーに対する理解の深い正確なものだったことから広く賞賛されている。そして，SECとCFTCの委員長が2018年2月に国会で暗号通貨の規制に関する答弁に応じた際には，その適切な内容による安心感によってビットコインの価格が跳ね上がったのである[42]。

　規制に関する競争は，まだ初期段階である。「価値のインターネット」は生まれたばかりなのだ。今後下されていく決定によって，規制が効率性や革新性，自主性などに貢献できる環境が形成されていくだろう。ただし，その先は不透明だ。もしかしたら，ブロックチェーンを抑圧しようとしたり不適切な法制度を押しつけようとしたりする政府が出てくるかもしれない。また，開発者や起業家は，スマートコントラクトの強力な汎用機能を想定外の目的で使用するかもしれない。このような不確実性は，新旧の信頼アーキテクチャの境界線が流動的であることを意味している。しかし，

前向きに進むことによって，ブロックチェーンのメリットを促進して危害
のリスクを抑えることは十分可能なのである。

　トマス・ホッブズのリヴァイアサンから得られる，重要ながらも逆説的
な教訓は，行動の自由を得るためには自由をいくらか放棄しなければなら
ないということだ（現代の行動経済学の観点では，リヴァイアサンはコミ
ットメントデバイスの究極例である）。国家権力に裏打ちされた法執行は，
そのほんの一例にすぎない。たとえば，現代のインターネット経済圏では，
人々が権限や管理権をグーグルやフェイスブックなどの仲介者に譲渡する
ことによって，低コストで軋轢の少ない通信環境や商取引環境が形成され
ている。これが，第1章で説明した「信頼のトレードオフ」だ。サトシ・ナ
カモトによる革命によって，そのような仕組みの再考が可能になったので
ある。ただし，その革命自体によって信頼が構築されるわけではない。

　法律とソフトウェアコードの組み合わせは，社会関係を変える強力な手
段になり得るものだ。たとえば，法律の専門家と技術者が協力して，ソフ
トウェアやオンライン創作物のデジタル著作権の範囲を拡大するためのオ
ープンソース・ライセンスやクリエイティブ・コモンズ・ライセンスを生
み出した例がある[43]。オープンソース・ライセンスとは，オープンソース
ソフトウェアを商用プロジェクトで使用するユーザーがソースコードを保
持することや，場合によっては独自の改変を加えたソースをオープンソー
スとして再頒布することを契約的に許可するものだ。一方，クリエイティ
ブ・コモンズは，著作権法に基づいた正式な認可を行うことなく，オンラ
インコンテンツに追加するだけで再利用可能を表明できるライセンスのセ
ットである。

　現在，これらのライセンスは主要業界に広く受け入れられ，推奨されて
いる。これらは，収益化や管理を望む者たちの機会を過度に制限すること
なく，コンテンツやソフトウェアのより自由な利用を可能にしているのだ。

同様に，分散型台帳に秘められた可能性を実現するには，法律とテクノロジーを組み合わせた新たなアプローチによって信頼を促進する必要があるのである。

規制の枠組み

　世のなかの規制は，単一的なものではない。たとえば，デリバティブ取引を規制するプロセスは，国境をまたいだ送金による資本規制の回避やテログループへの資金提供を防止するプロセスとは異なるものだ。また，同一国内の規制当局ですら，同じアプローチをとるとは限らないだろう。国が違えば言わずもがなである。ただし，分権型ブロックチェーンプロジェクトに関する仮想，あるいは現実のさまざまな規制シナリオにおいては，いくつかの共通テーマが存在する。具体的にいうと，規制当局は次の三つのポイントに基づいて，アクションを起こすかどうかを決定できるのだ。

1. そのシステムは合法的な目的でつくられたものだろうか？

　第8章で紹介した，P2Pファイル共有サービスをめぐる法廷闘争は，初期のサイバー法にとって大きな局面だった。初の主要なファイル共有サービスだったNapsterは，すべてのコンテンツのリストを一元管理していたため，著作権侵害を助長したと判断された。そして，それを見た開発者たちは，中心的な管理ポイントの存在しない分散型のファイル共有ネットワークを作成したのである。しかし，最高裁判所は，MGM対Grokster（グロックスター）の法廷闘争において，このサービスがNapsterとまったく同じであるという裁定を満場一致で下したのだ[44]。このファイル共有サービスは明らかに著作権法を回避するように設計されていたため，違法行為を明白に助長しているとみなされたのである。Groksterの動機は，著作権

法の観点で問題だった。そしてそれが，規制当局の常套手段である，「まずは不正な関係者に着目する」につながったのである[45]。

　テクノロジーイノベーションの副産物として偶発的に違法行為や義務違反が発生したサービスもあれば，偶然ではなかったサービスもある。たとえば，Silk RoadやAlphaBayは，麻薬などの違法取引が行われた闇マーケットプレイスだ。両サービスの運用者はそれを承知のうえで，法執行を回避する手段として暗号通貨やその匿名性を悪用したのである。そして，これらの違法マーケットプレイスの第二世代のような形で登場したのがOpenBazaarだ[46]。OpenBazaarは，買い手と売り手が完全に分権化した方法で取引できるマーケットプレイスだ。各ユーザーのコンピューター上で稼働しているOpenBazaarソフトウェアがほかのユーザーとP2P接続することによって，ビットコインなどの暗号通貨を使用した取引をサポートするのである。

　しかし，Silk Roadとは異なり，OpenBazaarの運営はオープンだ。その開発者は知られており，Union Square VenturesやAndreessen Horowitzといった名だたるベンチャーキャピタリストが出資している。これらの後援者たちは，分権化がインターネットのコアプロトコルと同様に必然的に悪用を招くことを認識している一方で，Groksterなどのファイル共有サービスやSilk Roadとは違ってOpenBazaarには違法行為を推奨するメリットがないと主張している[47]。OpenBazaarは取引によって収益を上げていないからだ。また，OpenBazaarは違法行為の取り締まりに役立つとされる評価システムを導入している[48]。さらに，OpenBazaarは従来の金融仲介業者による制約を回避するために暗号通貨を使用しているものの，サービス自体は分散型台帳を使用していないP2Pソフトウェアネットワークなのである。

　これらはいずれも決定的な要素ではなく，あくまでも法執行機関が

OpenBazaarの意図や実際の違法行為のレベルを評価する際の判断基準である。しかし，The DAO事件を見ればわかるように，意図を客観的に評価するのは困難だ。証拠の重みから推測するしかないからだ。Silk RoadやGroksterの作成者たちは，映画『カサブランカ』の有名なシーンのように，まさか不正行為が行われていたとはショックだと言わんばかりの態度をとったのである。一方，OpenBazaarの作成者たちの姿勢は違っていた。彼らやその出資者は，規制当局に対して誠実さを見せる必要があることを理解していたのである。第8章で紹介したAugur（オーガー）もまた，ブロックチェーンベースの予測市場を運営するにあたって同様の責務に直面している。さらに，ICOの場合，トークン発行者は，自分たちのバリュープロポジションには証券法に基づいた投資家保護を回避する術がないことを実証する必要があるのである。

　Groksterのケースと同じように，OpenBazaarのようなサービスに対する制約を定義する判例もいずれは登場するだろう。著作権法においてひとつの基準となっているのが，最高裁判所がソニーのビデオデッキにおける二次侵害を否定した際の根拠になった，「実質的に侵害しない使用」である。もしかしたら，暗号通貨事業に関しても同様のものを考案する必要があるかもしれない。

2. 公共政策目標を達成するための代替手段は存在するだろうか？

　規制の目的は実のところ，規制することではない。違法行為の阻止や市民の保護，公正な競争の促進といった，社会的目標を達成することが規制の目的なのだ。自分たちのテクノロジーが違法な結果を招く可能性をブロックチェーンサービス事業者が故意に無視すべきではないのと同様に，規制当局は自分たちと同じ目的を達成し得る技術的解決策から故意に目を逸らすべきではないのである。

　オンライン小売業者のOverstock.comは，初のブロックチェーンによる株式発行システムをローンチするにあたって，その事業が完全に合法であることを認めてもらうべく奮闘した。それには，証券発行を規制するSECとの長期にわたる協議が必要だった。長年にわたってビットコインを支持してきたOverstock.comは，資本市場に分散型台帳テクノロジーを導入するためにTZeroという子会社を設立し，TZeroのプラットフォームを通じて証券を発行すべく，SECに有価証券届出書を提出したのである。

　SECにとっての問題は，従来の証券発行とはまったく異なる形で行われるOverstock.comの証券発行が，証券法の要件を満たしているかどうかだった。同社は先駆者として，問題を解決するために多大なリソースを費やし，時にはSECの懸念を解消するために計画を変更したことすらあった。しかし，大きな障害になったのが，証券法で定められている清算と決済の要件である。双方の義務を確定するプロセスと，それに応じて資金や証券を譲渡するプロセスのことだ。分散型台帳システムには，これらに該当するステップが存在しない。精算は取引に内在するものであって個別のステップではなく，決済はブロックの検証と同時に行われるからだ。同社は，取引が正しく処理されることを規制当局に納得してもらうため，従来の名義書換代理人を利用して同じ記録のシャドウセットを作成する必要に迫られたのである。

　SECは最終的に，Overstock.comの証券発行を承認した。そして同社は，自社の取引プラットフォームを通じて，専用のブロックチェーン上で約125,000株を販売した[49]。その後，同社はTZeroのプラットフォームに対するATS認証を取得し，アメリカの法的要件に従ってICOトークン証券を取引できるようになったのである。同様に，スタートアップのLedgerXも，ブロックチェーンベースのデリバティブ取引プラットフォームに対するCFTCの承認を獲得することに成功した[50]。一方SECは，不正

行為や価格の不正操作を監視しきれないことを懸念したため，ビットコインを対象にした上場投資信託（ETF）を否認している[51]。重要なのは，どのようなテクノロジーが使われているかではなく，規制の目的を達成できるかどうかなのだ。

AugurのCEOであるジョーイ・クリュッグによると，予測市場やデリバティブ市場の場合，既存の規制の大部分は，顧客の資金管理や公正取引，決済など，ブロックチェーン環境では発生しない可能性のある問題をカバーしているとのことだ。一方，スマートコントラクトに潜む潜在的な欠陥は，従来の規制では対処できない新たな脅威である。彼は，「CFTCがスマートコントラクトに対する監査を今すぐ始める可能性は低いと思うが，正直な話，今後20年の間にそうなる可能性も低いかと聞かれたらおそらくノーと答えるだろう」と述べている[52]。

しかし，公的な規制制度だけが政府の懸念を解消する手段ではない。たとえば，ICOをメインにしているPantera Capital（パンテラ・キャピタル）やBlockchain Capital（ブロックチェーン・キャピタル）などの大手投資グループは，トークン発行者向けのグローバルな自主規制機関であるICOガバナンス財団（IGF）をサポートしている。スイスに拠点を置くIGFは，ICOの標準登録フォーム，投資家向けの登録データベース，ICOに投資された資金の管理組織に対する認証システムなどを開発している財団だ。登録フォームには，プロジェクトの構造や，資金がどのように使用されるかなどの情報が記入される。これは，新規株式公開（IPO）の際にSECに提出するS-1フォームなどの，政府に提出する書類と同じ内容だ。また，フォームはオンラインで提出できるように設計されており，簡易的な検索機能や分析機能も備わる予定である。

IGFは，自主規制の自発的なプロセスが法令遵守の代わりになるわけではないことを認識している。しかしその一方で，IGFは規制当局と協力し

てベストプラクティスや基準を確立しようと試みているのだ。それがよい結果につながれば，投資家はIGFのプロセスをクリアしたトークン販売を重視するようになる可能性があるだろう。このような例は，IGFだけではない。たとえば，Gemini暗号通貨取引所を設立した古参のビットコイン投資家であるウィンクルボス兄弟は，発行済み暗号通貨の取引を監視する自主規制機関として仮想通貨協会（VCA）の設立を提案している[53]。

アメリカの証券法では，証券ブローカーを規制する金融取引業規制機構（FINRA）や先物トレーダーを規制する全米先物協会（NFA）などの自主規制機関が法的基準や倫理的基準の遵守を監視できることが明確に認められている。したがって，IGFやVCAのような組織も，規制当局と民間セクターの架け橋となる可能性があるだろう。ICOに関する懸念に対処すべく，ほかにも多くの自主規制機関が生まれつつあるのである。

これらの例はすべて，規制が単純なオンかオフの二択ではなく，規制当局と民間セクターの間で行われる一連の対話であることを示している。そして両者は，暗号通貨がもたらす新たな課題に対する最善策を見出すために，規制の仕組みを俯瞰的に検証していく必要があるのである。

3. 規制措置のコストやメリットは何だろうか？

規制当局は，常に自身の活動の結果を評価しなければならない。これは実のところ，ITイノベーターが実感している以上の頻度で行われている。規制当局は，規制競争的な環境における過剰な制約がイノベーションの国外流出につながることを認識しているからだ。また，規制当局が執行措置に使えるリソースは限られている。そしてそもそも，彼らはイノベーションに協力したいと考えている。にもかかわらず，ブロックチェーンのように市場の行く先が不確実な場合，コストやメリットの評価も漠然としたものになりがちなのである。

　規制当局は，いつどこに介入するかを選択することができる。「規制当局は誰も逮捕することはできない」などと考えているブロックチェーン支持者は，規制当局が監視して圧力をかけられるポイントがネットワークのエッジ部分に存在するという事実から目を逸らしているだけだ。たとえば，ネットワークやプロトコル自体をシャットダウンするのは難しくても，ネットワークへのアクセスポイントを監視することはできるだろう。そのようなポイントは通常，中央集中型で管理されているからだ。そして，そのようなエッジサービスの運用者が信頼できる場合，規制当局と協力できる可能性が存在するのである。

　ICOの証券規制に対するSECの姿勢は慎重だ。まずはThe DAOの問題に取り組むというSECの方針は，その実際の成果と同じくらい価値のあるものだった。ICOが重要なイノベーションにつながっていることを認識していたSECは，市場を不必要に委縮させるのを避けたかったのだ。そして，ハウィーテストの分類基準を適用するのが難しいプロジェクトが存在することも理解していた。そこでSECは，明瞭であるだけでなく解決済みのケースをあえて選んだのである。The DAOは既にハードフォークによる返金を済ませてシャットダウンされていたため，SECが執行措置を執る必要性はない状態だった。しかし，SECによる分析は，市場に対する警告射撃として機能するとともに，SECの見解を伝えるガイダンスとなったのである。その後，SECが執行措置を執り始めてからも，SECの委員長であるジェイ・クレイトンは，「ICOは，証券発行に該当するかどうかにかかわらず，起業家などが革新的なプロジェクトの資金を調達する際の効果的な手段になり得る」と述べている[54]。

　今後，SECなどの規制当局は，ICO関連の事業や不正行為に対処すべく，積極的な措置を講じていく必要があるだろう。SECは既に，ICOをはじめとするオンライン事業全般に対する執行に特化したサイバー部隊を設

立している[55]。そして，Protostarrをシャットダウンに追い込んだ際のような非公式な会話だけでなく，悪質なICO発行者の告訴も開始しているのだ。最も難しいのは，The DAOのように不正行為ではなく未登録であることが問題だったケースである。不正行為は明確な危害や違法行為が伴う一方で，未登録証券の場合は投資家の保護や市場への情報提供が適切に行われる場合があるからだ。

　この場合，規制当局はFCCがVoIPサービスに対して行ったのと同じ方法を採る必要があるだろう。FCCは，インターネットをベースにした未承認の電話サービスを闇雲にすべて禁止した場合，イノベーションを阻害して，競争力をもった代替サービスの登場を妨げてしまうことを認識していた。そのため，FCCはどのような事業が規則から外れているかを可能な限り明確にし，将来的な規制に関する不確実性を排除したのである[56]。しかしその一方で，企業が単に規制回避のためにVoIPテクノロジーを利用していて消費者にとってのメリットがなかった場合，FCCは積極的に介入を行っている[57]。そして，911への緊急通報を問題なくかけられることや，不要なスピルオーバー効果を回避することなど，不足していた規則を個別に追加していったのだ。さらに，新たなテクノロジーを利用するサービスに従来の規則を適用する合理的な理由が存在した場合，FCCはサービス事業者が規則を遵守するのを支援したのである。

　SECの初動は，彼らがICOに対してFCCと同様の方針を採ろうとしていることを示唆している。また，シンガポール金融管理局やスイス金融市場調査局，ドイツ連邦金融監督庁といった主要各国の証券規制当局も同様に，慎重に進む必要はあるものの必要に応じて行動すると述べている。ICOのグローバル性によるメリットの一つが，各国の規制当局が意見を交換し合えることだ。どこかの国で効果的だった手法をほかの国にもコピーできるのだ。問題は，このプロセスには時間がかかることである。たとえ

ば，トークンを発行したあとに当局に何かを問い合わせた場合，そのプロジェクトはまずい状況に陥る可能性があるだろう。既存の法律や規制だけでは効果的に解決できない場合，それらの変更には，急速に発展する暗号通貨市場に関わる起業家にとって苦痛なほど時間がかかる可能性があるからだ。

　しかし，仮にそうだとしても，分散型台帳がもたらすメリットを市民に享受してもらいたいと望むのであれば，政府は適応していく必要があるだろう。インターネットのときと同様に，解決すべき重要な法的問題は数多く存在する。そして，その大半は，単一の解決策が存在しないものである。したがって，今後しばらくの間は，分散型台帳システムのビジネスモデルと法的モデルの両方に対して重要な実験が行われていくことになるだろう。規制の進化が遅いのは，特徴であると同時に欠点でもある。仮に，テクノロジーの発展に合わせて速く動きすぎた場合，たとえそれが一時的な流行にすぎなかったとしてもコストが発生してしまう。しかし，規制に関する懸念が解決するかどうかについて悲観的になる必要はない。なぜなら，政府もブロックチェーンもすぐになくなることはないからだ。

第 3 部

分権化された未来の構築

第10章　法律とテクノロジーの結合

ニック・サボの知見

　ニック・サボは，自分がサトシ・ナカモトであることを否定している。しかし，彼がそうであると思われがちな理由は簡単だ[1]。まず，経験豊富な暗号学者であり，情報セキュリティ学者でもあるサボは，ビットコインの前身であるBitgold（ビットゴールド）を作成した人物だ。ビットコインには，Bitgoldの特徴が多数流用されている。そして彼は，1990年代にスマートコントラクトの概念を考案している。また，彼のリバタリアン的な思想はサトシの文章に垣間見えるものと一致しており，彼のブログからはお金の歴史に魅力を感じていることがうかがえる。サボやほかの誰かが本物のサトシかどうかを推測するのはゲームのようなものだが，少なくともサボは，ブロックチェーンシステムの基盤を誰よりも高く評価しているのだ。

　サボの関心事項に関していうと，彼が2000年代はじめに行ったことが特徴的だ。それは，暗号学者としては変わった行動だった。彼は学校に戻って，ジョージ・ワシントン大学で法律の学位を取得したのである[2]。デジ

タル通貨やスマートコントラクトの開発における問題を完全に理解するには法律を理解する必要があると彼は考えたのだ。おそらく彼は，何かに気づいていたのだろう。

サボは，「法的契約は弁護士の脳内で実行されるコードである」と述べている[3]。スマートコントラクトが法執行抜きで動作するからといって，法律が無関係になるわけではない。そのため，開発者は法律を研究して，スマートコントラクトの「ドライコード」と法執行の「ウェットコード」をどこで調和させられるかを探っていくべきなのである。これは，暗号的なメカニズムと法律を組み合わせて効果的な分散型台帳ソリューションを構築する方法の一例だ。これまで見てきたように，コードのみによるガバナンスには大きな制約があり，法律にも独自の欠点が存在する。システムをうまく機能させるには，両者をうまく組み合わせる必要があるのである。

ブロックチェーンによるアルゴリズム的な分散型信頼構造と人間による国家法制度をリンクさせるメカニズムは複数考えられる。状況によっては，法律の関与はまったく必要ない。また，ブロックチェーンが純粋に補足として機能する場合は，特に何かを変えなくても既存の法的な仕組みがそのまま利用できるだろう。しかし，大抵の場合は，分散型の台帳と中央集権型の法律のそれぞれ優れている部分を組み合わせるべく，積極的な措置をとる必要があるのである。法的な執行と暗号的な執行を融合させる方法として考えられるのが，法律をコードのようにし，コードを法律のようにすることだ。これらはどちらも，現在研究が進められている。

法律をもっとコード化する方法

法律は，単なる印刷された規則集ではなく，複雑かつ多様な仕組みを備えた動的な事業である。新たな課題が発生すると，新たな法執行メカニズ

ムが必要となる。たとえば，1930年代には，テクノロジー化が進んで複雑化した産業経済に対応すべく，専門の規制機関が導入された。憲法学者のブルース・アッカーマンによると，この変更はアメリカの基本的なガバナンス構造を密かに改善させる重要なものだったとのことだ[4]。ブロックチェーンはそこまで劇的な変化をもたらすわけではないが，ソフトウェアコードによるガバナンスと法執行の架け橋となる革新的なソリューションを生み出す可能性を秘めている。現在開発中のソリューションの例として挙げられるのが，規制サンドボックス，セーフハーバー，モジュール型契約，そして情報受託者だ。

1. セーフハーバーとサンドボックス

　セーフハーバーとサンドボックスは，法執行を防ぐための特殊なメカニズムである。セーフハーバーは，特定の活動を法的義務から除外するものだ。企業が十分に自主規制できる場合，セーフハーバーはそれを奨励するとともに，とるべき特定の行動を定義するのである。テクノロジーの世界で最もよく知られているセーフハーバーはおそらく，1996年電気通信法の第230条と1998年デジタルミレニアム著作権法の第512条だろう[5]。これらはいずれも，自身のシステム上でやり取りされるコンテンツに対する責任からオンライン仲介業者を保護するものだ。たとえば，第230条には，オンライン仲介業者は発行者とみなされないことが明記されている。つまり，彼らはユーザーが作成したコンテンツに対して基本的に責任を負わなくてよいのである。また，第512条には，要請に応じて著作権侵害コンテンツを削除しさえすれば，オンライン仲介業者は著作権侵害に対する責任を問われないことが明記されている。

　しかし，これらのセーフハーバーは商用インターネットの黎明期に作成されたため，その対象範囲に問題がある。また，仲介業者が積極的に役割

317

を果たすことに対するインセンティブがないため，オンラインハラスメントのような明らかに有害な行為を制限できない場合もある。一方，1990 年代につくられたこれらのセーフハーバーは，インターネットアプリケーションの急速な成長を支えた重要要素でもあった。特に，ユーザー主導型のWeb2.0 サービスやソーシャルメディアの普及において，これらは重要な役割を担ったのだ。これらのセーフハーバーは，ユーザーが生成したコンテンツに対して過失責任を問わないことをサービス事業者に保証することによって，イノベーションを促進しているのである。

　また，これらのセーフハーバーでは，ユーザーがオンラインサービスに投稿したコンテンツを個別に確認するのは現実的ではないことが前提となっている。量が膨大になる可能性があるからだ。フェイスブックは，『ニューヨーク・タイムズ（*The New York Times*）』紙が第一面の掲載内容を決めるのと同じ方法でニュースフィードの表示内容を決めることはできないだろう。また，コンテンツを監視する技術的な手段があるのであれば，サービス事業者に免責を与えたほうがその手段を有効活用できるはずだ。免責がない場合，何かが監視をすり抜けるたびにサービス事業者がその責任を負うことになってしまうからだ。したがって，これらのセーフハーバーは，従来の紙媒体よりもインターネットのコンテンツ環境に適しているのである。

　暗号通貨の規制に関する問題を扱うシンクタンクである Coin Center は，ブロックチェーン関連スタートアップ向けの新たな法的セーフハーバーを提唱している[6]。これは，ユーザーの資金に対する管理権を有しないブロックチェーンサービスを，送金法などの州法や連邦法が義務づけるライセンス取得や登録の適用対象外とするものだ。ここでいう「管理権」とは，「ブロックチェーンネットワーク上で取引を一方的に実行したり無制限に停止したりする権限」のことを指す。ユーザーの秘密鍵を保持し，ユーザーに対して送金業者と同様のリスクを発生させる保管取引所は，引き続き

規制の対象だ。

　サンドボックスはセーフハーバーとよく似ているが，時間や規模に制限がある。規制サンドボックスは，実験や新規事業の促進を目的として，特定の企業や活動を規制対象から除外するものだ。セーフハーバーとは異なり，サンドボックスは必ずしも永続的ではなく，通常は新規企業のみに適用される。インターネットのセーフハーバーに関する懸念として，プラットフォーム上のコンテンツを監視するためのリソースをもたない初期段階の企業を支援するためのセーフハーバーがグーグルやフェイスブックのような大企業も支援してしまうというものがある。サンドボックスは，発展の初期段階の組織のみに適用され，成長すると対象から外れるように構築できるのだ。

　サンドボックスを利用すると，セーフハーバーと同様に，ソフトウェア主体の環境により適した方法で法制度を運用することができる。遊びや実験のための有限のスペースを意味する「サンドボックス」という用語は，コンピューターサイエンスでも使用されているものだ。ソフトウェアサンドボックスでは，大規模システムに影響を及ぼすことなく，閉じられた環境でコードを実行できるのである。

　イギリスでは，主要な金融規制機関である金融行動監視機構（FCA）が，企業が新サービスを実験できるフィンテック・サンドボックス・プログラムを導入している[7]。企業がサンドボックスの利用を申請して承認された場合，一定期間中は特定の規制要件の対象になることなく新サービスを展開できるのだ。また，企業の活動内容はFCAが詳細にモニタリングしているため，FCAも新プラットフォームに対する理解を深めることができる。サンドボックスの第一ラウンドへの参加が承認された企業は，大半がブロックチェーン関連企業だった。FCAのレポートによると，第一ラウンドでは「処理時間の不確実性，デジタル通貨の価格のボラティリティ，流動性

要件，取引手数料，取引所の可用性」といった問題が明らかになり，また，FCAは暗号通貨への交換時に資金が喪失した場合は顧客への返金を約束することを企業に求めたとのことだ[8]。これらの知見は，将来の非公式なガイダンスや正式な規則のベースとなるだろう。

　アメリカでも，デリバティブ取引用のブロックチェーンシステムを実験できるLabCFTCプログラムを商品先物取引委員会（CFTC）が導入したものの，現時点ではフィンテック・サンドボックス・プログラムに匹敵するものは存在しない[9]。

2. 契約のモジュール化

　同様に，私法もコードに近づけることができる。大半のビジネス契約は，本質的には弁護士がつなぎ合わせてカスタマイズできるモジュールだ。契約の一部の条項では，取引条件や，特定の状況下でとるべき行動が定められている。そのような運用的な項目は，スマートコントラクトで自動化できる可能性が高い部分である[10]。それ以外の部分は，損害賠償の制限，免責，機密保持，あるいは準拠法や裁判地の選択といった，非運用的な条件や法的な条件だ。弁護士は基本的に，標準的な項目を再利用して，特定の取引に合わせて調整したり交渉したりするのである。

　この契約起草プロセスをスマートコントラクトのコーディング作業に近づけるには，各契約条項を，マークアップ言語によるデジタル文書を組み立てるための部品としてモジュール化する必要がある。そのモジュールを組み合わせることによって，一般的なシナリオ向けの基本的な契約テンプレートを作成できるのだ。弁護士には，テンプレートをカスタマイズしたり，どのテンプレートを使用するかを決定したり，争点となっている条件について交渉したりといった部分において，依然として役割が存在する。ただし，弁護士に求められるスキルは，法工学のような分野に変化してい

くことになるだろう[11]。また，多くのソフトウェア開発企業が利用しているセキュリティ監査のような，契約が当事者の意図と一致していることを確認するための法的コード監査が導入される可能性もある[12]。

　一部のプロジェクトでは既に，契約をモジュール化するシステムが開発されつつある。例としては，イーサリアム開発スタジオであるConsensysのOpenLawプロジェクト[13]，スタートアップであるClause.ioのAgrello[14]，R3コンソーシアムのスマートコントラクトテンプレート群[15]，CommonAccordのLegaleseプロジェクト[16]などが挙げられる。法的契約の起草プロセスをより効率的にすべく非運用面に重点を置いているプロジェクトもあれば，スマートコントラクトシステムに組み込める運用的なテンプレートに重点を置いているプロジェクトもある。スマートコントラクトの要素を事前に標準化することによって確認の負担を削減できれば，The DAO事件のような失敗につながるエラーを減らすことができるだろう。

　また，特定の目的に特化したモデル契約，特にイニシャル・コイン・オファリング（ICO）向けのモデル契約を作成するプロジェクトも存在する。たとえば，Simple Agreement for Future Tokens（SAFT）は，法律事務所のCooley LLP，エンジェル投資家グループのAngelist，IPFS分散型ストレージプロジェクトの親会社であるProtocol Labsが作成した標準契約である[17]。この標準契約は，Protocol Labsが現時点で史上最大の2億5000万ドルを調達したFilecoin（ファイルコイン）トークンの販売で初めて使用された[18]。そしてすぐに，アメリカを拠点とするICOで広く使われ始めた。トークン販売を既存の証券法に適合させる優れた手段とみなされたからである。

　SAFTの特徴的な点は，将来発行されるトークン（規制対象となる証券発行として扱われる）と運用のためのトークン配布を分けていることだ。

初回資金調達は通常，SECのレギュレーションＤやレギュレーション・クラウドファンディングに基づいて行われる。これらは証券発行の登録要件に対する例外措置であり，大きな制約が設けられている。たとえば，レギュレーションＤの場合，販売対象が認定投資家（純資産が100万ドルを超える，個人収入が20万ドルを超える，または世帯収入が30万ドルを超える投資家）のみに限定されている。また，レギュレーション・クラウドファンディングの場合は，調達額の上限が約100万ドルに制限されている。Filecoinがそのハードルの高さにもかかわらず多額の資金調達に成功したことによって，これらの制約が乗り越えられないものではないことが証明されたのだ。しかしその実態は，「新たな投資対象に投資する自由をあらゆる個人投資家にもたらすグローバルな資金調達手段」というICOのコンセプトとはかけ離れたものとなっている。Filecoinをはじめとする，SAFTを利用したICOで調達された資金の大半は，優遇条件が付与されたベンチャーキャピタリストやヘッジファンドからのものだったのだ。

　SAFTの最大の懸念点は，ネットワークが稼働を開始してトークンが発行されたのちにそのトークンが公共市場で転売できることや証券として扱われないことを保証していない点である[19]。証券取引委員会（SEC）がMuncheeに対する執行措置において明らかにしたように，トークンはたとえ暗号通貨アプリケーションにおけるユーティリティ性を備えていても証券とみなされ得る。SAFTに飛びついたICO発行者たちは，初回購入者が投資の見返りを求めた場合にどうすべきかを再考する必要に迫られているのである。今後，SECがICOに関する詳細なガイダンスを提供していくにつれて，さまざまな標準契約がSAFTに取って代わっていく可能性があるだろう。

　SAFTの例を見ればわかるように，モジュール型契約によって必ずしも法的問題が解決するわけではない。モジュール型契約が真価を発揮するに

は，ブロックチェーンの機能と従来の活動を分離する必要がある。従来の契約の範囲を具体的に定義することによって，スマートコントラクトがどこで役立つかが明確になるのである。

3. 情報受託者（information fiduciaries）

　2017年5月に，Kraken仮想通貨取引所でフラッシュクラッシュが発生した[20]。まず，イーサに対して，取引板の買い注文の総量を上回る大口の売り注文が出された。そこで，Krakenは通常の手順に従って，その売り注文が約定するまで取引価格を自動的に低下させた。その結果，Krakenにおけるイーサの価格はわずか数秒で約100ドルから26ドルにまで低下した。するとその直後に，何者かが大量のダミートラフィックによる分散型サービス拒否（DDoS）攻撃を仕掛けてKrakenのネットワークをダウンさせたのだ。それにより，顧客は約1時間にわたって自分のアカウントにアクセスできなくなってしまったのである。

　多くの顧客は，イーサの価格が想定を下回った場合にポジションを決済するストップロス注文を出していた。また，価格が下がった場合は決済するという条件の信用取引でイーサを購入している顧客もいた。DDoS攻撃の最中，これらの顧客は自分のアカウントにアクセスできず，彼らのイーサは人為的に低価格で売られ続けたのである。

　同様のフラッシュクラッシュは，ほかの取引所でも発生している。なかには損失分を自発的に補償した取引所もあったが，Krakenはイーサを信用取引で保有していたトレーダーに対して補償を行わなかった。その結果，決済を防ぐための十分な措置が講じられていなかったことやDDoS攻撃中にサービスが利用できなかったことを理由とする集団訴訟が2カ月後に提起され，500万ドル以上もの損害賠償が要求されたのである[21]。事件自体はエキゾチックなものだったにもかかわらず，法的請求の内容は「過失

と契約違反」という平凡なものだったのだ[22]。

　興味深いのは，この訴訟が本当に提起されたという点である。原告側を支援する法律事務所のSilver Law Groupにとって，暗号通貨が関与しているという事実は重要ではなかったのだ。顧客は損失を被った，故に誰かが法的責任を負うべきであるという考えである。Krakenに対する訴訟が成功するかどうかは別として，この考え方はさまざまな場面で見られるものだ。たとえば，被告が傷害事件を起こしたことを陪審員が確信している場合，そこに関与しているお金が「本物」であるかどうかは重要ではないだろう。

　Krakenは，中央集権型の取引所であってブロックチェーンではない。しかし，法的に対処可能な損害が分散型システムで発生した際に同じロジックが適用されない理由はないだろう。たとえば，仮にThe DAO事件がイーサリアムのハードフォークによって解決していなかった場合，損失を被ったものたちが法的手段を講じていた可能性は十分にある。The DAO自体は単なるソフトウェアであり，管理者は存在しない。しかし，Slock.itにはソフトウェアとその関連ウェブサイトを開発して公開した開発者グループがいたのである。The DAO事件に関するSECの調査レポートでも，Slock.itはThe DAOのトークン販売に対して証券法に基づく法的責任を有していたと結論づけられている[23]。同様の解釈が，民事訴訟にも適用される可能性があるだろう。たとえばイーサリアム財団は，The DAOの発展を支援した[24]ことや，プログラム言語のSolidityに制約があることに対しても訴えられていた可能性がある。ただし，その理論を確立するのは容易ではない。

　ブロックチェーン関連プロジェクトに関わる組織が法的責任を負う状況は，ほかにも数多く考えられる。たとえば，DAppではデジタル認証システムにブロックチェーンを使用していることが少なくない。そのようなシ

ステムでは，情報を公開することなく認証を実行できる分散型台帳上で認証情報を検証したり情報を記録したりしている。これにより，ウェブサイトや金融サービス業者は，顧客の個人情報を実際に見ることなく，顧客が18歳以上のアメリカ市民でテロ資金調達監視リストに登録されていないことを確認できてしまうのである。

　そのようなシステムにおいて問題になるのが，トラブルが起こった場合の対処である。たとえば，銀行がブロックチェーンベースのデジタル認証システムを信じたが故に本来は受け入れるべきではなかった顧客を受け入れて，その結果違法な事態が発生したとする。この場合，法的責任を負うのは銀行だろうか？　それとも認証事業者だろうか？　従来の企業間契約では，このような問題は当事者間の契約によってカバーされている。契約には通常，表明保証，免責事項，不備が発生した際に責任を割り当てる仕組みなどが明記されているはずだ。しかし，ブロックチェーン上の記録に基づいて動作するスマートコントラクトを通じて認証情報へのアクセスが行われる場合，そのような規定は明確に定義されていなかったり，実装が容易ではなかったりする可能性があるのである。

　Krakenのケースのような法的問題のなかには，比較的簡単なものもあれば難しいものもある。訴訟の対象となるサービスを提供している団体が分権化した自律的な組織であればあるほど，状況は難しくなってくる。法制度は，新たな慣例や法理を発展させていく必要があるだろう。歴史的に見ると，不法行為法も19世紀から20世紀にかけての小売業界の成長に伴って変化を余儀なくされている。契約関係原則 ── 購入した製品によって負傷した顧客は，たとえ製造元に過失があったとしても購入元の販売者しか訴えられない ── などの古い要件は脇へ追いやられ，製品の欠陥に対する厳格な責任を定めるような新たな法理が生まれたのだ。同じようなことが，分散型台帳の世界でも起こる可能性があるだろう。

　特にパブリックブロックチェーンネットワークの場合，受託者責任に相当するものが発生する可能性がある。法的に言うと，受託者とは特別な責任を負う立場にある人物のことを指す。例としては，企業の取締役や役員，信託管理人，遺言執行者，弁護士，医師などが挙げられる。受託者は，自分の利益よりも相手の利益を優先させなければならない。そして，誠実に行動するだけでなく，十分な注意を払って利益相反を回避しなければならない。また，受託者の分類は固定的なものではなく，同じような依存関係が伴う新たな関係性をカバーすべく拡張していくものである。

　たとえば，法学者のジャック・バルキンとジョナサン・ジットレインは，グーグルやフェイスブックなどの主要なインターネットプラットフォームは個人情報に対する強力な管理権を有しているため「情報受託者」として扱うべきであると述べている[25]。また，金融サービス事業者も，投資家からの依存の度合いや，私益のための関係性を促進する強力なインセンティブを根拠に受託者として扱われている。

　同様に，パブリックブロックチェーンにも受託者の特徴が数多く表れている。許可型ネットワークの場合，参加者は身元認証済みの関係者に限定されており，彼らはネットワーク事業者との契約関係を通じて権利を行使することができる。しかし，パブリックネットワークの参加者は権限をそこまでもっていない。たとえば，ビットコインやイーサの保有者は，トークンの完全性をネットワークに依存している状態だ。また，法学教授のアンジェラ・ワルシュは，The DAO事件後に，ブロックチェーン開発者は法的受託者として扱われるべきであると主張している[26]。受託者とは，相手のみを脆弱にする特殊な信頼関係を構築する存在だ。ブロックチェーンネットワークがユーザーの通貨保有に及ぼす絶対的な管理権や，ガバナンスにおける専断的な決定権を考えると，その基準は十分に満たされる可能性があるだろう。

　The DAO事件後，イーサリアム財団は盗まれた通貨を返金すべく，ハードフォークを実施するかどうかを決定する必要に迫られた。この事件では，誰が窃盗犯で誰が正当な通貨保有者かは問題にならなかったが，両者がそこまで明確に区別できないケースも起こり得る。さらに，ネットワークがユーザーを悪用できる方法も存在する。たとえば，ソフトウェア開発者がマイナーと結託して，キックバックの見返りとして特定のマイニングハードウェアに有利なコンセンサスルールを実装できてしまうのだ。また，ビットコインのスケーラビリティに関する議論では，Blockstreamの従業員である特定のコア開発者について多くの非難が寄せられた。Blockstreamは，ビットコインテクノロジーを商業化すべく設立された，ベンチャーキャピタリスト出資のスタートアップである。

　受託者責任に言及するには，識別可能な受託者が必要だ。イーサリアムの場合，合法的に構築された団体であるイーサリアム財団が存在する。一方，ビットコインのコア開発プロセスはイーサリアムよりも分権化している。しかし，たとえイーサリアムを使用していても，マイナーには財団が作成したコードを使用する義務はない。たとえばイーサリアム・クラシック（ETC）は，派生グループがThe DAO事件のロールバックを拒否したことによって生まれた暗号通貨である。運用団体がブロックチェーンネットワークに及ぼす管理権の強さは，状況によって異なるのだ。たとえば，Tezos（テゾス）やNEO（ネオ），Qtum（クアンタム），EOS（イオス）といったICOでは，イーサリアムと競合するブロックチェーンが計画されている。これらのネットワークでは，トークン販売に関する運用団体の決定によって経済モデルが構成されていく。その実現可能性は信頼次第なので，仮に運用団体がユーザーを悪用すると，ユーザーは離れていってしまうだろう。

　情報受託者の概念により，法的責任の領域とブロックチェーンネットワーク上のコードの領域が融合することになる。ブロックチェーンネットワ

ークの運用者は悪質な行動をあまりとれないため，課せられる義務は従来の受託者と比べるとかなり少ないかもしれない。たとえば，ユーザーの資金は不可逆的なブロックチェーン上に記録されているため，たとえネットワーク設立者でも簡単にもち逃げするのは不可能なのだ[27]。情報受託者の体制がどのように合法的に導入され，どのように機能するかについては未だに不明な部分がある。場合によっては，ブロックチェーンネットワークの自己定義されたガバナンス規則の概念モデルの一つにすぎないかもしれない。情報受託者は，古い法理が新たな問題の対処にいかに役立つかを示しているのである。

コードをもっと法律化する方法

　規制当局や弁護士がブロックチェーン環境に適応できるのと同様に，分散型台帳システムも法執行との親和性を高めることができる。現在研究されている方向性としては，法的契約とスマートコントラクトの条件を統合する，従来の法執行メカニズムをスマートコントラクトに統合する，法律などのガバナンスプロセスをブロックチェーンプラットフォームに統合するという三種類が挙げられる。

1. テンプレートと契約統合
　ブロックチェーンシステムと法執行を整合させる最もシンプルな方法は，文字通り両者を接続することだ。スマートコントラクトは，契約法の基本原則に基づいて法廷で執行できる場合でも，契約の本質である救済制度とは異なる役割を果たすことになる[28]。スマートコントラクトの得意分野は，予想される状況とその結果を事前に規定し，実際に条件が満たされた際に規定通りの結果を発生させることだ。一方,法的契約の得意分野は,

よくありがちな，物事が計画通りに進まなかった際の混乱を収拾すること
だ。しかし，この二つのメカニズムが共存できない理由は存在しない。逆
に，スマートコントラクトと法的契約がお互いを無視すると，The DAO
事件のような問題が発生するのである。

　あるいは，スマートコントラクトと法的契約を明示的にペアにする方法
もある。情報セキュリティの専門家であるイアン・グリッグは，暗号通貨
が登場する前の2004年に，金融商品用のリカード型・デジタル取引プラ
ットフォームの部品としてこのアイデアを初めて考案した[29]。リカード型
の契約は，法的コード（人間が読める契約文），コンピューターコード（実
行可能なスマートコントラクトのコード），パラメーター（コンピューター
コードの実行方法を指定する変数）という三つの要素で構成されていた。
そして，法的コードには参照先のスマートコントラクトを確認できるよう
にコンピューターコードのハッシュ値が記載され，スマートコントラクト
にも契約文のハッシュ値が埋め込まれていた。このように，両者は明示的
にリンクされていたのである。そして，スマートコントラクトに問題があ
った場合は，法的契約のほうを利用して解決することができたのだ。この
仕組みはリカード型システムのために開発されたため，グリッグはこれを
「リカルディアンコントラクト（Ricardian contract）」と名づけている。

　サボが考案したスマートコントラクトの概念と同様に，リカルディアン
コントラクトもまた，ブロックチェーン，特にイーサリアムによってブロ
ックチェーンスマートコントラクトの実装が成功する以前から存在した理
論上の構成概念だ[30]。そして，そのアプローチがのちに再発見されたので
ある。現在，イギリスのバークレイズ銀行が率いるR3コンソーシアムの
サブグループ[31]，Hyperledgerオープンソースプロジェクトのメンバーと
なったMonax Burrowソフトウェア[32]，OpenLaw[33]など，多数のグルー
プがスマートコントラクトと法的契約の相互ハッシュ化を利用したソリュ

ーションを構築しつつあるのである。

　このアプローチでは，人間の契約とスマートコントラクトはデジタル署名を通じて明示的に相互参照することになる。人間が読める説明よりもスマートコントラクトを優先させた The DAO の利用規約とは異なり，両者がお互いに依存しているのだ。そして，裁判所などの意思決定者は，契約文を読むことによって，実際に契約を実行するスマートコントラクトの意図を理解することができるのである[34]。

　すべてのスマートコントラクトが，対になる人間の契約を必要とするわけではない。BtoC取引や少額取引など，従来の契約と同様にその形態は多岐にわたるだろう。大抵の場合は，紛争解決のコストが想定される賠償額を遥かに上回ってしまうため，マシンの挙動を「クイック＆ダーティー」に信頼するだけで十分なのだ。また，登録業者などの仲介者を規制することによって，関連するすべてのスマートコントラクトに対する法的条件を明記する必要性はなくなるはずだ。さらに，ブロックチェーンベースのシステムが身近になるにつれて，慣習法やコモンロー，モデル法案などが，よくある状況に対処すべく発展していく可能性もあるだろう。

2. 調停，オラクル，コンピューター法廷

　契約統合は，法的契約で明文化されている条件とスマートコントラクトの条件をリンクさせるアプローチだ。それ以外にも，スマートコントラクトの自動システムから執行の要素をいくらか排除するというアプローチも存在する。別の言い方をすると，スマートコントラクトを自動実行はできるが完全な自動執行型ではなくすことによって，コードによる自動執行の曖昧さや制約を回避するのである。

　大半のスマートコントラクトでは，外部とのインターフェースが必要になってくる。たとえば，ブロックチェーンを利用すると，とある株式を特

定の価格で購入するコールオプションをアルゴリズム的に実行し，ビットコインなどの暗号通貨で支払うことができる。しかし，ブロックチェーンには株価の情報がないため，その情報は外部の自動データソースや人間の調停者に接続してスマートコントラクトに取り込む必要がある。そのような外部情報源は「オラクル」と呼ばれている[35]。オラクルのなかには，スマートコントラクトで自動処理するためのインターフェースを従来のデータフィードに備えただけのものもある。たとえば，世界屈指の情報発信会社であるトムソン・ロイターは，自社のデータフィードの一部をスマートコントラクト用のオラクルとして利用できるようにしている[36]。あるいは，データフィードをオラクルに変換することに特化した，Oraclizeというスタートアップも存在する[37]。

　また，ライトとデ・フィリッピが指摘したように，オラクルは裁判所や民間業者による紛争解決にも利用できる可能性を秘めている[38]。オラクルは人間でも構わない。たとえば，両当事者がそれぞれ秘密鍵を保持し，専門の調停者が三つ目の鍵をもっている，シンプルなスマートコントラクトを例に考えてみよう。このスマートコントラクトを実行するには，三つの鍵のうち二つが必要だ。これは，「マルチシグ」と呼ばれる仕組みである。契約が完璧に遂行されたことに両当事者が同意した場合，両者が鍵を提供してスマートコントラクトが実行される。しかし，両者の見解が割れた場合，当事者は調停者の判断を求めるのである。調停者が，スマートコントラクトの実行を求める当事者に同意して鍵を提供した場合はスマートコントラクトが実行され，鍵の提供を拒否した場合は取引が中断されるのだ。このシステムは，法的な調停プロセスを模倣したものである。

　スマートコントラクトには，調停メカニズムやロールバック規定がデフォルトで組み込まれていることもある。これらの仕組みは，非常に危険な場合にのみ機能する強固な防護壁として設計することが可能だ。その場

合，The DAO事件のような異常事態への対処に役立つだろう。あるいは，現在BtoC取引で多発している民事紛争を解決するための，法的調停プロセスに代わる標準的な仕組みとして利用することも可能である。ブロックチェーン投資家であり，Earn.comの創設者でもあるバラジ・スリナヴァサンは，「ブロックチェーンはやがて，デラウェア州エクイティ裁判所の国際的な補完プログラムとして〈サービスとしての法規則〉を提供することになるだろう」と楽観的に述べている[39]。

　ブロックチェーンは分散化しているため，それ自体も分散化した新たな法執行メカニズムが必要になる可能性がある[40]。たとえば，世界知的所有権機関（WIPO）がインターネットドメイン名における商標紛争を処理するための統一紛争処理方針（UDRP）を作成したように，ブロックチェーンにおける紛争のニーズに合わせた新たな国際調停ネットワークを開発する必要があるかもしれない[41]。ただし，調停がブロックチェーン上で直接決定され，P2P（ピアツーピア）方式で適用される場合があるため，ブロックチェーン調停システムは既存の仕組みとは異なるものになるだろう[42]。2016年5月に，アンドレアス・アントノプロスとパメラ・モーガンが，The DAOに資金を提供するための分権型調停・調停ネットワーク（DAMN）を提案した[43]。彼らの提案はThe DAOの崩壊によって立ち消えになったものの，同じようなアイデアを検討している者はほかにもいる。たとえば，ブロックチェーン起業家であるビナイ・グプタのMattereumプロジェクトでも，独自のスマートコントラクトテンプレートに紐づいた民間調停ネットワークの構築が模索されている[44]。

　調停制度の構築による弊害は，分権型ブロックチェーン環境に仲介が再導入されてしまうことだ。これについて，インターネット法学者のジェームス・グリメルマンとコンピューター科学者のアーヴィンド・ナラヤナンは次のように述べている。「あなたの車を取り戻せる調停者は，あなたの

車を奪える調停者でもあります。調停者とはつまるところ，ブロックチェーンによって排除できるはずだった仲介者の一種なのです[45]」。つまり，ここでまたもや，「適切に管理されているブロックチェーンシステムは真に分権化されておらず，真に分権化されているブロックチェーンシステムは適切に管理されていない」というヴィリのパラドックスに遭遇することになるのである。

　この問題への対処を目的とした，分権型紛争解決手段の発展形が，コンピューター法廷とコンピューター陪審員である。これらは，一連の手続きを自動化し，事前に用意された意思決定者や法律の必要性を排除する仕組みだ。調停人が紛争を解決する代わりに，スマートコントラクトによって実装された投票メカニズムを通じて群衆の英知を利用するのである[46]。

　コンピューター陪審員の実装を試みているプラットフォームの一つがAugurだ。第8章で紹介したAugurは，ユーザーが予測に対して本物のお金を（暗号通貨という形で）賭けることができる予測市場プラットフォームである。既に述べたように，Intradeなどの現金予測市場が規制当局によって閉鎖された理由は，それらが違法な方法や非倫理的な方法で使用される可能性があるからだ。たとえば，義母の殺害に対する予測などは大問題だろう。

　Augurの場合，予測市場の参加者はREPというトークンを購入する。そして，予測（例：大統領が特定の期間内に弾劾されるという予測）を作成する際に，REPで保証金を支払うのである。予測の内容が合法だった場合，保証金は作成者に返ってくる仕組みだ（予測の結果に賭ける際は，イーサなどのほかの暗号通貨を使用する）。また，予測の結果は，ランダムに選択された「レポーター」（陪審員に似ている）のグループが検証する。レポーターもまた，REPで保証金を支払う必要がある。そして，参加者はレポーターの判定に対して異議を唱えることができ，ランダムに選択された二

番目の陪審員がその異議に同意した場合，誤情報を流したレポーターの保
証金は没収されるのである[47]。

　Augurが目指しているのは，中央当局に頼ることなく結果を検証する仕
組みである。ワールドシリーズの優勝チームのような純然たる事実ですら，
Augur自身はその予測が正しいかどうかの判定に関与しない。それによっ
て検証ステップが分権化し，システムのスケーラビリティが向上するとと
もに，より不明確な結果に対して論争が発生しても自己解決できるように
なるのである。そして，現実世界の陪審員制度と同様に，コミュニティの
メンバー同士のトラブル解決を支援することが「市民」の義務となるので
ある。

　この仕組みがうまく機能した場合，Augurは一種の自律組織型オラクル
となる可能性があるだろう。Augurの創設者が指摘したように，金融デリ
バティブ商品は本質的には将来に対する複雑な賭けにすぎない。Augur
は，仲介にかかる取引コストを排除することによって「世界中の誰もがい
つでもどこでもデリバティブの作成や投資を低コストでできる」ように
し，「金融を民主化・分権化」することを目指しているのである[48]。そして，
ビットコインと同様に，従来は中央当局を必要としていた事業を行い，そ
の事業をインセンティブによって動機づけられたコミュニティ内に分散さ
せようとしているのである。

　また，Augurでは，同じ仕組みを利用して違法行為や非倫理的な行為の
監視も行っている。レポーターは，予測を「確定不可／非倫理的」と判定す
ることができる。そして，この選択肢が過半数を獲得し，二番目のレポー
ターグループもその判定を支持した場合，予測をクローズして保証金を取
り戻すことができるのである。つまり，レポーターは，正確な事実評価を
行うように動機づけられているのと同じ方法で，倫理的な判断を下すよう
にも動機づけられているのだ。そうしなかった場合，彼らは保証金を失う

のである。また，理論上，判断基準はコミュニティ内で自己定義されるため，Augurがそれらを定義する必要はない[49]。しかし，Augurの最高経営責任者（CEO）のジョーイ・クリュッグは次のように述べており，実際に自己定義されるのは一部の基準のみだろうと考えている。「何を非倫理的とみなすかに関する『広く合意された基準』は実際のところ，世界の多数派の文化において非倫理的とみなされているものにすぎないだろうと考えています[50]」

　Augurのコンピューター陪審員は，暗号経済の原則をベースとする疑似法制度の構築に向けた魅力的な取り組みだ。しかし，それに対して懐疑的になる理由も少なくない。たとえば，麻薬の使用のように実際には違法行為であるにもかかわらず，参加者の大多数がそれを倫理的であると信じている可能性がある。また，レポーターにとっては，何かが倫理的かどうかを決めるのはそれが実際に正しいかどうかを決めるのよりも遥かに難しい可能性がある。さらに，判定に異議が唱えられた場合に保証金を失うリスクがあるため，レポーターは「確定不可／非倫理的」を選択するのをためらう可能性もある。そして，この二つのカテゴリーは実際にはかなり違うものである。しかし，少なくともAugurのシステムによって，ほかの分権型紛争解決プラットフォームを構築するためのデータを得ることができるのだ。たとえば，第5章で紹介したAragonプロジェクトでは，同様の概念を利用して，最高裁判所までの複数段階の控訴も可能な，ブロックチェーンベース企業のための分権型法廷を構築しているのである[51]。

　これらの自発的なメカニズムは，ブロックチェーンアプリケーションに組み込まれたり，場合によっては法的に義務づけられたりする可能性がある。多彩なインセンティブやガバナンスメカニズムと最適なアプローチを組み合わせれば，コンプライアンスを促進することができるのだ。従来の紛争においても，アメリカの裁判所は不正でない限り民間の調停決定を受

け入れなければならないことが連邦調停法によって定められている。また，ニューヨーク条約によって，仲裁判断の相互承認が世界中に拡大している状態だ。ブロックチェーンによる紛争解決システムに対しても，国内法や国際協定によって同様の法的効力が定められていく可能性があるだろう[52]。

3. オンチェーンガバナンス

　ブロックチェーンネットワークをガバナンス機関として利用するにあたってネックになるのが，基本的な規則を変更することの難しさだ。これはまたもや，ヴィリのパラドックスである。コンセンサス規則などの変更を検討・実行するためのきちんとした仕組みを備えたシステムは，基本的に分権化されていないのだ。このパラドックスに対する究極の解決策は，コンセンサスメカニズムと同様にガバナンスシステムも分権化させてしまうことである。

　ビットコインには，正式なガバナンスの仕組みは存在しない。ただし，技術的な変更を自発的に伝達する仕組みとしてBIP 9が用意されており[53]，変更を受け入れる意思や用意の有無をマイナーたちが表明できるようになっている。このプロセスは，セグウィットの導入時にも使用されたものだ。セグウィットは，マイニングパワーの80％が同意したことによって，ビットコインネットワーク上で自動的にアクティブ化されたのである[54]。このように，BIP 9はビットコインプロトコルのアップグレードの際に投票メカニズムとして機能するものの，オンチェーンガバナンスとしては物足りない。導入に必要な同意率は，アップグレードの提案者が独断で設定することができるのだ。また，BIP 9はあくまでも情報を伝達する仕組みであって，ポリシーを施行するわけではない。ビットコインのスケーラビリティに関する議論においては，依然として主要ネットワーク参加者間の合意が必要なのである。

　現在，真のオンチェーンガバナンスの実現に向けた取り組みが多数進行中だ。たとえば，Rootstockというプロジェクトでは，ビットコインの上にスマートコントラクトレイヤーを作成することを試みている[55]。このレイヤーには，ネットワークの変更に対してマイナーやユーザーが拘束力のある投票を実行できるプロセスが組み込まれる予定だ。また，Decred（ディクレッド）やDfinity（ディフィニティ），Tezos（テゾス）などのプロジェクトでは，ガバナンスメカニズムが内蔵された新規のブロックチェーンが構築されている[56]。これらのシステムでは，ネットワーク参加者がプロトコルの変更に対して投票できるようになっている。そして，投票で十分な支持を得た提案は自動的に導入されるのだ。2017年春に，Decredは実際にこのガバナンスメカニズムを利用して，投票トークンの割り当てアルゴリズムを変更することに成功している。また，Tezosもこのガバナンスコンセプトに基づいて大規模なICOを実施している。

　しかし，これらのシステムには制約がある。これらのシステムは，分散型台帳システムを管理するための規則が多数内包された状態となっており，ヴィリのパラドックスを完全に乗り越えたわけではない[57]。しかし，これらのシステムは基本的に，変更を実行するための民主的な投票を目的とした，ハードコーディングされた規則に依存している。また，投票においては，マイナーや開発者，アクティブユーザーといった関係者よりもトークン大量保有者のほうが有利になる。したがって，これはもしかしたら非常に優れたガバナンス手段かもしれない。あるいは，ウィンストン・チャーチルの言葉を流用すると，悪い選択肢のなかでは最善の選択肢かもしれない。ただし，決して完璧な選択肢とはいえないものだ。不完全なガバナンス構造は，いずれ誰かが修正する必要があるだろう。また，投票の対象となる規則の変更は，人間が定義する必要がある。さらに，投票によって同意が得られた場合，その変更を反映させるためにソフトウェアを実装す

る必要もある。オンチェーンガバナンスシステムによって，ブロックチェーンは人間ベースの法制度やガバナンス制度のように機能するかもしれないが，従来の制度によって埋めるべきギャップは依然として残るのである。

　法律とブロックチェーンに対するこれらのアプローチがどこまで成功するかは，現時点では不明瞭だ。おそらく，新旧の信頼アーキテクチャが流動的に融合することになるだろう。ガバナンスメカニズムや，コードと法律のハイブリッド方式は実現しつつあるものの，解決すべき問題が数多く残っている状態だ。しかし，これらが実現すれば，経済や社会に関するさまざまな課題が新たな方法で解決できるようになるはずだ。

暗号ガバナンスの融合

　ここで，第8章で紹介した暗号規制の表を思い出してみよう。暗号，法律，自己利益，信頼という四つの規制様式は，それぞれがガバナンスの形態だ。表10.1に示すように，ブロックチェーンベースのシステムでは，これらがすべてハイブリッドな形で組み込まれているのである。

　この暗号ガバナンスの枠組みは，ヴィタリック・ブテリンによる主観的な暗号経済システムと客観的な暗号経済システムの区別（第5章を参照）を発展させたものだ。暗号と法律は，制約によって人々ができることを制限するガバナンス形態である。一方，自己利益と信頼は，人々が自発的に特定の行動をとることを促すガバナンス形態だ。また，暗号学と経済学は，大規模なデータセットに対する自身の効果を客観的にモデル化できる，応用数学の一形態である。一方，法律と信頼は人間が構築したシステムであり，主に判断基準や価値に関わってくるものだ[58]。

　ブロックチェーンベースのシステムにおけるガバナンスの課題は，これらの様式をどのように結合するかという点だ。これらは，単体では不完全

	制約によるガバナンス	行動によるガバナンス
客観的なガバナンス	暗号	自己利益
主観的なガバナンス	法律	信頼

表10.1 ブロックチェーンガバナンスの形態

なのだ。まず，ヴィリのパラドックスには，暗号と自己利益の分離が表れている。また，経済的インセンティブは分権型の意思決定を通じて機能するが，その導入には中央定義型の暗号的な規則が必要だ。さらに，真の自由は害を及ぼすために悪用されるというヴラド問題には，暗号と法律の分離が表れている。コンピューターコードは，自身が違法行為を可能にするかどうかを知らないし，気にもかけない。暗号による制約は人間の動機を理解できないため，それだけでは分散型台帳を効果的に管理できないのだ。そして，人間は必然的に，システムの脆弱性を悪用する方法を見出すだろう。なぜならそれは，本質的に自己利益に基づいた行動だからだ。The DAOを攻撃したものは，スマートコントラクトの規則やコンセンサスメカニズムに従っていた。また，収益を増やすためにブロックサイズの拡大を主張しているビットコインのマイニングプール事業者も，ナカモト・コンセンサスに相反しているわけではないのである。

　そのような行動は，「自己利益の経済学」によって説明することができる。これは，応答性の高い制度体制の構築にも役立つものだ。しかし経済学は，「汝，盗むなかれ」や「仲間のために尽くせ」などと言うことはできない。著名なテクノロジー評論家のアダム・グリーンフィールドが述べたように，暗号通貨によるガバナンスは，あらゆるものに価値があり，市場で取引できるという世界観を体現したものだ[59]。それは，相互扶助的な取り決めにつながる可能性がある一方で，自由民主主義社会の制約を受けな

い強大な力を暗号資産家にもたらす可能性もあるのである。

　大半の人間はインセンティブかつ合理的に反応するため，経済学的な予測は効果的だ。しかし経済学は，解読不可能な暗号とは違って義務を遵守させることはできない。インセンティブが不適切な場合や，経済的合理性以外のものが行動に影響を及ぼしている場合，経済学は限界に達してしまうのである。

　ビットコインでは，プルーフ・オブ・ワークによる暗号経済的な仕組みによって暗号と自己利益を結びつけている。しかし，その融合は不完全だ。プルーフ・オブ・ワークは，あくまでもコンセンサスというミクロレベルで機能するものであり，ネットワークというマクロレベルでは機能しないのだ。暗号経済の原則をコミュニティガバナンスの規模にまで拡大する試みはいくつか行われているものの，いずれもリスクや弱点があるため，多額の資金が投入された大規模システムにはまだ採用されていない状態だ。

　同様の問題は，法律と信頼の結合においても発生している。第8章で説明したように，両者の力はうまく調和することもあれば相反することもある。そしてここでも，分析のレベルが問題になってくる。たとえば，対人関係のようなミクロレベルで見ると，過度な法形式主義は信頼に対する脅威となる。それは，何らかの執行が必要であること，すなわち信頼が不十分であることを意味するからだ。あるいは，その活動自体が信頼に害を及ぼす可能性もあるだろう。ブロックチェーンベースのシステムが分散型の信頼を効果的に構築できるのは，法律の代わりに暗号に依存することによってそのような問題のある法的監視を回避できるからなのだ。

　しかし，ガバナンスというマクロレベルで見ると状況は異なってくる。法形式主義の度が過ぎた場合，対人的な信頼が強固な小規模グループでは問題になるかもしれないが，大規模かつ多様なコミュニティにおいては懸念の解消につながるのだ。民主的代議制度や司法制度などの公的な法制度

は，社会的相互作用をもたらす低コストな取引環境を生み出している。そして，民間取引所や金融仲介業者は，ハンドシェイク取引を体系的な規則へと置き換えている。そのような制度の発展によって小規模な家族ベースのコミュニティと現代の大規模な取引環境のギャップがどのように埋まってきたかは，ノーベル賞経済学者のダグラス・ノースの研究を見ればわかるだろう[60]。

　問題は，強制的な制裁に依存しない法制度をいかにして構築するかである。制裁は必ずしも有効ではないからだ。トム・タイラーの研究では，抑圧しても人々が法律に従うとは限らないことが明らかになっている[61]。法令遵守率は，法律がどの程度公平かつ合理的に運用されているかによって決まるのだ。また，法的制裁を行うには，その対象となるコミュニティが領土内で活動している必要があるだろう。犯罪人引き渡し条約のように，国外に対して法執行を行う仕組みは厄介だ。そのような仕組みは基本的に，適切な法制度を有している法域同士でしか機能しないのである。

　ブロックチェーン環境の場合，法令遵守に関する問題はさらに大きくなってくる。法律を信頼できない関係者は，ニューヨーク州のビットライセンスに対してそうしたように，より都合のよい法域に簡単に移動できてしまうのだ。あるいは，暗号を利用して法執行機関から身を隠すことも可能となる。にもかかわらず，ロス・ウルブリヒトやアレクサンダー・ヴィニクの例を見ればわかるように，法執行機関は追跡を続けるだろう。しかし，そのような法執行には，コストや不確実性，二次被害などが伴ってくる。そのため，人々が実際に従うであろう法律を書いたほうがはるかに効率的なのだ。しかしそれは，口で言うほど簡単なことではない。前の章で説明したように，分散型台帳事業のための信頼できる法規則を確立するにあたっては，解決すべき課題が数多く残っているのである。

　リベラル政治理論では，社会契約や民主的メカニズムが法律と信頼の架

け橋になるとされている。しかし，王や大統領に加えて投票も否定したインターネット技術タスクフォース（IETF）のスローガン（第7章を参照）を見ればわかるように，その考え方はビットコインコミュニティの根底にあるサイバーリバタリアニズムとは相容れないものである[62]。ビットコインのスケーラビリティに関する議論が2015年に特に活発になった際，Bitcoin.orgのウェブサイトと掲示板の管理者は，提案された代替案に対する公開議論を拒絶した。彼は，「民主主義の欠如はビットコインの長所だ」と言い切ったのである[63]。

　暗号規制の四様式の表を見ると，ほかにも融合できる組み合わせがあることに気づくだろう。たとえば，対角線上にある法律と自己利益の組み合わせは，既によく知られたものである。経済学のテクニックを駆使して法規則や規制要件を評価するのは，少なくとも現代のアメリカにおいては主流の法律分析アプローチだ。法と経済学のコンセンサスに対する批判者ですら，行動経済学や能力論，あるいは市場の失敗に関するポスト・シカゴ学派の洞察などを都合よく取り入れたうえでそのアプローチを批判しているのである。

　また，もう一方の対角線上にある暗号と信頼の組み合わせも非常によく知られている。これは主に，現代のデジタルシステムにおけるセキュリティの実装手段である。暗号による情報保護の堅牢性により，人々は安心してインターネット上にデータを配置したり取引を実行したりできるのだ。しかし，法と経済学と同様に，暗号と信頼にも限界がある。たとえば，世界で最も強力な暗号を導入したとしても，ユーザーがスピアフィッシングメールに騙されて自分でパスワードを漏らしてしまうのを防ぐことはできない。ヒラリー・クリントンの選挙運動委員長だったジョン・ポデスタは，セキュリティを過信したことによって，ロシアのハッカーがメール履歴の暗号ロックを解除してメールを閲覧するのを許してしまったのである。

　一方，垂直方向に見てみると，暗号と法律の間にはギャップがある。これは，人間がお互いに自己表現する方法とコンピューターをプログラミングする方法の差異に起因するものである。法律を客観的な規則へと完全に置き換えるのは不可能だ。一部だけなら確かに可能であり，それには大きなメリットがあるかもしれない。しかし結局のところ，それができない部分の重要性が増すだけなのだ。また，一切の妥協を許さない暗号化されたコードは，人間の意図を完全に網羅することができない。これは，第6章で説明した，スマートコントラクトの実装に関する問題である。

　さらに，分散型台帳システムは絶対的なものではないため，法律とは違ってその暗号的な要素を自動構築することはできない。一方，法制度には，規則自体だけでなく規則を作成するための制度的なプロセスも組み込まれている。法律は，事前に定義されたコードを執行するだけのものではなく，本質的に動的なものなのだ[64]。つまり，ヴィリ・レードンヴィルタが区別した，規則の制定と規則の執行の両方が組み込まれているのである。したがって，暗号と法律の融合も，仮に不完全だとしても，ブロックチェーンガバナンスにとっては不可欠なのだ。そのようなメカニズムについては，この章の前半で説明した通りである。

　そしてそれは，信頼と経済学の融合にもつながってくる。そこでは，経済的インセンティブに代わる行動動機を探っていく必要があるだろう。オリバー・ウィリアムソンが「非計算的な行動」と称した信頼の感情的な側面は，彼が主張したように，取引コスト経済学では説明できないかもしれないのだ[65]。そしてそれは，ガバナンスというより大きな枠組みにおいて重要になってくる。分散型台帳システムが成功するには，信頼構造がガバナンスレベルで調整されている必要があるのである。皮肉なことに，ネットワーク参加者間の信頼不足は，人々が分散型台帳テクノロジーを導入する主な理由の一つとなっている。

　第5章で説明したように，ビットコインのスケーラビリティに関する議論におけるガバナンスの問題の根底には，フランク・ナイトが定義したリスクと不確実性が存在する。ビットコインのマイニングは，コストが収益を上回るかもしれないというリスクが伴うものだ。ただし，そのリスクは計算可能なため，マイナーたちは投資するかどうかを合理的に決定することができる。同様に，ユーザーも関連するリスクを把握できるため，ブロックチェーンを信頼するかどうかを決定することができる。コンセンサスに関するガバナンス規則を定義しているコードは公開されているからだ。さらに，ローンチから年月が経った今では，経験に基づいた判断を下すことも可能となっている。

　しかし，コンセンサスアルゴリズムを安易に変更すると，重大な不確実性が生じることになる。ビットコインのコア開発者によると，ブロックサイズの拡大というシンプルな変更ですら，システムの安定性を脅かす可能性があるとのことだ。また，変更が関連コミュニティにどのように影響を及ぼしていくかを予測するのは容易ではない。分散型台帳ネットワークの形態を長期的に変化させる決定が増えれば増えるほど，コミットメントの評価は難しくなり，ロールバックにかかるコストも増えていくことになるだろう。これらは，取引コスト経済学において「資産の特異性」や「限定合理性」として知られている問題である。

　ガバナンスは基本的に難しい問題だ。ブロックチェーンテクノロジーによって，ガバナンスに関する特定の課題 —— 台帳の状態に対するコンセンサス —— が新たな方法で解決することになる。しかしそれだけでは，ブロックチェーンネットワークが直面するより高度な課題は解決しないのだ。それらを効果的に解決するには，法的な信頼と技術的な信頼のいいとこ取りをする必要があるのである。

第11章　予測不可能な確実性

豊穣であると同時に投機的

　1994年に，全米研究評議会（NRC）が，産業界やテクノロジー界の有力者で構成されるブルーリボン委員会を結成した。これは，当時はまだ全米情報基盤（NII）と呼ばれていた政策の方向性の検討を目的としたものだった。そして同委員会は，1996年に最終報告書を発表した。そのタイトル『*The Unpredictable Certainty*（予測不可能な確信）』は，当時のインターネットや現在のブロックチェーンの状況を的確に描写したものとなっている[1]。

　同報告書には，「進化しつつある情報インフラによってもたらされる機会は，豊穣であると同時に投機的でもある[2]」と書かれている一方で，「テクノロジーやその活用方法は着実に進歩するだろう[3]」，「インターネットはイノベーションをもたらす驚異的なプラットフォームであり，おそらく人類の歴史のなかでも唯一無二のものとなるだろう[4]」とも記述されている。デジタルネットワークによって人々の生活や仕事，コミュニケーショ

ンのスタイルが変わることは早い段階から確信されていたのである。しかし，いつどのように変わるかを短期間で予測するのは困難だったのだ。

「豊穣であると同時に投機的」は，ビットコインやイーサによる収益をイニシャル・コイン・オファリング（ICO）に投入する暗号通貨資産家や，ブロックチェーンテクノロジーや分散型台帳テクノロジーがもたらす機会にも当てはまるフレーズだ。インターネットの発展の歴史を振り返ることは，ブロックチェーンの将来を考えるにあたって非常に有益なのである。たとえば，システムの規模が拡大するにつれて分権化の可能性が衰退していく様子が見てとれる。さらには，オープンインターネットという素晴らしい概念がブロックチェーンテクノロジーによって再活性化する可能性も見えてくるのである。

NRCが報告書を公開した1996年の時点で，eBayやアマゾン，ヤフーといった企業は既に設立されていた。また，初のグラフィカルウェブブラウザであるNCSA Mosaicはその3年前にリリースされており，初の商用ブラウザであるNetscape Navigatorもその1年後にリリースされていた。さらに，世界随一のテクノロジー企業であるマイクロソフトがインターネットに注力することを宣言する，ビル・ゲイツの有名な社内メモも既に発行されていたのである[5]。

しかし，インターネットは一般にはまったく普及していなかった。インターネット接続サービス会社のなかでも利用者数が最多だったAOLですら会員数は約500万人にすぎず，アメリカ全体のインターネット利用者数も約2000万人にすぎなかった。そして，これらのユーザーのインターネット利用時間は，平均すると1カ月あたりわずか約30分だったのだ[6]。ちなみに，現代のアメリカ人のインターネット平均利用時間は1日あたり約4時間である[7]。当時はまだ，ソーシャルメディアやメッセージアプリ，モバイルインターネット，ストリーミングメディアなどは存在しなかった。

しかしそれでも，当時の専門家はインターネットを「トレンディかつ過大な」流行と評価していた[8]。あとから振り返ってみるとユーザーの囲い込みや商用利用，グローバルな普及などに欠かせなかった取り組みは，20年前には非常に投機的に見えたのだ。

　進むべき道があらかじめ決まっていないのは，テクノロジーだけでなく法制度も同様だ。アメリカ政府は，生まれたてのインターネットを潰してしまう可能性もあったのだ。実際，そうなりかけたのである。たとえば，アメリカ合衆国議会は1996年に，「不適切な」オンラインコンテンツに対して過剰な刑事罰を科す法案を可決した。これは，検索エンジンなどのサービスを駆逐してしまいかねないものだった。しかし，法律の有害な部分が議会で削除され，オンライン仲介業者はユーザー投稿コンテンツに対して従来のコンテンツ発行者や配布者よりも幅広い免責が得られるように改正されたのである。また，連邦通信委員会（FCC）は，煩わしい1分単位のインターネット利用料を承認したり，インターネットベースの音声通信を禁止したりすることができたはずだ。しかし，そうする代わりに，テクノロジーを受け入れたのである。さらに，アメリカ政府は，インターネットのドメインネームシステムのルート（最高位階層）に対する管理権を利用して，あらゆる種類の制約を課すことができたはずだ。しかし，そうする代わりに，民間運営の国際的なマルチステークホルダー団体であるICANNに監視業務を移管したのである。

　これらの —— あるいはほかの —— 措置によって，オープンインターネットの成長が遅延したり妨げられたりした可能性もあったのだ。1990年代のサイバーリバタリアンは，インターネットは法制度による支配から逃れられるという点においては間違っていたものの，政府や裁判所はインターネットの可能性を真剣に考えるべきであるという点においては正しかったのである。

　そして，ブロックチェーンは現代版の「予測不可能な確実性」だ。

　分権型信頼は既に世のなかに解き放たれている。まず，ビットコインによって，信頼性の高い記録管理や価値交換が分散型台帳上で実現可能であることが証明された。そして，イーサリアムによって，複雑な取引がスマートコントラクトで自動化できることも証明された。仮に，現在稼働中の主要プラットフォームやDAppがすべて失敗したとしても，誰かが再度立ち上げることだろう。さらに，分権化や共有真実は，テクノロジーによって市場のニーズを満たせる可能性があるさまざまな環境に導入することが可能だ。しかし，本書で説明してきたように，重大な未解決問題も数多く残っているのである。

　ブロックチェーンや分散型台帳テクノロジーに秘められた可能性が熱烈な注目を浴びている現状は，必然的にそのリスクよりもメリットが重視されがちな状態となっている。システムが機能しなかった場合にどうなるかを推測するよりも，システムがどのように機能するかを考えるほうがエキサイティングだろう。ブロックチェーンは革命や創造的破壊である，あるいはすべてを変えるなどといった，盲目的な話も多数広まっている状態だ。しかし，明るい話に対して疑念を抱く者は往々にして，全体に対して懐疑的になるものである。これまで，数多くの著名な批評家たちが，ビットコインがどう転んでも成功しない理由や，現金に取って代わることができない理由，ポンジ・スキーム詐欺である理由，一般の人々の興味の対象には絶対にならない理由などを語ってきた。最近でも，規制当局はブロックチェーンの成功を許すべきではない，ビットコインは唯一存続可能なブロックチェーンである，まともな企業はこのテクノロジーを絶対に使用しないなどといった主張がなされているのである。

　しかし，支持者も反対者も同じ過ちを犯している。彼らは，一部だけを見て全体を理解した気になっているのだ。ブロックチェーンコンセンサス

が実際に機能することは，これまでに何千人もの人々や何百社もの企業が関与し，何十億ドルもの資金が投入されてきた実績を見ればわかるだろう。少なくとも，インターネットと同等レベルには機能しているのである。

しかしその一方で，このイノベーションが魅力的な投資商品やエンタープライズデータベースの付加機能以上の存在になれるかどうかは現時点では未知数だ。現在，数多くの事業活動や実験が行われており，実際のサクセスストーリーや検証済みのユースケースもいくらか存在する。しかし，ブロックチェーンエコノミーにおけるヤフーやNetscapeは未だに登場しておらず，グーグルやウィキペディアは言わずもがなである。将来的にそのような存在になる企業は既に登場しているかもしれないが，まだそのレベルには達していないのだ。そして，仮にブロックチェーンの導入規模がインターネットに追いついたとしても，ビットコインやイーサリアムの魅力である多様なオープン性や分散性がそのまま残っている保証はないのである。

コイン保有者やシステムユーザーとしてブロックチェーンの世界に飛び込む際には，ブロックチェーンを思い切って信じる必要がある。そこに使われているテクノロジーの大半は，複雑で有効性が未知数なものなのだ。個人であれ組織であれ，不完全な情報に基づいて投資を行い，完全には理解できない世界を信頼する必要があるのである。そもそも，思い切って信じるという行為は，ブロックチェーン自体もやっていることだ。ブロックチェーンは，信頼できない基盤のうえに信頼できる真実を構成しているのである。

ブロックチェーンは，少なくとも部分的には，世界的な信頼の危機に対する対応策として定着している。ただし，完璧な解決策というわけではない。そのようなものは存在し得ないのだ。確実なのは，金融サービスやデータ保護，監視といった，民間企業や公的機関に対する信頼が大きく揺ら

いでいる分野においてブロックチェーンテクノロジーが有効だということだ。そして，インターネットの当初のビジョンを弱体化させてきた中央集中化に対する対抗策として特に有望なのである。

分権化は持続不可能

MITメディアラボ所長の伊藤穰一やベンチャーキャピタリストのマーク・アンドリーセンなど，これまで数多くの著名な技術者や投資家がビットコインやブロックチェーンと初期のインターネットを比較してきた[9]。たとえば，アンドリーセンは2014年に次のように述べている[10]。

> ミステリアスな新テクノロジーがどこからともなく出現したように見えるが，これは実際には匿名の研究者たちが20年にわたって研究や開発を行ってきた成果である。政治的理想主義者たちはそこに平等化や革命のビジョンを見出している一方で，エリートたちはそれを軽蔑したり嘲笑したりしている。また，技術者（オタク）たちはそれに心を奪われている。最終的に，それの効果は非常に大きなものになるだろう。そして，人々はその大いなる有望性になぜ最初から気づかなかったのか疑問に思うことになるはずだ。

少し前までは，インターネットが現在のブロックチェーンの立ち位置にいた。インターネットもまた，権力を分散させて世界を変える可能性があると熱狂的に信じられていたのだ。そして，犯罪者が悪用できる玩具や道具になり得るとして批判されていた。さらに，実際にはガバナンスのテクノロジーであるにもかかわらず，ガバナンス不可能なテクノロジーであると誤解されていたのである。ブロックチェーンとインターネットの比較が

有意義な理由は二つある。まず，過去に目を向けてインターネットの歴史を研究することによって，分散型台帳テクノロジーがどのように進化していくかが見えてくる。また，未来に目を向けた場合，ブロックチェーンベースのシステムがオープンな分権型プラットフォームとしてインターネットを再活性化する可能性が見えてくるのである。

　ブロックチェーンの世界では，公的記録はほとんど存在しない。分散型台帳は，2015年頃に世界的なビジネス現象として広まった。これは，インターネットが同様に広まってから約20年後のことである。したがって，大半の主要プロジェクトにおいて多数派を占めている20代の暗号通貨開発者たちは，パソコンでグローバルな通信が行われるようになる前の世界を覚えていない。そしてその多くは，スマートフォンやソーシャルネットワーキングが登場する前の世界も覚えていないのだ。イーサリアムを支える超人的な天才のヴィタリック・ブテリンは，マーク・アンドリーセンがNetscape Navigatorをリリースした年に生まれたのである。また，ブロックチェーン開発のグローバル性もまた，過去の出来事の把握を阻害する要因となっている。たとえば，シンガポールやベルリンのチームは，かつてシリコンバレーやワシントンで起こった出来事をあまり知らないだろう。しかし，彼らは知っておくべきだ。ブロックチェーンの発展は，インターネットの大成功の再現であると同時に，インターネットの最大の失敗を是正する機会でもあるのだ。インターネットもまた，国家権力への対抗手段としてスタートし，徐々に国家による統制ツールとなってきたのである。

　インターネットは，1970年代に，大学や政府のコンピューターネットワークのユーザー間で電子ファイルをやり取りするという平凡な目的で始まったものだ。しかし，その後の40年間でインターネットは世界を席巻し，ほぼあらゆるコミュニティや企業に影響を及ぼしたのである。それが

実現できた要因の一つに，インターネットがオープンな基盤インフラとして設計されていることが挙げられる。現在，Airbnb や YouTube といった数多くの独自イノベーションがインターネット上に構築されているが，インターネットはそれらをすべてサポートしているのである。

　ウィキペディアは，誰かに許可を求めることなく，ユーザーが持ち寄った知識を集約した世界最大のコレクションを作成するという壮大な実験を開始した。Netflix や Spotify は，誰かに許可を求めることなく，世界中の人々のメディアとの接し方や利用方法を変更した。Salesforce は，誰かに許可を求めることなく，エンタープライズソフトウェアをパッケージ版からオンライン配信へと移行した。アマゾンは，誰かに許可を求めることなく世界最大のネットショップを作成し，数年後には世界最大のクラウドコンピューティングプラットフォームを作成した。そして，WhatsApp やインスタグラム，WeChat，Snap などは，誰かに許可を求めることなく，何十億人もの人々の日々のコミュニケーションスタイルを変えたのである。これらはすべて，インターネットに所有者がいないから実現したことだ。イノベーションに脅かされていると感じている者たちに，それを止める力はないのである。

　しかし，そのような成功にもかかわらず，インターネットに対して人々が抱いた夢や期待の多くは実現していない。現在，世界のインターネットアクセスの大半は，一握りのブロードバンド事業者や無線ネットワーク事業者によって管理されている。また，検索，ソーシャルメディア，広告，Eコマースといった多くの主要機能も少数の企業に独占されている状態だ。彼らは，ユーザーを可能な限り自分たちのウォールドガーデン（自社サービス）に囲い込んでいるのである。「規模の経済」や「ネットワーク効果（ネットワークサービスは接続している利用者が増えれば増えるほど価値が上昇する）」といった理論を見れば，この囲い込みがいかに有効かがわ

かるだろう。そしてユーザーは，企業がサービスを提供するために収集する個人情報の流れをほとんど制御することができない。さらに，オンラインでの自由な情報のやり取りを制限したり監視目的でネットワークを悪用したりする手段を見出した政府も存在する。ユーザーの地位向上や非認可式のイノベーションは大幅に制約されているのである。

　第1章で説明した，企業や政府，メディアに対する信頼の危機もまた，インターネット経済に打撃を与えている。インターネット関連の組織はもはや，これらの既存組織に対抗するカウンターカルチャー的な代替組織ではなく，既存組織に含まれるからだ。そして，彼らは大きな信頼のギャップに直面している状態だ。SalesforceのCEOのマーク・ベニオフは，2015年の世界経済フォーラムの年次総会において，「デジタル革命には信頼革命が必要だ」と発言した[11]。また，Internet SocietyのCEOのキャシー・ブラウンも，「ユーザー間の信頼の世界的な衰退」は「インターネットの存続を脅かす脅威」であると述べている[12]。

　信頼は，オンラインの世界では特に重要だ。オンラインの世界には対面的な接触はなく，やり取りは必然的にハードウェアやソフトウェア，サービス事業者を介して行われることになる。eBayの購入ボタンをクリックしたりフェイスブックの投稿に返信したりする際，ユーザーはその向こう側にいる人や組織を信頼している。そして，その信頼には，オンライン事業者側の技術的な信頼性や善意以上のものが必要なのだ。フランシス・フクヤマは，「信頼は集積回路や光ファイバーケーブルには存在しない。信頼は情報の交換を伴うものだが，信頼を情報に変えるのは不可能だ[13]」と述べ，IT愛好家は信頼の重要性を無視しがちであると指摘した。デジタル経済の発展を成功させるには，インターネットのうえに信頼レイヤーを構築する必要があったのである。

　Eコマースの黎明期には，クレジットカードなどの情報が盗まれるのを

恐れて取引を拒否するユーザーが少なくなかった。その対策として開発さ
れたのが，セキュリティプロトコルのトランスポート・レイヤー・セキュ
リティ（TLS）である。これは，ユーザーのブラウザとウェブサイトのサー
バーとの接続を検証するものだ[14]。画面に表示されているページが本物の
サイトであることの信頼性を大幅に高めることによって，TLSはEコマー
スにおける信頼の基盤を形成したのである。TLSのベースにあるのが，公
開鍵基盤（PKI）と呼ばれる仕組みだ。第4章でDigiNotarの事例を引き合
いに説明したように，PKIは中央集権型の信頼アーキテクチャである。ウ
ェブサイトが適切な証明書を所持していれば，ユーザーはそのウェブサイ
トを信頼することができるのだ。証明書は，「認証局（CA）」と呼ばれる組
織から取得することができ，CAの暗号秘密鍵による署名が入っている。ま
た，CA自身もより上位のCAから認証を取得することがある。

　ただし，ネットワークを介してやり取りされる情報の整合性の検証は，
あくまでもオンラインセキュリティの一部にすぎない。ユーザーが直接利
用しているプラットフォーム自体は十分に信頼できたとしても，取引の向
こう側には買い手や売り手，あるいはほかのサービス事業者が存在するこ
とがある。アマゾンやeBayなどの企業はすぐに，自分たちが販売してい
る商品や商品を販売している第三者を信頼する手段をユーザーが必要とし
ていることに気がついた。そして，これらの仲介業者は，成長していくに
つれてユーザーにとっての信頼の道しるべとなっていったのである。信頼
できるサービス事業者が，インターネットの信頼性の保証人となったのだ。
こうして，プラットフォームの中央集中化が加速したのである。ウェブの
再分権化に関するMIT Digital Currency Initiative（デジタル通貨イニシ
アチブ）の報告書では次のように説明されている。「インターネットは本
来，分散型プロトコルに基づいて構築されていた。しかし，人々が日常的
に便利に利用できるようにするために，少数の洗練されたサービスプラッ

トフォームへと統合していく必要があったのだ[15]」。

　グーグルやフェイスブック，アマゾン，Tencent，Alibabaといったサービスは現在，何十億人ものユーザーを抱え，アンバランスなオンライン売上広告比率を維持し，世界でも屈指の時価総額を有している。これらのサービスはインターネットのオープンプロトコルを使用しているものの，その価値はユーザーをウォールドガーデンに囲い込むことによって生まれているのである。

　オンラインプラットフォームでは通常，ユーザーのデジタルIDを管理することによってこの囲い込みを行っている。ユーザーは，フェイスブックのアクティビティを別のサービスに移植したり，提供するデータを選択したりすることは不可能だ。さらに，このID管理は，フェイスブック以外のアプリケーションにまで範囲を拡大することができる。たとえば，「ソーシャルログイン」を利用すると，ユーザーはフェイスブックやグーグル，ツイッターなどのログイン情報を利用してほかのサービスにログインすることができるのだ。これは，ユーザーとサービスの双方にとって便利なものだが，オンライン仲介業者の地位強化にもつながっているのである。

　オンラインにおける信頼のニーズに対するもう一つの主要な対策が，評価システムだ。eBayの売り手評価で初めて注目を集めたこのシステムは，現在，さまざまな形で数多くのオンラインサービスに導入されている。そして，このシステムは，新形態の交流を阻害する要因の排除において特に重要となっている。近年，UberやAirbnbといったシェアリングエコノミーが急速に導入されつつある背景には，適切な評価システムがあるのである。仲介プラットフォームが提供している評価システムや認証システムのおかげで，ユーザーは安心して見知らぬ人の車に乗ったり見知らぬ人のアパートに滞在したりできるのだ[16]。ただし，これらのシステムは，悪意をもったユーザーに悪用される可能性がある[17]。たとえば，2016年のアメリ

カ大統領選挙中には，世論に影響を及ぼすことを目的とした自動ボットが
ツイッターなどのサービス上で急増したことが大きな問題になった。皮肉
なことに，評価システムを狂わせるための偽アカウントを容易に作成でき
ることによって，ビットコインがプルーフ・オブ・ワークシステムによっ
て克服しようとした（第2章を参照）シビル攻撃の変種が生まれてしまっ
たのである。

　主な問題点は，現代のインターネットセキュリティやID，評価システム
では信頼が階層構造になっていることだ。たとえばTLSは，仲介業者の階
層がデジタル証明書を適切に管理することによって安全性が確保されてい
る。ユーザーは，直接取引している相手ではなく，CAの階層を信頼して
いるのである。また，TLSはポイント・ツー・ポイント型のセキュリティ
プロトコルなので，エンド・ツー・エンド型の信頼には向いていない。さ
らに，仲介業者やプラットフォームはIDや評価システムを管理しているも
のの，IDや評価は通常，サイト間での移植ができないため，ユーザー個人
の評価としては機能しない。現代のインターネットは結局のところ，それ
ほど信頼できるものではないのかもしれないのだ[18]。

　主要なインターネットプラットフォームが情報エコシステムにおける支
配的な存在へと成長していくにつれて，それらに対する認識にも大きな変
化が生じた。IT企業は当初，通信業界やメディア業界，金融サービス業界
などにおける独占状態を打ち破る破壊的な参入者とみなされていた。彼ら
は，表現の自由やユーザーの地位向上を目指していたのである。しかし現
在，反トラストの専門家は小売業界におけるアマゾンの権力に対する懸念
を表明し[19]，スタートアップやコンテンツ作成者はオンライン広告におけ
るグーグルとフェイスブックの2社独占状態を嘆いている状態だ[20]。これ
らのプラットフォームは，世界中の情報にアクセスできるようにすること
によって人類を賢くする代わりに人類を自身の考えをもたない自動人形へ

と変え[21]，世論操作やフェイクニュースへの門戸を開いたとして非難されているのである[22]。コーネル大学の情報セキュリティ研究者であるエミン・ガン・シレールは，その危険性を次のように要約している。「単一的なコード文化は危険である。一元管理されたサービスにより，民主主義や社会生活の存続が脅かされることになるだろう[23]」。

　懸念のある集中化は，表舞台のプラットフォームに限った話ではない。舞台裏でも，インターネットのトラフィックルーティングは少数のバックボーン事業者に統合されており，その大半はブロードバンド事業も行っている状態となっている。そして，パフォーマンスの向上を目的としてバックボーンとオンラインサービスの直接接続が進んでいるため，インターネットの当初の設計思想である分権化とはかけ離れたものになりつつあるのである。また，コンテンツ事業者は，AkamaiやCloudflareといったオーバーレイネットワークに依存している状態だ。これらのネットワークもまた，中央集権的な階層となる可能性を秘めている。たとえば，サービス拒否（DoS）攻撃からウェブサイトを保護するサービスを提供しているCloudflareは，ドメイン名レジストラによる同様の措置に続いて，ネオナチサイトのThe Daily Stormerを顧客リストから削除することを決定した。それは実質，Cloudflareがインターネットからサイトを排除したことを意味している[24]。そしてその決定は，「Cloudflareは憎悪や暴力を促進する顧客を引き受ける義務を負わない」として正当化されたのである。しかしこれは，インターネットがかつての自由参加型の環境ではなくなったことも意味しているのだ。

信頼のトレードオフの克服

　「大いなる力には大きな責任が伴う」というフレーズには，時代を超えた

真実が込められている。おそらくそれが，ウィンストン・チャーチルや聖書，革命後のフランス政府，19世紀のイギリスの政治家，スパイダーマンの漫画といったさまざまな場面でこのフレーズが使われてきた理由でもあるのだろう。権力をもつ者は，その権力を自分から求めたかどうかにかかわらず，それに伴う義務を放棄することはできないのだ。ITの世界では，行動を形成する権限がソフトウェアアーキテクチャによって付与されるという事実が無視されがちだ。裁判所や規制当局の力はわかりやすいが，コードやその所有者の力はそうでもない。しかし，これらはどちらも強力な規制者なのだ。設計が不十分なコードは，設計が不十分な法律と同じぐらい有害な可能性があるのである。

　権力によって，必ずしも仲介者が信頼できなくなるわけではない。市場の力と内部規範を組み合わせれば，支配的な企業の邪悪化を防ぐことすら可能なのだ。しかし，中央集権的な管理によって，仲介者を信頼している者たちの利益にならない，あるいは公平性や革新性といった価値観に反する方法で行動できるようになってしまう[25]。それにより，対話や創造性，イノベーションのダイナミクスが変化し，意図して競争を防ごうと努力するようにすらなってくる。また，政府は新たな管理ポイントに便乗するだけでよくなるため，デジタルの世界に対する監視や制約の拡大が容易になるのである[26]。

　規制や反トラスト法の執行は，仲介者の過度な権力に対する昔ながらの対応だ。また，立法は政府の監視活動を抑制する昔ながらの手段である。これらはいずれも，インターネットではうまく機能していない。しかし，ブロックチェーンはここに新たな手段をもたらし得る存在なのだ。分散型台帳テクノロジー，特にパブリックブロックチェーンネットワークは，現代の管理された環境よりも初期のインターネットに近い，オープンで分権化した環境への道筋を具現化しているのである[27]。

　分権化は，権力の問題への対応手段である。たとえば民主主義は，誤りを犯しがちな国王を有権者と代表者による分散化した権限に置き換えたものだ。そして，政府のさまざまな部署で責任を分担することによって，潜在的な危険性を伴う権力の集中をさらに希薄化しているのである。また，サトシ・ナカモトがビットコインのホワイトペーパーで示唆したように，同様のダイナミクスは銀行などの金融仲介業者の私的な権力にも当てはまる。誰か，もしくは何かを信頼する必要がある場合，そこには力の不均衡が生じるのだ。広く信頼されている関係者は，悪用可能な権力を手にできるのである。たとえば，グーグルは最も有用な情報源として信頼されており，フェイスブックは信頼されて個人情報を預かっている。それにより，彼らは潜在的な競合他社を締め出してさらに収益を増やしているのである。

　インターネットをより分散化させようとする動きはこれまでにもあったものの，Diasporaの分権型ソーシャルネットワークをはじめとする大半の取り組みは軌道に乗ることなく終わってしまった[28]。最も顕著なのは，1990年代後半に登場したピアツーピア（P2P）テクノロジーだ。これは，インターネットのユーザー同士が仲介者を介すことなく直接接続できる手段である[29]。P2Pはさまざまなサービスに導入され，技術的にも大きなメリットがあったものの，残念ながらNapsterのような違法なファイル共有システムに使われるケースが少なくなかった[30]。そして，そのようなプラットフォームが音楽業界からの法的措置によって閉鎖されると同時に，ほかのサービスでも利用されなくなっていったのだ。さらに，帯域幅や処理能力の向上に加えて，手頃な価格でのダウンロードを許可するという音楽業界の妥協もまた，P2Pの衰退をあと押ししたのである。

　P2Pテクノロジーは今でもコンテンツ配信などの重要な機能で広く使用されているものの，主流のユーザー向けインターネットサービスはP2P

とは正反対の方向に進んできた。21世紀に起こったインターネットの構造的な変化として真っ先に挙げられるのが，クラウドコンピューティングの台頭だ[31]。グーグルやアマゾン，アップル，マイクロソフト，フェイスブックといった企業は現在，ネットワーク事業用のプラットフォームとして機能する大規模なデータセンターを運営している。クラウドコンピューティングによって，ユーザーや企業に提供されるサービスの機能性やスケーラビリティは大幅に向上したのである。しかし，これは結局のところ，強者が勝つゲームである。競争できるだけのリソースや専門知識をもっている企業はごくわずかであり，そのような企業は自分たちのプラットフォームをほかの市場機会に活用する方法を常に模索しているのである[32]。

　クラウド関連大企業の台頭やオンライン事業に対する政府の監視の拡大を受けて，大勢の技術者や起業家がインターネットの再分権化について話し合ってきた[33]。その代表格が，ワールド・ワイド・ウェブを生み出したティム・バーナーズ＝リーである[34]。2016年6月に開催された分権型ウェブ・サミットには，バーナーズ＝リー，TCP/IPプロトコルの共同作成者であるヴィントン・サーフ，インターネットアーカイブの運営者であるブルースター・ケールといった名だたるメンバーが参加した[35]。これらの議論における焦点は，公的・私的な利益を目的として固定化された権力だけでなく（それ自体も大きな課題だが），インターネットの基本的な構造だったのだ。

　インターネットは，信頼できる通信を行えるように設計された，分散型ネットワークの集合体だ[36]。エンド・ツー・エンドのトラフィックフローを管理する者がおらず，まったく異なるシステムが相手でも，ユーザーはネットワークを利用してデータを配信することができる。これは，インターネット・プロトコル（IP）と呼ばれる「スパニング（橋渡し）レイヤー」によるものだ[37]。IPを利用することに誰もが同意する代わりに，その上下の

レイヤーで何をするかは各自の自由となっているのである[38]。これにより，ユーザーやサービスが特定のネットワークテクノロジーに縛られなくなったため，イノベーションや競争が促進されたうえに創造的な自由度が増したのである。たとえば，パケットのやり取りに関する処理を下位レイヤーに残したまま，必要な部分だけをトランスポートネットワーク上に構築することが可能となっている。

このアーキテクチャは，驚くほどうまく機能している。これにより，研究用ネットワークの小規模な集合体にすぎなかったインターネットが，毎日何十億人もの人々の生活に影響を及ぼすグローバルなプラットフォームへと成長したのである。しかし，このアーキテクチャには問題もある。IPスパニングレイヤーを下層レベルに設置したことにより，上位レベルにおけるソリューションの独占化や権力の集中化が可能となってしまったのである。

IPトランスポートサービスは，ベストエフォート方式であれば誰もが提供することができる。しかし，サービス品質やセキュリティ，ID管理，コンテンツ，検索といった重要な機能を備えた信頼性の高いサービスは，トップクラスの事業者に独占されがちだ。現在のフェイスブックが強力な市場支配力を享受しているのは，そのソーシャルグラフ（オンラインIDに紐づく人間関係やデータのネットワーク）が共有資産ではなく独自の資産だからである。同じことが，グーグルの検索やアップルのモバイルアプリ，Uberの配車サービスにも当てはまる。

ネットワークのスパニングレイヤーが信頼レイヤーよりも下位にある限り，信頼は中央集権のための原動力となり続けるだろう。安全な通信や評価システム，IDなどは，あくまでも仲介業者やサービス事業者が自身の利益のために提供するサービスであり，誰もが利用できる共有要素ではないのである。

インターネットの設計者は，ネットワーク上でデータをやり取りすることを主目的にしていたため，そのような機能をスパニングレイヤーの上位レイヤーに切り離したのである[39]。ネットワークのエッジ部分でよりオープンかつ革新的な方法で提供できる機能をトランスポート事業者がわざわざ埋め込まないようにすることが「エンド・ツー・エンド」ネットワークのビジョンだったのだ[40]。問題は，かつてのエッジ部分が今ではネットワークスタックの上位レベルの中心部になっていることだ。したがって，信頼に焦点を当てた新たなスパニングレイヤー，すなわち「コミュニケーションのインターネット」の上部で稼働する「価値のインターネット」が必要なのである。

スパニング（橋渡し）レイヤーとしてのブロックチェーン

ブロックチェーンが「新種のインターネット」として注目を浴びている背景には，インターネットの原点である分権型システムの再来に対する期待がある[41]。ローレンス・レッシグが述べたように，ブロックチェーンはサイバー法の基礎部分を見直すきっかけとなり得るものであり，よりオープンな環境をもたらす可能性も秘められている[42]。ブロックチェーンが信頼できる台帳として広く普及した場合，独占的な管理が排除される可能性もあるだろう。

ベンチャーキャピタリストのクリス・ディクソンは，「イーサリアム上で構築する場合，フェイスブックやツイッター上で構築する場合と違って追い出される心配がない」と述べている[43]。イーサリアムは，非営利の財団によって運営されており，独立したマイナーのネットワークによってサポートされており，誰もがコードや取引履歴をフォークできるオープンソースソフトウェアとして利用可能となっている。これらの特徴により，イー

サリアムは，現在ウェブを席巻している個人情報プラットフォームとはまったくの別物となっているのである。イーサリアム財団がプラットフォームをいじって特定のユーザーを優遇するのは非常に困難なことであり，やる価値もないだろう。

　確かに，インターネットが再分権化されたとしても，大規模事業者は依然として存在し，政府も介入を行うだろう。また，ブロックチェーンは分権型の検索エンジンやマーケットプレイス，ソーシャルネットワークといったプラットフォームで既に利用されているものの，既存企業は依然として強力な既得の優位性を有している。しかし，目的はフェイスブックを打ち負かすことではなく，ユーザーに力をもたらす分散型の方法で動作する次世代のフェイスブックへの扉を開くことなのである。

　インターネットと同様に，重要なのはスパニング（橋渡し）レイヤーにおける機能の分離である[44]。インターネットの場合，データ構造（IP）とトラフィック管理（TCP）が分離されている。誰もがデータプレーンにIPによる相互運用性があることを前提にでき，誰もがコントロールプレーンの周囲でイノベーションを起こすことができるのだ。ブロックチェーンの場合，分散型台帳がデータプレーン，スマートコントラクトがコントロールプレーンである。これらはどちらも重要だ。そして，台帳の基本的な整合性に対する信頼性も不可欠である。しかしそれだけでは，信頼が反映された，より濃厚かつ親密な相互関係を築くには不十分なのだ。このギャップを埋めるには，技術的なイノベーション，標準化，法的な支援のすべてが必要なのである。

　現在のインターネットにおけるウォールドガーデンは，TCP/IPネットワークのオープンプラットフォームを導入し，そのうえのデータ層を独自のインターフェースを通じて私有化することによって構築されている。一方，ビットコインやイーサリアムなどのパブリック型分散型台帳ネットワ

ークは，誰もがすべての情報を利用できるという点で異なっている。グーグルが検索クエリのデータベースを所有しているのとは異なり，ビットコインの取引履歴のデータベースを所有している者は存在しないのだ。さらに，これらのネットワークや，HyperledgerやR3などの主要な許可型台帳プロジェクト用のソフトウェアは，オープンソースとなっている。つまり，ソースを解析したり，機能を評価したり，拡張機能を作成したり，修正バージョンを作成したりといったことが誰でも自由に行えるのである。これは，分裂につながる可能性があるものの，イノベーションの促進にもつながっているのである。

　オープンデータやオープンソースといった概念は，ブロックチェーンのオープン性の一部の側面にすぎない。独占的なインターネットプラットフォームがオンライン活動における価値の大半を吸収できた背景には，技術的な理由だけでなく経済的な理由もある。たとえばフェイスブックは，交流を求めているユーザーと彼らに商品を売り込みたい広告主を仲介している。彼らはこの仕組みによって，2017年だけで300億ドル以上もの収益を上げたのだ。ユーザーは，この利益生成マシンにデータを提供したり閲覧したりしているものの，それによって金銭的な利益を得ることはできない。そして，ネットワーク効果もまた，フェイスブックによる囲い込みに役立っている。人々が求めているのは友人とのつながりなので，たとえ競合他社が遥かに優れたサービスを提供したとしても同じバリュープロポジションを提供することはできないのだ。さらに，フェイスブックはユーザーのID情報を厳しく管理しているのである。

　フェイスブックなどの企業がこのような形でお金を稼ぐこと自体は，本質的に何の問題もない。フェイスブックなどのオンライン仲介業者は驚くほど革新的な企業であり，世界をつなぎ，さまざまな点で人々の生活をよりよい方向に変えてきた。しかし，彼らの権力は本質的に腐敗しているの

である。仲介業者は必然的に，自らの利益になるように市場を形成する。たとえば，欧州連合（EU）は2017年に，自社の系列企業が有利になるようにオンラインショッピングの検索結果を操作したとしてグーグルに27億ドルの罰金を科したのである[45]。

　しかし，分散型台帳ネットワークの場合は，暗号通貨トークンを利用して所有権の価値を収益化することができるのだ。たとえば，ブロックチェーンベースの分散型クラウドストレージであるIPFSの例を見てみよう。このシステムでは，URLによってアクセスできる特定の場所にファイルを保存するのではなく，ネットワーク内にある多数のハードドライブにファイルのコピーを分割して保存する。そして，Filecoin（ファイルコイン）トークンをインセンティブに，ユーザーに対してストレージ容量の提供を促している。グーグルが広告主と閲覧者を結びつけているのと同様に，トークンによって両者を結びつけているのだ。つまり，ファイルをアップロードするユーザーは（ほかの通貨で購入できる）トークンを支払い，ファイルの保管場所を提供するユーザーはトークンを獲得するのである。また，IPFSの運営企業はテクノロジーを提供しているものの，ネットワークに保存されているコンテンツに対する管理権はもっていない。そして，トークンの価値は需要と供給に応じて変化するのである。

　従来のベンチャーキャピタルや公開市場ではなくICOを通じて収益を上げているブロックチェーンベースのスタートアップは，従来の独占型プラットフォームによる経済モデルを一変させることを画策している。彼らは，プロトコルの成功によってユーザーが直接収益を得られる手段を提供しているのだ。これは，新プラットフォームの台頭を妨げるネットワーク効果の克服にも役立つだろう[46]。また，ICOの場合，ベンチャーキャピタリストやエンジェル投資家の小規模集団ではなく，世界中の個人投資家が活用できるため，資本の獲得が容易になる可能性がある。この場合，投資

家は即時的な価値をもったトークン —— プラットフォーム上のサービス
で利用したり，取引所でほかの通貨に交換したりできる —— を受け取るこ
とになる。そして，プロトコルが成功した場合でも，そのトークンは購入
者に帰属するのである。プラットフォームは，フェイスブックのように価
値創成を一元化することはできないのだ。

　少なくとも，理論上はそうである。しかし，2016年以降にICOによっ
て調達された数十億ドルの大部分は，単なる収益目当ての投資家からのも
のだった。彼らはプロジェクトに参加するつもりはなく，時にはその内容
を理解すらしていないのだ。そして，規制が不十分だったことにより，一
部のICOでは，完全な詐欺はもちろん，通常の投資家に対する不正も行わ
れた。また，ブロックチェーンは，既存の仲介業者の既得権益を必ずしも
乗り越えるわけではない。フェイスブックに対する分散型の競合サービス
がかつてのグーグルプラスやDiasporaよりもうまくいく保証はないので
ある。たとえば，高品質のコンテンツに対してユーザーが暗号通貨による
報酬を付与できるブロックチェーンベースのオンラインメディアプラット
フォームであるSteemitは，概念実証としては優れているものの，未だに
Redditやフェイスブックに取って代わる兆しは見えていない。ブロックチ
ェーンが経済圏を一変させて既存企業を駆逐するという過度な予測は控え
る必要があるだろう。

　しかしそれでも，DAppへの資本流入によって数多くの創造的なイノベ
ーションが生まれているのである。初期のインターネット市場でも，同様
に多くの失敗があったのだ。また，ブロックチェーンベースの新ソリュー
ションのなかには，既存のインターネットエコシステムにおける独占的な
基盤に直接取って代わろうとしているものもある。たとえば，Blockstack
やEthernet Name Serviceは，インターネットのドメインネームシステム
に代わるブロックチェーンベースの分散型システムを開発している[47]。さ

らに，Blockstackは，インターネットのコアプロトコルの完全なトークン化や分権化も提案しているのである[48]。

　また，ブロックチェーンによって，個々のユーザーに管理権が帰属する分権型のIDも実現可能となる。たとえば，「自己主権型アイデンティティ」では，ユーザーは自分のプロフィールやそこにアクセスできる情報サービスを管理することができる[49]。また，マイクロソフトやEvernym, Tierion, uPort, Sovrin Foundationといった大企業やスタートアップ，非営利団体で構成されるグループは，ユーザーが信用調査機関などの中央集権型の仲介者や主要プラットフォームに縛られることのないIDインフラの開発に取り組んでいる。さらに，分散型アイデンティティ財団，官民合同のID2020プロジェクト，およびWorld Wide Web Consortium（ワールド・ワイド・ウェブ・コンソーシアム）は，このビジョンを実現させるためのオープンスタンダードの作成を主導している[50]。これらの取り組みはまだ初期段階なので，失敗に対する法的責任（第10章を参照）などの重要な懸念が残っている状態だ。しかし，単一障害点を回避できる信頼性の高いIDフレームワークは官民双方から求められているのである。

　ブロックチェーンには，過去に分権型デジタルIDを失敗に追い込んだ要因を解消できる可能性が秘められている。ユーザーが認証情報となる秘密鍵を取得した場合，それを保存する場所が必要になってくる。以前は，フェイスブックのような中央集権型の事業者がその役割を担っていた。しかし，ブロックチェーンを利用すれば，管理権を譲渡することなく鍵の認証や管理が可能となるのである。これについて，2005年にInternet Identity Workshop（インターネット・アイデンティティ・ワークショップ）を共同創設した人物であり，デジタルIDの提唱者でもあるカリヤ・ヤングは，「IDは今や，自分で作成でき，どこにでも保存でき，自分が所有していることを証明でき，誰からも奪われないものになったのです」と述べている[51]。

　自己主権型アイデンティティを利用すれば，特定の活動に必要な情報の
みを提供することも可能となる。また，高度な暗号技術を利用すれば，個
人情報を実際にブロックチェーンに保存することなく主張内容（例：10万
ドル以上の流動資産を所有している，21歳以上である等）の真実性を検証
することができる。これにより，金融業者や雇用主は，余計なデータを入
手することなく，融資希望者の金融取引履歴を取得したり採用候補者の学
歴を検証したりできるのだ。ユーザーは取引先ごとに異なる鍵のペアを作
成できるため，仮に一組の鍵が盗まれてもほかの情報が漏洩することはな
いのである。そして，政府機関も，詐欺や非効率性，あるいは米連邦政府
人事管理局やEquifaxに対して行われたようなセキュリティ侵害に対抗す
る手段としてこれらの取り組みを支援し始めている。たとえばイリノイ州
は，このアプローチに基づいて，ブロックチェーンでデジタル出生証明書
を発行するパイロットプロジェクトを開始している[52]。

　さらに，相互運用性によって，インターネットが分散型台帳の基盤上で
再構成される可能性もある。ただし，ブロックチェーン環境における相互
運用性がどのようなものになるかは未だに不確実だ。インターネットは，
「自律システム」と呼ばれる個々のコンピューターネットワークが相互に
通信して整合性のあるメタネットワークを形成できる仕組みである。ただ
し，そこに加わっていないプライベートネットワークも依然として多数存
在する。また，インターネットテクノロジーを使用してはいるものの，ア
クセスを制限しているネットワークも存在する。あるいは，特定の目的の
ためにインターネットとは互換性のないネットワーク基準を使用し続けて
いるネットワークも存在する。さらには，セキュリティのためにインター
ネットから物理的に遮断されているネットワークも存在するのである。同
様に，分散型台帳の世界にも，データをほかの台帳とやり取りしないプラ
イベートネットワーク，個別の共有プラットフォーム（ビットコイン，イ

ーサリアム，Tendermintなど）上に構築されているアルトコインネットワーク，そして，データやスマートコントラクトロジックを共有するためのさまざまなクルードコネクターが存在するのである。

　将来的には，各形態のシステムがより独立したものになるか，あるいは融合する可能性もあるだろう。たとえば，ビットコインは価値の保管庫や準備通貨として独占的な地位を占め，イーサリアムは分散型アプリケーションやプライベートコンソーシアムのためのプラットフォームとして独占的な地位を占めるようになるかもしれない。これは，非常に可能性が高いシナリオだ。あるいは，パブリックプラットフォームのネットワーク効果が最終的に勝利し，クローズドコンソーシアムですらオープンプラットフォーム上で実行されるようになるかもしれない。これは，現在のインターネットの状況である。さらには，さまざまな地域やアプリケーション向けのパブリックブロックチェーンネットワークが多数登場するものの，それらはシームレスに相互通信するようになるといったシナリオも考えられる。たとえば，Cosmos（コスモス），Ripple（リップル）のInterledger Protocol, Polkadotをはじめとするさまざまなプロジェクトでは，チェーンをまたいだ相互運用性の実現を目指している。これが実現した場合，ユーザーは自分が利用しているアプリケーションがどのコインやブロックチェーンによって動作しているのかを考える必要がなくなるのである[53]。

　ブロックチェーンによる分散型インターネットによって，個人ユーザーの権限が強化され，イノベーションが促進されるかもしれない。そのような未来が実現した場合，世界中にさまざまな機会がもたらされることになるだろう。しかし，それは決して確実なことではない。ブロックチェーンは，インターネットと同様に，オープン性を備えたテクノロジーとして生み出されたものだ。確固とした信頼を生み出す強固なガバナンスメカニズムがない限り，その持続は不可能なのである。

第12章　結論

マイク・ハーンのオデッセイ

　イギリス人ソフトウェア開発者のマイク・ハーンは，ブロックチェーンの世界で最も物議を醸している人物の一人である。グーグルのシニアエンジニアとしてグーグルマップやGmailなどのシステムに関わってきた彼は，サトシ・ナカモトのホワイトペーパーが公表されてから数カ月後の2009年にビットコインの存在に気づき，即座にビットコインネットワークの拡張方法についてメールでサトシ・ナカモトと意見交換を始めた。程なくして，彼はビットコインの開発プロジェクトにも関わるようになる。そして彼は最終的に，グーグルでの高収入の仕事を辞め，ビットコインのコア開発者グループの一員としてビットコインにフルタイムで従事するようになったのである。

　2013年にエジンバラで開催されたチューリング・フェスティバルにおいて，ハーンはブロックチェーンベースの自律エージェントに関する驚くべき講演を行った[1]。彼は，自動運転車がTradeNetという分権型自律組

織（DAO）を利用して乗客の確保や道路スペースへの入札を行う未来を予測したのである。車に所有者はおらず，車自体が所有者となり，車の生産性が最大になるようにプログラムされるのだ。たとえば，コストを上回った分の収益は，人間の介入や中央管理なしに自動的に新車の作成に投資されるのである。また，別の予測として，自律型ドローンを利用したMatterNetという物流配送システムも紹介された。これらはすべて，スマートコントラクトによって実装できるシステムだ。彼は，暗号通貨をベースにした新たな仕組みは，既存の金融システムに取って代わるだけでなく，公共財用の資金獲得手段として課税に取って代わる可能性があると述べたのである。

　ビットコインの将来性に関するこの講演は，多くの人々にとって目を見張るものだった。当時はまだ，ビットコインコミュニティはボランティアのソフトウェア開発者やデジタル通貨愛好家の集団にすぎず，ヴィタリック・ブテリンもイーサリアムに着手していなかったのだ。ポール・ヴィニャとマイケル・ケイシーは，著書『仮想通貨の時代』（2015年，邦訳：2017年マイナビ出版）において，ハーンの講演を「ブロックチェーンテクノロジーの可能性に関する最も深い予測」と評価している[2]。ハーンは，ブロックチェーンがもたらし得る根本的な変革にいち早く気がついた，先見の明のある人物だったのである。

　マイク・ハーンの熱意はかなりのものだった。そのため，彼が2年半後に投稿した，「ビットコインは失敗した」と宣言するブログ記事は大きな衝撃をもたらした。彼はビットコイン開発への関与をやめ，所有していたビットコインをすべて売却してしまったのである。ハーンは，パフォーマンス向上のためにビットコインのブロックサイズを拡大することを強く支持していた。そして，ほかのコア開発者がそれを阻止したこと，特に「ビットコインXT」と呼ばれるフォークが提案されたことに不満を感じていた

のである。さらに，ビットコインのマイニングパワーが少数のマイニング
プールに統合されたこともその不満に拍車をかけた。ハーンは次のように
投稿し，分権化に関するサトシの壮大な実験は終わったと結論づけたので
ある。「〈制度上不可欠な機関〉や〈重要すぎてはずせない要素〉を排除し
た新形態の分権型通貨は結局のところ，従来の通貨よりも粗悪なものにな
ってしまった。システムは今や，ごく少数の人々によって完全に管理され
た状態となっている[3]」。

　この対立の根底には，規模拡張と分権化の関係に関する意見の不一致が
あった。ハーンと対立したコア開発者のグレゴリー・マクスウェルは，ビ
ットコインネットワーク上で行われる活動が増えていくにつれて，ネット
ワークノードを運用できるのは少数の大企業のみになっていくだろうと主
張していた[4]。一方，ハーンは，成長こそがマイナーやコア開発者による独
占状態を打破する唯一の方法であると信じていたのである[5]。

　ビットコインの規模拡張に関する提案の技術的なメリットが何であれ，
この議論は本書の中心的なテーマに関係したものだ。従来の解釈では，信
頼できるシステムは対人的なP2P（ピアツーピア）型信頼が構築できるほ
ど小規模なものであるか，あるいは中央集権的なリヴァイアサンや有力な
仲介者に権限を譲渡する必要があった。ハーンは，分散型台帳が三つ目の
選択肢になり得ると考えていたのである。分散型台帳では，中心的な関係
者の信頼性を前提とすることなく共通の真実を構築することができる。ブ
ロックチェーンの信頼アーキテクチャは，ビットコインが直面していたま
さにその問題に対する解決策をもたらすものだったのである。

　ただし，先見の明に富んだハーンの探求には問題もあった。2013年の
チューリング・フェスティバルの講演において，ハーンはブロックチェー
ンの強力なアプリケーションによって公共財に関する問題が発生すること
を認めている。たとえば，自己管理型の自動運転車で構成される自己組織

型の市場はあらゆる点で現状よりも優れたものだが，誰もそれを所有できないのに誰がそれを構築しようと思うのだろうか？　ハーンは，開発者が自動的に報酬を得られる保証契約を提案したものの，それは一定以上のサポートや実装を行った場合に限られるものだった[6]。

Kickstarterなどのクラウドファンディングサービスは，このアプローチを利用して大きな成果を上げている。ただし，この仕組みでは，誰かが契約の規則や目的を定義する必要がある。経済学者が想定する保証契約では通常，その誰かとは政府，すなわちビットコインがまさに回避したかった存在だ。仮に民間関係者が規則を作成するにしても，規則を作成・執行するための正当な仕組みが必要となる。つまり，分権型システムの効果を上げる仕組みによってシステムの分権化が損なわれてしまうという，ヴィリのガバナンスのパラドックスにまたもや直面することになるのである。

ハーンは，サトシが解決したいと望んでいた中央集権型ガバナンスの欠点がビットコインによって改善できると確信していた。そして次のように，ビットコインが効果的に自己管理できない場合は市民を保護するために政府が介入してくるだろうと予想していたのである。

> 政府は長年にわたって，証券や投資に関する無数の法律を可決してきた。ビットコインは証券ではないため，これらの法律の対象にはならないはずだが，その精神はつまるところ「投資家に適切に情報を提供しなければならない」という単純なものである。誤った情報を与えられた投資家が資金を失った場合，政府の継続的な監視対象となるだろう。

分権化に関するビットコインの果敢なる実験が失敗に終わったと確信したハーンは，唐突にビットコインを去り，まったく別の分散型台帳プロジ

ェクトで新たな職を得た。彼は，R3のリードプラットフォームエンジニア，および同社の金融サービス企業向け分散型取引プラットフォームであるCordaのプライマリアーキテクトとなったのである。

転職の理由を尋ねる『ニューヨークタイムズ（*The New York Times*）』紙の取材に対し，ハーンは「何らかの現実的なビジネスに直結したプロフェッショナルな環境に再び身を置きたかったから」と答えている[7]。彼を批判するものの目には，彼が革新的なブロックチェーンの世界に背を向けてお馴染みの官僚的な企業の世界に戻ったように映っただろう。

ハーンが劇的な発表を行ったあと，ビットコインコミュニティは規模拡張に関する議論の解決に向けてゆっくりと歩み続けた。そして，2017年秋にはセグウィットが導入され，ビットコインの価格は2015年12月にハーンが売却した際の何倍にも上昇した。これにより，ハーンが間違っていたことが証明されてしまったといえるだろう。暗号通貨専門のニュースサイトである『コインテレグラフ（*CoinTelegraph*）』の記事には，「ビットコインの可能性を理解できないハーンのような人物もいる」とまで書かれている[8]。これは，先見の明のあるハーンの2013年の講演を見た人にとってはかなりショッキングだったかもしれない。

しかし，ビットコインなどの暗号通貨の市場価格を見てブロックチェーンが成功したと判断している人たちは，想像力が欠如していると言わざるを得ない。ビットコインのドル建てレートが短・中期的に変動する要因は無数にあるが，長期的に重要なのは信頼なのだ。確かに，ビットコインにおけるガバナンスの問題は解決不可能であるというハーンの考えは（まだわからないが）間違っていたかもしれない。しかし，パブリックブロックチェーンネットワークをはじめとする分散型台帳テクノロジーにとってガバナンスが重要であるという点は間違いなく正しかったのだ。

ハーンはそのキャリアにおいて，分散型台帳の世界の両極を経験したと

いえるだろう。Cordaが許可型ネットワークである一方で，ビットコイン
はパブリックネットワークである。前者は取引の当事者同士でのみ情報を
やり取りする一方で，後者はすべての取引情報をすべての参加者に提供す
る。また，Cordaでは，情報を保存する仕組みとしてブロックチェーン構
造ではなく従来のリレーショナルデータベースが採用されている。さら
に，Cordaには独自の暗号通貨も存在しないのだ。パブリックブロックチ
ェーンの支持者たちは，Cordaのような許可型台帳システムを面白味がな
いとして否定している。彼らは，許可型台帳は市場を再構築する手段では
なく，既存企業の効率性を若干上げるための単なるツールにすぎないと主
張しているのだ。そしてハーンは，ビットコインの失敗を誤って宣言し，
サトシ・ナカモトが駆逐しようとした既存銀行の側についたとして，ビッ
トコイン信者の間でひどく軽蔑されているのである。

　Corda上にも，ハーンが想定したような形でTradeNetやMatterNetを
構築することはできなかった。誰がネットワーク上で活動できるかを常に
誰かが決定する必要があったからだ。しかし，同じ人物がパブリック型台
帳と許可型台帳の両方を支持したという事実は，この単純な二分法に対す
る疑問につながるはずだ。ハーンがビットコインを去った理由は，分権型
という謳い文句にもかかわらずビットコインが中央管理されており，しか
もその管理すら不十分であると確信したからだ。彼が将来，先見の明があ
った人物と評価されるか，それともビットコインの実験の失敗を宣言した
愚かものと評価されるかはまだわからない。しかし，この話は，現実世界
で生み出される重要なテクノロジーは作成者が意図するほど純粋ではない
ことを示唆しているのである。

　人々が実際に利用するサービスを実際に提供するためのシステムを実際
に構築するには，トレードオフが不可欠だ。その適切な組み合わせは，環
境や目的によって変わってくる。たとえば，投資で大きな成功を1回収め

るために10回失敗することをいとわないベンチャーキャピタリストは，老後の蓄えを運用する個人投資家とは異なるトレードオフを行うだろう。また，既存市場の変革を目論んでいるスタートアップは，大企業 —— たとえ優秀かつ革新的な大企業であっても —— とは異なる考え方をするはずだ。そして，シリコンバレーのユーザーにとって効果的なものは，おそらくソマリアでは機能しないだろう。逆もまた然りである。

　サトシ・ナカモトのホワイトペーパーで初めて具現化された「トラストレスな信頼」の分権型アーキテクチャは，あくまでも考え方であって具体的な手順ではない。その方向性も実装方法もさまざまだ。なかには，いき詰まるものもあれば，時間の経過とともに融合していくものもあるだろう。悪用されるものもあるかもしれない。あるいは，企業の取引コスト削減につながるものもあるはずだ。そして，世のなかを大きく改善する可能性を秘めたものもあるのである。

すべては信頼次第

　ロイ・アマラは，未来学者のなかでも屈指の未来学者だった。彼は，有名なスタンフォード研究所（SRI）に18年間勤め，現在私たちが知るコンピューティングの概念形成に貢献した。その後，インターネットの実現につながるパケット通信を生み出したポール・バランとともに，有名なシンクタンクである未来研究所の創設や運営に関わったのである。彼はそこで数多くのプロジェクトを主導することになるが，なかでも注目すべきは，コンピューターの社会的影響に関する1973年の研究と，現在「気候変動」と呼ばれているものに関する1978年の研究だ。これらはどちらも，数十年後に主流となったテーマである。そして彼は，次のような知的な格言を残している。「我々は，短期的にはテクノロジーの影響を過大評価しがち

だが，長期的には過小評価しがちである」

　パソコン，インターネット，ウェブ，ソーシャルメディア，スマートフォン……過去50年間に登場した革新的なテクノロジーは，ほぼ例外なくアマラの法則が当てはまる。おそらく，ブロックチェーンもそうなるだろう。現在，小規模なチームが単なるホワイトペーパーにすぎないICOで数億ドルを調達したり，暗号通貨の価格が一夜にして急騰したりしており，現実よりも先走りしがちな状態となっている。また，遅延や衝突，回り道は避けて通れないものだ。ブロックチェーンが世界規模のプラットフォームの領域に到達するには10年かかるかもしれないし，2年，あるいは5年で済むかもしれない。経済的な利益を求めてブロックチェーンベースの資産に投資する場合，一定期間にわたって成功し続ける必要があるだろう。しかし，重要な傾向を見極めたうえでそれを利用する場合は，方向性さえ間違わなければよいのである。そしてゆくゆくは，分散型台帳テクノロジー ── その頃には呼び名が変わっているかもしれないが ── に秘められた可能性が疑われていたことが考えられない時代が来るかもしれない。しかし，速く動きすぎたり方向性を誤ったりしたものたちはその段階まで生き残れない可能性すらあるだろう。

　分散型台帳は，インターネット以来20年ぶりに登場した一大テクノロジーであり，その潜在的な影響力はインターネットに匹敵する。しかし，分散型台帳はまだ発展の初期段階だ。ブロックチェーンがさらなる成長を遂げるかどうかは，テクノロジーの進歩，導入傾向，分散型台帳プラットフォーム上に構築されるビジネスイノベーション，そしてブロックチェーンの信頼アーキテクチャにおける法律やガバナンス関連の問題の解決策次第なのである。

　中央集権型の権力構造に対する信頼が衰退しつつある今の時代において，ブロックチェーンの「トラストレスな信頼」は魅力的な代替手段をも

たらし得る存在だ。しかし，システムのアフォーダンスや制約を，そのシステムを利用する個人や組織，コミュニティの期待やニーズと一致させるプロセスに代替手段は存在しない。仮に，金融業界や政府，商取引などに変革をもたらすという壮大な予測が誤りだったとしても，ブロックチェーンは既に重要な発見を生み出している。そこに秘められた可能性は非常に大きなものだ。インターネットと同様に，ブロックチェーンは世界の隅々にまで影響を及ぼし得る基盤テクノロジーである。ただし，前進していくには法律と分散型台帳との連携が不可欠なのだ。

　そして，その将来がどのようなものになるかは信頼次第なのである。

注釈

イントロダクション

1. Charles R. Geisst, *Wall Street: A History*, revised and expanded ed. (Oxford: Oxford University Press, 2004), 13.
2. John D'Antona, Jr., "Who Safeguards the Industry?" *Traders Magazine*, April 2, 2017, http://www.dtcc.com/news/2017/august/02/who-safeguards-the-industry.
3. 購買力平価説に基づいた2016年度の全世界の年間経済生産高は119兆ドルと推定されている。*World Factbook*, Central Intelligence Agency (CIA), https://www.cia.gov/library/publications/the-world-factbook/geos/xx.html. この数字のほうが小さいのは，こちらは静的な生産高だが，DTCCの数字は損益を合わせた金融取引量の総計だからである。
4. これは，ビットコイン取引の最初のブロックが認証された日である。Timothy B. Lee, "Five Years of Bitcoin in One Post," *Washington Post*, January 3, 2014, "The Switch" section, http://www.washingtonpost.com/news/the-switch/wp/2014/01/03/five-years-of-bitcoin-in-one-post. ビットコインアーキテクチャに関するホワイトペーパーはその約2カ月前に公表された。
5. Scott Rosenberg, "Bitcoin Makes Even Smart People Feel Dumb," *Wired*, August 9, 2017, https://www.wired.com/story/bitcoin-makes-even-smart-people-feel-dumb.
6. Mitch Tuchman, "Heed Warren Buffett's Warning: Bitcoin Is Pure FOMO," *Market-Watch*, https://www.marketwatch.com/story/heed-warren-buffetts-warning-bitcoin-is-pure-fomo-2017-12-26.
7. Paul Krugman, "Bitcoin Is Evil," *The New York Times*, December 28, 2013, "Opinion Pages" section, https://krugman.blogs.nytimes.com/2013/12/28/bitcoin-is-evil.

8. Luke Graham, "Governments Will Close Down Bitcoin and Cryptocurrencies If They Get Too Big, Warns Jamie Dimon," CNBC, September 22, 2017, https://www.cnbc.com/2017/09/22/bitcoin-jpmorgans-jamie-dimon-lays-into-bitcoin-again.html. 数カ月後、暗号通貨の価格が急騰したため、ダイモンはこの発言を後悔している。

9. Naval Ravikant (@naval), Twitter, June 22, 2017, 6:36 p.m., https://twitter.com/naval/status/878018839044161536.

10. Everett M Rogers, *Diffusion of Innovations* (New York: Free Press, 2003).

11. Garrick Hileman, "State of Blockchain Q1 2016: Blockchain Funding Overtakes Bitcoin," *CoinDesk,* May 11, 2016, https://www.coindesk.com/state-of-blockchain-q1-2016/.

12. James Schneider, Alexander Blostein, Brian Lee, Steven Kent, Ingrid Groer, and Eric Beardsley, *Profiles in Innovation: Blockchain—Putting Theory into Practice* (Goldman Sachs, May 24, 2016), https://www.finyear.com/attachment/690548.

13. Sam Smith, "Nearly 6 in 10 Large Corporations Considering Blockchain Deployment, "Juniper Research, July 31, 2017, https://www.juniperresearch.com/press/press-releases/6-in-10-large-corporations-considering-blockhain.

14. Marco Iansiti and Karim R. Lakhani, "The Truth about Blockchain," *Harvard Business Review* 95, no. 1 (2017): 118–127, https://hbr.org/2017/01/the-truth-about-blockchain.

15. Carlota Perez, *Technological Revolutions and Financial Capital: The Dynamics of Bubbles and Golden Ages* (Cheltenham, UK: Edward Elgar, 2003).

16. Barton Swaim, "'Trust, but Verify': An Untrustworthy Political Phrase," *Washington Post,* March 11, 2016, http://www.washingtonpost.com/opinions/trust-but-verify-an-untrustworthy-political-phrase/2016/03/11/da32fb08-db3b-11e5-891a-4ed04f4213e8_story.html.

17. Albert Wenger, "Bitcoin: Clarifying the Foundational Innovation of the Blockchain," Continuations, December 15, 2014, http://continuations.com/post/105272022635/bitcoin-clarifying-the-foundational-innovation-of.

18. 同様に、ビットコインの台帳が一度もハッキングされたことがないという事実は、あらゆる暗号通貨が同じように安全であることを意味するわけではない。

19. 著者との対談にて。October 24, 2017.

20. Nick Szabo, "More Short Takes," Unenumerated, July 1, 2012, http://unenumerated.blogspot.com/2012/07/more-short-takes.html.（「スコラ学的思考——現代ではあまり馴染みのない言葉なので私は量子論的な思考と呼んでいる——においては、互いに矛盾した可能性を同時に考慮することがしばしば要求される）

21. "Cryptocurrencies with Tim Ferriss, Nick Szabo, and Naval Ravikant," *Medium,* June 6, 2017, https://medium.com/@giftedproducts/cryptocurrencies-with-tim-ferriss-nick-szabo-and-naval-ravikant-51a99d037e04. 結果的に、サボのアプローチと法的な分析の関連性は偶然ではなかった。詳しくは第10章を参照。

22. 用語集としてはこちらが有用である。*The Chicago Blockchain Center Manual of Style,* https://docs.google.com/document/d/1AHnrM9h8k-bqaTS1HNDws6ipcuR0Zbn__heM0ZTg-J0/mobilebasic.

23. Dong He, Karl Habermeier, Ross Leckow, Vikram Haksar, Yasmin Almeida, Mikari Kashima, et al., "Virtual Currencies and Beyond: Initial Considerations: IMF Staff Discussion Note," International Monetary Fund (IMF), January 2016, https://www.imf.org/external/pubs/ft/sdn/2016/sdn1603.pdf.

24. "Digital Currencies," Bank for International Settlements, November 2015, https://www.bis.org/cpmi/publ/d137.pdf.

第 1 章

1. Satoshi Nakamoto, "Bitcoin: A Peer-to-Peer Electronic Cash System," Bitcoin.org, October 31, 2008, https: //bitcoin.org /bitcoin.pdf.

2. Nathaniel Popper, "Decoding the Enigma of Satoshi Nakamoto and the Birth of Bitcoin," *New York Times*, May 15, 2015, https: //www.nytimes.com/2015/05/17/business/decoding-the-enigma-of-satoshi-nakamoto-and-the-birth-of-bitcoin.html; Joshua Davis, "The Crypto-Currency," *The New Yorker*, October 3, 2011, https://www.newyorker.com/magazine/2011/10/10/the-crypto-currency.

3. 公平に見て，サトシ・ナカモトが言いたかったのはおそらく，ビットコインは価値を生み出すにあたって第三者機関による信頼を必要としないということだろう。

4. "The Trust Machine," *The Economist*, October 31, 2015, https://www.economist.com/news/leaders/21677198-technology-behind-bitcoin-could-transform-how-economy-works-trust-machine.

5. "2017 Edelman Trust Barometer: Executive Summary," Scribd, https://www.scribd.com/document/336621519/2017-Edelman-Trust-Barometer-Executive-Summary.

6. Michael Dimock, "How America Changed During Barack Obama's Presidency,"Pew Research Center, January 10, 2017, http://www.pewresearch.org/2017/01/10/how-america-changed-during-barack-obamas-presidency; Jim Norman, "Americans' Confidence in Institutions Stays Low," Gallup.com, June 13, 2016, http://news.gallup.com/poll/192581/americans-confidence-institutions-stays-low.aspx.

7. Ron Elving, "Poll: 1 in 5 Americans Trusts the Government," NPR.org, November 23, 2015, https://www.npr.org/2015/11/23/457063796/poll-only-1-in-5-americans-say-they-trust-the-government. この問題は決してアメリカに限った話ではない。経済協力開発機構（OECD）の加盟国35カ国において，「政府を信頼している」と答えた市民はわずか43％にすぎなかった。"Trust in Government," OECD, https://www.oecd.org/gov/trust-in-government.htm.

8. Connie Cass, "Poll: Americans Don't Trust One Another," *USA Today*, November 30, 2013.

9. Robert D. Putnam, *Bowling Alone: The Collapse and Revival of American Community* (New York: Simon and Schuster, 2001).

10. Francis Fukuyama, *Trust: The Social Virtues and the Creation of Prosperity* (New York: Free Press, 1995).

11. Annette Baier, "Trust and Antitrust," *Ethics* 96, no. 2 (January 2, 1986): 231, 232, http://www.jstor.org/stable/2381376 (「あらゆる協力行為において（中略）協力者にはお互いを信頼することが要求される」と主張している）; Kenneth J. Arrow, "Gifts and Exchanges," *Philosophy & Public Affairs* 1, no. 4 (1972): 343, http://www.jstor.org/stable/2265097 (「ほぼすべての商取引が, それ自体に信頼の要素をもっている」と述べている）; G. Richard Shell, "Opportunism and Trust in the Negotiation of Commercial Contracts: Toward a New Cause of Action," *Vanderbilt Law Review* 44, no. 2 (March 1991): 225-226 (「社会心理学者, 社会学者, 経済学者, 哲学者, 法学者は皆, 目的達成に向けて効率的に連携するにあたって信頼が重要であることを認識している」と述べている）.

12. Niklas Luhmann, *Trust and Power* (Chichester, UK, and Toronto: Wiley, 1979).

13. Fukuyama, *Trust*.

14. Roger C. Mayer, James H. Davis, and F. David Schoorman, "An Integrative Model of Organizational Trust," *Academy of Management Review* 20, no. 3 (July 3, 1995): 709-734, https://doi.org/10.2307/258792.

15. Fukuyama, *Trust*; Putnam, *Bowling Alone*; Frank B. Cross, "Law and Trust," *Georgetown Law Journal* 93 (2005): 1457.

16. Eric A. Posner, *Law and Social Norms* (Cambridge, MA: Harvard University Press, 2009); Margaret M. Blair and Lynn A. Stout, "Trust, Trustworthiness, and the Behavioral Foundations of Corporate Law," *University of Pennsylvania Law Review* 149, no. 6 (2001): 1745.

17. Ronald H. Coase, "The Nature of the Firm," *Economica* 4, no. 16 (1937): 386-405.

18. Rachel Botsman, "The Changing Rules of Trust in the Digital Age," *Harvard Business Review*, October 20, 2015, https://hbr.org/2015/10/the-changing-rules-of-trust-in-the-digital-age.

19. Oliver E. Williamson, "Calculativeness, Trust, and Economic Organization," *Journal of Law & Economics* 36, no. 1 (1993): 453-486. ノーベル賞経済学者のケネス・アローは信頼のことをより好意的に「現実的かつ実用的な経済価値」と評価したものの, 「公開市場における取引が技術的に可能, もしくは意味のある商品」ではないとのことだ。Kenneth J. Arrow, *The Limits of Organization* (New York: W. W. Norton, 1974), 23.

20. Satoshi Nakamoto, "Bitcoin Open Source Implementation of P2P Currency,"Satoshi Nakamoto Institute, November 2, 2009, http://satoshi.nakamotoinstitute.org/posts/

p2pfoundation/1/.

21. Ray Dillinger, "If I'd Known What We Were Starting," LinkedIn, September 20, 2017, https://www.linkedin.com/pulse/id-known-what-we-were-starting-ray-dillinger/.

22. LaRue Tone Hosmer, "Trust: The Connecting Link between Organizational Theory and Philosophical Ethics," *Academy of Management Review* 20, no. 2 (1995): 379, 380; Blair and Stout, "Trust, Trustworthiness, and the Behavioral Foundations of Corporate Law," 1745; Mayer, Davis, and Schoorman, "An Integrative Model," 709.

23. Cross, "Law and Trust," 1459 (「哲学, 経営学, 心理学, 政治学, 法学など, 信頼に関する論文はさまざまな学術分野で数多く書かれてきた」).

24. Putnam, *Bowling Alone*. 歴史家のジェフリー・ホスキングも同様の区別を行い, 信頼の決定をサポートする知識レベルに基づいて「厚い信頼」と「薄い信頼」に二分した。Geoffrey A. Hosking, *Trust: A History* (Oxford: Oxford University Press, 2014).

25. Fukuyama, *Trust*.

26. Jay B. Barney and Mark H. Hansen, "Trustworthiness as a Source of Competitive Advantage," *Strategic Management Journal* 15 (1994): 175–190.

27. Robert C. Solomon and Fernando Flores, *Building Trust in Business, Politics, Relationships, and Life* (New York: Oxford University Press, 2001), 20.

28. Cross, "Law and Trust," 1466 (「認知的な信頼においては, 危害のリスクの可能性と規模の評価が必要だ」).

29. Williamson, "Calculativeness, Trust, and Economic Organization."

30. ウィリアムソンは実際のところ, それが信頼の一部だとはまったく考えていない。

31. Harvey James, "The Trust Paradox: A Survey of Economic Inquiries into the Nature of Trust and Trustworthiness," *Journal of Economic Behavior & Organization* 47, no. 3 (February 2002): 291, 303–304. 古典的な「囚人のジレンマ」においては, プレーヤーがお互いを信頼すると両者にとって最高の結果となるが, 相手を信頼しないほうが合理的である。そのため, その結果は考えられる最悪なものとなる。

32. Bo Rothstein, *Social Traps and the Problem of Trust* (New York: Cambridge University Press, 2005).

33. Fukuyama, *Trust*, 11.

34. Rachel Botsman, "We've Stopped Trusting Institutions and Started Trusting Strangers,"TED Talk, June 2016, https://www.ted.com/talks/rachel_botsman_we_ve_stopped_trusting_institutions_and_started_trusting_strangers/transcript?language=en.

35. Zipcarの共同創設者であり, シェアリングエコノミーの先駆者でもあるロビン・チェイスは, 次のように述べている。「Zipcarについては, いつもこう考えています。私たちが車を大切に扱えば, 利用者も私たちの車を大切に扱ってくれるだろう。(中略) Zipcarが利用者に対して公平かつ適切に対応していると感じてもらえたら, 利用者もZipcarにされたのと同様に正しいことをしてくれるだろう」著者との対談にて, October 30, 2017.

36. Cross, "Law and Trust," 1464; Karen Jones, "Trust as an Affective Attitude," *Ethics* 107, no. 1 (1996): 5-6.

37. Baier, "Trust and Antitrust," 235. (「私が誰かを信じるとき、私は相手の自分に対する善意に依存している」)

38. J. L. Morrow, Jr., Mark H. Hansen, and Allison W. Pearson, "The Cognitive and Affective Antecedents of General Trust within Cooperative Organizations," *Journal of Managerial Issues* 16, no. 1 (2004): 50. Cf. Larry E. Ribstein, "Law v. Trust," *Boston University Law Review* 81 (July 2001): 553.

39. Lawrence C. Becker, "Trust as Noncognitive Security about Motives," *Ethics* 107, no. 1 (October 1996): 43-61; Tom Tyler, "Trust and Law Abidingness: A Proactive Model of Social Regulation," *Boston University Law Review* 81 (April 2001); Blair and Stout, "Trust, Trustworthiness, and the Behavioral Foundations of Corporate Law," 1751.

40. J. David Lewis and Andrew Weigert, "Trust as a Social Reality," *Social Forces* 63, no. 4 (June 1985): 967–985.

41. Andrew C. Wicks, Shawn L. Berman, and Thomas M. Jones, "The Structure of Optimal Trust: Moral and Strategic Implications," *Academy of Management Review* 24, no. 1 (January 1999): 99–116; Cross, "Law and Trust," 1464.

42. Putnam, *Bowling Alone*, 137.

43. Fukuyama, *Trust*, 26. Cf. William A. Galston, "Trust—But Quantify," *Public Interest*, no. 122 (1996): 129.

44. Herman Melville, *The Confidence-Man: His Masquerade* (New York: Penguin Books, 1990), chapter 16.

45. Denise M. Rousseau, Sim B. Sitkin, Ronald S. Burt, and Colin Camerer, "Not so Different after All: A Cross-Discipline View of Trust," *Academy of Management Review* 23, no. 3 (July 1998): 393–404.

46. Baier, "Trust and Antitrust," 240.

47. Jeremy A. Yip and Maurice E. Schweitzer, "Trust Promotes Unethical Behavior: Excessive Trust, Opportunistic Exploitation, and Strategic Exploitation," *Current Opinion in Psychology* 6, Suppl C (2015): 216-220.

48. Russell Hardin, "Trustworthiness," *Ethics* 107, no. 1 (October, 1996): 26-42, https://doi.org/10.1086/233695; Avner Ben-Ner and Louis Putterman, "Trusting andTrustworthiness," *Boston University Law Review* 81 (2001): 523-551.

49. Samuel Johnson, *Rambler*, No. 79 (December 18, 1750): 147.

50. Maurice E. Schweitzer, John C. Hershey, and Eric T. Bradlow, "Promises and Lies: Restoring Violated Trust," *Organizational Behavior and Human Decision Processes* 101, no. 1 (2006): 1-19.

51. 政府機関が公益のために行動できなかったと認識されたがために金融危機後も信頼のギャ

ップが残る現象は，これらの結果と一致している。

52. Timothy J. Muris, "Opportunistic Behavior and the Law of Contracts," *Minnesota Law Review* 65 (1981): 521.

53. Shell, "Opportunism and Trust in the Negotiation of Commercial Contracts: Toward a New Cause of Action," 231-232, 265-266, 275.

54. Michael C. Jensen and William H. Meckling, "Theory of the Firm: Managerial Behavior, Agency Costs, and Ownership Structure," *Journal of Financial Economics* 3, no. 4 (July 1, 1976): 305-360.

55. Oliver E Williamson, "The Economics of Organization: The Transaction Cost Approach," *American Journal of Sociology* 87, no. 3 (1981): 548-577. 皮肉なことに，監視それ自体も日和見的な行動の機会になり得る。従業員は見られていると思っているときは従順になるからだ。モーリス・シュヴァイツァーとその同僚による実験的研究によると，経営者はこのことに気づかずに過剰に信頼しがちであるという。Maurice E Schweitzer, Teck-Hua Ho, and Xing Zhang, "How Monitoring Influences Trust: A Tale of Two Faces," *Management Science*, 2016: 253-270.

56. Tyler, "Trust and Law Abidingness."

57. Hernando de Soto, *The Mystery of Capital: Why Capitalism Triumphs in the West and Fails Everywhere Else* (New York: Basic Books, 2000).

58. Lily Hay Newman, "All the Ways Equifax Epically Bungled Its Breach Response," *Wired*, September 24, 2017, https://www.wired.com/story/equifax-breach-response.

59. "Privacy Fears 'Deterring' US Web Users from Online Shopping," BBC News, May 13, 2016, http://www.bbc.com/news/technology-36285651.

60. Mayer, Davis, and Schoorman, "An Integrative Model of Organizational Trust,"712. 政治理論学者のジョン・ダンも同様に，「信頼」を「相手の善意に対する自信のある期待」と定義している。John Dunn, "Trust and Political Agency," in *Trust: Making and Breaking Cooperative Relations,* ed. Diego Gambetta (Oxford: Blackwell, 1988), 74.

61. 同様に，法学者のガス・フルヴィッツは「信頼」のことを「頼りにならない依存」と簡潔に定義している。Gus Hurwitz, "Trust and Online Interaction," *University of Pennsylvania Law Review* 161 (2013): 1584.

62. Rachel Botsman, *Who Can You Trust? How Technology Brought Us Together and Why It Might Drive Us Apart* (New York: PublicAffairs, 2017).

63. Kevin Werbach, "The Architecture of Internet 2.0," *Release 1.0*, February 1999, http://downloads.oreilly.com/radar/r1/02-99.pdf.

64. Rebecca Henderson and Kim Clark, "Architectural Innovation: The Reconfiguration of Existing Product Technologies and the Failure of Established Firms," *Administrative Science Quarterly*, March 1990: 9-30.

65. 「制度」の定義は，ダグラス・ノースによる「政治的，経済的，社会的な相互作用を構築す

べく人類が考案した制約」を使用した。Douglass C. North, "Institutions," *Journal of Economic Perspectives* 5, no. 1 (1991): 97–112.

66. "Will Crowd-Based Capitalism Replace Managerial Capitalism? (Full Transcript)," Reinvent, August 24, 2016, http://reinvent.net/innovator/arun-sundararajan.

67. ボッツマンも信頼に対して同様の分類を行っている。地域型, 制度型, 分散型だ。Botsman, *Who Can You Trust?* 一つ目は私がピアツーピア型と呼んでいるものと類似しており, 二つ目はリヴァイアサン型と仲介型を組み合わせたものだ。私は, 政府機関が取引先間の信頼を包括的にサポートしている状態 (リヴァイアサン) と, 仲介組織による直接的な信頼を区別するのが重要だと考えている。

68. Elinor Ostrom, *Governing the Commons: The Evolution of Institutions for Collective Action* (Cambridge: Cambridge University Press, 1990).

69. Brett M. Frischmann, *Infrastructure: The Social Value of Shared Resources* (Oxford: Oxford University Press, 2013); Yochai Benkler, *The Wealth of Networks: How Social Production Transforms Markets and Freedom* (New Haven, CT: Yale University Press, 2006).

70. Thomas Hobbes, *Leviathan: Or, The Matter, Forme & Power of a Commonwealth, Ecclesiasticall and Civill* (Cambridge: Cambridge University Press, 1904). Cf. John Danaher, "Comments on Blockchains and DAOs as the Modern Leviathan," Institute for Ethics and Emerging Technologies, October 2, 2017, https://ieet.org/index.php/IEET2/comments/Danaher20160331. ダナハーはホッブズのアイデアを, ブロックチェーンベースの分散型自律組織 (DAO) のガバナンスと結びつけている。

71. Tom R. Tyler, *Why People Obey the Law* (Princeton, NJ: Princeton University Press, 2006).

72. Douglass C. North, *Institutions, Institutional Change, and Economic Performance* (Cambridge: Cambridge University Press, 1990).

73. UBS, *Building the Trust Engine* (October 2, 2017), https://www.ubs.com/microsites/blockchain-report/en/home.html; Andreas Adriano and Hunter Monroe, "The Internet of Trust," *IMF, Finance, & Development* 53, no. 2 (June 2016), http://www.imf.org/external/pubs/ft/fandd /2016/06/adriano.htm. ロバート・ホケットとソール・オマロヴァは, 銀行は仲介者ではなく政府の信頼創造行為を代行する民間フランチャイズとして機能しているという, 別の金融理論を提案している。Robert C. Hockett and Saule T. Omarova, "The Finance Franchise," *Cornell Law Review* 102 (2017): 1143–1218. 言い換えると, 二人は銀行による信頼を仲介型ではなくリヴァイアサン型と捉えていることになる。

74. Jordan Weissmann, "How Wall Street Devoured Corporate America," *The Atlantic*, March 5, 2013, https://www.theatlantic.com/business/archive/2013/03/how-wall-street-devoured-corporate-america/273732.

75. Hurwitz, "Trust and Online Interaction," 1580–1581 (インターネットの商業化に伴って

それまで参加者の間にあった信頼が失われたことで，オンライン仲介業者の影響力が増加した）.

76. Jonathan T. Taplin, *Move Fast and Break Things: How Facebook, Google, and Amazon Cornered Culture and Undermined Democracy* (New York: Little, Brown and Company, 2017); Siva Vaidhyanathan, *The Googlization of Everything: And Why We Should Worry* (Berkeley: University of California Press, 2011); Julie Cohen, *Between Truth and Power: The Legal Construction of Informational Capitalism*, forthcoming; Shoshana Zuboff, *Master or Slave?: The Fight for the Soul of Our Information Civilization* (New York: Public Affairs, 2018).

77. Reid Hoffman, "The Future of the Bitcoin Ecosystem and 'Trustless Trust'—Why I Invested in Blockstream," LinkedIn, November 17, 2014, https://www.linkedin.com/pulse/20141117154558-1213-the-future-of-the-bitcoin-ecosystem-and-trustless-trust-why-i-invested-in-blockstream.

78. Jalak Jobanputra, "How the Blockchain Can Unshackle the World," CoinDesk, April 23, 2016, https://www.coindesk.com/blockchain-can-unshackle-us/. (「これが，この概念がよく「トラストレスという信頼」と呼ばれる理由である」).

79. レイチェル・ボッツマンが，「信頼スタック」という同様の概念を提案している。Botsman, *Who Can You Trust?*

80. Helen Nissenbaum, "Will Security Enhance Trust Online, or Supplant It?" in *Trust and Distrust in Organizations: Dilemmas and Approaches*, eds. Roderick M. Kramer and Karen S. Cook (New York: Russell Sage Foundation, 2004), 155, 162–163.

81. Joshua Fairfield, "Virtual Property," *Boston University Law Review* 85 (2005): 1047 (「信頼が最小限に抑えられたコードにより，ユーザーは特定のリモートコンピューターの所有者を信頼することなくそのコードを信頼できるようになる」); Botsman, TED Talk, June 2016; "We've Stopped Trusting Institutions and Started Trusting Strangers" (「したがって，ブロックチェーンの真の意義は，それがいかなる第三者機関も必要としないことにある。（中略）もちろん，そのアイデアやプラットフォームは信頼する必要があるが，従来の意味で他者を信頼する必要はないのである」).

82. Morgan E. Peck, "The Cryptoanarchists' Answer to Cash," *IEEE Spectrum* 49, no. 6 (June 2012): 50–56.

83. Philip Elmer-DeWitt, "First Nation in Cyberspace," *Time*, December 6, 1993.

84. 著者との対談にて, October 23, 2017.

第 2 章

1. Yuval N. Harari, *Sapiens: A Brief History of Humankind* (New York: Harper, 2015): 180.

2. Georg Friedrich Knapp, *The State Theory of Money* (London: Macmillan, 1924). カール・ポランニーは，労働，土地，貨幣を「仮想的な商品」へと変換したことが近代的な「市場社会」の発展につながったと主張した。 Karl Polanyi, *The Great Transformation: The Political and Economic Origins of Our Time* (Boston: Beacon Press, 2001).

3. Thomas C. Schelling, *The Strategy of Conflict* (Cambridge, MA: Harvard University Press, 1960). スマートコントラクトの作成者とイーサリアムネットワークの作成者は，両者ともにシェリングポイントを参考にしている。Nick Szabo, "Formalizing and Securing Relationships on Public Networks," *First Monday* 2, no. 9 (September 1, 1997), http://ojphi.org/ojs/index.php/fm/article/view/548; Vitalik Buterin, "SchellingCoin: A Minimal-Trust Universal Data Feed," *Ethereum Blog,* March 28, 2014, https://blog.ethereum.org/2014/03/28/schellingcoin-a-minimal-trust-universal-data-feed/.

4. Charles R. Geisst, *Wall Street: A History*, revised and expanded edition (Oxford: Oxford University Press, 2004).

5. 差額決済の導入により，証券会社間の取引が98％削減された。Martin Mayer, "Wall Street's Smooth Operator," *Barrons*, August 27, 2007, https://www.barrons.com/articles/SB118800153292108500.

6. この歴史に関する面白い説明についてはこちらを参照。 Michael Lewis, *The Big Short: Inside the Doomsday Machine* (New York: W. W. Norton, 2010).

7. Paola Sapienza and Luigi Zingales, "A Trust Crisis," *International Review of Finance* 12, no. 2 (June 2012): 123–131.

8. Dodd-Frank Wall Street Reform and Consumer Protection Act of 2010, Pub. L. No. 111–203, 124 Stat. 1376 (2010).

9. Satoshi Nakamoto, "Bitcoin: A Peer-to-Peer Electronic Cash System," Bitcoin.org, October 31, 2008, https://bitcoin.org/bitcoin.pdf.

10. Arvind Narayanan and Jeremy Clark, "Bitcoin's Academic Pedigree," *Communications of the ACM* 60, no. 12 (2017): 36.

11. Bruce Schneier, *Applied Cryptography*, 2nd ed. (New York: Wiley, 2015).

12. 公開鍵暗号方式では，秘密鍵は自由に配布可能な公開鍵とセットになっている。公開鍵で暗号化されたメッセージは，その公開鍵に紐づいた秘密鍵をもつものしか読むことができない。一方，秘密鍵で署名されたメッセージは，その秘密鍵に紐づいた公開鍵をもつものなら誰でも検証できる。 Simson L Garfinkel, "Public Key Cryptography," *Computer* 29, no. 6 (1996): 101–104.

13. 厳密にいうと，ビットコインは仮名であって匿名ではない。なぜなら，その人の公開鍵がその人の取引と永続的に結びつけられるからだ。

14. David Chaum, "Blind Signatures for Untraceable Payments," *Crypto* 82 (1982): 35.

15. Ken Griffith, "A Quick History of Cryptocurrencies BBTC—Before Bitcoin," *Bitcoin Magazine,* April 16, 2014, https://bitcoinmagazine.com/articles/quick-history-

cryptocurrencies-bbtc-bitcoin-1397682630/. こちらは，ビットコイン以前に登場して失敗した約百種類の暗号通貨について書かれた優良書籍である。Arvind Narayanan, Joseph Bonneau, Edward Felten, Andrew Miller, and Steven Goldfeder, *Bitcoin and Cryptocurrency Technologies: A Comprehensive Introduction* (Princeton, NJ: Princeton University Press, 2016).

16. Proceedings of FC '97, the First International Conference on Financial Cryptography, ed. Rafael Hirschfeld, February 24–28, 1997.

17. *A & M Records, Inc. v. Napster, Inc.,* 239 F.3d 1004 (9th Cir. 2001); *MGM Studios, Inc. v. Grokster, Ltd.,* 545 U.S. 913 (2005).

18. Narayanan and Clark, "Bitcoin's Academic Pedigree."

19. 暗号通貨の市場価格に発行済みトークン数をかけたものが「時価総額」と呼ばれることもあるが，この用語は誤解を招くものだ。暗号通貨プロジェクトは企業ではなく，トークンは株式ではない。特にビットコインの場合，かなりの数のトークンが紛失したり破損したりした秘密鍵に紐づいていてアクセスできなくなっており，これらを時価価値として計上するのは不適切である。Tim Swanson, "Eight Things Cryptocurrency Enthusiasts Probably Won't Tell You," Great Wall of Numbers, September 21, 2017, http://www.ofnumbers.com/2017/09/21/eight-things-cryptocurrency-enthusiasts-probably-wont-tell-you/. 用語としては「資産価値」のほうが適切だろう。なぜなら，上記の数字は実在する暗号資産の総額だからだ。

20. Leslie Lamport, Robert Shostak, and Marshall Pease, "The Byzantine Generals Problem," *ACM Transactions on Programming Languages and Systems (TOPLAS)* 4, no. 3 (1982): 382–401.

21. Joseph Bonneau, Andrew Miller, Jeremy Clark, Arvind Narayanan, Joshua A. Kroll, and Edward W. Felten, "Research Perspectives and Challenges for Bitcoin and Cryptocurrencies," *Proceedings of the 36th IEEE Symposium on Security and Privacy,* 3, July 20, 2015, http://www.jbonneau.com/doc/BMCNKF15-IEEESP-bitcoin.pdf.

22. John R. Douceur, "The Sybil Attack," IPTPS '01 Revised Papers from the First International Workshop on Peer-to-Peer Systems 251 (2002), http://nakamotoinstitute.org/static/docs/the-sybil-attack.pdf.

23. Narayanan et al., *Bitcoin and Cryptocurrency Technologies.* サトシ・ナカモトは，過去のコンセプト，特にウェイ・ダイが1998年に提案したB-Moneyやアダム・バックがスパムフィルタリング用に提案したHashCashでも類似のメカニズムについて言及されていることを認めている。ビットコインは，暗号とゲーム理論をうまく融合させてデジタル通貨に仕上げた最初の例である。

24. このアプローチは，アメリカなどの共和制の政府形態と類似している。国王に権力を与えるのではなく，一般大衆に権力を分散させて，投票によって権力を行使できるようにするのだ。そして，派閥主義や衆愚政治を防ぐため，投票者は代表を選出することで間接的に

権力を行使するのである。

25. "Bitcoin: The Magic of Mining," *The Economist*, January 10, 2015, 58, https://www. economist.com/news/business/21638124-minting-digital-currency-has-become-big-ruthlessly-competitive-business-magic; Andreas M. Antonopoulos, *Mastering Bitcoin* (Sebastopol, CA: O'Reilly, 2015). Also cf. Kevin Werbach, "Bitcoin Is Gamification," *Medium*, August 5, 2014, https://medium.com/@kwerb/bitcoin-is-gamification-e85c6a6eea22 (ビットコインにおける動機づけの仕組みの重要性が説明されている).

26. Narayanan et al., *Bitcoin and Cryptocurrency Technologies*, 266. すべてのブロックチェーンがビットコインと同じプルーフ・オブ・ワークを実装しているわけではない。たとえばイーサリアムでは，マイナーたちが「特定用途向け集積回路（ASIC）」と呼ばれるカスタムチップを使用するメリットがなくなるようにアルゴリズムが改良されている。

27. 暗号学的ハッシュ関数とは，入力文字列（ドキュメントファイルなど）を一定の長さの出力文字列（ハッシュ値）に変換する関数である。理論上は異なる入力文字列が同じハッシュ値に変換されることもあり得るが，ハッシュ値の空間は非常に大きいのでこのような「衝突」はまず発生しない。同じ入力文字列は毎回必ず同じ出力文字列に変換される。しかしながら，総当たり的に試行錯誤する以外に，ハッシュ値を元の文字列に戻す既知の方法は存在しない。ビットコインでは入力文字列の範囲を限定することで検索範囲を限定しているが，それでも膨大な回数の試行錯誤が必要となっている。

28. Adam Back, "Hashcash—A Denial of Service Counter-Measure," http://www. cypherspace.org/hashcash/hashcash.pdf. さらに，別の二人の暗号学者もこの5年前に同様のアプローチを提案している。Cynthia Dwork and Moni Naor, "Pricing via Processing or Combatting Junk Mail," Crypto 1992, 740 *Springer Lecture Notes in Computer Science* 139.

29. ビットコインネットワークは現在，世界最強のスーパーコンピューターを500台連結したものより数千倍も強力である。Laura Shin, "Bitcoin Production Will Drop by Half in July —How Will That Affect the Price?" *Forbes*, May 24, 2016, https://www.forbes.com/ sites/laurashin/2016/05/24/bitcoin-production-will-drop-by-half-in-july-how-will-that-affect-the-price/#576083422a4c.

30. Narayanan et al., *Bitcoin and Cryptocurrency Technologies*, 65. イーサリアムなど，ビットコインより後に登場したブロックチェーンネットワークの大半では，より高い頻度でブロックが更新されている。

31. Narayanan et al., 88–90.

32. Narayanan et al., 59. より正確にいうと，プルーフ・オブ・ワークによる計算が最も投入されたチェーンである。

33. ネットワークを崩壊させるには1/3のマイニングパワーで十分とする研究結果もある。しかし，それでも達成するのは非常に困難である。

34. ブロックチェーンのユーザーは秘密鍵を介して公開鍵で識別されるため，取引関係者の現

実世界における身元を特定するのは不可能となる可能性がある。また，匿名性をさらに高めたい場合は，取引を小分けにすることで大規模送金を隠すという方法がある。

35. 当初は，フルノードはすべてマイナーだった。マイニングプールが増加した現在は，実際のマイニング作業は専門知識をもったオペレーターが行っており，彼らは取引自体の検証は行っていない。

36. ウォレットとは，ユーザーの暗号通貨を保持するとともに，ブロックチェーンネットワークや取引所とのインターフェースとなるものである。また，ライトクライアントでは，台帳の完全なコピーを保持することなく取引を検証できるが，その安全性は大幅に劣っている。

37. Alec Liu, "Who's Building Bitcoin? An Inside Look at Bitcoin's Open Source Development," *Motherboard,* May 7, 2013, https://motherboard.vice.com/blog/whos-building-bitcoin-an-inside-look-at-bitcoins-open-source-development.

38. 取引を取り消す唯一の方法は，ハードフォークを行って，その取引が含まれないチェーンを新たに作成することだ。イーサリアムでは「The DAO事件」ののちにこの思い切った手順が実行された。詳しくは第3章を参照。

39. そのため，現実世界における希少な資源の採掘（マイニング）に例えられている。ブロック報酬は最終的にゼロになり，その時点でビットコインの流通量は2100万ビットコインに固定される。2017年の時点では，その約80％が生成済みとなっている。

40. イーサリアムブロックチェーンプロジェクトの主要開発者であるヴラド・ザンフィルは，暗号経済学の概念を最初に探求した人物の一人である。彼は，この用語はイーサリアムのリーダーであるヴィタリック・ブテリンによるものとしているが，その由来は不明である。Vlad Zamfir (@VladZamfir), Twitter, October 15, 2017, 10:49 a.m., https://twitter.com/VladZamfir/status/919576004405764096.

41. S. Herbert Frankel, *Money, Two Philosophies: The Conflict of Trust and Authority* (Oxford: B. Blackwell, 1977), 39.

42. U.S. Government Accountability Office (GAO), *Virtual Currencies: Emerging Regulatory, Law Enforcement, and Consumer Protection Challenges,* (2014), https://www.gao.gov/products/GAO-14-496; Jerry Brito and Andrea Castillo, *Bitcoin: A Primer for Policymakers* (Arlington, VA: Mercatus Center, 2016), 14-15.

43. David Yermack, "Is Bitcoin a Real Currency? An Economic Appraisal," working paper, National Bureau of Economic Research, No. w19747 (December 2013).

44. Joshuah Bearman, "The Rise and Fall of Silk Road: Part I," *Wired*, April 2015, https://www.wired.com/2015/04/silk-road-1; Joshuah Bearman, "The Rise and Fall of Silk Road: Part II," *Wired*, May 2015, https://www.wired.com/2015/05/silk-road-2.

45. *USA v. Ross William Ulbricht,* sealed complaint, September 27, 2013, https://www.documentcloud.org/documents/801103-172770276-ulbricht-criminal-complaint.html.

46. Jon Matonis, "Bitcoin Casinos Release 2012 Earnings," *Forbes*, October 4, 2017, https://

www.forbes.com/sites/jonmatonis/2013/01/22/bitcoin-casinos-release-2012-earnings/.

47. Kyle Torpey, "BIP 75 Simplifies Bitcoin Wallets for the Everyday User," *Bitcoin Magazine*, April 28, 2016, https://bitcoinmagazine.com/articles/bip-simplifies-bitcoin-wallets-for-the-everyday-user-1461856604.

48. James Schneider, Alexander Blostein, Brian Lee, Steven Kent, Ingrid Groer, and Eric Beardsley, *Profiles in Innovation: Blockchain—Putting Theory into Practice* (Goldman Sachs, May 24, 2016), https://www.finyear.com/attachment/690548.

49. Daniel Krawisz, "Hyperbitcoinization," Satoshi Nakamoto Institute, March 29, 2014, http://nakamotoinstitute.org/mempool/hyperbitcoinization/.

50. Robert C. Hockett and Saule T. Omarova, "The Finance Franchise," *Cornell Law Review* 102 (2017), 1209–1210.

51. Kieron Monks, "Bitcoin Surges Past $10,000 in Zimbabwe," CNN.com, October 31, 2017, https://www.cnn.com/2017/10/31/africa/zimbabwe-bitcoin-surge/index.html.

52. Sonny Singh and Alberto Vega, "Why Latin American Economies Are Turning to Bitcoin," *TechCrunch,* March 16, 2016, http://techcrunch.com/2016/03/16/why-latin-american-economies-are-turning-to-bitcoin.

53. Todd Byrne, "Greece Reveals Plans to Adopt Bitcoin Amid Economic Turmoil," *Bitsonline,* October 27, 2017, https://www.bitsonline.com/greece-bitcoin-economic-turmoil.

54. Michael D. Bordo and Andrew T. Levin, *Central Bank Digital Currency and the Future of Monetary Policy*, No. 23711 (National Bureau of Economic Research Working Paper Series, 2017); Morten Linnemann Bech and Rodney Garratt, "Central Bank Cryptocurrencies," Bank for International Settlements (BIS), September 17, 2017, https://www.bis.org/publ/qtrpdf/r_qt1709f.htm.

55. Deloitte and the Monetary Authority of Singapore, "Project Ubin: SGD on Distributed Ledger," 2017, http://www.mas.gov.sg/~/media/ProjectUbin/Project%20Ubin%20%20SGD%20on%20Distributed%20Ledger.pdf.

56. Christine Lagarde, "Central Banking and Fintech—A Brave New World?" https://www.imf.org/en/News/Articles/2017/09/28/sp092917-central-banking-and-fintech-a-brave-new-world.

57. David Thorpe, "Bank Halts Crypto-Currency Plans over Stability Fears," *FT Advisor,* January 4, 2018, https://www.ftadviser.com/investments/2018/01/04/bank-halts-crypto-currency-plans-over-stability-fears/.

58. Leonid Bershidsky, "Authoritarian Cryptocurrencies Are Coming," Bloomberg.com, October 17, 2017, https://www.bloomberg.com/view/articles/2017-10-17/authoritarian-cryptocurrencies-are-coming.

第 3 章

1. "Vitalik Buterin," About.me, https://about.me/vitalik_buterin.

2. "Vitalik Buterin," About.me.

3. Richard Gendal Brown, "Introducing R3 CordaTM: A Distributed Ledger Designed for Financial Services," *Richard Gendal Brown Blog,* April 5, 2016, https://gendal.me/2016/04/05/introducing-r3-corda-a-distributed-ledger-designed-for-financial-services/; Paul Vigna and Michael J. Casey, *The Age of Cryptocurrency: How Bitcoin and Digital Money Are Challenging the Global Economic Order* (New York: St. Martin's Press, 2015): 124; Mark Walport, *Distributed Ledger Technology: Beyond Block Chain* (UK Government Office for Science, 2016), https://www.gov.uk/government/uploads/system/uploads/attachment_data/file/492972/gs-16-1-distributed-ledger-technology.pdf.

4. Max Weber, *General Economic History,* translated by Frank H. Knight (New York: Collier Books, 1961), 276; Werner Sombart, *Der Moderne Kapitalismus. 1. "Die" Genesis des Kapitalismus* (Leipzig: Duncker & Humblot, 1902), 23. Cf. Quinn DuPont and Bill Maurer, "Ledgers and Law in the Blockchain," *King's Review,* June 23, 2016, http://kingsreview.co.uk/magazine/blog/2015/06/23/ledgers-and-law-in-the-blockchain.

5. Stefan Thomas, "The Internet's Missing Link," *TechCrunch*, September 27, 2014, http://techcrunch.com/2014/09/27/the-internets-missing-link.

6. Litecoin (ライトコイン) などの派生システムでは，ビットコインのオープンソースソフトウェアを導入してコンセンサス技術に変更を加えることで独自のデジタル通貨が作成された。その一部は今でも残っているが，ビットコインと同等の規模にまで成長したものは存在しない。

7. これはビットコインのソフトウェアをベースに完全に別のネットワークを作成したものであり，既存ネットワーク上の台帳を分岐させたわけではない。

8. Danny Bradbury, "Colored Coins Paint Sophisticated Future for Bitcoin," *CoinDesk,* June 14, 2013, https://www.coindesk.com/colored-coins-paint-sophisticated-future-for-bitcoin/

9. Adam Back, Matt Corallo, Luke Dashjr, Mark Friedenbach, Gregory Maxwell, Andrew Miller, et al., "Enabling Blockchain Innovations with Pegged Sidechains," October 22, 2014, https://blockstream.com/sidechains.pdf.

10. Vitalik Buterin, "A Next-Generation Smart Contract and Decentralized Application Platform," *Github,* https://github.com/ethereum/wiki/wiki/White-Paper.

11. Lisa Froelings, "Deloitte Reports More Than 26,000 Blockchain Projects Launched in 2016," *CoinTelegraph,* November 9, 2017, https://cointelegraph.com/news/deloitte-reports-more-than-26000-blockchain-projects-launched-in-2016. 今でもアクティブなプ

ロジェクトはごく一部だが，それでもその数は数千にのぼる。

12. "Cryptocurrency Market Capitalizations," https://coinmarketcap.com.

13. Earn.comは，有力な支援者による潤沢な資金を有するスタートアップであり，創業時には21.coという名前だった。2018年4月に，アメリカ有数の暗号通貨取引所であるCoinbaseに買収された。Robert Hacket, "Coinbase Buys Bitcoin Startup Earn.com, Hires CEO as Chief Technology Officer," *Fortune*, April 16, 2018, http://fortune.com/2018/04/16/bitcoin-buy-coinbase-earn-com-balaji-srinivasan.

14. Christopher Malmo, "One Bitcoin Transaction Now Uses as Much Energy as Your House in a Week," *Motherboard,* November 1, 2017, https://motherboard.vice.com/en_us/article/ywbbpm/bitcoin-mining-electricity-consumption-ethereum-energy-climate-change.

15. Sebastiaan Deetman, "Bitcoin Could Consume as Much Electricity as Denmark by 2020," *Motherboard,* March 29, 2016, https://motherboard.vice.com/en_us/article/aek3za/bitcoin-could-consume-as-much-electricity-as-denmark-by-2020.

16. Ian Allison, "IOTA's Tangle Meets Internet of Things Requirements Better Than Any Blockchain," *International Business Times,* June 14, 2017, http://www.ibtimes.co.uk/iotas-tangle-meets-internet-things-requirements-better-any-blockchain-1626218. このデータ構造を，専門用語では「有向非巡回グラフ」という。

17. 犯人が利用した取引所などの仲介業者や，犯人の取引パターンのフォレンジック分析を通じて身元を特定できる場合もある。詳しくは第9章を参照。

18. Michael L. Rustad and Sanna Kulevska, "Reconceptualizing the Right to Be Forgotten to Enable Transatlantic Data Flow," *Harvard Journal of Law and Technology* 28 (2014): 349.

19. Paulina Jo Pesch and Christian Sillaber, "Joint Blockchains, Joint Control? Blockchains and the GDPR's Transparency Requirements," *Computer Law Review International* 18 (2017): 166–172; Michele Finck, "Blockchains and Data Protection in the European Union," Social Science Research Network (SSRN), December 6, 2017, https://ssrn.com/abstract=3080322.

20. 著者との対談にて (October 23, 2017). このフレーズは，最初に「実用最小限の製品」を生み出すことを重視した起業方法論「リーンスタートアップ」が基になっている。Eric Ries, *The Lean Startup: How Today's Entrepreneurs Use Continuous Innovation to Create Radically Successful Businesses* (New York: Crown, 2011).

21. Tim Swanson, "Consensus-as-a-Service: A Brief Report on the Emergence of Permissioned, Distributed Ledger Systems," *Great Wall of Numbers*, April 6, 2015, http://www.ofnumbers.com/wp-content/uploads/2015/04/Permissioned-distributed-ledgers.pdf. 金融業界のブロックチェーンコンソーシアムであるR3のリチャード・ゲンダル・ブラウンは，「誰を信頼するか」と「何について信頼するか」という二つの観点に沿っ

てコンセンサスを形成している。Richard Gendal Brown, "A Simple Model to Make Sense of the Proliferation of Distributed Ledger, Smart Contract, and Cryptocurrency Projects," *Richard Gendal Brown Blog,* December 19, 2014, https://gendal.me/2014/12/19/a-simple-model-to-make-sense-of-the-proliferation-of-distributed-ledger-smart-contract-and-cryptocurrency-projects/.

22. Hyperledgerについてはこちらを参照。Todd Benzies, "Tech and Banking Giants Ditch Bitcoin for Their Own Blockchain," *Wired*, December 17, 2015, https://www.hyperledger.org/news/2015/12/17/wired-tech-and-banking-giants-ditch-bitcoin-for-their-own-blockchain. R3についてはこちらを参照。Paul Vigna, "Blockchain Firm R3 CEV Raises $107 Million," *Wall Street Journal*, May 23, 2017, https://www.wsj.com/articles/blockchain-firm-r3-raises-107-million-1495548641.

23. R3はHyperledgerの一員であり，オープンソースのCordaをHyperledgerプロジェクトに役立てられないか話し合ったことがある。

24. Richard Gendal Brown, "Introducing R3 Corda."

25. 著者との対談にて, July 19, 2017.

26. Rajesh Nair, "Why Aren't Distributed Systems Engineers Working on Blockchain Technology?" *Paxos,* August 1, 2017, https://eng.paxos.com/why-arent-distributed-systems-engineers-working-on-blockchain-technology.

27. Anthony Lewis, "Distributed Ledgers: Shared Control, Not Shared Data," *Bits on Blocks,* January 9, 2017, https://bitsonblocks.net/2017/01/09/distributed-ledgers-shared-control-not-shared-data/.

28. 著者との対談にて, July 6, 2017.

29. Adam Ludwin (@adamludwin), Twitter, July 20, 2017, 6:52 p.m., https://twitter.com/adamludwin/status/888169713536122881.

30. Telis Demos, "J.P. Morgan Has a New Twist on Blockchain," *Wall Street Journal*, October 4, 2016, Markets section, https://www.wsj.com/articles/j-p-morgan-has-a-new-twist-on-blockchain-1475537138.

31. 著者との対談にて, October 23, 2017.

32. ビットコインは取引にスクリプト言語を使用している。つまり，送金のたびにブロックチェーン上で実際にソフトウェアコードが実行されている。

33. 正確にいうと，トークン自体を送っているわけではなく，ビットコインの生成や無効化のリクエストとレスポンスを記録している。Arvind Narayanan, Joseph Bonneau, Edward Felten, Andrew Miller, and Steven Goldfeder, *Bitcoin and Cryptocurrency Technologies: A Comprehensive Introduction* (Princeton, NJ: Princeton University Press, 2016), 75–76.

34. Hyperledgerプロジェクトに参加しているIntelのSawtooth Lakeシステムでは，各デバイスに同一の信頼できるマイクロプロセッサを使用させることで，許可型ネットワークにおける分散型タイムスタンプを実現している。Giulio Prisco, "Intel Develops 'Sawtooth

Lake' Distributed Ledger Technology for the Hyperledger Project," NASDAQ.com, April 11, 2016, http://www.nasdaq.com/article/intel-develops-sawtooth-lake-distributed-ledger-technology-for-the-hyperledger-project-cm604632.

35. 著者との対談にて, June 30, 2017.

36. Buterin, "A Next-Generation Smart Contract and Decentralized Application Platform." Cf. Vitalik Buterin (@vitalikbuterin), Twitter, August 15, 2017, 5:47am, https://twitter.com/vitalikbuterin/status/897394410589233152 (「この点において，私は実のところ「コントラクト」が適切な用語だとは思っていない」).

37. Nick Szabo, "Formalizing and Securing Relationships on Public Networks," *First Monday* 2, no. 9 (September 1, 1997), http://ojphi.org/ojs/index.php/fm/article/view/548. ほぼ同じ時期に，イアン・グリッグもリカード型コントラクトという類似のコンセプトを考案した。詳しくは第10章を参照。

38. 現在はクレジットカードが利用可能な自動販売機が増えており，サボが想定したような自己完結型のシステムではなくなっている。

39. D. J. Pangburn, "The Humans Who Dream of Companies That Will not Need Us," *Fast Company*, June 19, 2015, https://www.fastcompany.com/3047462/the-humans-who-dream-of-companies-that-wont-need-them; Nathaniel Popper, "Ethereum, a Virtual Currency, Enables Transactions That Rival Bitcoin's," *The New York Times*, March 27, 2016, DealBook section, https://www.nytimes.com/2016/03/28/business/dealbook/ethereum-a-virtual-currency-enables-transactions-that-rival-bitcoins.html.

40. 実際には，分散型コンセンサスの演算オーバーヘッドにより，チェーン上での処理量が制限される。

41. Olga Kharif, "CryptoKitties Mania Overwhelms Ethereum Network's Processing," Bloomberg Technology, December 4, 2017, https://www.bloomberg.com/news/articles/2017-12-04/cryptokitties-quickly-becomes-most-widely-used-ethereum-app.

42. Stan Higgins, "Enterprise Ethereum Alliance Adds 48 New Members," *CoinDesk*, October 18, 2017, https://www.coindesk.com/enterprise-ethereum-alliance-adds-48-new-members.

43. イーサリアムでは，この制約を打破すべく「シャーディング」や「ステートチャネル」などの仕組みを開発している。しかし，イーサリアムのようなブロックチェーンネットワークの規模をいかにして効率的に拡張させるかは依然として重要な未解決問題である。

44. CryptoIQ, "Rootstock—Smart Contracts on the Bitcoin Blockchain," *Medium,* March 5, 2016, https://medium.com/@CryptoIQ.ca/rootstock-smart-contracts-on-the-bitcoin-blockchain-e52b065421a8.

45. E. J. Spode, "The Great Cryptocurrency Heist," *Aeon*, February 14, 2017, https://aeon.co/essays/trust-the-inside-story-of-the-rise-and-fall-of-ethereum.

46. Seth Bannon, "The Tao of 'The DAO' or: How the Autonomous Corporation Is Already

Here," *TechCrunch,* May 16, 2016, https://techcrunch.com/2016/05/16/the-tao-of-the-dao-or-how-the-autonomous-corporation-is-already-here/.

47. Christoph Jentzsch, "Decentralized Autonomous Organization to Automate Governance," https://download.slock.it/public/DAO/WhitePaper.pdf.

48. Nathaniel Popper, "A Venture Fund with Plenty of Capital, But No Capitalist," *The New York Times,* May 21, 2016, DealBook section, https://www.nytimes.com/2016/05/22/business/dealbook/crypto-ether-bitcoin-currency.html.

49. Nathaniel Popper, "A Hacking of More Than $50 Million Dashes Hopes in the World of Virtual Currency," *The New York Times,* June 17, 2016, DealBook section, https://www.nytimes.com/2016/06/18/business/dealbook/hacker-may-have-removed-more-than-50-million-from-experimental-cybercurrency-project.html.

50. Frances Coppola, "A Painful Lesson for the Ethereum Community," *Forbes*, July 21, 2016, https://www.forbes.com/sites/francescoppola/2016/07/21/a-painful-lesson-for-the-ethereum-community/56d3a488bb24l; Joon Ian Wong and Ian Karr, "Everything You Need to Know about the Ethereum 'Hard Fork'" *Quartz,* July 18, 2016, https://qz.com/730004/everything-you-need-to-know-about-the-ethereum-hard-fork/.

51. たとえまったく同じプロトコルを使用していても，片方のチェーンのマイナーはもう片方のチェーンでマイニングされたブロックの有効性を認識できない。逆もまた然りである。Joseph Bonneau, Andrew Miller, Jeremy Clark, Arvind Narayanan, Joshua A. Kroll, and Edward W. Felten, "Research Perspectives and Challenges for Bitcoin and Cryptocurrencies," *Proceedings of the 36th IEEE Symposium on Security and Privacy,* 3, July 20, 2015, http://www.jbonneau.com/doc/BMCNKF15-IEEESP-bitcoin.pdf, 10.

52. Stan Higgins, "Will Ethereum Hard Fork? DAO Attack Prompts Heated Debate," *CoinDesk,* June 17, 2016, https://www.coindesk.com/will-ethereum-hard-fork/; Michael del Castillo, "Specter of Ethereum Hard Fork Worries Australian Banking Group," *CoinDesk,* June 29, 2016, https://www.coindesk.com/spectre-ethereum-hardfork-worries-anz-banking-group /

53. イーサリアムはビットコインと同様にパブリックブロックチェーンである。許可型ブロックチェーンの場合は認証済みの関係者しかアクセスできないため，このような不干渉は確約していない。

54. David Z. Morris, "The Bizarre Fallout of Ethereum's Epic Fail," *Fortune*, September 4, 2016, http://fortune.com/2016/09/04/ethereum-fall-out.

55. Peter Szilagyi, "DAO Wars: Your Voice on the Soft-Fork Dilemma," *Ethereum Blog*, June 24, 2016, https://blog.ethereum.org/2016/06/24/dao-wars-youre-voice-soft-fork-dilemma.

第4章

1. Angela Natividad, "Burger King Just Launched Its Own Cryptocurrency, the Whoppercoin," *Adweek*, September 5, 2017, http://www.adweek.com/creativity/burger-king-just-launched-its-own-cryptocurrency-the-whoppercoin/. それ以外のメディアも，ニュースの斬新さに衝撃を受けた。Kadhim Shubber, "WhopperCoin," *FT Alphaville*, August 29, 2017, https://ftalphaville.ft.com/2017/08/29/2192964/whoppercoin.

2. "BLT with DLT: Have It Your Way with WhopperCoin on Waves," *Waves Community*, August 25, 2017, http://wavescommunity.com/blt-with-dlt-have-it-your-way-with-whoppercoin-on-waves.

3. Hootersのチェーン店をはじめとする多数のハンバーガーショップを所有するChanticleer Holdingsは，リワードプログラムに暗号通貨を使用すると発表した後に株価が50％上昇した。Tae Kim, "Chanticleer to Use Blockchain for Its Rewards Program," CNBC.com, January 2, 2018, https://www.cnbc.com/2018/01/02/chanticleer-to-use -blockchain-for-its-rewards-program.html.

4. Don Tapscott and Alex Tapscott, *Blockchain Revolution: How the Technology Behind Bitcoin Is Changing Money, Business, and the World* (New York: Portfolio, 2016).

5. World Economic Forum, *Realizing the Potential of Blockchain*, June 28, 2017, https://www.weforum.org/whitepapers/realizing-the-potential-of-blockchain/.

6. Timothy Bresnahan and Manuel Trajtenberg, "General Purpose Technology 'Engines of Growth'?," *Journal of Econometrics* 65 (1995): 83–108.

7. Paul Saffo, "Embracing Uncertainty: The Secret to Effective Forecasting," *The Long Now*, January 11, 2008, http://longnow.org/seminars/02008/jan/11/embracing-uncertainty-the-secret-to -effective-forecasting.

8. Tim Swanson, "Chainwashing," *Great Wall of Numbers*, February 13, 2017, http://www.ofnumbers.com/2017/02/13/chainwashing.

9. Christian Terwiesch and Karl T. Ulrich, *Innovation Tournaments: Creating and Selecting Exceptional Opportunities* (Boston: Harvard Business Press, 2009).

10. "Remittances to Recover Modestly after Two Years of Decline," World Bank, http://www.worldbank.org/en/news/press-release/2017/10/03/remittances-to-recover-modestly-after-two-years-of-decline. この300億ドルという数字は，手数料の平均が約7％であるという世界銀行の統計に基づいている。

11. Tapscott and Tapscott, *Blockchain Revolution*, 186–188.

12. Aaron van Wirdum, "Rebittance Startups Agree: Bitcoin Does Not Make Remittance Cheaper (But Does Allow for Innovation)," *Bitcoin Magazine*, October 22, 2015, https://bitcoinmagazine.com/articles/rebittance-startups-agree-bitcoin-does-not-make-remittance-cheaper-but-does-allow-for-innovation -1445528049.

13. "Does Bitcoin/Blockchain Make Sense for International Money Transfer?" *SaveOnSend Blog,* October 7, 2017, https://www.saveonsend.com/blog/bitcoin-blockchain-money-transfer/.

14. Ibrahim Sirkeci, "Would Investing in Financial Literacy Help Reduce the Use of Informal Channels?" *People Move blog,* March 2, 2016, http://blogs.worldbank.org/peoplemove/would-investing-financial-literacy-help-reduce-use-informal-channels.

15. 大半の市場では既に，送金の中間マージンは5％にまで低下している。Dilip Ratha, Supriyo De, Ervin Dervisevic, Sonia Plaza, Kirsten Schuettler, William Shaw, et al., "Migration and Remittances: Recent Developments and Outlook, Special Topic: Financing for Development," World Bank Migration and Development Brief No. 24, April 13, 2015.

16. Rebecca Henderson and Kim Clark, "Architectural Innovation: The Reconfiguration of Existing Product Technologies and the Failure of Established Firms," *Administrative Science Quarterly*, March 1990: 9–33.

17. 分権型・分散型ネットワークに関する最も有名な説明は，ポール・バランが1964年にランド研究所に提出したレポートである。Baran, *On Distributed Communications, I: Introduction to Distributed Communications*, August 1964, https://www.rand.org/content/dam/rand/pubs/research_memoranda/2006/RM3420.pdf.

18. Vitalik Buterin, "The Meaning of Decentralization," *Medium,* February 6, 2017, https://medium.com/@VitalikButerin/the-meaning-of-decentralization-a0c92b76a274.

19. Symbiontの主任技術者であるアダム・クレレンシュタインは，「システムアーキテクチャを設計する企業は自身の組織的な構造や文化を設計に反映させてしまう」というコンウェイの法則になぞらえて，「組織が基本的にP2P型の市場には中央集権型のテクノロジーソリューションは適していない」と述べた。(著者との対談にて，June 30, 2017.)

20. "Toyota's Breakthrough with Blockchain and Autonomous Cars," *Blockchain Innovation Podcast,* July 27, 2017, https://itunes.apple.com/us/podcast/blockchain-innovation-interviewing-brightest-minds/id1238906492?mt=2.

21. David Schaper, "Record Number of Miles Driven in U.S. Last Year," NPR, February 21, 2017, https://www.npr.org/sections/thetwo-way/2017/02/21/516512439/record-number-of-miles-driven-in-u-s-last-year.

22. Joshua Fairfield, "BitProperty," *Southern California Law Review* 88 (2014): 805.

23. Pete Rizzo, "Toyota's R&D Division Is Building a Blockchain Consortium," *Coindesk,* May 22, 2017, https://www.coindesk.com/toyota-consortium-research-blockchain.

24. マドフの代表的なバイオグラフィーはこちら。"Bernie Madoff and the Death of Trust." Diana B. Henriques, *The Wizard of Lies: Bernie Madoff and the Death of Trust* (New York: Times Books, 2011).

25. Bruce Schneier, *Secrets and Lies: Digital Security in a Networked World, Fifteenth*

Anniversary Edition (Indianapolis: John Wiley & Sons, 2015).

26. Josephine Wolff and Kevin Bankston, "How a 2011 Hack You've Never Heard of Changed the Internet's Infrastructure," *Slate*, December 21, 2016, http://www.slate.com/articles/technology/future_tense/2016/12/how_the_2011_hack_of_diginotar_changed_the_internet_s_infrastructure.html.

27. 暗号証明書の代わりにブロックチェーンを利用して安全なウェブサイトを構築する手段については，第11章で紹介する。

28. Joseph P. Bailey and Yannis Bakos, "An Exploratory Study of the Emerging Role of Electronic Intermediaries," *International Journal of Electronic Commerce* 1, no. 3 (1997), https://archive.nyu.edu/bitstream/2451/27838/2/CeDER-PP-1997-04.pdf.

29. Timothy B. Lee, "Bitcoin Needs to Scale by a Factor of 1000 to Compete with Visa. Here's How to Do It," *Washington Post*, November 12, 2013, "The Switch" section, http://www.washingtonpost.com/news/the-switch/wp/2013/11/12/bitcoin-needs-to-scale-by-a-factor-of-1000-to-compete-with-visa-heres-how-to-do-it/.

30. Nick Szabo, "Formalizing and Securing Relationships on Public Networks," *First Monday* 2, no. 9 (September 1, 1997), http://ojphi.org/ojs/index.php/fm/article/view/548; Nick Szabo, "The Dawn of Trustworthy Computing," *Unenumerated*, December 11, 2014, http://unenumerated.blogspot.com/2014/12/the-dawn-of-trustworthy-computing.html.

31. 著者との対談にて，July 19, 2017.

32. この基準は2017年にT+3から縮められた。"SEC Adopts T+2 Settlement Cycle for Securities Transactions," Securities and Exchange Commission, press release, March 22, 2017, https://www.sec.gov/news/press-release/2017-68-0.

33. James Schneider, Alexander Blostein, Brian Lee, Steven Kent, Ingrid Groer, and Eric Beardsley, *Profiles in Innovation: Blockchain—Putting Theory into Practice* (Goldman Sachs, May 24, 2016), https://www.finyear.com/attachment/690548.

34. "Consensus 2017: IBM Thinks Blockchain Could Save Shipping Industry 'Billions,'" *CoinDesk,* May 22, 2017, https://www.coindesk.com/consensus-2017-ibm-thinks-blockchain-save-shipping-industry-billions/.

35. 著者との対談にて，June 21, 2017.

36. Bruce Pon, "How Automakers Can Use Blockchain," *BigchainDB Blog,* June 6, 2017, https://blog.bigchaindb.com/how-automakers-can-use-blockchain-adab79a6505f.; Carly Sheridan, "Digitizing Vehicles: The First Blockchain-Backed Car Passport," *BigchainDB Blog,* March 24, 2017, https://blog.bigchaindb.com/digitizing-vehicles-the-first-blockchain-backed-car-passport-b55ead6dbc71.

37. 著者との対談にて，July 6, 2017.

38. Jon Springer, "Walmart: Blockchain Tech a Boon for Food Safety," *Supermarket News*, June 1, 2017, http://www.supermarketnews.com/food-safety/walmart-blockchain-tech-

boon-food-safety.

39. Robert Hackett, "Walmart and 9 Food Giants Team up on Blockchain Plans," *Fortune*, August 22, 2017, http://fortune.com/2017/08/22/walmart-blockchain-ibm-food-nestle-unilever-tyson-dole.

40. Veena Pureswaran, "Blockchain Explorers Are Breaking Away from the Competition," *IBM Consulting Blog*, May 18, 2017, https://www.ibm.com/blogs/insights-on-business/gbs-strategy/blockchain-explorers-breaking-away/.

41. George Slefo, "Comcast Says Marketers Can Make TV Ad Buys with Blockchain Tech," *AdAge*, June 20, 2017, http://adage.com/article/digital/comcast-marketers-make-tv-ad-buys-blockchain -tech/309486/.

42. 著者との対談にて, June 30, 2017.

43. Edward C. Kelleher, "Loan/SERV: Automating the Global Syndicated Loan Market," DTCC, July 2, 2012, http://www.dtcc.com/news/2012/july/02/loanserv-automating-the-global-syndicated-loan-market.

44. Tanaya Macheel, "Banks Test Blockchain for Syndicated Loans with Symbiont, R3," *American Banker*, September 27, 2016, https://www.americanbanker.com/news/banks-test-blockchain-for-syndicated-loans-with-symbiont-r3.

45. Chris Anderson, *The Long Tail: Why the Future of Business Is Selling Less of More* (New York: Hyperion Books, 2008); Chris Anderson, "The Economics of Abundance," *The Long Tail—Wired Blogs*, October 25, 2006, http://www.longtail.com/the_long_tail/2006/10/the_economics_o.html.

46. James B. Stewart, "Facebook Falls from Grace, and Investors' Stock Holdings Tumble Too, *The New York Times*, March 29, 2018, https://www.nytimes.com/2018/03/29/business/facebook-stock.html.

47. 許可型分散型台帳システムでは基本的に，独自の通貨は発行していない。

48. Chris Burniske and Jack Tatar, *Cryptoassets: The Innovative Investor's Guide to Bitcoin and Beyond* (New York: McGraw-Hill, 2018).

49. Gertrude Chavez-Dreyfuss, "Civic Sells $33 Million in Digital Currency Tokens in Public Sale," Reuters, June 22, 2017, https://www.reuters.com/article/us-civic-blockchain-token/civic-sells-33-million-in-digital-currency-tokens-in-public-sale-idUSKBN19D200.

50. 金融資産の評価と同様に，適正価格には将来的なフローの割引現在価値が反映される。

51. Mastercoinはその後，OMNI（オムニ）に名称変更された。

52. Steven Russolillo, "Initial Coin Offerings Surge Past $4 Billion—and Regulators Are Worried," *Wall Street Journal*, December 14, 2017, Markets section, https://www.wsj.com/articles/initial-coin-offerings-surge-past-4-billionand-regulators-are-worried-1513235196. 大半はネットワークが稼働する前に販売されている。Olga Kharif, "Only One in 10 Tokens Is in Use Following Initial Coin Offerings," Bloomberg.com,

October 23, 2017, https://www.bloomberg.com/news/articles/2017-10-23/only-one-in-10-tokens-is-in-use-following-initial-coin-offerings.

53. TokenDataのウェブサイトを参照。https://www.tokendata.io.

54. Sam Patterson, "Why OpenBazaar Token Doesn't Exist," *OpenBazaar Blog,* June 16, 2017, https://blog.openbazaar.org/why-openbazaar-token-doesnt-exist/.

55. Pete Rizzo, "Token Summit Surprise: OpenBazaar to Launch Layer-Two Coin," *CoinDesk,* December 5, 2017, https://www.coindesk.com/token-summit-surprise-openbazaar-launch-layer-two-coin.

56. Camila Russo, "Ethereum Co-Founder Says the Crypto Coin Market Is a Ticking Time-Bomb," Bloomberg.com, July 18, 2017, https://www.bloomberg.com/news/articles/2017-07-18/ethereum-co-founder-says-crypto-coin-market-is-ticking-time-bomb. 皮肉なことに，ホスキンソンがイーサリアムを離れた理由は非営利財団を運営するよりも営利企業を立ち上げたかったからである。

57. Chris Dixon, "Crypto Tokens: A Breakthrough in Open Network Design," *Medium,* June 1, 2017, https://medium.com/@cdixon/crypto-tokens-a-breakthrough-in-open-network-design-e600975be2ef.; Balaji Srinavasan, "Thoughts on Tokens," News.21.Co, May 27, 2017, https://news.21.co/thoughts-on-tokens-436109aabcbe.; Joel Monegro, "Fat Protocols," *Union Square Ventures Blog,* August 8, 2016, http://www.usv.com/blog/fat-protocols.

58. 著者との対談にて, October 24, 2017.

59. トークンベースの事業では，管理しなければならない機能が内外に多数存在する。Simple Tokenは，このようなプロセスの管理をサポートするミドルウェアを作成しているスタートアップである。Jason Goldberg, "Introducing Simple Token, an Easy Way for Businesses to Issue Blockchain-Powered Tokens without the Drama," *Medium,* September 28, 2017, https://medium.com/simple-token/introducing-simple-token-an-easy-way-for-businesses-to-issue-blockchain-powered-tokens-without-the-9c911f62d874.

60. Vili Lehdonvirta and Edward Castronova, *Virtual Economies: Design and Analysis* (Cambridge, MA: MIT Press, 2014).

61. "Facebook Scraps Credits Currency," BBC News, June 20, 2012, http://www.bbc.com/news/technology-18519921.

第 5 章

1. グーグルのアルゴリズムはPageRankという名前だった。Lawrence Page, Sergey Brin, Rajeev Motwani, and Terry Winograd, "The PageRank Citation Ranking: Bringing Order to the Web," January 29, 1998, http://ilpubs.stanford.edu:8090/422/1/1999-66.pdf.

2. ここで紹介した「トラストレスという信頼」の概念は，レイチェル・ボッツマンが「分散

型信頼」と呼んだものと酷似している。Rachel Botsman, *Who Can You Trust? How Technology Brought Us Together and Why It Might Drive Us Apart* (New York: PublicAffairs, 2017). ただし，重要な点が異なっている。ボッツマンは，分散型信頼を「テクノロジーを通じて他人を信頼する人々」(8)と定義しており，AirbnbやUberのように評価システムによって信頼が促進される例を含めている。一方，ブロックチェーンベースのシステムは，取引相手ではなく，分散型台帳に表示される結果のみを信頼させている。ブロックチェーンベースのシステムも分散化されているものの，個々の関係者に対する信頼は最小限に抑えられているのである。

3. アーロン・ライトとプリマヴェラ・デ・フィリッピが述べているように，「(ブロックチェーン上の)信頼は組織に依存しているのではなく，その根底にあるコードのセキュリティや評価可能性に内在している」のである。Aaron Wright and Primavera De Filippi, "Decentralized Blockchain Technology and the Rise of Lex Cryptographia," Social Science Research Network (SSRN), March 10, 2015, https://ssrn.com/abstract=2580664, 16. Cf. Jason Leibowitz, "Blockchain's Big Innovation Is Trust, Not Money," *CoinDesk*, May 21, 2016, https://www.coindesk.com/blockchain-innovation-trust-money (「取引の両当事者がブロックチェーンを信頼している場合，両者はお互いを直接信頼し合う必要はない」).

4. Jon Matonis, "Bitcoin Foundation Launches to Drive Bitcoin's Advancement," *Forbes*, September 27, 2012, https://www.forbes.com/sites/jonmatonis/2012/09/27/bitcoin-foundation-launches-to-drive-bitcoins-advancement/37536b416bc9. このようなガバナンスメカニズムは，非効率的かつ非民主的であるとして批判されてきた。Primavera De Filippi and Benjamin Loveluck, "The Invisible Politics of Bitcoin: Governance Crisis of a Decentralized Infrastructure," *Internet Policy Review* 5 (September 30, 2016), https://policyreview.info/articles/analysis/invisible-politics-bitcoin-governance-crisis-decentralised-infrastructure.

5. これは，インターネットの「エンドツーエンド原理」と呼ばれるものだ。Jerome Saltzer, David Reed, and David Clark, "End-to-End Arguments in System Design," *ACM Transactions Computer System* 2, no. 4 (November 1984): 277–288, https://doi.org/10.1145/357401.357402. 法学者たちは，この技術アプローチの影響を監視している。例としてはこちらを参照。Mark A. Lemley and Lawrence Lessig, "The End of End-to-End: Preserving the Architecture of the Internet in the Broadband Era," *UCLA Law Review* 48 (2001): 925; Barbara van Schewick, *Internet Architecture and Innovation* (Cambridge, MA: MIT Press, 2010).

6. Francis Fukuyama, *Trust: The Social Virtues and the Creation of Prosperity* (New York: Free Press, 1995).

7. Albert Wenger, "Bitcoin: Clarifying the Foundational Innovation of the Blockchain." Continuations, December 15, 2014, https://continuations.com/post/105272022635/bitcoin-clarifying-the-foundational-innovation-of.

8. 「サトシのコードやホワイトペーパーから生まれた独自の重要かつ革新的なアイデアは，プルーフ・オブ・ワークでも分権型通貨でも連結リストデータ構造でもなく，暗号経済学である」 Vitalik Buterin, "Blockchain and Smart Contract Mechanism Design Challenges," First Workshop on Trusted Smart Contracts, Malta, April 7, 2017, http://fc17.ifca.ai/wtsc/Vitalik_Malta.pdf.

9. Vitalik Buterin, "Engineering Security Through Coordination Problems," Vitalik Buterin's Website, May 8, 2017, https://vitalik.ca/general/2017/05/08/coordination_problems.html (「我々は，協調問題によって生まれる摩擦を，中央集権型の関係者による不正行為に対する防壁として活用している).

10. Frank H. Knight, *Risk, Uncertainty, and Profit* (Boston and New York: Houghton Mifflin, 1921).

11. 実のところ，この名言を初めて利用したのはデンマークの政治家のカール・クリスチャン・スタインケのようだ。"It's Difficult to Make Predictions, Especially about the Future," *Quote Investigator,* October 20, 2013, https://quoteinvestigator.com/2013/10/20/no-predict/.

12. 近年発展しつつある行動経済学は，モデル化ができないため経済学とは無関係として却下されていた心理学的な見識を取り込んで，それが数学モデルに組み込める規則的かつ予測可能な傾向をどのように示すかを探求する学問だ。

13. もちろん，データの消失に備えてバックアップが適切に実施されている。

14. Jim Finkle, "Bangladesh Bank Hackers Compromised SWIFT Software, Warning Issued," Reuters, April 25, 2016, https://www.reuters.com/article/us-usa-nyfed-bangladesh-malware-exclusiv-idUSKCN0XM0DR.

15. Arvind Narayanan, Joseph Bonneau, Edward Felten, Andrew Miller, and Steven Goldfeder, *Bitcoin and Cryptocurrency Technologies: A Comprehensive Introduction* (Princeton, NJ: Princeton University Press, 2016), 71–72.

16. Textrapperr, Reddit r/Ethereum, October 27, 2016, https://www.reddit.com/r/ethereum/comments/59naa2/what_does_immutability_really_mean/d99ye84.

17. Angela Walch, "The Path of the Blockchain Lexicon (and the Law)," *Review of Banking and Finance Law* 36 (2017).

18. Vitalik Buterin, "On Settlement Finality," *Ethereum Blog,* May 9, 2016, https://blog.ethereum.org/2016/05/09/on-settlement-finality.

19. "Cryptocurrencies with Tim Ferriss, Nick Szabo, and Naval Ravikant," *Medium,* June 6, 2017, https://medium.com/@giftedproducts/cryptocurrencies-with-tim-ferriss-nick-szabo-and-naval-ravikant-51a99d037e04.

20. Michael Abramowicz, "Cryptocurrency-based Law," *Arizona Law Review* 58 (2016): 359, 375.

21. イーサリアムなどのブロックチェーンネットワークでは，より短い間隔で検証が行われて

いる。なかには検証が即時に完了するものもあるが，そのようなアーキテクチャは信頼の中央集権化を許容しているかセキュリティやスケーラビリティが不確実かのどちらかだ。

22. Joseph Bonneau, Andrew Miller, Jeremy Clark, Arvind Narayanan, Joshua A. Kroll, and Edward W. Felten, "Research Perspectives and Challenges for Bitcoin and Cryptocurrencies," *Proceedings of the 36th IEEE Symposium on Security and Privacy*, 3, July 20, 2015, http://www.jbonneau.com/doc/BMCNKF15-IEEESP-bitcoin.pdf (6ブロックの慣例について，「参加クライアントが言い出したことであり，深さのあるフォークの可否に関する分析に基づいているわけではない」と述べている).

23. Vitalik Buterin (@VitalikButerin), Twitter, June 4, 2017 3:13 a.m., https://twitter.com/vitalikbuterin/status/871263595593572353.

24. That "No2X" Guy Who (@hq83bnn9), Twitter, June 4, 2017 11:33 a.m., https://twitter.com/hq83bnn9/status/871389578153914369. 実のところ，これは過剰反応だった。ブテリンは，イーサリアムが導入を検討していたコンセンサスアルゴリズムであるプルーフ・オブ・ステークについて話していたのだ。プルーフ・オブ・ステークシステムでは，トランザクションの検証者は自身の行動に対して通貨を賭ける。そして，検証者がネットワークの規則に違反した場合，賭け金は没収される。この賭け金が，ブテリンがこのとき言及した「デポジット」だったのだ。「削除する」の主語は，違反行為を管理するプルーフ・オブ・ステークアルゴリズムである。

25. Bill Maurer, Taylor C. Nelms, and Lana Swartz, "'When Perhaps the Real Problem Is Money Itself!': The Practical Materiality of Bitcoin," *Social Semiotics* 23, no. 2 (April 1, 2013): 261–277. オープンソースソフトウェアにすることによって，関心をもった専門家がコードの完全性を検証したり脆弱性の発見を手伝ったりできるようになる。

26. Oded Goldreich and Yair Oren, "Definitions and Properties of Zero-Knowledge Proof Systems," *Journal of Cryptology* 7, no. 1 (1994): 1–32, https://link.springer.com/article/10.1007/BF00195207.

27. Eli Ben Sasson, Alessandro Chiesa, Christina Garman, Matthew Green, Ian Miers, Eran Tromer, and Madars Virza, "Zerocash: Decentralized Anonymous Payments from Bitcoin," *2014 IEEE Symposium on Security and Privacy* 459.

28. "'Mind-Boggling' Math Could Make Blockchain Work for Wall Street," Bloomberg.com, October 5, 2017, https://www.bloomberg.com/news/articles/2017-10-05/-mind-boggling-math-could-make-blockchain-work-for-wall-street.

29. Mike Ananny and Kate Crawford, "Seeing without Knowing: Limitations of the Transparency Ideal and Its Application to Algorithmic Accountability," *New Media & Society*, 2016: 973–989.

30. これは，フェイスブックのような企業は自社が構築したシステムの結果に対して責任を負わなくてよいという意味ではない。彼らはアルゴリズム的なプラットフォームをより堅牢にして，ユーザーの関心事項を保護できるはずだ。ここでの要点は，フェイスブックとい

うプラットフォームの政治的イデオロギーは必ずしもフェイスブックの経営者や従業員のイデオロギーではなく，フェイスブックのアルゴリズムの出力であるという点だ。

31. Andreas Antonopoulos, "Bitcoin Security Model: Trust by Computation," *Radar,* O'Reilly Media, February 20, 2014, http://radar.oreilly.com/2014/02/bitcoin-security-model-trust-by-computation.html.

32. Vitalik Buterin, "The Subjectivity/Exploitability Tradeoff," *Ethereum Blog,* February 14, 2015, https://blog.ethereum.org/2015/02/14/subjectivity-exploitability-tradeoff/.

33. Frank Pasquale, *The Black Box Society: The Secret Algorithms That Control Money and Information* (Cambridge, MA: Harvard University Press, 2015).

34. Cathy O'Neil, *Weapons of Math Destruction: How Big Data Increases Inequality and Threatens Democracy* (New York: Crown, 2016).

35. Zeynep Tufekci, "The Real Bias Built in at Facebook," *The New York Times*, May 19, 2016, "Opinion" section, https://www.nytimes.com/2016/05/19/opinion/the-real-bias-built-in-at-facebook.html.

36. BigChainDBの主任技術者であり，元AI研究者でもあるトレント・マコナヒーが説明しているように，ブロックチェーンネットワークはAIの発展にもつながっている。Trent McConaghy, "Blockchains for Artificial Intelligence," *BigchainDB Blog,* January 3, 2017, https://blog.bigchaindb.com/blockchains-for-artificial-intelligence-ec63b0284984. 大量のデータや，そのデータを使用して構築したモデルの適切な共有は，機械学習のパフォーマンス向上に欠かせない要素だ。ブロックチェーンは，第4章で紹介した分散化や共有真実，半透明なコラボレーションなどの仕組みによってデータ共有を促進できるのである。

37. この違いはクリスチャン・テルヴィッシュに教えてもらった。

38. Melanie Swan, *Blockchain: Blueprint for a New Economy* (O'Reilly, 2015); Wright and De Filippi, "Decentralized Blockchain Technology and the Rise of Lex Cryptographia."

39. DAOが法的な意味で企業と呼べるかどうかは難しい問題だ。Shawn Bayern, "Of Bitcoins, Independently Wealthy Software, and the Zero-Member LLC," *Northwestern University Law Review* 108 (2014): 1485–1500; Tanaya Macheel, "The DAO Might Be Groundbreaking, But Is It Legal?" *American Banker*, May 19, 2016, https://www.americanbanker.com/news/bank-technology/the-dao-might-be-groundbreaking-but-is-it-legal-1081084-1.html; Peter Van Valkenburgh, "DAOs: The Internet Is Weird Again, and These Are the Regulatory Issues," *CoinCenter,* June 2, 2016, https://coincenter.org/entry/daos-the-internet-is-weird-again-and-these-are-the-regulatory-issues.

40. Daniel Larimer, "The Hidden Costs of Bitcoin," LTB Network, September 7, 2013, https://letstalkbitcoin.com/is-bitcoin-overpaying-for-false-security; Vitalik Buterin, "Bootstrapping a Decentralized Autonomous Corporation: Part I," *Bitcoin Magazine*, September 19, 2013, https://bitcoinmagazine.com/7050/bootstrapping-a-decentralized-autonomous-corporation-part-i/.

41. Luis Cuende, "Introducing Aragon: Unstoppable Companies," February 10, 2017, https://blog.aragon.one/introducing-aragon-unstoppable-companies-58c1fd2d00ce.

42. Aragonのよくある質問（FAQ）ページには，「イーサリアム上で企業を運営するために必要なあらゆるもの」と記載されている。また，分権型組織を「長期的なビジョン」で捉えている。Aragon FAQ, https://aragon.one/faq.

第 6 章

1. Ken Thompson, "Reflections on Trusting Trust," *Communications of the ACM* 27, no. 8 (1984): 761–763.

2. Pete Rizzo, "Blockchain Land Title Project 'Stalls' in Honduras," *CoinDesk,* December 26, 2015, https://www.coindesk.com/debate-factom-land-title-honduras.

3. Ben Dickson, "Blockchain Could Completely Transform the Music Industry," *VentureBeat,* January 7, 2017, https://venturebeat.com/2017/01/07/blockchain -could-completely-transform-the-music-industry.

4. David Gerard, "Imogen Heap: 'Tiny Human'. Total Sales: $133.20," Davidgerard.co.uk, April 22, 2017, https://davidgerard.co.uk/blockchain/imogen-heap-tiny-human-total-sales-133-20. Unixのシステムアドミニストレータであるジェラルドは，暗号通貨の世界に対する本一冊分の批判のなかでさらに多くの例を紹介している。David Gerard, *Attack of the 50 Foot Blockchain: Bitcoin, Blockchain, Ethereum & Smart Contracts* (Self-published, 2017).

5. Laura Shin, "Bitcoin Startup Abra Adds Gwyneth Paltrow as Advisor, Is Featured in Apple Reality TV Show," *Forbes*, August 2, 2017, https://www.forbes.com/sites/laurashin/2017/08/02/bitcoin-startup-abra-adds-gwyneth-paltrow-as-advisor-is-featured-in-apple-reality-tv-show/. このAbraという会社はその後，より汎用的なモバイル決済サービスに方針転換している。

6. インターネットに秘められた表現の自由の可能性についてはこちらを参照。Clay Shirky, *Here Comes Everybody: The Power of Organizing without Organizations* (New York: Penguin, 2008); Rebecca MacKinnon, *Consent of the Networked: The Worldwide Struggle for Internet Freedom* (New York: Basic Books, 2013); Zeynep Tufekci, *Twitter and Tear Gas: The Power and Fragility of Networked Protest* (New Haven, CT: Yale University Press, 2017). 危険性についてはこちらを参照。Evgeny Morozov, *The Net Delusion: How Not to Liberate the World* (New York: Penguin, 2012).

7. Alice Marwick and Rebecca Lewis, "Media Manipulation and Disinformation Online," Data & Society, May 15, 2017, https://datasociety.net/output/media-manipulation-and-disinfo-online.

8. Benjamin Edelman, "Uber Can't Be Fixed—It's Time for Regulators to Shut It Down,"

Harvard Business Review, June 21, 2017, https://hbr.org/2017/06/uber-cant-be-fixed-its-time-for-regulators-to-shut-it -down.

9. Thomas Philippon, "Has the US Finance Industry Become Less Efficient? On the Theory and Measurement of Financial Intermediation," *American Economic Review* 105, no. 4 (2015): 1408–1438.

10. David Yermack, "Blockchains and Corporate Finance: 'In a Blockchain Market, Shareholder Activists Might Play Much Less of a Role,'" *Promarket,* June 14, 2017, https://promarket.org/blockchains-corporate-finance-blockchain-market-shareholder-activists-might-play-much-less-role.

11. ウォール街で20年以上勤務したのちにスタートアップに参画したSymbiontのケイトリン・ロングは、「ブロックチェーンは、レガシー（金融業界の情報テクノロジー）システムの合理的な完全リプレースを実現できる初のテクノロジーです。なぜなら、移行コストの何倍ものコスト削減が可能だからです」と述べている。著者との対談にて (June 30, 2017).

12. Nick Szabo, "Money, Blockchains, and Social Scalability," *Unenumerated,* February 9, 2017, https://unenumerated.blogspot.com/2017/02/money-blockchains-and-social-scalability.html.

13. Slacknation, "If Your Exchange Is Related to 0x027BEEFcBaD782faF69FAD-12DeE97Ed894c68549, Withdraw Immediately, They Screwed up a Few Days Ago and Lost 60,000 Ether," Reddit, June 2017, https://www.reddit.com/r/ethereum/comments/6eruqb/if_your_exchange_is_related_to.

14. QuadrigaCXは利益を1400万ドル削減して顧客に全額補償したといわれている。Stan Higgins, "Ethereum Client Update Issue Costs Cryptocurrency Exchange $14 Million," *CoinDesk,* June 2, 2017, https://www.coindesk.com/ethereum-client-exchange-14-million.

15. Vlad Zamfir, "About My Tweet from Yesterday…," *Medium,* March 5, 2017, https://medium.com/@Vlad_Zamfir/about-my-tweet-from-yesterday-dcc61915b572. 2017年9月に、ヴィタリック・ブテリンも同様のことをツイートしている。「現時点では、ビットコインやイーサリアムには重大な欠陥があると考えている。これは、私がプレゼンでいつも言っていることだ」Vitalik Buterin (@vitalikbuterin), Twitter, September 14, 2017, 5:57 a.m., https://twitter.com/VitalikButerin/status/908268522890985472.

16. Vlad Zamfir (@VladZamfir), Twitter, December 14, 2017, 3:16 a.m., https://twitter.com/VladZamfir/status/941220330294644736.

17. Amy Castor, "MIT and BU Researchers Uncover Critical Security Flaw in $2B Cryptocurrency IOTA," *Forbes,* September 7, 2017, https://www.forbes.com/sites/amycastor/2017/09/07/mit-and-bu-researchers-uncover-critical-security-flaw-in-2b-cryptocurrency-iota.

18. 最もよく話題に上るのは51％攻撃だが、セキュリティ研究者はビットコインに対する潜在

的な攻撃手段をほかにも複数指摘している。Joseph Bonneau, Andrew Miller, Jeremy Clark, Arvind Narayanan, Joshua A. Kroll, and Edward W. Felten, "Research Perspectives and Challenges for Bitcoin and Cryptocurrencies," *Proceedings of the 36th IEEE Symposium on Security and Privacy,* 3, July 20, 2015, http://www.jbonneau.com/doc/BMCNKF15-IEEESP-bitcoin.pdf, 7–9.

19. Jon Matonis, "The Bitcoin Mining Arms Race: GHash.io and the 51% Issue," *CoinDesk,* July 17, 2014, https://www.coindesk.com/bitcoin-mining-detente-ghash-io-51-issue.

20. 通常，パブリックブロックチェーンが存続するには，十分な規模やネットワーク効果を維持し続ける必要がある。Joshua Fairfield, "BitProperty," *Southern California Law Review* 88 (2014): 823–824.

21. Frederick Reese, "As Bitcoin Halving Approaches, 51% Attack Question Resurfaces," *CoinDesk,* July 6, 2016, https://www.coindesk.com/ahead-bitcoin-halving-51-attack-risks-reappear. すべてのブロックチェーンが半減期の仕組みを導入しているわけではない。ただし，価格下落時にインセンティブが減少する問題はプルーフ・オブ・ワークを導入しているすべてのブロックチェーンに共通の懸念事項である。

22. Bonneau et al, "Research Perspectives and Challenges for Bitcoin and Cryptocurrencies, 1.

23. Olga Kharif, "1,000 People Own 40% of the Bitcoin Market," *Bloomberg Businessweek*, December 8, 2017, https://www.bloomberg.com/news/articles/2017-12-08/the-bitcoin-whales-1-000-people-who-own-40-percent-of-the-market.

24. Jon Russell, "Former Mozilla CEO Raises $35M in Under 30 Seconds for His Browser Startup Brave," *TechCrunch,* June 1, 2017, http://techcrunch.com/2017/06/01/brave-ico-35-million-30-seconds-brendan-eich/.

25. 2017年秋の時点で，わずか四つのグループがビットコインのマイニングパワーの半分を，上位七つのグループが全体の3/4を占めていた。Blockchain.info, October 18, 2017, https://blockchain.info/pools?timespan=4days.

26. 同じく2017年秋の時点で，イーサリアムのマイニングはビットコインよりもさらに偏っていた。わずか二つのマイニングプールがマイニングパワーの半分を，上位五つが4/5を占めていたのである。"Ethereum Top 25 Miners by BLOCKS," Etherscan, October 18, 2017, https://etherscan.io/stat/miner?range=7&blocktype=blocks.

27. Fred Ehrsam, "Funding the Evolution of Blockchains," *Medium,* August 24, 2017, https://medium.com/@FEhrsam/funding-the-evolution-of-blockchains-87d160988481.

28. Brett M. Frischmann, *Infrastructure: The Social Value of Shared Resources* (Oxford: Oxford University Press, 2013).

29. Arvind Narayanan, "Analyzing the 2013 Bitcoin Fork: Centralized Decision-Making Saved the Day," *Freedom to Tinker,* July 28, 2015, https://freedom-to-tinker.com/2015/07/28/analyzing-the-2013-bitcoin-fork-centralized-decision-making-saved-the-day/.

30. Saheli Roy Choudhury, "Chinese ICOs: China Bans Fundraising through Initial Coin Offerings, Report Says," CNBC, September 4, 2017, https://www.cnbc.com/2017/09/04/chinese-icos-china-bans-fundraising-through-initial-coin-offerings-report-says.html. この中国の決定は、暗号通貨に対する包括的な規制体制の足掛かりとなる暫定的なものかもしれない。

31. Josiah Wilmoth, "PBoC Digital Currency Chief Calls for State Cryptocurrency," CryptoCoinsNews, October 15, 2017, https://www.cryptocoinsnews.com/pboc-digital-currency-chief-calls-for-government-cryptocurrency.

32. Daniel Oberhaus, "Putin Will Require Cryptocurrency Miners to Register with the Government in 2018," *Motherboard,* October 24, 2017, https://motherboard.vice.com/en_us/article/7x4vad/putin-cryptocurrency-russia-mining-regulations-ico-bitcoin-ethereum.

33. Ari Juels, Ahmed E. Kosba, and Elaine Shi, "The Ring of Gyges: Investigating the Future of Criminal Smart Contracts," 2016 ACM SIGSAC Conference on Computer and Communications Security, Vienna: 283–295, http://www.arijuels.com/wp-content/uploads/2013/09/Gyges.pdf.

34. Zikai Alex Wen and Andrew Miller, "Scanning Live Ethereum Contracts for the 'Unchecked-Send' Bug," *Hacking, Distributed,* June 16, 2016, http://hackingdistributed.com/2016/06/16/scanning-live-ethereum-contracts-for-bugs.

35. 著者との対談にて, September 22, 2017.

36. "An Open Letter," Pastebin, June 18, 2016, https://pastebin.com/CcGUBgDG.

37. Vitalik Buterin, "Thinking about Smart Contract Security," *Ethereum Blog,* June 19, 2016, https://blog.ethereum.org/2016/06/19/thinking-smart-contract-security.

38. Ian Bogost, "Cryptocurrency Might Be a Path to Authoritarianism," *The Atlantic*, May 30, 2017, https://www.theatlantic.com/technology/archive/2017/05/blockchain-of-command/528543. アダム・グリーンフィールドも同様の指摘をしている。Adam Greenfield, *Radical Technologies: The Design of Everyday Life* (London and New York: Verso, 2017).

39. Kevin Werbach and Nicolas Cornell, "Contracts ex Machina," *Duke Law Journal* 67 (2017): 101–170.

40. David Weinberger, "Copy Protection Is a Crime," *Wired*, June 1, 2003, https://www.wired.com/2003/06/copy-protection-is-a-crime.

41. Izabella Kaminska, "Building Blockchain Banks with ICOs," FT Alphaville, June 7, 2017, https://ftalphaville.ft.com/2017/06/07/2189826/building-blockchain-banks-with-icos.

42. 初期のマイニング事業は酷評され、詐欺であるとして非難されていた。IconFirm, *Bitcointalk Bitcoin Forum* (June 26, 2017, 5:43:39 p.m.), https://bitcointalk.org/index.php?topic=1970796.msg19786878; *Bitcointalk Bitcoin Forum,* thread, https://

bitcointalk.org/index.php?topic=1848751.1700.

43. Estonian Financial Supervision Agency, "Notice Regarding the Activities of Polybius Foundation OU," June 6, 2017, http://www.fi.ee/public/hoiatusteated/20170606_Hoiatusteade_Polybius.pdf.

44. "Swiss EY Team Joins Polybius Cryptobank as Advisors, ICO to Follow," *The Business Journals,* press release, May 13, 2017, 5:45 p.m. EDT, https://www.bizjournals.com/prnewswire/press_releases/2017/05/13/NY89961.

45. Polybius, home page, https://polybius.io/team.

46. Kaminska, "Building Blockchain Banks with ICOs."

47. Nick Szabo (@nickszabo4), Twitter, June 17, 2017, 9:05 p.m., https://twitter.com/NickSzabo4/status/876244539211735041.

48. "The Rise of Cybercrime on Ethereum," *Chainalysis Blog,* August 7, 2017, https://blog.chainalysis.com/the-rise-of-cybercrime-on-ethereum/. 盗まれたケース, スマートコントラクトが破損したケース, 秘密鍵を紛失したケースを合計すると, 全体の20％（数十億ドル相当）のビットコインが既に消失していると推計されている。Jeff John Roberts and Nicolas Rapp, "Exclusive: Nearly 4 Million Bitcoins Lost Forever, New Study Says," *Fortune*, November 25, 2017, http://fortune.com/2017/11/25/lost-bitcoins/.

49. Amir Mizroch, "Large Bitcoin Exchange Halts Trading after Hack," *Wall Street Journal*, January 6, 2015, "Digits" section, https://blogs.wsj.com/digits/2015/01/06/large-bitcoin-exchange-halts-trading-after-hack; Robert McMillan, "The Inside Story of Mt. Gox, Bitcoin's $460 Million Disaster," *Wired*, March 3, 2014, https://www.wired.com/2014/03/bitcoin-exchange.

50. "Security Alert," Parity Technologies, November 8, 2017, http://paritytech.io/blog/security-alert-2; Ryan Browne, "'Accidental' Bug Froze $280 Million Worth of Ether in Parity Wallet," CNBC, November 8, 2017, https://www.cnbc.com/2017/11/08/accidental-bug-may-have-frozen-280-worth-of-ether-on-parity-wallet.html. Parityは, 閉じ込められた通貨を開放すべく, 限定的なハードフォークが必要ないくつかの方法を提案している。Frederic Lardinois, "Parity CEO Is Confident That $150M in Frozen Ethereum Isn't Lost Forever," *TechCrunch,* December 5, 2017, http://techcrunch.com/2017/12/05/parity-ceo-says-shes-confident-that-its-280m-in-frozen-ethereum-isnt-lost-forever.

51. 2018年3月に, Uberの自動運転車がアリゾナ州での試験走行中に歩行者と接触して死亡させている。Troy Griggs and Daisuke Wakabayashi, "How a Self-Driving Uber Killed a Pedestrian in Arizona," *New York Times*, March 21, 2018, https://www.nytimes.com/interactive/2018/03/20/us/self-driving-uber-pedestrian-killed.html.

第7章

1. Joshua Davis, "The Crypto-Currency," *The New Yorker*, October 3, 2011, https://www.newyorker.com/magazine/2011/10/10/the-crypto-currency.

2. Vili Lehdonvirta, "The Blockchain Paradox: Why Distributed Ledger Technologies May Do Little to Transform the Economy," Oxford Internet Institute, November 21, 2016, https://www.oii.ox.ac.uk/blog/the-blockchain-paradox-why-distributed-ledger-technologies-may-do-little-to-transform-the-economy.

3. Izabella Kaminska, "Blockchain's Governance Paradox," *FT Alphaville*, June 14, 2017), https://ftalphaville.ft.com/2017/06/14/2190149/blockchains-governance-paradox.

4. Adam Ludwin (@adamludwin), Twitter, July 26, 2017, 4:55pm, https://twitter.com/adamludwin/status/890314573760184320. 暗号通貨の専門家のなかには，この点に同意する者もいれば反対する者もいる。たとえばニック・サボは，「ブロックチェーンには，フォークの施策に対して脆弱性をもった，人間のガバナンスレイヤーも必要だ」と述べている。Nick Szabo, "Money, Blockchains, and Social Scalability," *Unenumerated*, February 9, 2017, https://unenumerated.blogspot.com/2017/02/money-blockchains-and-social-scalability.html. 一方，ビットコインコアの開発者であるアダム・バックは次のように主張している。「ガバナンスとはずるい言葉である。管理者の同意があれば何でも変更できてしまうことになるからだ。ビットコインは変化させるためのものではなく，社会契約が存在しなければならないのだ」Adam Back (@Adam3US), Twitter, June 12, 2017, 3:07 a.m., https://twitter.com/adam3us/status/874161328826535936.

5. 許可型分散型台帳の場合，参加者の身元やその責任が明確になっているため，コンソーシアムや通常の会員制組織における従来のガバナンスメカニズムを適用することができる。誰か特定の関係者が管理権をもっているわけではないものの，比較的小規模なグループが規則に合意するために協力できるのだ。一方，パブリックブロックチェーンの場合は参加が自由となっており，権限がより広範囲に分散されている。

6. Vili Lehdonvirta, "Governance and Regulation," in Mark Walport, *Distributed Ledger Technology: Beyond Block Chain* (UK Government Office for Science, 2016), https://www.gov.uk/government/uploads/system/uploads/attachment_data/file/492972/gs-16-1-distributed-ledger-technology.pdf.

7. 私がこの点に関する考えを整理できたのは，ジュリー・コーエンのおかげである。

8. Elinor Ostrom, "Beyond Markets and States: Polycentric Governance of Complex Economic Systems," in *Les Prix Nobel*, edited by Karl Grandin (Stockholm: Nobel Foundation, 2010), 408.

9. オストロムの共通プールリソース管理の概念をブロックチェーンの世界に導入する取り組みについてはこちらを参照。Scott Shackelford and Steve Myers, "Block-by-Block: Leveraging the Power of Blockchain Technology to Build Trust and Promote Cyber Peace," *Yale Journal of Law and Technology* 19 (2017): 334.

10. Cf. Vlad Zamfir, "Against On-Chain Governance," *Medium,* December 1, 2017, https://medium.com/@Vlad_Zamfir/against-on-chain-governance-a4ceacd040ca (ブロックチェーンガバナンスが自動化された規則によって完全に解決できる設計の良し悪しの問題であるという主張を否定している).

11. Tom R. Tyler, *Why People Obey the Law* (Princeton, NJ: Princeton University Press, 2006).

12. Edward Shils, "The Concept of Consensus," in *International Encyclopedia of the Social Sciences* (Editor D.L. Sills, New York: Macmillan, 1968): 260–266, https://www.encyclopedia.com/science-and-technology/computers-and-electrical-engineering/computers-and-computing/consensus.

13. Geraint Parry, "Trust, Distrust, and Consensus," *British Journal of Political Science* 6, no. 2 (1976): 129–142, https://journals.cambridge.org/article_S0007123400000594.

14. Andrew L. Russell, "'Rough Consensus and Running Code' and the Internet-OSI Standards War," *IEEE Annals of the History of Computing* 28, no. 3 (July 2006): 48–61, https://doi.org/10.1109/MAHC.2006.42.

15. Philipp Guring and Ian Grigg, "Bitcoin & Gresham's Law—the Economic Inevitability of Collapse," IANG.org, 2011, http://iang.org/papers/BitcoinBreachesGreshams-Law.pdf.

16. Vitalik Buterin, "Notes on Blockchain Governance," Vitalik Buterin's Website, December 17, 2017, https://vitalik.ca/general/2017/12/17/voting.html. ブテリンは，ナカモト・コンセンサスの暗号の原点でもある，ビザンチン将軍問題の軍隊を例として巧みに利用している。

17. Ostrom, "Beyond Markets and States," 432.

18. これらの用語は，経済学者のリチャード・セイラーと法学者のキャス・サンスティーンが広めたものである。Richard H. Thaler and Cass R. Sunstein, *Nudge: Improving Decisions about Health, Wealth, and Happiness* (New Haven, CT: Yale University Press, 2008).

19. Avner Greif, *Institutions and the Path to the Modern Economy: Lessons from Medieval Trade*, Political Economy of Institutions and Decisions series (Cambridge: Cambridge University Press, 2006).

20. Oliver E. Williamson, "Transaction-Cost Economics: The Governance of Contractual Relations," *Journal of Law and Economics* 22, no. 2 (October 1, 1979): 233–261.

21. Avner Greif, "Commitment, Coercion, and Markets: The Nature and Dynamics of Institutions Supporting Exchange," *Handbook of New Institutional Economics*, 2005, 727.

22. 著者との対談にて (October 23, 2017).

23. Jonathan Ore, "How a $64M Hack Changed the Fate of Ethereum, Bitcoin's Closest Competitor," CBC News, August 28, 2016, http://www.cbc.ca/news/technology/ethereum-hack-blockchain-fork-bitcoin-1.3719009.

24. Vitalik Buterin (@VitalikButerin), Twitter, August 3, 2017, 9:48 a.m., https://twitter.com/VitalikButerin/status/893106415446876160.

25. Stephan Tual, "On DAO Contractors and Curators," Slock.it, April 9, 2016, https://blog.slock.it/on-contractors-and-curators-2fb9238b2553.8wneaxn30.

26. "Explanation of Terms and Disclaimer," The DAO, https://daohub.org/explainer.html. Cf. "DAOs, Hacks, and the Law," *Medium,* June 17, 2016, https://medium.com/@Swarm/daos-hacks-and-the-law-eb6a33808e3e.vy0qr1pgf（この規約の重大性について説明している）.

27. 著者との対談にて（October 23, 2017）.

28. Vlad Zamfir, "Dear Ethereum Community," *Medium,* July 7, 2016, https://medium.com/@Vlad_Zamfir/dear-ethereum-community-acfa99a037c4.m7f6k44ap.

29. *The Federalist* No. 10, at 77 (James Madison) (edited by Clinton Rossiter, 1961)（派閥のことを,「大衆政府を至る所で死に追いやった命に関わる病気」と称している）.

30. 同一の関係者が複数のグループに属するケースもある。たとえば, プルーフ・オブ・ステークネットワークの場合, トークンを最も多く保有している者は最も影響力のある検証者でもある。

31. Paul Vigna and Michael J. Casey, *The Age of Cryptocurrency: How Bitcoin and Digital Money Are Challenging the Global Economic Order* (New York: St. Martin's Press, 2015), chapter 2. どちらのサイドも, ビットコインは自身の側に属すると主張している。

32. Pete Rizzo, "Xapo Moves to Switzerland Citing Customer Privacy Concerns," *CoinDesk,* May 15, 2015, https://www.coindesk.com/xapo-switzerland-privacy-concerns. 翌年, 金融アナリストのクリス・ブルニスケは, 最大のビットコイン取引所であるCoinbaseに保管されている資産の60％は取引用ではなく価値の貯蔵所として長期保有するために購入されたものであると推計した。Christopher Burniske, "Bitcoin: A Significantly Investable Asset," NASDAQ.com, August 24, 2016, https://www.iris.xyz/market-strategist/bitcoin-significantly-investable-asset.

33. Lily Katz, "Bitcoin Acceptance among Retailers Is Low and Getting Lower," Bloomberg.com, July 12, 2017, https://www.bloomberg.com/news/articles/2017-07-12/bitcoin-acceptance-among-retailers-is-low-and-getting-lower.

34. 暗号通貨のボラティリティに対する対策として, 価格が法定通貨や資産バスケットの価格に固定された「ステーブルコイン」の作成が行われている。しかし, 仮にこのプロジェクトが成功したとしても, 必要とされる信頼性が元の暗号通貨からステーブルコインへと移動するだけだろう。

35. Shannon Liao, "Steam No Longer Accepting Bitcoin Due to 'High Fees and Volatility,'" *The Verge,* December 6, 2017, https://www.theverge.com/2017/12/6/16743220/valve-steam-bitcoin-game-store-payment-method-crypto-volatility.

36. Andrew Marshall, "Bitcoin Scaling Problem, Explained," *CoinTelegraph*, March 2, 2017,

https://cointelegraph.com/explained/bitcoin-scaling-problem-explained.

37. 複数のブロックチェーンネットワークにおいて開発中のオンチェーンガバナンステクノロジーでは，マイナーのアクションなしに自動的にガバナンスの変更を反映させることができる。このアプローチのメリットや制約については第10章で説明する。

38. Nathaniel Popper, "Some Bitcoin Backers Are Defecting to Create a Rival Currency," *The New York Times*, July 25, 2017, "DealBook" section, https://www.nytimes.com/2017/07/25/business/dealbook/bitcoin-cash-split.html.

39. Laura Shin, "Bitcoin Hard Fork Called Off, Averting Major Disruptions and Turbulence in Cryptocurrency," *Forbes*, November 8, 2017, https://www.forbes.com/sites/laurashin/2017/11/08/bitcoin-hard-fork-called-off-averting-major-disruptions-and-turbulence-in-cryptocurrency/.

40. Zamfir, "Dear Ethereum Community."

41. Vlad Zamfir (@VladZamfir), Twitter, August 3, 2017, 10:20 a.m., https://twitter.com/VladZamfir/status/893114355562274816.

42. Nathaniel Popper, "Move Over, Bitcoin. Ether Is the Digital Currency of the Moment," *New York Times*, June 19, 2017, "DealBook," https://www.nytimes.com/2017/06/19/business/dealbook/ethereum-bitcoin-digital-currency.html.

第8章

1. Vlad Zamfir (@VladZamfir), Twitter, June 13, 2017, 7:50 a.m., https://twitter.com/VladZamfir/status/874594731124281344.

2. John Rawls, *The Law of Peoples* (Cambridge, MA: Harvard University Press, 2001); Thomas Donaldson and Thomas W. Dunfee, *Ties That Bind: A Social Contracts Approach to Business Ethics* (Cambridge, MA: Harvard Business School Press, 1999).

3. Kenneth J. Arrow, Robert Forsythe, Michael Gorham, Robert Hahn, Robin Hanson, John O. Ledyard, et al., "The Promise of Prediction Markets," *Science* 320 (2008): 877.

4. 証券取引所と同様に，予測市場も売買価格間のスプレッドや上場手数料によって収益を上げることができる。

5. James Surowiecki, *The Wisdom of Crowds* (New York: Anchor Books, 2005).

6. Bo Cowgill, Justin Wolfers, and Eric Zitzewitz, "Using Prediction Markets to Track Information Flows: Evidence from Google," First International Conference on Auctions, Market Mechanisms and Their Applications, Boston, MA, May 8, 2009 Lecture Notes of the Institute for Computer Sciences, Social Informatics and Telecommunications Engineering 14 (Berlin: Springer, 2009).

7. Andrew Rice, "The Fall of Intrade and the Business of Betting on Real Life," BuzzFeed, February 20, 2014, https://www.buzzfeed.com/andrewrice/the-fall-of-intrade-and-the-

business-of-betting-on-real-life.

8. CFTCの規則では、次の情報の掲載が禁止されている。「テロ，暗殺，戦争，賭博，または州法または連邦法の下で違法である活動に関与，関連，または関係する，1a条19項ivに定義する適用除外商品に基づいた合意，契約，取引，またはスワップ」17 CFR 40.11(a)(1)

9. ここではAugurに焦点を当てているが，ブロックチェーンをベースにした開発中の予測市場プラットフォームはグノーシスのようにほかにも存在する。

10. Don Tapscott and Alex Tapscott, *Blockchain Revolution* (New York: Penguin Random House, 2016), 84.

11. "Trust Is Risk: A Decentralized Trust System," *OpenBazaar Blog*, August 1, 2017, https://www.openbazaar.org/blog/trust-is-risk-a-decentralized-trust-system.

12. 例としてはこちらを参照。Timothy B. Lee, "Reddit Conducts Wide-Ranging Purge of Offensive Subreddits," *Ars Technica*, October 26, 2017, https://arstechnica.com/tech-policy/2017/10/reddit-conducts-wide-ranging-purge-of-offensive-subreddits（非常に寛容なソーシャルメディアサイトであるRedditですら，時には不快なコンテンツを削除する必要があると考えている）。

13. Joseph Cox, "US, Europol, and the Netherlands Announce Shutdowns of Two Massive Dark Web Markets," Motherboard, July 20, 2017, https://motherboard.vice.com/en_us/article/evd7xw/us-europol-and-netherlands-announce-shutdowns-of-two-massive-dark-web-markets.

14. Clay Shirky, "A Group Is Its Own Worst Enemy," *Clay Shirky's Writings About the Internet*, July 1, 2003, http://www.shirky.com/writings/herecomeseverybody/group_enemy.html.

15. Lawrence Lessig, "The New Chicago School," *Journal of Legal Studies* 27, no. S2 (June 1, 1998): 661–691.

16. Lawrence Lessig, *Code and Other Laws of Cyberspace* (New York: Basic Books, 1999).

17. Kevin Werbach, "The Architecture of Internet 2.0," *Release 1.0*, February 1999, http://downloads.oreilly.com/radar/r1/02-99.pdf; Kevin D. Werbach, "A Layered Model for Internet Policy," *Journal on Telecommunications and High-Tech Law* 1 (2002): 37-67.

18. 例としてはこちらを参照。Josh Stark, "Making Sense of Cryptoeconomics," *CoinDesk*, August 19, 2017, https://www.coindesk.com/making-sense-cryptoeconomics.

19. David R. Johnson and David G. Post, "Law and Borders—the Rise of Law in Cyberspace," *Stanford Law Review* 48 (1997): 1367.

20. John Perry Barlow, "*A Declaration of the Independence of Cyberspace*," Electronic Frontier Foundation, February 8, 1996, https://www.eff.org/cyberspace-independence.

21. Post and Johnson, "Law and Borders."

22. Jack L. Goldsmith and Tim Wu, *Who Controls the Internet? Illusions of a Borderless World* (New York: Oxford University Press, 2006).

23. Aaron Wright and Primavera De Filippi, "Decentralized Blockchain Technology and the Rise of Lex Cryptographia," Social Science Research Network (SSRN), March 10, 2015, https://ssrn.com/abstract=2580664, 44–47; Primavera De Fillipi and Aaron Wright, *Blockchain and the Law: The Rule of Code* (Cambridge, MA: Harvard University Press, 2018); Joel Reidenberg, "Lex Informatica: The Formulation of Information Policy Rules Through Technology," *Texas Law Review* 76 (1998): 553-593.

24. Wright and De Filippi, "Decentralized Blockchain Technology and the Rise of Lex Cryptographia," 40.

25. "BITNATION Pangea: The World's First Virtual Nation—a Blockchain Jurisdiction," Global Challenges Foundation, https://globalchallenges.org/en/our-work/quarterly-reports/remodelling-global-cooperation/bitnation-pangea.

26. Kevin D. Werbach, "The Song Remains the Same: What Cyberlaw Might Teach the Next Internet Economy," *Florida Law Review* 69 (2017): 887-957; Goldsmith and Wu, *Who Controls the Internet?*

27. スマートコントラクトによって，オンラインサイトのサービス利用規約について交渉できるようになることでユーザーが力を得られるようになる，とジョシュ・フェアフィールドが主張しているが，この魅力的な主張にも同様の問題がある。Joshua Fairfield, "Smart Contracts, Bitcoin Bots, and Consumer Protection," *Washington and Lee Law Review Online* 71 (2014): 36, https://scholarlycommons.law.wlu.edu/wlulr-online/vol71/iss2/3. なぜサービス提供者側が譲歩する必要があるのかが不明瞭だ。

28. Adam Greenfield, *Radical Technologies: The Design of Everyday Life* (London and New York: Verso, 2017), 161.

29. David Weinberger, "Copy Protection Is a Crime," *Wired*, June 1, 2003, https://www.wired.com/2003/06/copy-protection-is-a-crime.

30. Satoshi Nakamoto, "Re: Bitcoin P2P E-cash Paper," Cryptography mailing list, November 17, 2008, 9:04:47 a.m., https://www.mail-archive.com/cryptography@metzdowd.com/msg10006.html.

31. 例としてはこちらを参照。Tapscott and Tapscott, *Blockchain Revolution,* 109; Andrew Keys, "Memo from Davos: We Have a Trust Problem. Personal Responsibility and Ethereum Are the Solutions," *Consensys Blog,* January 19, 2017, https://media.consensys.net/memo-from-davos-we-have-a-trust-problem-personal-responsibility-and-ethereum-are-the-solutions-19d1104946d8.c46zvkcks.

32. Harry Surden, "Computable Contracts," *U.C. Davis Law Review* 46 (2012): 629.

33. "Explanation of Terms and Disclaimer," The DAO, https://archive.fo/0trrl.

34. Oliver D. Hart, "Incomplete Contracts and the Theory of the Firm," *Journal of Law, Economics, and Organization* 4 (1998): 119, 123.

35. Ian R. Macneil, "Contracts: Adjustment of Long-Term Economic Relations Under

Classical, Neoclassical, and Relational Contract Law," *Northwestern University Law Review* 72 (1978): 854.

36. コモン・ローでも統一商事法典（UCC）の法制度でも，そのようなギャップを埋めるためのさまざまな規則が用意されている。

37. Sinclair Davidson, Primavera De Filippi, and Jason Potts, "Economics of Blockchain," 2016 Public Choice Conference, https://papers.ssrn.com/sol3/papers.cfm?abstract_id=27447. 経済的な観点で見ると，ブロックチェーンベースのシステムでは，契約はすべて完璧である，つまり，世のなかで発生し得るあらゆる状況に対する結果が明記されていることが想定されている。しかし，そのようなことは実際には滅多にない。

38. Anna Irrera, "U.S. Blockchain Startups R3 and Ripple in Legal Battle," Reuters, September 8, 2017, https://www.reuters.com/article/us-r3-ripple-lawsuit/blockchain-startup-r3-sues-competitor-ripple-idUSKCN1BJ27I.

39. Frank B. Cross, "Law and Trust," *Georgetown Law Journal* 93 (2005): 1457-1545; Tamar Frankel and Wendy J. Gordon, eds., "Symposium: Trust Relationships," *Boston University Law Review* 81 (2001): 321-478; Tom R. Tyler, *Why People Obey the Law* (Princeton, NJ: Princeton University Press, 2006); Sim B. Sitkin and Robert J. Bies, "The Legalistic Organization: Definitions, Dimensions, and Dilemmas," *Organization Science* 4, no. 3 (1993): 345-351.

40. Mary Ann Glendon, *Rights Talk: The Impoverishment of Political Discourse* (New York: Free Press, 1994); Philip K. Howard, *The Death of Common Sense: How Law Is Suffocating America* (New York: Random House, 2011); Robert A. Kagan, *Adversarial Legalism: The American Way of Law* (Cambridge, MA: Harvard University Press, 2009).

41. Deepak Malhotra and J. Keith Murnighan, "The Effects of Contracts on Interpersonal Trust," *Administrative Science Quarterly* 47, no. 3 (2002): 534-559; Laetitia Mulder, Eric van Dijk, David De Cremer, and Henk A. M. Wilke, "Undermining Trust and Cooperation: The Paradox of Sanctioning Systems in Social Dilemmas," *Journal of Experimental Social Psychology* 42 (March 1, 2006): 147-162.

42. David Charny, "Nonlegal Sanctions in Commercial Relationships," *Harvard Law Review* 104 (1990): 428.

43. Oliver E. Williamson, "Calculativeness, Trust, and Economic Organization," *Journal of Law & Economics* 36, no. 1 (1993): 463（「取引の効率性を高めるために費用対効果の高い保護条項が組み込まれた商取引を〈信頼〉という言葉で表現するのは誤解を招く可能性がある」）.

44. Fernando L. Flores and Robert C. Solomon, "Rethinking Trust," *Business & Professional Ethics Journal* 16, no. 1/3 (1997): 47-76.

45. R. K. Woolthuis, "Trust, Contract, and Relationship Development," *Organization*

Studies 26, no. 6 (June 1, 2005): 813–40.

46. 私がこの理論を理解できたのはイフェオマ・アジュンワのおかげである。

47. 第2章を参照。DTCCはアメリカで運用されている機関であり，アメリカ以外の主要な金融市場にも同様の中央証券預託機関が存在する。

48. Steven Davidoff Solomon, "Dole Case Illustrates Problems in Shareholder System," *The New York Times*, March 21, 2017, "DealBook" section, https://www.nytimes.com/2017/03/21/business/dealbook/dole-case-illustrates-problems-in-shareholder-system.html.

49. Matt Levine, "Dole Food Had Too Many Shares," Bloomberg.com, February 17, 2017, https://www.bloomberg.com/view/articles/2017-02-17/dole-food-had-too-many-shares.

50. Kyle Torpey, "Chicago's Cook County to Test Bitcoin Blockchain-Based Property Title Transfer," *Bitcoin Magazine*, October 6, 2016, https://bitcoinmagazine.com/articles/chicago-s-cook-county-to-test-bitcoin-blockchain-based-public-records-1475768860.

51. James Schneider, Alexander Blostein, Brian Lee, Steven Kent, Ingrid Groer, and Eric Beardsley, *Profiles in Innovation: Blockchain—Putting Theory into Practice* (Goldman Sachs, May 24, 2016), https://www.finyear.com/attachment/690548.

52. Karl Baker, "Delaware Eases Off Early Blockchain Zeal After Concerns Over Disruption to Business," Delaware Online, February 1, 2018, https://www.delawareonline.com/story/news/2018/02/02/delaware-eases-off-early-blockchain-zeal-after-concerns-over-disruption-business/1082536001/.

53. Jerry Brito and Bridget C. E. Dooling, "An Orphan Works Affirmative Defense to Copyright Infringement Actions," *Michigan Telecommunications and Technology Law Review* 12 (2005): 75.

54. U.S. Copyright Office, "In re Orphan Works," No. 537, Comment of the Carnegie Mellon University Libraries, March 22, 2005, https://www.copyright.gov/orphan/comments/OW0537-CarnegieMellon.pdf.

55. Patrick Murck, "Waste Content: Rebalancing Copyright Law to Enable Markets of Abundance," *Albany Law Journal of Science and Technology* 16 (2006): 383-422.

56. Jake Goldenfein and Dan Hunter, "Blockchains, Orphan Works, and the Public Domain," *Columbia Journal of Law and the Arts* 41 (2017): 1-43. 作品自体を登録できるほうが望ましいかもしれない。ただし，国際著作権条約において方式主義が禁止されているため，著作権の強制的な登録は認められていない。

57. 同様に，ブロックチェーンを利用すれば，著作権において長年続いてきたファーストセール・ドクトリンのデジタル版を実現可能にする，独自のデジタル資産を構築できるだろう。Patrick Murck, "The True Value of Bitcoin," *CATO Unbound*, July 31, 2013, https://www.cato-unbound.org/2013/07/31/patrick-murck/true-value-bitcoin.

58. Kevin Gallagher, "Ad Fraud Estimates Double," *Business Insider,* March 16, 2017, http://www.businessinsider.com/ad-fraud-estimates-doubled-2017-3.

59. "MetaX and DMA Join Forces to Launch AdChain: A Blockchain Solution to Digital Advertising Fraud," TheDMA.org, June 12, 2017, https://thedma.org/news/metax-dma-adchain-blockchain-solution-ethereum-advertising-fraud/.

60. Joel Valenzuela, "Uber Switches to Bitcoin in Argentina after Govt Blocks Uber Credit Cards," *CoinTelegraph,* July 6, 2016, https://cointelegraph.com/news/uber-switches-to-bitcoin-in-argentina-after-govt-blocks-uber-credit-cards.

61. ブエノスアイレス市政府は，Uber利用者が分散型ビットコインネットワークを利用するのを禁止することはできなかった。しかしおそらく，ビットコインと現地通貨を仲介するデビットカードを発行していたスイスの企業，Xapoに対して禁止命令を出すことはできただろう。

62. Hernando de Soto, *The Mystery of Capital: Why Capitalism Triumphs in the West and Fails Everywhere Else* (New York: Basic Books, 2000).

63. Laura Shin, "Republic of Georgia to Pilot Land Titling on Blockchain with Economist Hernando De Soto, BitFury," *Forbes*, April 21, 2016, https://www.forbes.com/sites/laurashin/2016/04/21/republic-of-georgia-to-pilot-land-titling-on-blockchain-with-economist-hernando-de-soto-bitfury/#bb3668f44da3; Roger Aitken, "Bitland's African Blockchain Initiative Putting Land on the Ledger," *Forbes*, April 5, 2016, https://www.forbes.com/sites/rogeraitken/2016/04/05/bitlands-african-blockchain-initiative-putting-land-on-the-ledger/59ee9ab11029.

64. Pete Rizzo, "Blockchain Land Title Project 'Stalls' in Honduras," *CoinDesk,* December 26, 2015, https://www.coindesk.com/debate-factom-land-title-honduras.

65. Kevin Mwanz and Henry Wilkins, African Startups Bet on Blockchain to Tackle Land Fraud, Reuters, February 16, 2018, https://www.reuters.com/article/us-africa-landrights-blockchain/african-startups-bet-on-blockchain-to-tackle-land-fraud-idUSKCN1G00YK

66. Tapscott and Tapscott, *Blockchain Revolution,* 188–192.

67. Michael del Castillo, "United Nations Sends Aid to 10,000 Syrian Refugees Using Ethereum Blockchain," *CoinDesk,* June 13, 2017, https://www.coindesk.com/united-nations-sends-aid-to-10000-syrian-refugees-using-ethereum-blockchain.

第 9 章

1. N.Y. Comp. Codes R. & Regs. tit. 23, § 200 et seq. (2016).

2. New York Department of Financial Services, "NYDFS Announces Final BitLicense Framework for Regulating Digital Currency Firms," June 3, 2015, https://web.archive.

org/web/20150604023248/http://www.dfs.ny.gov/about/speeches/sp1506031.htm.

3. "Comments Regarding the Proposed Virtual Currency Regulatory Framework," New York Department of Financial Services, http://www.dfs.ny.gov/legal/vcrf_comments.htm.

4. Daniel Roberts, "Behind the 'Exodus' of Bitcoin Startups from New York," *Fortune*, August 14, 2015, http://fortune.com/2015/08/14/bitcoin-startups-leave-new-york-bitlicense.

5. Michael del Castillo, "The 'Great Bitcoin Exodus' Has Totally Changed New York's Bitcoin Ecosystem," *New York Business Journal*, August 12, 2015, https://www.bizjournals.com/newyork/news/2015/08/12/the-great-bitcoin-exodus-has-totally-changed-new.html.

6. N.Y. Comp. Codes R. & Regs. tit. 23, § 200.2(q)(2)–(5) (2016).

7. Yessi Bello Perez, "The Real Cost of Applying for a New York BitLicense," *CoinDesk*, August 13, 2015, https://www.coindesk.com/real-cost-applying-new-york-bitlicense.

8. Michael del Castillo, "Bitcoin Exchange Coinbase Receives New York BitLicense," *CoinDesk*, January 17, 2017, https://www.coindesk.com/bitcoin-exchange-coinbase-receives-bitlicense.

9. Provision of Interstate & Int'l Interexchange Telecomms. Serv. via the "Internet" by Non-Tariffed, Uncertified Entities, Petition for Declaratory Ruling, Special Relief, & Institution of Rulemaking, Rulemaking No. 8775, March 4, 1995, https://transition.fcc.gov/Bureaus/Common_Carrier/Comments/actapet.html.

10. Kevin Werbach, "Off the Hook," *Cornell Law Review* 95 (2010): 535, 564–565.

11. "Federal Communications Commission, Voice Telephone Services: Status as of June 30, 2016," https://apps.fcc.gov/edocs_public/attachmatch/DOC-344500A1.pdf.

12. 皮肉なことに，クリストファー・ストランクが主導した集団訴訟では，民間金融事業の立ち上げがビットコイン関連事業者によって不当に阻害されたという，1995年にACTAに提出されたVoIPに関する請願とほぼ同じ主張が行われた。Tabish Faraz, "Bitcoin Fraud & Unfair Competition Class Action Lawsuit Filed," *CoinReport*, October 1, 2017, https://coinreport.net/bitcoin-fraud-unfair-competition-class-action-lawsuit-filed/. 原告は，ビットコインによって不正行為を助長したとしてサトシ・ナカモトを告訴しようとしていた。実際に告訴していたら面白いことになっていただろう。

13. Stephen Palley, "Blockchain Jurisdiction," LinkedIn, May 11, 2016, https://www.linkedin.com/pulse/blockchain-jurisdiction-stephen-palley.

14. *United States v. Budovsky*, 2015 U.S. Dist. LEXIS 127717 (D. S.D.N.Y. 2015).

15. Selena Larson, "WannaCry: Someone Has Emptied Ransom Accounts Tied to the Cyberattack," CNNMoney, August 3, 2017, http://money.cnn.com/2017/08/03/technology/wannacry-bitcoin-ransom-moved/index.html.

16. Jeff John Roberts, "Companies Can Put Shareholders on a Blockchain Starting Today," *Fortune*, August 1, 2017, http://fortune.com/2017/08/01/blockchain-shareholders-law.

17. Stan Higgins, "Arizona Governor Signs Blockchain Bill into Law," *CoinDesk,* March 31, 2017, https://www.coindesk.com/arizona-governor-signs-blockchain-bill-law.

18. Vermont Statutes Online, https://legislature.vermont.gov/statutes/section/12/081/01913.

19. Delaware Senate Bill 69 (2017), https://legiscan.com/DE/text/SB69/2017.

20. 15 U.S. Code § 7001(a)(1).

21. Securities Act of 1933, Pub. L. 73-22, 48 Stat. 74, codified at 15 U.S.C. § 77a et seq.; Securities Exchange Act of 1934, Pub.L. 73-291, 48 Stat. 881, codified at 15 U.S.C. § 78a et seq.

22. *SEC v. W.J. Howey Co.,* 328 U.S. 293 (1946).

23. Jonathan Rohr and Aaron Wright, "Blockchain-Based Token Sales, Initial Coin Offerings, and the Democratization of Public Capital Markets," Social Science Research Network (SSRN), October 5, 2017, https://papers.ssrn.com/sol3/papers.cfm?abstract_id=3048104. たとえICOが規制対象となる証券や投資契約ではなかったとしても，その発行者は依然として法的義務を負う可能性がある。これについて，SECの分散型台帳部門のリーダーであるバレリー・シュシェパニャクは，「SECの規制対象であろうとなかろうと，発行者は投資家に対する受託者責任を負っています。この業界を発展させたいのなら，投資家保護は最優先に考えるべきことです」と述べている。"U.S. SEC Official Urges Companies Issuing Tokens to Protect Investors," Reuters, May 26, 2017, https://www.reuters.com/article/us-sec-blockchain/sec-official-urges-companies-issuing-tokens-to-protect-investors-idUSKBN18K05Q.

24. Securities and Exchange Commission (SEC), "Report of Investigation Pursuant to Section 21(a) of the Securities Exchange Act of 1934: The DAO," Release No. 81207, July 25, 2017, https://www.sec.gov/litigation/investreport/34-81207.pdf.

25. Wolfie Zhao, "Bitfinex to Bar US Customers from Exchange Trading," *CoinDesk,* August 11, 2017, https://www.coindesk.com/bitfinex-suspends-sale-select-ico-tokens-citing-sec-concerns/.

26. Emily, "ShapeShift and Tokens as Securities," *ShapeShift,* August 17, 2017, https://info.shapeshift.io/blog/2017/08/17/shapeshift-and-tokens-securities.

27. Laura Shin, "After Contact by SEC, Protostarr Token Shuts Down Post-ICO, Will Refund Investors," *Forbes*, September 1, 2017, https://www.forbes.com/sites/laurashin/2017/09/01/after-contact-by-sec-protostarr-token-shuts-down-post-ico-will-refund-investors.

28. Polybiusのとある幹部が，同社のトークンはアメリカの法律下では証券に該当する可能性が高く，それが理由でアメリカの取引所では販売しない旨を掲示板に投稿している。Bears,

"Re: [ANN][ICO] Polybius—Regulated Bank for the Blockchain Generation," *BitcoinTalk Bitcoin Forum,* July 25, 2017, 1:44:06 p.m., https://bitcointalk.org/index.php?topic=1848751.4180.

29. "FAQ," Polybius, https://polybius.io/en/faq.

30. Jon Russell, "First China, Now South Korea Has Banned ICOs," *TechCrunch*, September 28, 2017, http://techcrunch.com/2017/09/28/south-korea-has-banned-icos.

31. エアドロップに該当するトークンも証券に分類される可能性はあるものの，発行者はトークンの主目的が投資利益ではなくユーティリティ性であることをより強固に主張することができる。

32. In the Matter of Munchee, Inc., Securities and Exchange Commission, Order Instituting Cease-and-Desist Proceedings Pursuant to Section 8a of the Securities Act of 1933, Making Findings, and Imposing a Cease-and-Desist Order, Release No. 10445, December 11, 2017, https://www.sec.gov/litigation/admin/2017/33-10445.pdf.

33. Jonathan Rohr and Aaron Wright, "Blockchain-Based Token Sales, Initial Coin Offerings, and the Democratization of Public Capital Markets," Social Science Research Network (SSRN), October 4, 2017, https://ssrn.com/abstract=3048104.

34. Olga Kharif, "Only One in 10 Tokens Is in Use Following Initial Coin Offerings," Bloomberg.com, October 23, 2017, https://www.bloomberg.com/news/articles/2017-10-23/only-one-in-10-tokens-is-in-use-following-initial-coin-offerings.

35. Paul Vigna, "Tezos Raised $232 Million in a Hot Coin Offering, Then a Fight Broke Out," *Wall Street Journal*, October 18, 2017, "Markets" section, https://www.wsj.com/articles/tezos-raised-232-million-in-a-hot-coin-offering-then-a-fight-broke-out-1508354704; "Special Report: Backroom Battle Imperils $230 Million Cryptocurrency Venture," Reuters, October 19, 2017, https://www.reuters.com/article/us-bitcoin-funding-tezos-specialreport/special-report-backroom-battle-imperils-230-million-cryptocurrency-venture-idUSKBN1CN35K.

36. Jen Wieczner, "Tezos Finally Plans to Launch ICO Coin After Ousting Swiss Foundation Head," *Fortune*, February 22, 2018, http://fortune.com/2018/02/22/tezos-coin-ico-launch-foundation.

37. マイクロソフトの最高技術責任者であるネイサン・ミルボルドはこれを，賭博場の手数料を意味する「ヴィッグ」と呼んでいた。Ken Auletta, "The Microsoft Provocateur," *The New Yorker*, May 5, 1997, https://www.newyorker.com/magazine/1997/05/12/the-microsoft-provocateur.

38. Camila Russo, "Ethereum Co-Founder Says the Crypto Coin Market Is a Ticking Time-Bomb," Bloomberg.com, July 18, 2017, https://www.bloomberg.com/news/articles/2017-07-18/ethereum-co-founder-says-crypto-coin-market-is-ticking-time-bomb（Ripple（リップル）のCEOであるブラッド・ガーリングハウスによる次の発言が引

用されている。「無法状態でICOを実施しても持続不可能だ」「もしそれがアヒルのように鳴いてアヒルのように歩くのなら，SECはそれをアヒルだと言うだろう」).

39. Richard Kastelein, "Global Blockchain Innovation: U.S. Lags, Europe and China Lead," *VentureBeat,* April 16, 2017, https://venturebeat.com/2017/04/16/global-blockchain-innovation-u-s-lags-europe-and-china-lead.

40. "MAS Clarifies Regulatory Position on the Offer of Digital Tokens in Singapore," Monetary Authority of Singapore (MAS), August 1, 2017, http://www.mas.gov.sg/News-and-Publications/Media-Releases/2017/MAS-clarifies-regulatory-position-on-the-offer-of-digital-tokens-in-Singapore.aspx.

41. Peter Van Valkenburgh, "The ULC's Model Act for Digital Currency Businesses Has Passed. Here's Why It's Good for Bitcoin," Coin Center, July 19, 2017, https://coincenter.org/entry/the-ulc-s-model-act-for-digital-currency-businesses-has-passed-here-s-why-it-s-good-for-bitcoin.

42. Lucinda Shen, "Bitcoin Traders Are Relieved at CFTC and SEC Cryptocurrency Senate Hearing Testimony," *Fortune*, February 7, 2018, http://fortune.com/2018/02/06/bitcoin-price-cftc-sec-cryptocurrency-hearing.

43. Robert P. Merges, "A New Dynamism in the Public Domain," *University of Chicago Law Review* 71 (2004): 183.

44. *MGM Studios, Inc. v. Grokster, Ltd.,* 545 U.S. 913 (2005).

45. 「正当な目的」に対して異議が唱えられることもある。その場合,法規則の基本的な目的や正当性について既に合意が形成されている，より簡単なケースから始めるのも一つの方法だ。

46. Andy Greenberg, "The Fed-Proof Online Market OpenBazaar Is Going Anonymous," *Wired*, March 6, 2017, https://www.wired.com/2017/03/fed-proof-online-market-openbazaar-going-anonymous.

47. ファイル共有の世界においてOpenBazaarと同じような立ち位置にいるのが，動画ファイル共有プロトコルのBitTorrentだ。BitTorrentのオープンソーステクノロジーは，不正なサービスにも少なからず利用されている。にもかかわらず，規制当局はBitTorrent, Inc.やその創設者であるブラム・コーエンを追及していない。彼らは悪質ではないからだ。彼らは不正なコンテンツを排除し，パフォーマンス向上やコスト削減を主目的にサービスを提供しているのである。Eric Bangeman, "BitTorrent Creator, MPAA Strike Deal," Ars Technica, November 23, 2005, https://arstechnica.com/uncategorized/2005/11/5615-2.

48. "Frequently Asked Questions," OpenBazaar Docs, https://docs.openbazaar.org/09.-Frequently-Asked-Questions.

49. "Overstock.com Announces Historic Blockchain Public Offering," Overstock.com, March 16, 2016, http://investors.overstock.com/mobile.view?c=131091&v=203&d=1

&id=2230245.

50. "LedgerX Gets U.S. Approval for Derivatives on Digital Currencies," Reuters, July 24, 2017, https://www.reuters.com/article/us-usa-cftc-digitalcurrency/cftc-approves-ledgerx-license-to-clear-settle-digital-currency-derivative-contracts-idUSKBN1A92FZ.

51. Nathaniel Popper, "S.E.C. Rejects Winklevoss Brothers' Bid to Create Bitcoin E.T.F.," *New York Times*, March 10, 2017, "DealBook" section, https://www.nytimes.com/2017/03/10/business/dealbook/winkelvoss-brothers-bid-to-create-a-bitcoin-etf-is-rejected.html.

52. 著者との対談にて, October 18, 2017.

53. Lily Katz and Benjamin Bain, "Winklevoss Twins Have a Plan to Police Cryptocurrency Trading," Bloomberg Markets, March 13, 2018, https://www.bloomberg.com/news/articles/2018-03-13/winklevoss-twins-have-a-plan-to-police-cryptocurrency-trading.

54. Jay Clayton, "Statement on Cryptocurrencies and Initial Coin Offerings," SEC.gov, December 11, 2017, https://www.sec.gov/news/public-statement/statement-clayton-2017-12-11.

55. "SEC Announces Enforcement Initiatives to Combat Cyber-Based Threats and Protect Retail Investors," SEC.gov, September 25, 2017, https://www.sec.gov/news/press-release/2017-176.

56. Federal Communications Commission (FCC), "Petition for Declaratory Ruling that Pulver.com's Free World Dialup Is Neither Telecommunications nor a Telecommunications Service," *FCC Record* 19 (2004): 3307, 3312–3324.

57. "Petition for Declaratory Ruling that AT&T's Phone-to-Phone IP Telephony Services Are Exempt from Access Charges," *FCC Record* 19 (2004), 7457, 7465–7468.

第10章

1. Nathaniel Popper, "Decoding the Enigma of Satoshi Nakamoto and the Birth of Bitcoin," *New York Times*, May 15, 2015, "Business Day" section, https://www.nytimes.com/2015/05/17/business/decoding-the-enigma-of-satoshi-nakamoto-and-the-birth-of-bitcoin.html. 言語学的な分析では, サボがサトシ・ナカモトであるという結果が出ている。Kim Lachance Shandrow, "Who the Heck Is Nick Szabo and Is He the Real Father of Bitcoin?" *Entrepreneur*, April 16, 2014, https://www.entrepreneur.com/article/233143.

2. 面白いことに, サボに関する報道では, 彼のことが法学教授や経済学教授と誤って紹介されていることが少なくない。

3. Tim Ferriss, "The Quiet Master of Cryptocurrency—Nick Szabo," *Tim Ferriss Show*, June 4, 2017, https://tim.blog/2017/06/04/nick-szabo.

4. Bruce A. Ackerman, *We the People. 1: Foundations* (Cambridge, MA: Harvard

University Press, 1993).

5. Communications Decency Act of 1996, Pub. L. No. 104–104, § 502, 110 Stat. 133, 134–35 (codified as amended at 47 U.S.C. § 223 (2012)); Pub. L. No. 105–304, § 202, 112 Stat. 2860, 2877–78 (codified as amended at 17 U.S.C. § 512 (2012)).

6. Peter Van Valkenburgh, "Congress Should Create a Blockchain Technology Safe Harbor. Luckily They Already Figured It Out in the '90s," Coin Center, April 6, 2017, https:// coincenter.org/entry/congress-should-create-a-blockchain-technology-safe-harbor-luckily-they-already-figured-it-out-in-the-90s.

7. "Financial Conduct Authority Provides Update on Regulatory Sandbox," Financial Conduct Authority, June 15, 2017, https://www.fca.org.uk/news/press-releases/financial-conduct-authority-provides-update-regulatory-sandbox.

8. Financial Conduct Authority, *Regulatory Sandbox Lessons Learned Report*, October 2017,https://www.fca.org.uk/publication/research-and-data/regulatory-sandbox-lessons-learned-report.pdf.

9. "CFTC Launches LabCFTC as Major FinTech Initiative," Commodity Futures Trading Commission, May 17, 2017, http://www.cftc.gov/PressRoom/PressReleases/pr7558-17.

10. Christopher D. Clack, Vikram A. Bakshi, and Lee Braine, "Smart Contract Templates: Foundations, Design Landscape, and Research Directions," arXiv Preprint 1608.00771 (2016), https://arxiv.org/pdf/1608.00771.pdf. (この文書では、「運用的な項目」は「契約の条項のうち、当事者がとるべき行動に関するもので契約の遂行に直結しており、自動化が望まれる条項」と定義されている)

11. あるいは、法的ハッカー*が登場する可能性もある。The DAO事件後に、セキュリティの専門家であるロバート・グラハムは次のように述べている。「かつて人々は、複雑な契約内容を確認してもらうために弁護士を雇った。しかし将来的には、ハッカーを雇う必要があるだろう。私は契約に署名したら優秀なハッカーを雇って、私の利益を阻害する要素がないかコードを確認してもらいたいと考えている」Robert Graham, "Ethereum/TheDAO Attack Simplified," Errata Security, June 18, 2016, https://blog.erratasec.com/2016/06/etheriumdao-hack-similfied.html.

12. スマートコントラクトのコードにバグやセキュリティ上の脆弱性がないか確認する技術的監査会社は既に存在する。Alyssa Hertig, "Blockchain Veterans Unveil Secure Smart Contracts Framework," *CoinDesk,* September 15, 2016, https://www.coindesk.com/blockchain-veterans-unveil-secure-smart-contracts-framework. また、従来の監査会社も、この新世界に参入する方法を模索している。たとえば、PwCのブロックチェーン戦略担当者であるグレイン・マクナマラは、金融サービス会議で「我々はブロックチェーンを駆使してブロックチェーンを監査する方法を探っています」と発言している。American Banker Blockchains + Digital Currencies Conference, New York, NY (June 13, 2017) (transcribed by author), http://conference.americanbanker.com/conferences/

blockchains.

13. "Introducing OpenLaw," Consensys, July 25, 2017, https://media.consensys.net/introducing-openlaw-7a2ea410138b.

14. "Clause.io Sets out Strategy with Its Smart Contract Engine," Artificial Lawyer, July 6, 2017, https://www.artificiallawyer.com/2017/07/06/clause-io-sets-out-strategy-with-its-smart-contract-engine; "Agrello Becomes 1st LegalTech Co. to Launch Its Own Digital Currency," Artificial Lawyer, July 17, 2017, https://www.artificiallawyer.com/2017/07/17/agrello-becomes-1st-legaltech-co-to-launch-its-own-digital-currency/.

15. Clack et al., "Smart Contract Templates."

16. Tim Hazard and Thomas Hardjono, "CommonAccord: Towards a Foundation for Smart Contracts in Future Blockchains,"W3C Position Paper, June 9,2016, https://www.w3.org/2016/04/blockchain-workshop/interest/hazard-hardjono.html; Judith Balea,"Singapore Startup's Audacious Goal to Create a Programming Language for the Legal Industry," TechInAsia, January 9,2017, https://www.techinasia.com/singapore-legalese-audacious-goal-to-create-a-programming-language-for-the-legal-industry.

17. Juan Batiz-Benet, Jesse Clayburgh, and Marco Santori, "The SAFT Project: Toward a Compliant Token Sale Framework," October 2, 2017, https://saftproject.com/static/SAFT-Project-Whitepaper.pdf.

18. Stan Higgins, "$200 Million in 60 Minutes: Filecoin ICO Rockets to Record amid Tech Issues," CoinDesk, August 10, 2017, https://www.coindesk.com/200-million-60-minutes-filecoin-ico-rockets-record-amid-tech-issues.

19. SAFT に基づいた取引は，規制対象となる投資契約であると認識されている。購入者が参加できる，稼働中のネットワークが存在しないからだ。

20. "Cryptocurrency Exchanges Are Increasingly Roiled with These Problems," Reuters, September 29, 2017, http://fortune.com/2017/09/29/cryptocurrency-exchanges-hackings-chaos.

21. Stan Higgins, "Ethereum Traders File Class Action Lawsuit over Kraken Flash Crash," CoinDesk, July 5, 2017, https://www.coindesk.com/ethereum-class-action-lawsuit-filed-against-digital-currency-exchange-kraken.

22. Corrado Rizzi, "Five File Class Action against Kraken over May 7 Ether Cryptocurrency 'Flash' Crash," ClassAction.org, July 5, 2017, https://www.classaction.org/news/five-file-class-action-against-kraken-over-may-7-ether-cryptocurrency-flash-crash.

23. Securities and Exchange Commission (SEC), "Report of Investigation Pursuant to Section 21(a) of the Securities Exchange Act of 1934: The DAO."

＊ここでのハッカーは犯罪者ではなく，高度なコンピュータースキルを備えた人物を指す。

24. The DAOの責任者は，11人全員がイーサリアム財団の従業員もしくはイーサリアム開発チームの主要メンバーだった。Stephan Tual, "Vitalik Buterin, Gavin Wood, Alex van De Sande, Vlad Zamfir Announced amongst Exceptional DAO Curators," *Slockit Blog,* April 25, 2016, https://blog.slock.it/vitalik-buterin-gavin-wood-alex-van-de-sande-vlad-zamfir-announced-amongst-stellar-dao-curators-44be4d12dd6e.

25. Jack Balkin, "Information Fiduciaries in the Digital Age," Balkinization, March 5, 2014, https://balkin.blogspot.com/2014/03/information-fiduciaries-in-digital-age.html; Jonathan Zittrain, "Facebook Could Decide an Election without Anyone Ever Finding Out," *New Republic*, June 1, 2014, https://www.newrepublic.com/article/117878/information-fiduciary-solution-facebook-digital-gerrymandering.

26. Angela Walch, "Call Blockchain Developers What They Are: Fiduciaries," *American Banker*, August 9, 2016, https://www.americanbanker.com/opinion/call-blockchain-developers-what-they-are-fiduciaries.

27. これが当てはまるのは，ネットワークが稼働中でトークンが取引可能な場合のみである。稼働前のブロックチェーンシステム用の資金を調達するICOの場合，理論上は資金のもち逃げが可能となる。

28. Kevin Werbach and Nicolas Cornell, "Contracts ex Machina," *Duke Law Journal* 67 (2017): 101–170.

29. Ian Grigg, "The Ricardian Contract," First IEEE Workshop on Electronic Contracting, San Diego, CA (2004), https://www.researchgate.net/publication/4085229_The_Ricardian_contract.

30. グリッグが構築したリカード型プラットフォームが軌道に乗ることはなかった。

31. Bailey Reutzel, "BNP Paribas Works with Blockchain Startup to Open Source Law," *CoinDesk,* May 5, 2016, https://www.coindesk.com/commonaccord-legal-smart-contracts-prove-beneficial-one-bank-veritcal/; Ian Allison, "Barclays' Smart Contract Templates Stars in First Ever Public Demo of R3's Corda Platform," *International Business Times*, April 18, 2016, http://www.ibtimes.co.uk/barclays-smart-contract-templates-heralds-first-ever-public-demo-r3s-corda-platform-1555329.

32. "Putting the Contracts in Smart Contracts," Eris:Legal, http://archive.fo/BRe4n.

33. "Introducing OpenLaw."

34. The DAO事件を受けて研究者たちは，司法当局者の関与が不要な，スマートコントラクトの「廃止」に相当する技術的な仕組みを考案している。例としてはこちらを参照。Ittay Eyal and Emin Gun Sirer, "A Decentralized Escape Hatch for DAOs," Hacking, Distributed, July 11, 2016, hackingdistributed.com/2016/07/11/decentralized-escape-hatches-for-smart-contracts/; Bill Marino and Ari Juels, "Setting Standards for Altering and Undoing Smart Contracts," International Symposium on Rules and Rule Markup Languages for the Semantic Web, New York, NY (2016).

35. Stefan Thomas and Evan Schwartz, "Smart Oracles: A Simple, Powerful Approach to Smart Contracts," GitHub, July 17, 2014, https://github.com/codius/codius/wiki/Smart-Oracles:-A-Simple,-Powerful-Approach-to-Smart-Contracts.

36. Maria Terekhova, "Thomson Reuters Is Making a Blockchain Push," *Business Insider*, June 15, 2017, http://www.businessinsider.com/thomson-reuters-is-making-a-blockchain-push-2017-6; "Thomson Reuters Makes Its Market Data Blockchain-Friendly," Reuters, June 14, 2017, http://www.businessinsider.com/r-thomson-reuters-makes-its-market-data-blockchain-friendly-2017-6.

37. Oraclize. Home page, http://www.oraclize.it.

38. Aaron Wright and Primavera De Filippi, "Decentralized Blockchain Technology and the Rise of Lex Cryptographia," Social Science Research Network (SSRN), March 10, 2015, https://ssrn.com/abstract=2580664, 50.

39. Balaji S. Srinivasan, "Thoughts on Tokens," News.21.co, May 27, 2017, https://medium.com/@balajis/thoughts-on-tokens-436109aabcbe.

40. イーサリアムの作成者であるヴィタリック・ブテリンは，紛争解決手段として「分権型法廷」を考案している。Vitalik Buterin, "Decentralized Court," Reddit /r/etherium, April 26, 2016, https://www.reddit.com/r/ethereum/comments/4gigyd/decentralized_court/; Izabella Kaminska, "Decentralised Courts and Blockchains," FT Alphaville, April 29, 2016, https://ftalphaville.ft.com/2016/04/29/2160502/decentralised-courts-and-blockchains/.

41. Luke A. Walker, "ICANN's Uniform Domain Name Dispute Resolution Policy," *Berkeley Technology Law Journal* 15 (2000): 289.

42. Michael Abramowicz, "Cryptocurrency-based Law," *Arizona Law Review* 58 (2016), 405.

43. Michael del Castillo, "Lawyers Be DAMNed: Andreas Antonopoulos Takes Aim at Arbitration with DAO Proposal," *CoinDesk*, May 26, 2016, https://www.coindesk.com/damned-dao-andreas-antonopoulos-third-key/. この提案は，自国の裁判所が仲裁国の決定事項を執行することに65カ国が合意したニューヨーク条約に基づいている。

44. "Mattereum Draft for Public Comment," Google Docs, https://docs.google.com/document/d/1H18vvIurp8s1lSZnZx4zkDzTCnz5gxC0W0a7nGKXECA.

45. James Grimmelmann and Arvind Narayanan, "The Blockchain Gang," Slate.com, "Future Tense" section, February 16, 2017, http://www.slate.com/articles/technology/future_tense/2016/02/bitcoin_s_blockchain_technology_won_t_change_everything.html.

46. Pete Rizzo, "Augur Bets on Bright Future for Blockchain Prediction Markets," *CoinDesk*, March 1, 2015, https://www.coindesk.com/augur-future-blockchain-prediction-market/.

47. Tony Sakich, Jeremy Gardner, and Joey Krug, "What Is Reputation?" http://augur.strikingly.com/blog/what-is-reputation.

48. Augur, "Augur Master Plan," June 9, 2017, https://medium.com/@AugurProject/augur-master-plan-42dda65a3e3d.

49. Augurのビジョンと，2017年2月にフェイスブックのCEOのマーク・ザッカーバーグがマニフェストで説明したシステムを比較するのは非常に興味深い。"Building a Global Community," https://www.facebook.com/notes/mark-zuckerberg/building-global-community/10154544292806634/. フェイスブックも，Augurがサービス内の監視活動で直面しているのと同様の問題に直面している。あるユーザーグループが倫理的（もしくは合法的）と考えるものは，別のグループにとっては違うかもしれないという問題だ。フェイスブックは，人工知能（AI）を利用して個々のコミュニティを識別し，それぞれが独自の基準を定義できるようにしようと考えている。一方，Augurは，暗号経済的なボトムアップ型のメカニズムで同様のことを実現しようと考えている。

50. 著者との対談にて (October 18, 2017). 興味深いことに，この考え方には，最低限の共通かつ国際的な「ハイパー規範」によって文化をまたいだ事業活動を管理できる可能性があるという，ビジネス倫理学の考え方が反映されている。Thomas Donaldson and Thomas W. Dunfee, *Ties That Bind: A Social Contracts Approach to Business Ethics* (Cambridge, MA: Harvard Business School Press, 1999): 27.

51. Tatu Karki, "Aragon Network Jurisdiction Part 1: Decentralized Court," Aragon, July 18, 2017, https://blog.aragon.one/aragon-network-jurisdiction-part-1-decentralized-court-c8ab2a675e82.

52. Federal Arbitration Act, 9 U.S.C. §§ 1–16 (2012).

53. BIPは，「Bitcoin Improvement Proposal（ビットコイン改善提案）」の頭文字をとったものである。BIPを利用すると，ビットコインに対する技術的な変更の提案をコミュニティに伝えることができる。これは，IETFの提案依頼書（RFP）の手続きをベースにしたものである。

54. このプロセスは，厳密にはBIP 91と呼ばれている。

55. Sergio Demian Lerner, "Rootstock Platform: Bitcoin Powered Smart Contracts," November 19, 2015, https://uploads.strikinglycdn.com/files/90847694-70f0-4668-ba7f-dd0c6b0b00a1/RootstockWhitePaperv9-Overview.pdf.

56. Christine Chiang, "Decred Launches Decentralized Voting Process for Blockchain Protocol Changes," Brave New Coin, June 17, 2017, https://bravenewcoin.com/news/decred-launches-decentralized-voting-process-for-blockchain-protocol-changes/; Fred Ehrsam, "Blockchain Governance: Programming Our Future," *Medium*, November 27, 2017, https://medium.com/@FEhrsam/blockchain-governance-programming-our-future-c3bfe30f2d74; Nathana Sharma, "Building the Blockchain to End All Blockchains," Singularity Hub, October 8, 2017, https://singularityhub.com/2017/10/08/building-the-blockchain-to-end-all-blockchains.

57. Vlad Zamfir, "Against On-Chain Governance," *Medium,* December 1, 2017, https://

432

medium.com/@Vlad_Zamfir/against-on-chain-governance-a4ceacd040ca.

58. 私は，人間のコミュニティによる選択が表現されているという手続き的な意味で法律を「主観的」に分類した。「自然法」や「法と経済学」などの法学理論では，そのような選択は客観的な原則に収束していくとされている。しかし，そのガバナンスプロセスは必然的に主観的なものになるだろう。私は，法律は支配層の権力の表現か否かという，一部で議論されている問題について特定の立場をとるつもりはない。

59. Adam Greenfield, *Radical Technologies: The Design of Everyday Life* (London: Verso, 2017), 168–170.

60. Douglass C. North, *Institutions, Institutional Change, and Economic Performance* (Cambridge: Cambridge University Press, 1990).

61. Tom R. Tyler, *Why People Obey the Law* (Princeton, NJ: Princeton University Press, 2006).

62. Andrew L. Russell, "'Rough Consensus and Running Code' and the Internet-OSI Standards War," *IEEE Annals of the History of Computing* 28, no. 3 (July 2006): 48–61, https://doi.org/10.1109/MAHC.2006.42.

63. Theymos, Reddit r/Bitcoin, November 3, 2015, https://www.reddit.com/r/Bitcoin/comments/3rejl9/coinbase_ceo_brian_armstrong_bip_101_is_the_best/cwoc8n5/.

64. Josh Fairfield, *Delta: The Law of Technological Change* (Cambridge University Press, forthcoming).

65. Oliver E. Williamson, "Calculativeness, Trust, and Economic Organization," *Journal of Law & Economics* 36, no. 1 (1993): 453–486.

第11章

1. *The Unpredictable Certainty: Information Infrastructure Through 2000* (National Research Council, 1996), https://www.nap.edu/read/5130.

2. Ibid., at 7.

3. Ibid., at 4.

4. Ibid., at 12.

5. "May 26, 1995: Gates, Microsoft Jump on 'Internet Tidal Wave,'" *Wired*, May 26, 2010, https://www.wired.com/2010/05/0526bill-gates-internet-memo.

6. Farhad Manjoo, "Jurassic Web," *Slate*, February 24, 2009, http://www.slate.com/articles/technology/technology/2009/02/jurassic_web.html.

7. Roxanne Bauer, "Media (R)evolutions: Time Spent Online Continues to Rise," *People, Spaces, Deliberation*, February 10, 2016, http://blogs.worldbank.org/publicsphere/media-revolutions-time-spent-online-continues-rise.

8. Clifford Stoll, "Why the Web Won't Be Nirvana," *Newsweek*, February 26, 1995, http://

www.newsweek.com/clifford-stoll-why-web-wont-be-nirvana-185306.

9. Joi Ito, "How Blockchain Is Like or Not Like the Internet," YouTube, January 18, 2015, https://www.youtube.com/watch?v=1E49s5D6-1A.

10. Marc Andreessen, "Why Bitcoin Matters," *New York Times*, January 21, 2014, "DealBook" section, https://dealbook.nytimes.com/2014/01/21/why-bitcoin-matters.

11. John Kennedy, "The Digital Revolution Needs a Trust Revolution, Tech Leaders Tell Davos," Silicon Republic, January 22, 2015, https://www.siliconrepublic.com/companies/the-digital-revolution-needs-a-trust-revolution-tech-leaders-tell-davos.

12. Internet Society, "Internet Facing Unprecedented Challenges; Time to Act Is Now Says Internet Society," news release, December 7, 2016, https://www.internetsociety.org/news/internet-facing-unprecedented-challenges-time-act-now-says-internet-society.

13. Francis Fukuyama, *Trust: The Social Virtues and the Creation of Prosperity* (New York: Free Press, 1995).

14. TLSの元になったプロトコルはセキュア・ソケット・レイヤー（SSL）と呼ばれている。Rolf Opplinger, *SSL and TLS: Theory and Practice* (Norwood, MA: Artech House, 2009), 67–69.

15. Chelsea Barabas, Neha Narula, and Ethan Zuckerman, "Defending Internet Freedom through Decentralization: Back to the Future?" MIT Media Lab, August 2017, 10.

16. Rachel Botsman, "We've Stopped Trusting Institutions and Started Trusting Strangers," TED Talk, June 2016, https://www.ted.com/talks/rachel_botsman_we_ve_stopped_trusting_institutions_and_started_trusting_strangers/transcript?language=en.

17. ボッツマンが述べているように，悪意をもったユーザーはこれらの評価システムを悪用できてしまう。Rachel Botsman, *Who Can You Trust? How Technology Brought Us Together and Why It Might Drive Us Apart* (New York: PublicAffairs, 2017): 146–149.

18. Gus Hurwitz, "Trust and Online Interaction," *University of Pennsylvania Law Review* 161 (2013), 1588–1597（インターネットの商業化や成長によって，オンライン活動における信頼は実際には損なわれたと主張されている）.

19. Lina M. Khan, "Amazon's Antitrust Paradox," *Yale Law Journal* 126 (2017): 710, https://www.yalelawjournal.org/note/amazons-antitrust-paradox.

20. Jonathan T. Taplin, *Move Fast and Break Things: How Facebook, Google, and Amazon Cornered Culture and Undermined Democracy* (New York: Little, Brown and Company, 2017).

21. Franklin Foer, *World without Mind: The Existential Threat of Big Tech* (New York: Penguin Press, 2017); Siva Vaidhyanathan, *The Googlization of Everything: And Why We Should Worry* (Berkeley: University of California Press, 2011).

22. Alice Marwick and Rebecca Lewis, "Media Manipulation and Disinformation Online," *Data & Society,* May 15, 2017, https://datasociety.net/output/media-manipulation-

and-disinfo-online.

23. Emin Gun Sirer (@el33th4xor), Twitter, October 23, 2017, 10:25 a.m., https://twitter.com/el33th4xor/status/922469133211578368.

24. Kate Conger, "Cloudflare CEO on Terminating Service to Neo-Nazi Site: 'The Daily Stormer Are Assholes,'" *Gizmodo,* October 4, 2017, https://gizmodo.com/cloudflare-ceo-on-terminating-service-to-neo-nazi-site-1797915295.

25. Vaidhyanathan, *The Googlization of Everything.*

26. Yochai Benkler, "Degrees of Freedom, Dimensions of Power," *Daedalus* 145, no. 1 (2016): 18–32, https://www.mitpressjournals.org/doi/abs/10.1162/DAED_a_00362.

27. Andreessen, "Why Bitcoin Matters"; Morgen E. Peck, "The Future of the Web Looks a Lot Like Bitcoin," *IEEE Spectrum,* July 1, 2015, https://spectrum.ieee.org/computing/networks/the-future-of-the-web-looks-a-lot-like-bitcoin.

28. Alec Liu, "What Happened to the Facebook Killer? It Is Complicated," Motherboard, October 2, 2012, https://motherboard.vice.com/blog/what-happened-to-the-facebook-killer-it-s-complicated.

29. Andy Oram, ed., *Peer-to-Peer: Harnessing the Benefits of a Disruptive Technology* (Cambridge, MA: O'Reilly, 2001).

30. Yochai Benkler, *The Wealth of Networks: How Social Production Transforms Markets and Freedom* (New Haven, CT: Yale University Press, 2006), 418–21.

31. Nicholas G. Carr, *The Big Switch: Rewiring the World, from Edison to Google* (New York: W.W. Norton, 2013).

32. 驚いたことに，この発展はポール・バランの時代から予想されていた。Kevin Werbach, "The Network Utility," *Duke Law Journal* 60 (2010): 1761.

33. "Reweaving the Web," *The Economist,* June 18, 2016, https://www.economist.com/news/business/21700642-slew-startups-trying-decentralise-online-world-reweaving-web; Dan Gillmor and Kevin Marks, "How to Break Open the Web," *Fast Company,* June 29, 2016, https://www.fastcompany.com/3061357/the-web-decentralized-distributed-open; Joshua Kopstein, "The Mission to Decentralize the Internet," *The New Yorker,* December 12, 2013, https://www.newyorker.com/tech/elements/the-mission-to-decentralize-the-internet.

34. Liat Clark, "Tim Berners-Lee: We Need to Re-Decentralize the Web," *Wired UK,* February 6, 2014, http://www.wired.co.uk/article/tim-berners-lee-reclaim-the-web.

35. Quentin Hardy, "The Web's Creator Looks to Reinvent It," *New York Times,* June 7, 2016, https://www.nytimes.com/2016/06/08/technology/the-webs-creator-looks-to-reinvent-it.html.

36. Kevin Werbach, *Digital Tornado: The Internet and Telecommunications Policy* (Federal Communications Commission Office of Plans and Policy, Working Paper No.

29, 1997), 10 n.12, https://www.fcc.gov/Bureaus/OPP/working_papers/oppwp29pdf. html; Kevin Werbach, "Only Connect," *Berkeley Technology Law Journal* 22 (2008): 1233.

37. David D. Clark, "Interoperation, Open Interfaces, and Protocol Architectures," in *The Unpredictable Certainty: White Papers* 133–135 (National Academies Press, 1998); David D. Clark, "The Design Philosophy of the DARPA Internet Protocols," *Computer Communications Review* 18 (1988): 106, http://ccr.sigcomm.org/archive/1995/jan95/ccr-9501-clark.pdf.

38. 誰もが基本的な義務に従う代わりにそれ以外の点では自由に活動できるというこの仕組みは、トマス・ホッブズのリヴァイアサンと概念的によく似ている。

39. Jerome Saltzer, David Reed, and David Clark, "End-to-End Arguments in System Design," *ACM Transactions Computer System* 2, no. 4 (November 1984): 277–288, https://doi.org/10.1145/357401.357402.

40. Mark A. Lemley and Lawrence Lessig, "The End of End-to-End: Preserving the Architecture of the Internet in the Broadband Era," *UCLA Law Review* 48 (2001): 925–972.

41. Don Tapscott and Alex Tapscott, *Blockchain Revolution* (New York: Penguin Random House, 2016), 12–14 (ブロックチェーンが「インターネットの再来」として注目を浴びている様子が説明されている).

42. Lawrence Lessig, "Deja Vu All Over Again: Thinking Through Law & Code, Again," Vimeo, December 11, 2015, https://vimeo.com/148665401.

43. 著者との対談にて (October 24, 2017).

44. William Mougayar, *The Business Blockchain: Promise, Practice, anDApplication of the Next Internet Technology* (Hoboken, NJ: John Wiley & Sons, 2016).

45. Mark Scott, "Google Fined Record $2.7 Billion in E.U. Antitrust Ruling," *The New York Times*, June 27, 2017, "Technology" section, https://www.nytimes.com/2017/06/27/technology/eu-google-fine.html.

46. Chris Dixon, "Crypto Tokens: A Breakthrough in Open Network Design," *Medium,* June 1, 2017, https://medium.com/@cdixon/crypto-tokens-a-breakthrough-in-open-network-design-e600975be2ef; Balaji Srinavasan, "Thoughts on Tokens," News.21.Co, May 27, 2017, https://news.21.co/thoughts-on-tokens-436109aabcbe; Joel Monegro, "Fat Protocols," *Union Square Ventures Blog,* August 8, 2016, http://www.usv.com/blog/fat-protocols.

47. Ethernet Name Service, https://ens.domains/; "Blockstack DNS vs. Traditional DNS," *BlockStack Blog,* https://blockstack.org/docs/blockstack-vs-dns.

48. "Blockstack and the Power of Choice," *BlockStack Blog,* July 24, 2017, https://blockstack.org/blog/blockstack-and-the-power-of-choice/.

49. Christopher Allen, "The Path to Self-Sovereign Identity," *CoinDesk,* April 27, 2016, https://www.coindesk.com/path-self-sovereign-identity.

50. Decentralized Identity Foundation, "The Rising Tide of Decentralized Identity," *Medium,* October 11, 2017, https://medium.com/decentralized-identity/the-rising-tide-of-decentralized-identity-2e163e4ec663.

51. 著者との対談にて (January 3, 2018).

52. Theo Douglas, "Illinois Announces Key Partnership in Birth Registry Blockchain Pilot," GovTech, September 8, 2017, http://www.govtech.com/data/Illinois-Announces-Key-Partnership-in-Birth-Registry-Blockchain-Pilot.html.

53. Stephan Tual, "Web 3.0 Revisited—Part Two: 'Introduction to Polkadot: What It Is, What It Ain't,'" StephanTual.com, July 9, 2017, https://blog.stephantual.com/web-three-revisited-part-two-introduction-to-polkadot-what-it-is-what-it-aint-657782051d34.

第12章

1. "Mike Hearn: Autonomous Agents, Self Driving Cars and Bitcoin," YouTube, uploaded March 26, 2017, https://www.youtube.com/watch?v=MVyv4t0OKe4.

2. Paul Vigna and Michael J. Casey, *The Age of Cryptocurrency: How Bitcoin and Digital Money Are Challenging the Global Economic Order* (New York: St. Martin's Press, 2015).

3. Mike Hearn, "The Resolution of the Bitcoin Experiment," *Mike's Blog,* January 14, 2016, https://blog.plan99.net/the-resolution-of-the-bitcoin-experiment-dabb30201f7.

4. Daniel Cawrey, "Gregory Maxwell: How I Went from Bitcoin Skeptic to Core Developer," *CoinDesk,* December 29, 2014, https://www.coindesk.com/gregory-maxwell-went-bitcoin-skeptic-core-developer.

5. このブログ記事のなかでハーンは，やり取りしたメールの内容から判断するにサトシは自分と同じ考えだろうと述べている。

6. Mark Bagnoli and Barton L. Lipman, "Provision of Public Goods: Fully Implementing the Core through Private Contributions," *Review of Economic Studies* 56, no.4 (October 1, 1989): 583–601.

7. Nathaniel Popper, "A Bitcoin Believer's Crisis of Faith," *New York Times*, January 14, 2016, "DealBook" section, https://www.nytimes.com/2016/01/17/business/dealbook/the-bitcoin-believer-who-gave-up.html.

8. Joseph Young, "How Mike Hearn Sold All His Bitcoins in 2016 and Market Proved Him Wrong," *Cointelegraph*, February 25, 2017, https://cointelegraph.com/news/how-mike-hearn-sold-all-his-bitcoins-in-2016-and-market-proved-him-wrong.

▌著者

ケビン・ワーバック／Kevin Werbach

ペンシルベニア大学ウォートンスクールの法学と企業倫理学における教授。テクノロジー・コンサルティングファームのスーパーノーバ・グループの創立者であり，FCC（連邦通信委員会）やアメリカ商務省の通信政策においてアドバイスも行っている。著書（共著）に，『*For the Win: How Game Thinking Can Revolutionize Your Business*』（Wharton School Press）がある。

▌監訳者

山崎重一郎／やまさき・しげいちろう

近畿大学産業理工学部情報学科教授。九州大学システム情報科学府システム情報科学院博士課程修了。富士通株式会社，株式会社富士通研究所を経て近畿大学。現在の研究テーマはブロックチェーン技術や仮想通貨の応用など。主な著書に，『ブロックチェーン・プログラミング』（講談社），『仮想通貨』（東洋経済新報社），『*IT Enabled Services*』（Springer）。

▌訳者

山﨑裕貴／やまさき・ゆうき

都留文科大学文学部英文学科卒業。国内企業でWEB系のシステムエンジニアとして勤務したのち，英日翻訳に携わるようになる。産業翻訳者として主にウェブサイトやソフトウェア等の翻訳を手がける。

ブロックチェーンの技術と革新

ブロックチェーンが変える信頼の世界

2021年6月15日発行

著者	ケビン・ワーバック
監訳者	山崎重一郎
訳者	山﨑裕貴
編集，翻訳協力	株式会社オフィスバンズ
編集	道地恵介，山口奈津
表紙デザイン	岩本陽一
発行者	高森康雄
発行所	株式会社 ニュートンプレス
	〒112-0012 東京都文京区大塚 3-11-6
	https://www.newtonpress.co.jp

© Newton Press 2021　Printed in Korea
ISBN 978-4-315-52385-0